伏击主力操盘纪实

高永亮 著

地震出版社
Seismological Press

图书在版编目(CIP)数据
伏击主力操盘纪实 / 高永亮著. —北京：地震出版社，2013.2
ISBN 978-7-5028-4035-8
Ⅰ. ①伏… Ⅱ. ①高… Ⅲ. ①股票投资—基本知识 Ⅳ. ①F830.91
中国版本图书馆 CIP 数据核字(2012)第 038418 号

地震版 XM2653

伏击主力操盘纪实

高永亮 著

责任编辑：朱 叶
责任校对：孔景宽

出版发行：地 震 出 版 社
北京民族学院南路 9 号 邮编：100081
发行部：68423031 68467993 传真：88421706
门市部：68467991 传真：68467991
总编室：68462709 68423029 传真：68455221
证券图书事业部：68426052 68470332
http://www.dzpress.com.cn
E-mail:zqbj68426052@163.com
经销：全国各地新华书店
印刷：三河市鑫利来印装有限公司

版(印)次：2013 年 2 月第一版 2013 年 2 月第一次印刷
开本：787×1092 1/16
字数：249 千字
印张：15.25
书号：ISBN 978-7-5028-4035-8/F(4712)
定价：39.80 元

目　　录

序　言

炒股的目标

炒股是通过低吸高抛赚取其中的差价而获利的，所以我们都希望自己买到的股票能成为大牛股，抓住大牛股成为所有股民心中梦寐以求的愿望，我也不例外。我们在抓大牛股的过程中，常会碰到以下问题。

一、买到大牛股但赚不多

(1)买到一只股票，赚了一点儿就走了，没能拿住，日后这只股票成为大牛股，我们只是赚取了其中的极小一段。

(2)买到一只股票，从低位拿到高位，涨幅很可观，但是买的很少，对整体收益影响不大。

(3)为什么拿不住，为什么买的少，如果重仓一直持有一只股票，会是什么结果呢？

二、如何用基本面寻找大牛股

价值决定价格，价格围绕价值波动，价格受供求关系影响。价格向价值回归是一种规律。被低估的股票必然会有价值回归的一天，到现在我依然坚信这一点。在我入市之初，最先接触的是巴菲特的老师格雷厄姆写的一部作品《证券分析》，这本书我研究运用了 4 年(2001～2005 年)，当时幻想自己也能成为巴菲特一样的人，但最终的效果并不太好。不是价值投资没用，是我自己没用好。价格向价值回归是一种必然，那么价值的判断就是证券投资分析的核心。价值投资说起来简单，但真正了解一个公司真实的价值，操作难度太大了。

(1)中国上市公司造假层出不穷。2001 年的银广夏(000557)事件，股价从 34 元一路跌到 2 元多，让很多投资者血本无归。绿大地(002220)在 2010 年成为国内某大型券商的“金股”，从年初推荐到年尾，直到董事长何学葵造假上市东窗事发。2011年初，纳斯达克上市的中国概念股，存在的诸多造假情况在国外曝光。对于一般个人投资者来说，想了解上市公司的真实情况难于上青天。那么作为具有信息和资金优势的机构，它们的研究报告能有多少可信度？经常看研究报告的人会发现，这些多如牛毛的研究报告，真正对上市公司研究比较透彻的很少。不是机构研究员不够聪明，也不是研究员不够努力，而是他们的研究方法制约了研究的效果。一般的研究，无非就是通过财务报表分析和实地调研两种方式。大多数上市公司，出于各种各样的需要，都会在财务报表上有所偏差。这就如同一篇议论文，论据错了，即使论证方式科学严密，论点也不会正确。无论怎样调研，绿大地这样的公司，董事长永远不会告诉别人自己是造假上市。实地调研得到的信息都是面上的东西，都是可以通过公开渠道得到的信息，很难得到实质性的内容。

⑵上市公司的经营业绩具有很大不确定性。很多人了解上市公司的数据，是从财务报表上推算出来的，而公司的经营则牵扯到很多现实的条件，并不是做算术题那样简单精确。

⑶中国股市特殊的阶段特征：大牛股往往和基本面的价值无关，概念比价值更有吸引力。

理论上，价值投资可以通过价值回归的原理抓住大牛股，实际操作中，上市公司的真实价值很难判断。自己觉得基本面不错，实际情况未必如此。绝大多数人所谓的价值投资，只不过是一种自我安慰。

三、如何用技术面寻找大牛股

经常会有人讲自己如何抓到大牛股，一个月利润百分之几十，几个月收益翻倍等等，依照这样的赚钱速度，用不了多长时间就可以做成世界首富。遗憾的是，在世界个人财富排名靠前的位置并没有发现这些人的名字。我相信有些人的确是在某一阶段或者某一只股票上迅速赚钱，财富之所以没能实现爆发式增长，是因为在某一快速获利阶段使用的方法不能普遍推广，有时候能赚钱，有时候不能赚钱，在这只股票上赚钱，在另外一只股票上就不赚钱。方法不具有普遍性和持续性。

股市中技术分析方法，以成交量、价格、时间等为分析基础，不同流派演绎出不同的方法。图形和数字仅仅是表象，决定图形和数字的是资金，决定资金的是人，实际是人与人之间的斗智斗勇。同样的图形，资金性质不同，会导致后面的走势不同。比如同样是一根大阳线，是产业资本抢筹所致，还是机构买盘推动所致，还是个人大户炒作所致，这几类资金会导致后面走势差别很大。同样的图形，资金博弈结果不同，也会导致后面走势不同。主力不是神仙，运作失败的不在少数。依靠技术手段，我们不能准确预知别人的想法和买卖行为，也就不可能准确预知股价未来的走势。预测正确是运气，预测错误是必然。

四、如何才能稳定获利

基本面分析很难运用，技术分析也抓不到牛股，那我们还怎么赚钱？我们重新分析一下开篇第一段的三个问题：为什么拿不住，为什么买的少，如果重仓一直持有一只股票，会是什么结果呢？

为什么拿不住，一直持有可以吗？问题是有些股票能连续上涨走成大牛股，有些股票则不能成为大牛股，成为大牛股的毕竟是极少数。卖了的股票日后看走势很好，手上拿着的股票就是不涨，或者涨了之后就又跌回来。我怎么就这么倒霉——不是你运气不好，两市2000多只股票，能成为市场瞩目的大牛股的股票也就那么几只，买不到很正常，买到不涨的股票也很正常。一直持有有可能捂住大牛股，绝大多数情况下碰不到。

为什么买的少，重仓一只股票可以吗？买入之后上涨就大赚，买入之后下跌，连补仓的资金都没有。一旦操作失误，全军覆没。

为什么不能一直持有，因为不能确定以后会成为大牛股，为什么不敢重仓，因为不能确定一定会涨，所以才有不能把鸡蛋放一个篮子的分仓。由此可见，不确定性是造成拿不住和不敢重仓的原因。如果能确定一只股票一定会成为大牛股，那么我们就可以一直持有。即使不能确定会有很大的上涨幅度，有3～5个点的利润，我们也可以重仓操作。炒股的人有一种说法，10个人之中，有7人亏钱，2人打平，1人赚钱，实际上能稳定赚钱的人达不到10%的比率。为什么会有这么多人赔钱，这和股市的行业特征有关。股市是一个自然科学（财务报表等）和社会科学（心理因素、情绪影响等）共同影响的行业，这就使股市的运行具有极大的不确定性，不确定性也就是风险。做股票会赔钱，大家都知道。要控制风险，大家也知道。怎样才能控制风险？单纯强调风险，不做股票就绝对没有风险，可是那样也赚不到钱。我们讲的控制风险，是要操作，要赚钱，还不能赔钱。那就要寻找确定性。确定性可以解决不赔钱和赚钱的问题：不确定的走势不操作，这样就控制了风险，做到不赔钱。确定的行情重仓做，就可以提高收益。

我们的目标是控制风险，提高收益，寻找确定性交易机会。在长期的实盘操作中，发现个股在强势阶段稳定获利的确定性最高。什么阶段才能叫强势阶段，怎样在强势阶段获利，是本书所要解决的问题。

第一章 大盘的研判

1.1 判断大盘的意义

做股票的人都有这样一种感觉：赚钱很慢，亏钱很快。几个月的盈利，几天就可以亏回去。2006～2007 年的大行情，许多人都赚钱，2008 年盈利亏掉之后，把本金又套住。造成这种现象的原因有两点：一是上涨过程中频繁逃顶，赚一点就要落袋为安，踏空一些行情，没能让利润最大化。这种情况在一些老股民身上尤为明显，以前做股票赔过钱，知道赔钱的痛苦滋味，所以只要有盈利就想着出来。被套之后就一直抗着，从高位一直下跌，就一直持有，没有错过任何下跌的机会。二是上涨过程中逐步减仓，仓位比较轻，而在下跌的时候不断补仓，造成上涨赚钱和下跌赔钱的仓位不对等。赚钱的时候是轻仓，赔钱的时候是重仓，亏钱自然就比赚钱快的多。有人会说，我也知道在上涨行情中一路重仓持有，下跌行情中轻仓甚至空仓，行情回头看很清楚，怎样才能在行情没走出之前就加仓或者减仓？进出点位和仓位的问题，就是我们判断大盘的意义之所在。

1.2 判断大盘的方法

判断大盘主要有两种方法：均线法和关键变盘点位，这两种方法结合运用，坚持晚进早出的原则。所谓晚进，是指两种方法都符合进场要求的时候再进；所谓早出，是指只要有一种方法不符合操作要求了，就先出来，不必等到两种方法都提示该卖出的时候再出。

均线法是指依靠均线黄金交叉和死亡交叉来判断行情走势的一种方法。短期均线(5 日、10 日)向上拐头穿过中长期均线(30 日、60 日、120 日等)，视为黄金交叉，行情向上的可能性比较大(图 1-1)。

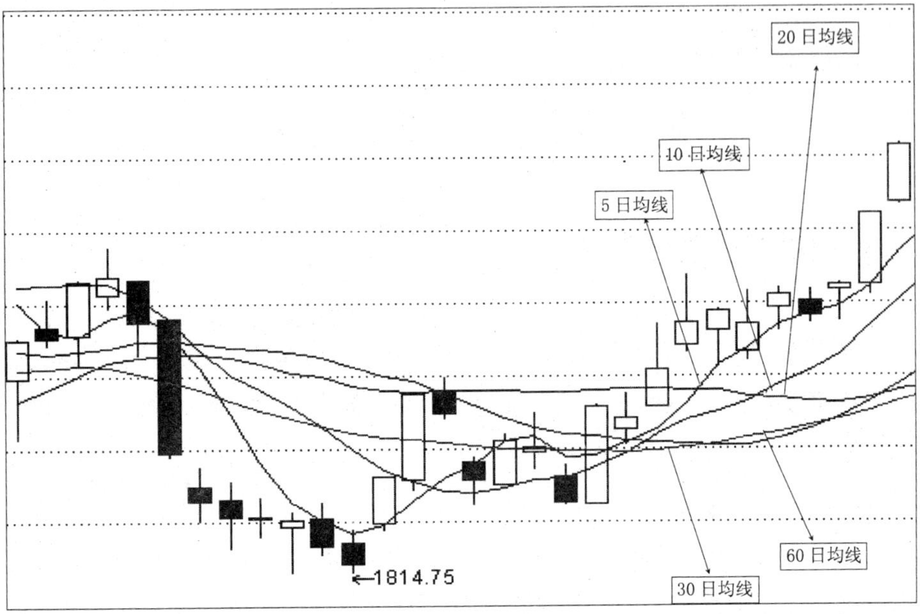

图 1-1 均线的黄金交叉

短期均线(5 日、10 日)向下拐头穿过中长期均线(30 日、60 日、120 日等)，视为死亡交叉，行情向下的可能性较大(图 1-2)。

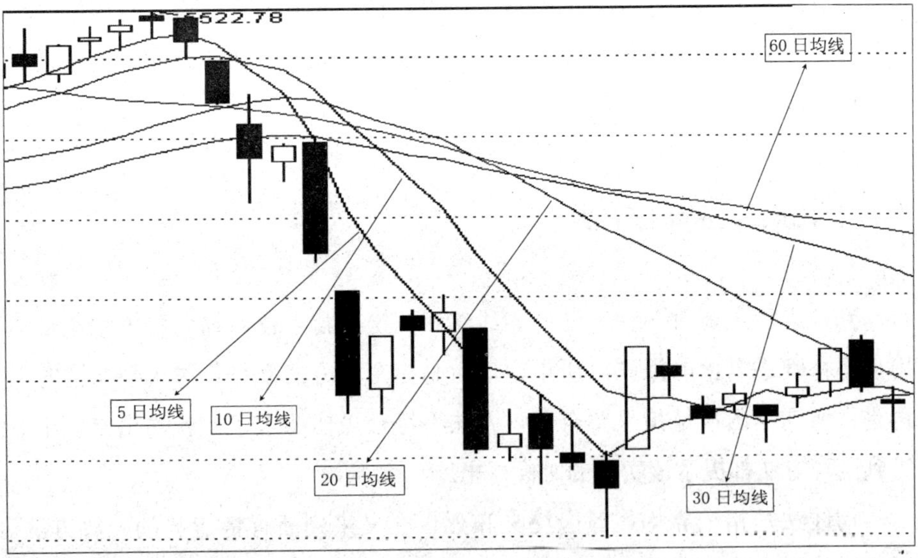

图 1-2 均线的死亡交叉

在不同周期的均线中，我们特别重视60日均线对大盘趋势的跟踪作用。短期均线(5日、10日)比较灵敏，容易产生过多假信号。长期均线(120日、250日)反应过于迟缓，会错失部分利润和不能及时出货。60日均线是一个折中，既不至于产生过多假信号，进出也比较及时。行情站上60日均线视为可以操作的行情，行情在60日均线之下视为不能操作的行情。均线法的优点在于捕捉大行情，规避大风险。比如2008年的下跌，全年有几次反弹均不过60日均线，我们就一直视为下跌行情(图1-3)。

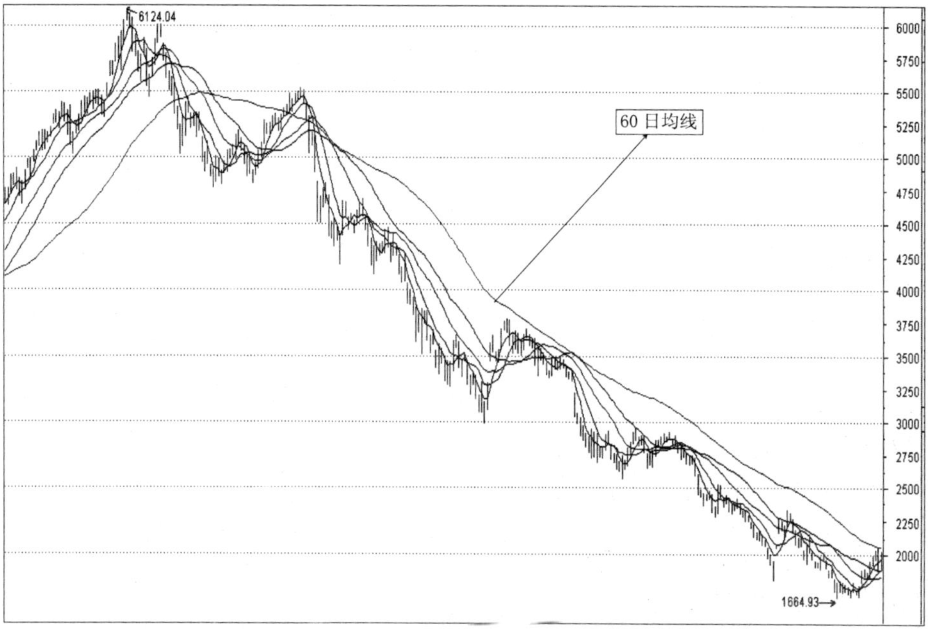

图1-3　反弹不过60日均线

均线法可以很好的跟踪趋势，其不足之处在于滞后性。只有股价先变化，才会带来均线的后变化。如果在相对低位进入比较晚，最多就是少赚钱；如果在相对高位出货比较晚，则有可能被套带来损失。为了补充均线法滞后性的不足，我们引入了关键变盘点的概念。所谓关键变盘点，是指形态理论中一些关键点位以及行情依据历史走势形成的重要支撑位、阻力位，这些关键变盘点是容易形成行情转折点的位置，在操作的过程中要给予特别关注。

形态理论中，运用比较多的是双底(双顶)形态、头肩底(头肩顶)形态。

双底形态(图 1-4)主要作用在于第二个底的支撑作用。行情一路下行到 A 点，展开反弹到 B 点，之后再次下跌，这时候我们就要考虑前期 A 点的价格是否能成为第二次下跌的支撑点，如果能支撑住，双底形态成立；如果支撑不住，

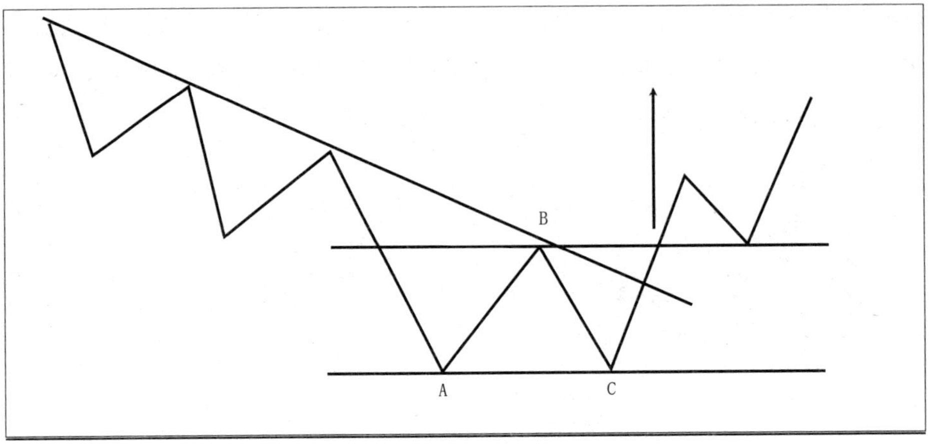

图 1-4　双底形态示意图

双顶形态(图 1-5)的作用在于第二个顶的阻力作用，行情一路上行到达阶段性高点 A 点，回调至 B 点，之后再次上涨，这时候要特别警惕第二个顶 C 点的阻力作用。实际走势中，第二个顶并不一定会很标准的和第一个顶持平，第二个顶比第一个顶低的情况经常发生，所以，不要等到和第一个顶持平的时候才考虑减仓。

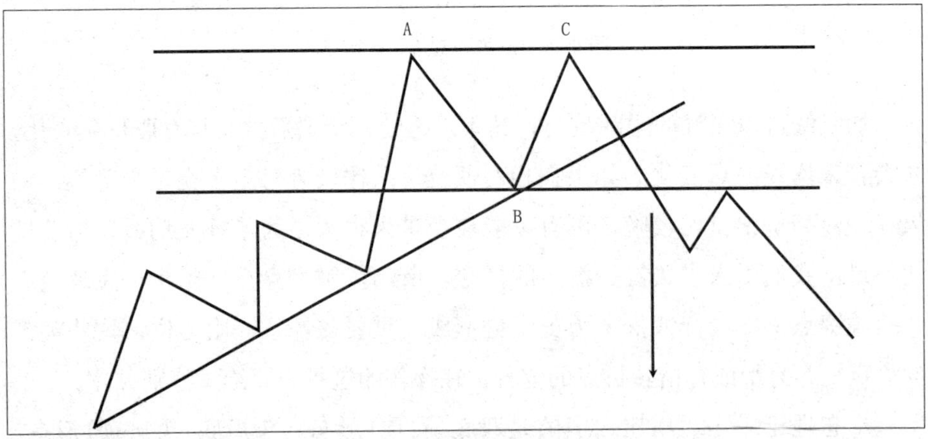

图 1-5　双顶形态示意图

头肩底形态(图 1-6)主要作用在于右肩的支撑作用。行情一路下行到 A 点，展开反弹到 B 点，之后再次跌破 A 点支撑，创出新低达到 C 点，之后反弹至 D 点，再次下跌。这时候我们就要考虑前期 A 点的价格是否能成为本次下跌的支撑点，如果能支撑住，形成右肩 E 点，头肩底形态成立；如果支撑不住，头肩底形态失败。

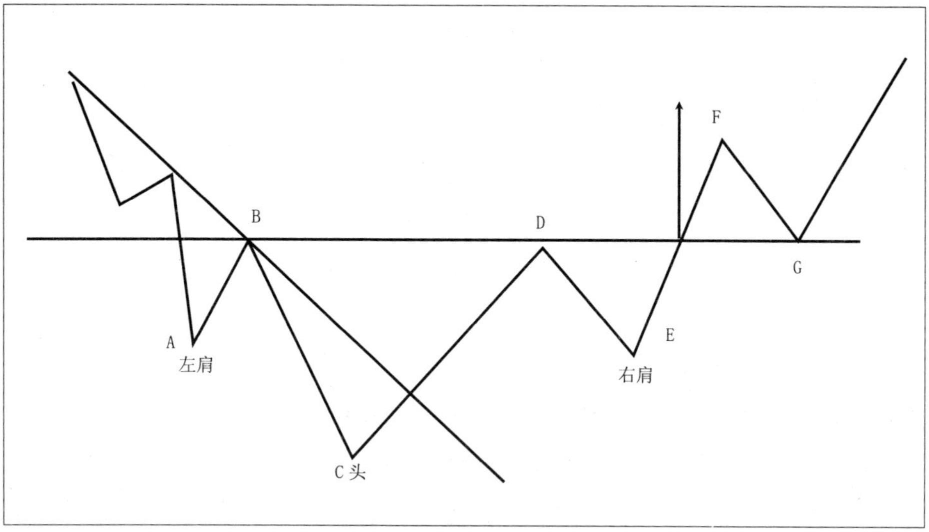

图 1-6 头肩底形态示意图

头肩顶形态(图 1-7)的作用在于右肩的阻力作用，行情一路上行到达阶段性高点 A 点，回调至 B 点，之后再次上涨，创出新高达到 C 点。之后回调至 D 点，再次反弹。这时候要特别警惕有可能形成的右肩 E 点的阻力作用。

形态理论是出现概率比较高的走势图形，其本身并不具备预测行情的功能。容易形成行情的转折点，并不意味着一定就会形成转折点。

行情依据历史走势形成重要的支撑位、阻力位。根据前期低点、横盘区域，当股价再次下探到这一点位时，会受到支撑；前期高点、横盘区域，当股价再次上涨到这一点位时，会受到阻力。

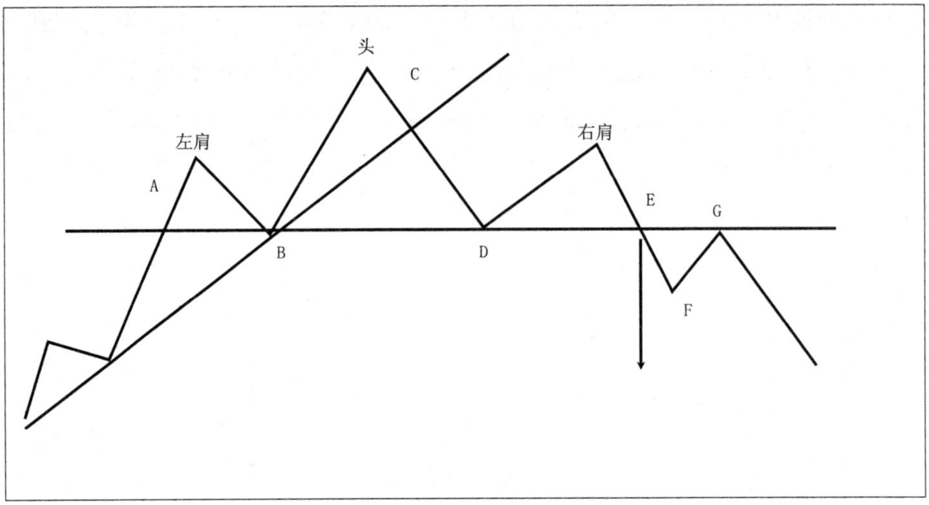

图 1-7　头肩底形态示意图

支撑位(图 1-8)：股价经过连续下跌达到阶段性低点 A 点，之后展开反弹。为什么会在 A 点展开反弹？说明在 A 点多空双方的力量对比发生了变化，至少可以说是短期发生了变化，多方占据了暂时的优势。因为在 A 点买入的投资者有获利的机会，这些人可能已经获利抛出了手中的筹码，当股价反弹至 B 点再次下跌至与 A 点价格相同(或者略高于 A 点)的时候，有些投资者还希望复制上次的成功。这就造成了前期低点具有一定的支撑作用，当 A 点持续的时间比较长，就形成了一个横盘，横盘时间越长，对于投资者心理影响也就越大。

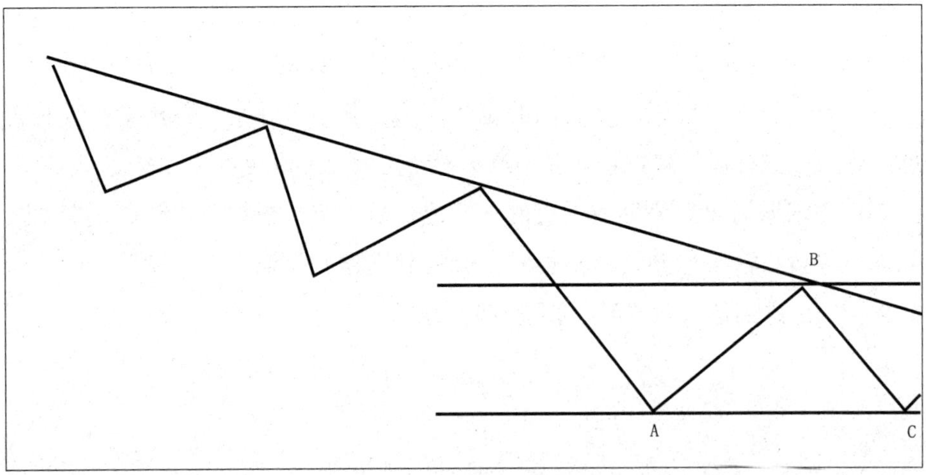

图 1-8　支撑位示意图

阻力位(图 1-9)：股价经过连续上涨达到阶段性高点 A 点，之后开始回调到达 B 点。在回调的过程中就会套住一部分投资者，因为有过被套的痛苦经历，这些投资者首先考虑的不是赚钱的问题，而是如何让自己不再亏钱。当股价反弹至 C 点，接近自己的成本的时候，害怕再次被套，这些解套盘很容易形成抛盘，抛盘较多的位置，阻力作用就比较大。同样，前期的横盘时间越长，破位下跌的时候套住的资金就会越多，当行情反弹的时候阻力作用就会越强。

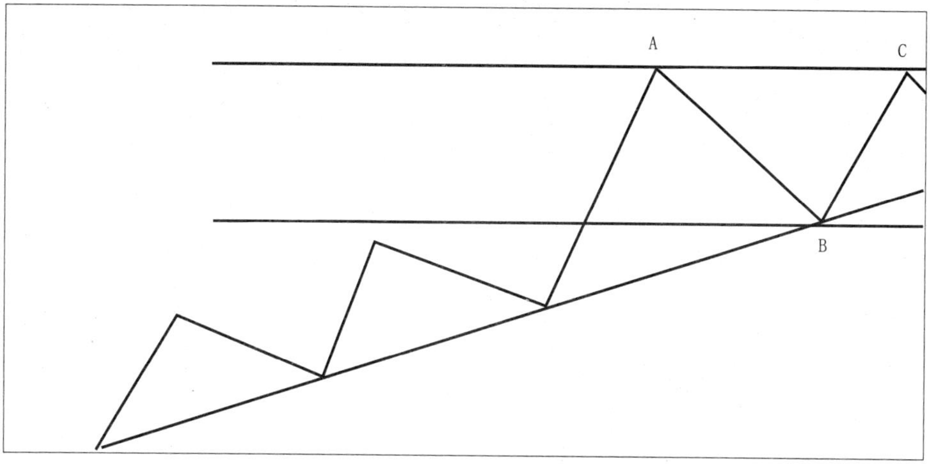

图 1-9 阻力位示意图

支撑位和阻力位的作用是行情容易形成重要转折点，但不是必然会形成转折点。支撑位和阻力位也会互相转化。一个重要的支撑位跌破之后，会成为下次上涨行情的阻力位；一个重要的阻力位突破之后，会成为下次回调的支撑位。

1.3 实盘应用

上证指数(图 1-10)在 2007 年 9 月 25 日创出阶段性高点，形成 A 点。短暂回调之后在 10 月 16 日创出新高，形成 B 点。回调之后反弹，11 月 1 日形成双顶形态的第二个顶 C 点。之后一路下跌至 11 月 28 日 D 点开始反弹，反弹至 2008 年 1 月 14 日的 E 点。之后开始下跌，头肩顶形态成立。在这个过程中，有两次需要减仓。第一次是B点回调之后至C点的反弹，有可能形成双顶形态，这个反弹必须要先减仓。在这里，只能说双顶形态有可能形成，因为后面的行情还没走出来，我们不知道是否能形成双顶。如果能顺利突破B点的阻力位，那么双顶形态不成立。双顶形态第二个顶属于容易变盘的关键点位，无论能否突破B点阻力位，无论双顶形态是否成立，反弹先减仓。依据晚进早出的原则，此时虽然没有跌破60日均线，但是技术形态提示不能操作了，那就先出来，即“早出”。11月28日见阶段性低点D点，之后反弹。在反弹的过程中，要特别警惕以A点为左肩，以B点、C点为头部的头肩顶形态的可能性，假如头肩顶形态成立，那么A点左肩的点位将会有较强阻力。因为行情还没走出来，我们不能确定是否能形成头肩顶，但是在接近A点附近的点位要特别警惕。2008年1月14日上证指数达到E点之后开始下跌，头肩顶形态成立。虽然没有跌破60日均线，依据晚进早出的原则，我们要先出来。

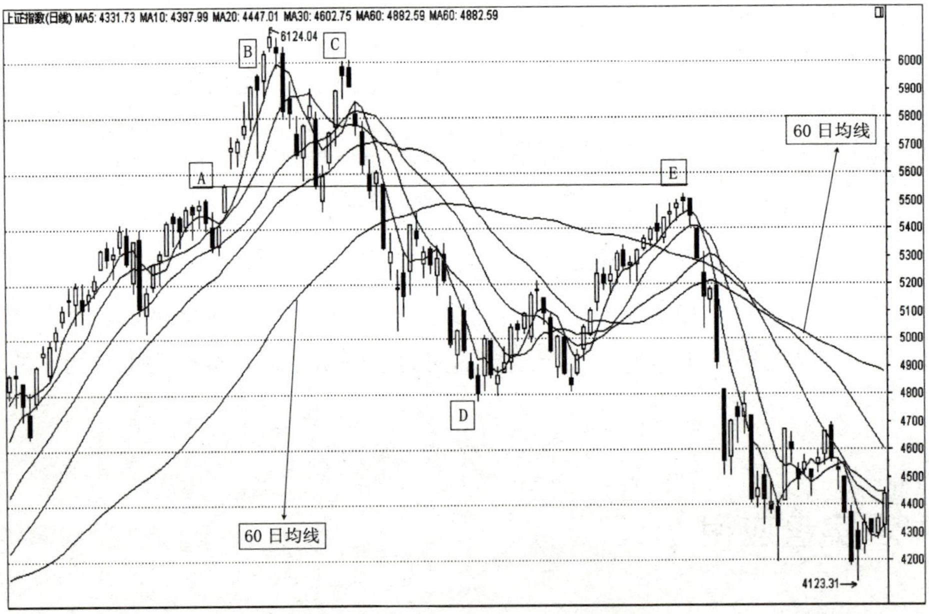

图1-10　上证指数2007年走势图

上证指数在2008年1月份形成头肩顶之后一路下跌，期间虽有反弹，均不过60日均线，我们就一直视为下跌行情。

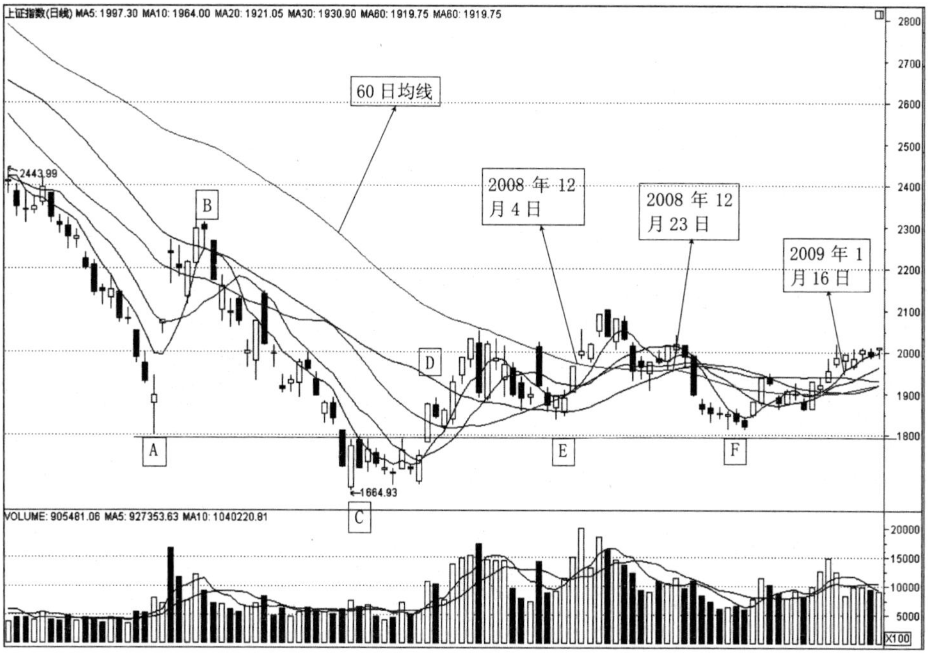

图 1-11 上证指数 2008 年走势图

2008 年 9 月 19 日大盘受利好消息影响涨停，形成了 9 月 18 日 1800 点阶段性低点 A 点(图 1-11)。反弹至 9 月 25 日再次向下，形成阶段性高点 B 点。10 月 28 日见阶段性低点 1664 点形成 C 点。之后展开反弹至 11 月 18 日形成 D 点，当天最高点 2050 点，当时 60 日均线的点位是 2057 点，接近 60 日均线，但没有站稳，需要继续等待。之后再次回调，在回调的过程中，我们就要考虑，是否有形成以 A 点为左肩、C 点为头部的头肩底形态的可能，假如头肩底形态成立，那么 D 点之后的回调不能跌破 A 点 1800 点的支撑位。回调在 E 点获得支撑，没有跌破 1800 点就继续上涨，头肩底形态成立。这时候还不能进。依据晚进早出的原则，虽然技术形态头肩底形成，我们依然要等到站稳 60 日均线，两种方法都符合操作的要求才能进场，即“晚进”。2008 年 12 月 4 日，指数站稳 60 日均线，这时两种方法都符合，可以逐步进场建仓。

图 1-12　上证指数的阻力位

在我提示可以进场操作的时候，有学生向我提出一个问题：可以进场操作，是不是行情就一定会向上走，是不是就没有风险了。我说不是，这里涉及我们这种方法的理论依据问题。有些人看过我以前写的书，知道用均线法加技术图形来判断大盘，我问他们这种方法的理论依据是什么，有些人回答是趋势。不是趋势，因为在当时我们还不知道行情是否能起来，趋势是否会形成。趋势只有经过一定涨幅之后才能确立。我们这种判断大盘的方法理论依据在于概率。概率不具有必然性，但是可以获利。概率可以理解为两个方面：①依靠这种方法判断大盘，成功的次数比失败的次数要高。②依靠这种方法判断大盘，成功获利的幅度比失败亏损的幅度大。一波大行情做下来，可能赚一倍甚至几倍，判断失败止损出来亏损十几个点，这样赚的时候多赚，亏的时候少亏，从而实现整体赢利。从原理来看，我们这种判断大盘的方法在进入的时候不具有必然性，需要做好操作失败止损的准备，不是每次进入都能赚钱，依靠获利比亏损多来实现整体赢利。上证指数在 2008 年 12 月 23 日一根阴线跌破 60 日均线，这时候止损出来。在行情形成转势初期，我的经验是不要着急操作。一方面大盘在行情初期可能会有反复，可能会产生一些假的入场信号。另一方面是要等个股，大盘可以操作了，具体买卖还要甄选个股，个股和大盘并不总是同步，需要寻找合适的个股逐步进场。12 月 23 日下跌，再次考验 1800 点的支持位，如果能支撑住，头肩底形态依然成立。实际走势中的形态，并不总是教科书中所讲的那样标准，大盘在 F 点没有跌破 1800 点继续上行，说明头肩底形态依然成立。如果上涨之后再次跌下来，还是要看 1800 点的支撑位，一次、两次还是三次，只要支撑位有效，头肩底形态就成立。有人说这叫复合头肩底，没这么复杂，明白了原理，无论回探几次形成几个肩，都是一样的。大盘在 F 点获得支撑，之后继续上行，头肩底形态成立。2009 年 1 月 16 日再次站稳 60 日均线，我们继续进场。

2009 年 1 月 16 日进场之后，大盘一路上行。这时候，我们要依据历史走势，标记出上涨过程中的阻力位(图 1-12)。依据 2008 年的下跌走势，2009 年上涨过程中第一阻力位应该在 2008 年 9 月 19 日行情形成的 2300 点，之后是 2008 年 6～7 月份横盘区域 2800 点左右，再之后是 2008 年“4•24”行情形成的 3500 点一带的阻力区，再之后是 2008 年 2 月份形成的横盘 4500 点一带。最后是 5500 点头肩顶右肩和 6124 的历史高点的阻力位。阻力位并不是说大盘一定就不能突破，而是说在阻力位容易形成变盘的转折点，当股价运行到阻力位的时候，我们要特别警惕。

2009 年 1 月 16 日进场之后，大盘还不是很稳，2 月 3 日强势上涨，上涨趋势得以确立。回到本章第一节中的问题，为什么在上涨过程中频繁逃顶，为什么不敢重仓？因为害怕行情会见顶，越涨越害怕。的确，行情每天都在创出阶段性新高，任何一个新高都有可能是顶部。但是只要上涨趋势得以确立，即使行情见顶，也不会是直接下跌，也会给我们出来的机会，即一定会有第二个顶让我们出来。为什么一定会有第二个顶？这是由趋势的特性决定的。我们总在讲顺势而为，什么叫势？越是简单的问题，想弄明白，越是困难。就如同苹果落地一样，为什么苹果熟了之后落在地上而不飞向天上。这是一个很多人熟视无睹的过程，却很难解释清楚的问题。势的问题亦如此，整天挂在嘴边上的概念，细想起来可能也不是那么清楚。

势也就是趋势，趋势是股市所有参与者形成的一种合力，这种合力具有保持股价原有运行轨迹的作用。参与者无论是谁或者受到什么样信息的影响，最终都要看形成的合力。中国股市在运行初期盘子小，不规范，受政策影响比较大，以至于有人说股市就是政策市。经过近20年的发展，市场参与者发生了重大变化，参与者的数量和性质都较股市之初有较大变化，管理层、机构投资者、个人投资者，没有也不应该由哪一方来主导市场，市场走势由大多数人的投资行为而决定。我们可以知道自己的想法，但却不能准确预知其他人的想法，更不可能去左右其他人的投资行为。别人怎么想怎么做的我们不知道，所以，在趋势没有形成之前不要去预测。预测有两个风险：①我们知道自己的想法，但对于别人的想法只能去猜，猜就有不准的时候。②市场参与者无论是从哪种角度去分析，最终落实到行动上只有买进(多方)和卖出(空方)，所有的买进和卖出经过抵消后形成一个结果：合力。比如现在上证指数点位是2600点，预测两个月之后会是多少。有可能一个投资者买进5000万，而另外一个投资者卖出6000万，第三个投资者又买进100万，等待。

市场上存在许多未知的投资者和投资行为，事前没有办法去统计，也没有科学的方法去计量最终合力的大小与方向。股市是一个高风险的行业，风险源来自于预测。不过正是这些以预测为依据的买卖行为，汇集起来才形成了合力。如果没有预测，所有人都等趋势形成之后再操作，那也就没有趋势。现实中，绝对不受预测影响的人不存在，每个人都在自己的头脑中有他关于对市场的看法，这就隐含着预测的成分。有些人不会依靠自己的预测去操作，也有一些人会依靠预测去操作，所以，不用担心因为没人预测而行不成趋势。趋势是由人的行为形成的，是市场所有参与者共同行为的合力，不受某个人的影响，所以也就具有客观性。而趋势一旦形成，则会具有持续性。理论依据在于，既然形成合力，就表明多空双方某一方占据优势，而多方或者空方阵营的投资者不可能同时转变自己的看法，即使转变，也会有一个渐进的过程，这个渐进的过程就是趋势的转折点。我们获利的原理在于趋势形成之后进，趋势结束之前出。趋势具有三个特性：不可预测性、客观性、持续性。我们利用均线加关键点位判断大盘的方法，在我们进入的时候不知道大盘一定会走起来，依靠的是概率而不是预测，因为趋势本身不可预测。趋势是投机过程中的一种客观规律，不受某个人主观意志的控制，趋势的客观性使我们的操作具有了必然性，具有了必然性也就具有了确定性。趋势的持续性是我们获利的手段，虽然趋势不能被预测，但可以有效跟踪，趋势确立之后我们再进入依然可以获利。在上涨趋势中，我们不会去逃顶；下跌趋势中，我们也不会去抄底。趋势具有持续性，上涨趋势即使不能再涨，也会有转折的过程，这个转折的过程就是我们出来的时候。同理，很多人去抄底，也是怕错过最低的价格，即使行情由下跌转为上涨，也需要有个过程，不用急着去进场抄底。

上证指数(图 1-13)在 2009 年 2 月 3 日上涨，上涨趋势得以确立，之后就一直持有，依靠趋势的持续性获利。2 月 17 日、18 日下跌，手上有股票不要出，手上有剩余资金可以继续加仓等反弹。一定会有反弹，反弹的时候我们不知道是能突破前期高点继续上涨，还是做双顶，所以，在反弹的时候一定要减仓出来观望(图 1-14)如果能顺利突破前期高点，我们继续进，如果不能突破前期高点，双顶形成，那就继续空仓观望。

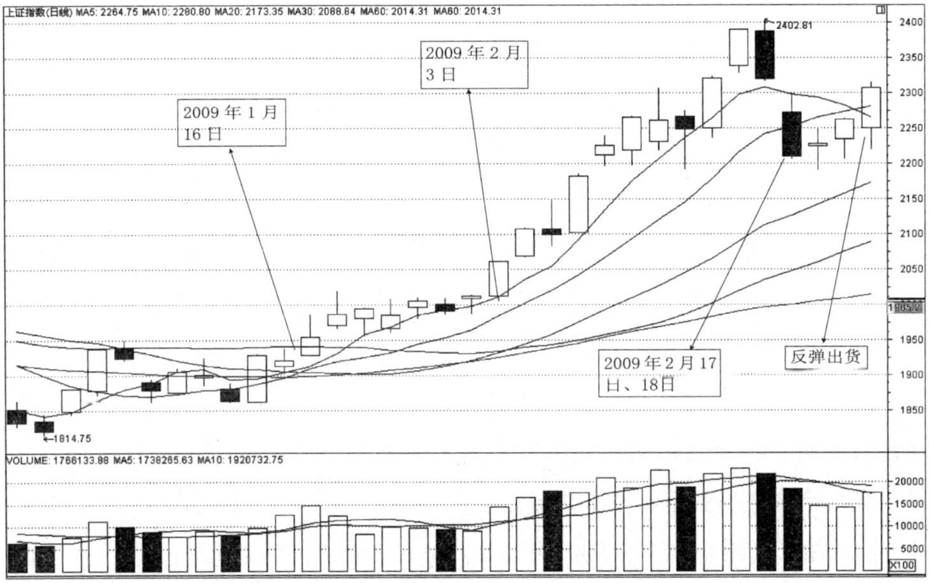

图 1-13 上证指数 2009 年 1～2 月份走势图

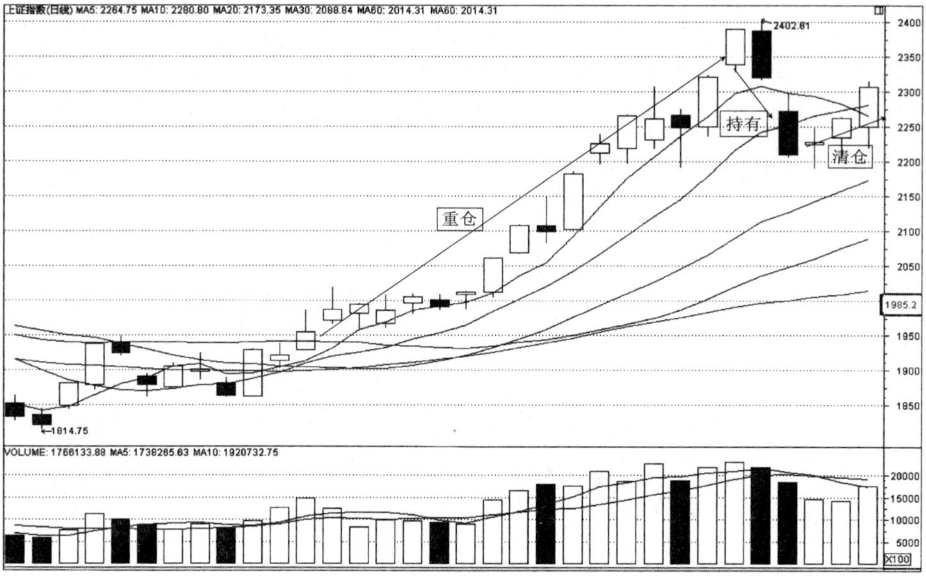

图 1-14 上证指数 2009 年 2 月份回调

上涨趋势中的仓位变化：上涨过程中逐步加仓(图 1-15)，重仓持有，见阶段性高点 A 点，第一次回调不用着急出，至 B 点等反弹，反弹至 C 点坚决出掉。如果能突破前期高点，那么继续追进；如果不能顺利突破前期高点，形成双顶，空仓观望。有些人的仓位变化：上涨过程中逐步减仓(图 1-16)，见阶段性高点 A 点，之后回调至 B 点开始反弹，反弹至 C 点减仓，如果顺利突破前期高点，继续轻仓，如果没有过前期高点再次下跌就再进。这样做的结果有两种可能：如果形成双顶之后还能继续上涨，那么会获利。如果形成双顶之后下跌，就会被套，套住之后不断补仓。如果行情见顶，这样的操作注定就会有一次满仓被套在高位。我们的原则是，宁可踏空，不能被套，所以，双顶形成之后的下跌，不进场。

上证指数(图 1-17)在 2009 年 2 月 17 日、18 日连续下跌，之后展开反弹，反弹不创新高时清仓，2 月 24 日再次下跌，双顶形态成立，不再进入。之后回调至 2037 点再次上涨，对这个点位我印象非常深刻，因为当时的 60 日均线是 2036 点，大盘命悬一线，60 日均线差一个点位没有跌破。再次上涨至前期高点 2400 点的一段行情没有操作，踏空。4 月 10 日站上 2400 点，继续操作。

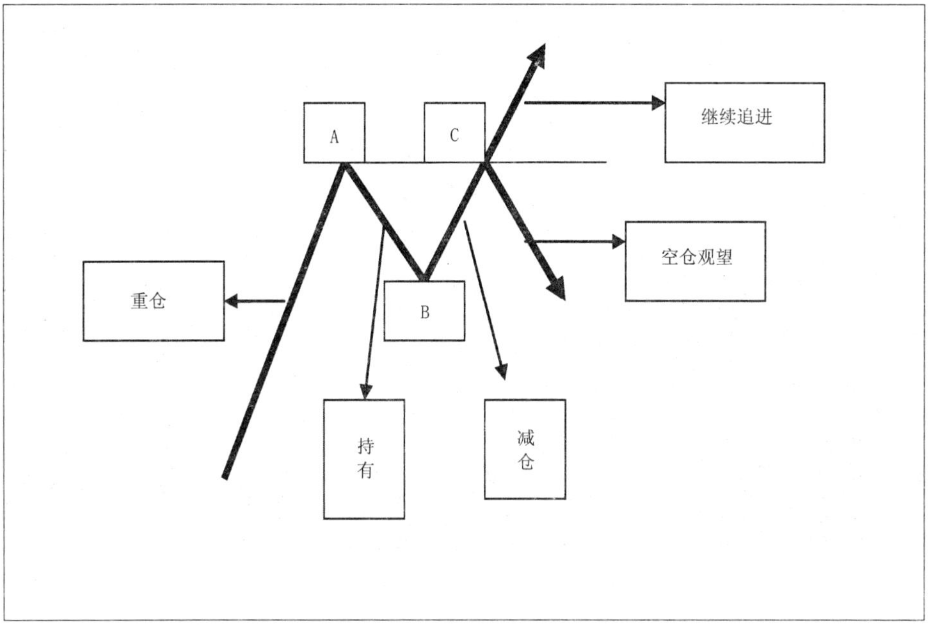

图 1-15 标准仓位变化图

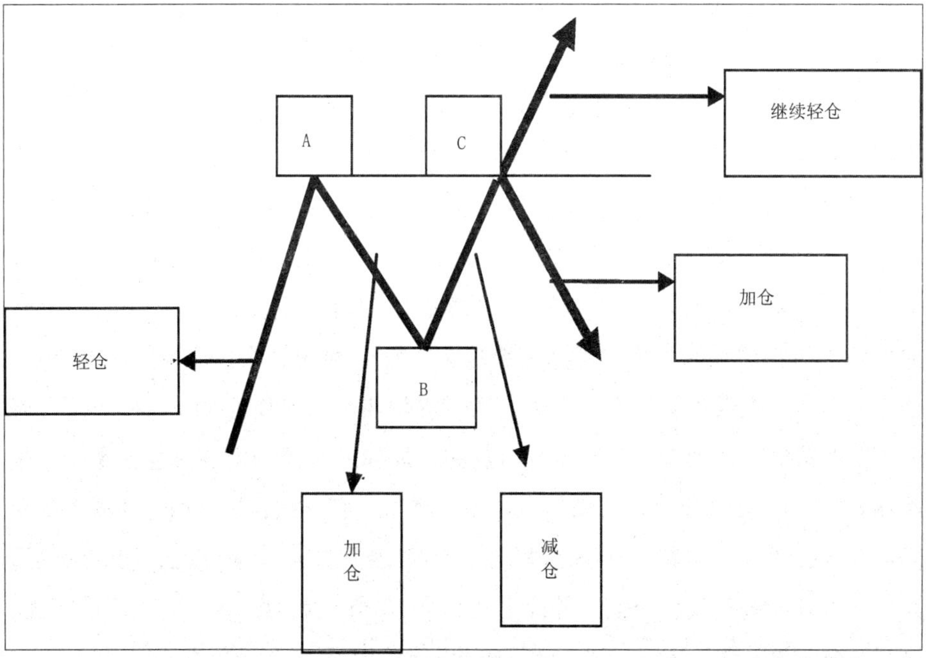

图 1-16 失败的仓位变化图

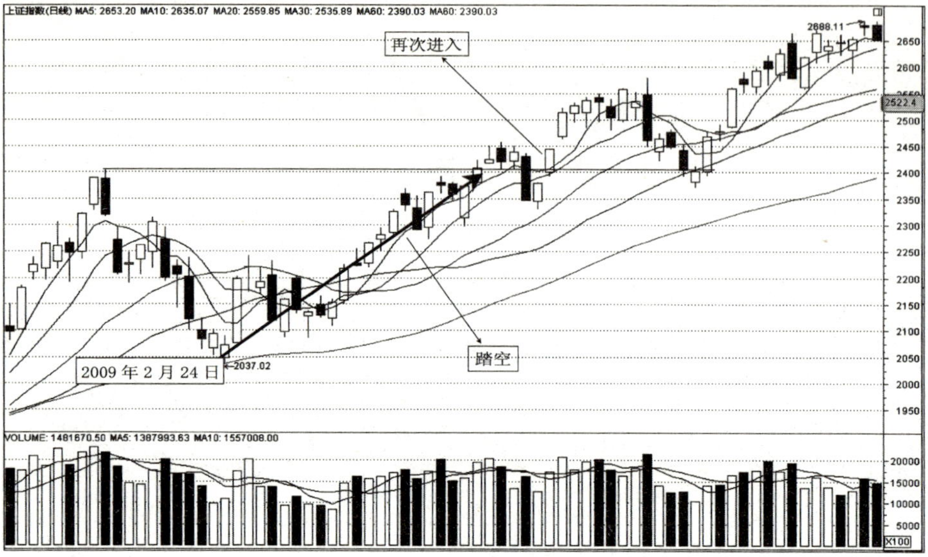

图 1–17　上证指数的反弹走势

依照 2008 年的行情画出的阻力位，2800～2900 点一带具有较强阻力(图 1-18)，在这个位置要提高警惕。当时网上有个朋友，网名叫“谨慎 3000”，后来又改为“看空 3000”，他认为大盘冲不过 3000 点。我的观点是，大盘真正的阻力位在 2800～2900 点之间，也就是 2008 年 6～7 月份形成的横盘区域。当时跌破 3000 点的时候几乎没有遇到支撑，所以真正的阻力是在 2800～2900 点一带，如果能顺利突破，那么 3000 点应该没什么阻力。大盘突破 2800～2900 点一带的阻力位，一路上行，我们就继续操作。到 2009 年 7 月 29 日大盘暴跌(图 1-19)。当天最多跌去 264 点，收盘跌 171 点。虽然对 3500 点的阻力位有所警觉，但是也没想到会以这种突然的方式暴跌。防不胜防，防不住，也没法防，如果为了防止这天的大跌，那么将会错失大部分利润。遇到这样突然的暴跌，摆正心态。这天我也套住了，收盘之后就去找几个朋友斗地主，放松一下。晚上制定的策略：反弹减仓。一定会有反弹，反弹的时候一定要减仓。见阶段性高点 3478 点，之后下跌，双顶形成，不再进入。有一次我讲这段行情操作的时候，有人提了一个问题：3478 点相对于 7 月 29 日高点 3454 点已经算是突破，为什么不继续进？我解释说，继续上涨有 3500 点的阻力，并且突破幅度不大，这时候很难说是否为真正突破，就算成功突破，也不应该着急进入。

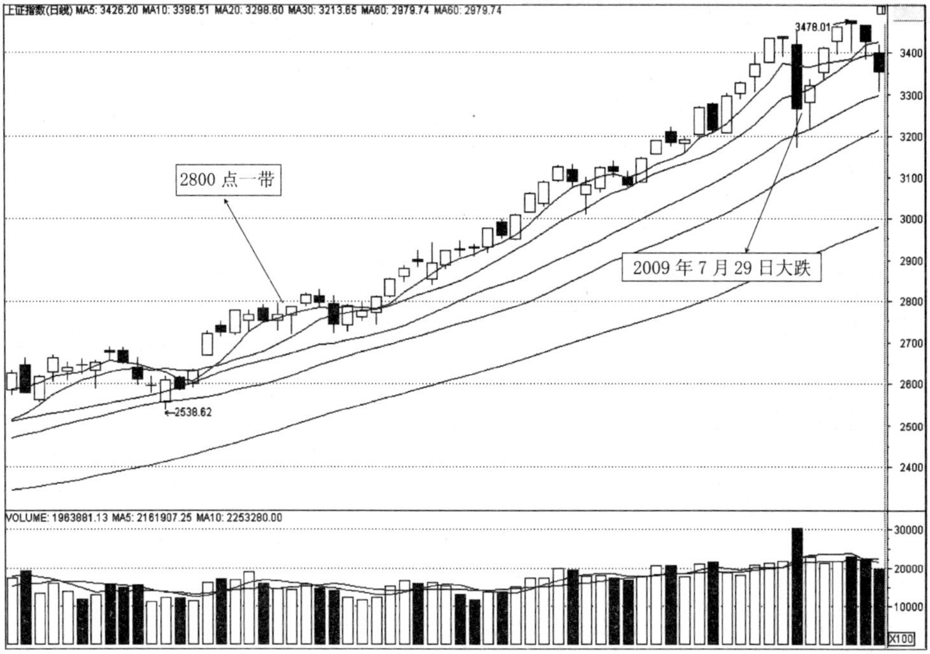

图 1–18

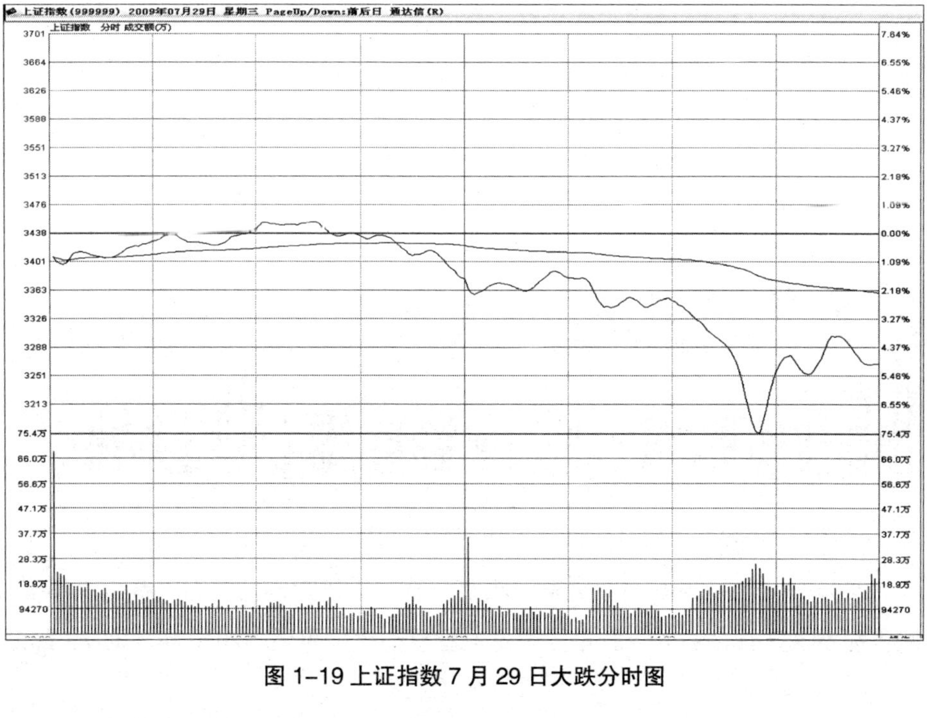

图 1–19 上证指数 7 月 29 日大跌分时图

上证指数在 2009 年 7 月 29 日暴跌之后，双顶形态成立，之后一路下跌。8 月 19 日见阶段性低点 A 点(图 1-20)，反弹之后再次下跌，2009 年 9 月 1 日见阶段性低点 B 点，之后反弹不过 60 日均线，再次下跌，2009 年 9 月 29 日见阶段性低点 C 点。形成一个不标准的头肩底。之所以是不标准的头肩底，是因为右肩 C 点比左肩 A 点略低，正常情况下应该是两肩持平或者右肩比左肩略高。右肩比左肩低的幅度不大，勉强还能算是头肩底形态。如果低太多，就需要当成双底形态来看。是双底还是头肩底，对我们的判断影响不大，只要是能支撑住就可以，因为我们还要等上穿 60 日均线。10 月 20 日站上 60 日均线，可以进场操作。没几天又跌破 60 日均线，止损先出来。11 月 2 日，隔夜美股暴跌，我们的市场低开高走，一根大阳线上穿 5 日、10 日、20 日、30 日、60 日均线，继续进场。面对前期 3400 点的阻力位，2009 年 11 月 24 日大盘暴跌，25 日反弹清仓。

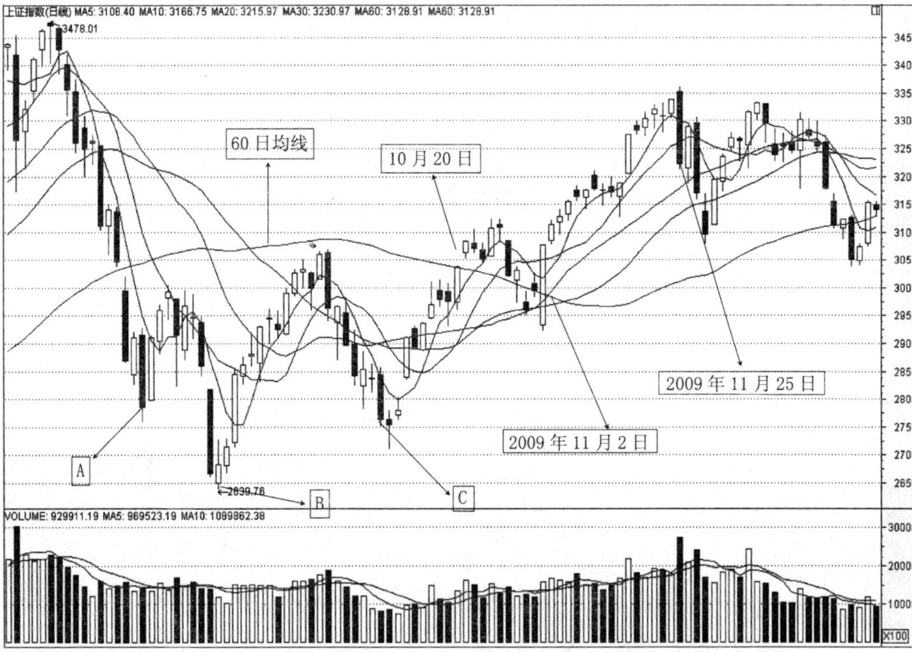

图 1-20

2009 年 11 月 25 日清仓之后，大盘一直处于横盘震荡状态，跌也跌不多，涨也涨不多，有合适的个股也操作，但仓位一直比较轻。2010 年 4 月 19 日大盘暴跌(图 1-21)，之前大盘一直横盘震荡，各条均线杂糅在一起，2010 年 4 月 19 日的大阴线跌穿这些杂糅在一起的均线，很可能是对横盘之后方向的选择——下行。2010 年 4 月 21 日反弹，清仓。

图 1-21　2010 年上证走势图

2010 年 4 月 21 日清仓之后，大盘一路下行，空仓观望。2010 年 7 月 28 日大盘站稳 60 日均线，进场操作(图 1-22)。进入之后就没有多大涨幅，基本是横盘，围绕稀土永磁板块中的太原刚玉(000795)和广晟有色(600259)做过几次短线，2010 年 9 月 14 日出完粤传媒(002181)就空仓了。之后的 15 日、16 日连续两天下跌，判断行情有可能结束了，没有再进股票。之后受美国量化宽松政策影响，美元暴跌，以美元计价的国际大宗商品暴涨，大盘在煤炭、有色板块的带动下一路狂飙，连续的大涨也不敢追，基本算是踏空了。

10 月份的这波行情是典型的结构性行情，盘面大涨，个股冰火两重天，煤炭、有色连续大涨，有些股票不但没有上涨，还跌的比较多。大盘上涨 80 多点，居然有股票跌停。我当时的说法是悬崖边上捡金子，捡到金子还行，捡不到金子还有掉下悬崖的危险。我没有追煤炭、有色股，也没有进其他股票，算是没亏没赚。等行情稳定下来，重仓做过几次反弹，2010 年全年的利润基本都是在 10 月中旬至 11 月初不到一个月的时间内实现的。以后的章节中会讲当时操作的个股。大盘进入 2010 年 11 月份，接近 2009 年 4 月 19 日下跌之前的阻力位，要特别谨慎。谨慎不是嘴上说的，而是要体现到具体操作中。谨慎的操作意义有两点：①不要追高，即使要进，也要等到回调进。②仓位不要重。大盘在 2010 年 11 月 11 日，尾市在中国石油、中国石化的带动下冲高，白线(加权平均线)一路走高，黄线(算术平均线)一路走低(图 1-23)。次日早晨我给朋友的短信是这样说的：

昨日上证指数在中石油、中石化的带动下尾盘飙涨，造成指数虚高，二八分化现象明显。这种上涨与个股普涨的格局有很大不同。目前操作策略：如果能买到短期强势股就操作，如果买不到那就什么股票都不要买。

图 1-22　2010 年下半年上证指数走势图

结果 2010 年 11 月 12 日大盘暴跌，是我没有预料到的。我的想法可能会是二八分化，可能要炒大盘股，我平时基本不操作中国石油、中国石化这样的超级大盘股，所以就准备什么股票都不买。

当天早晨发完短信，给一个朋友打电话。我知道他有盘中做 T+0 的交易习惯，这种方法震荡市管用，不适合单边市。11 月 11 日大盘虽然收涨，有些股票已经跌了百分之四五，我给他打电话说，如果手中的股票不想出，也不要再加仓了。12 日下午 3 点多他给我打电话说，没出来，补仓套住了，持有的中体产业(600158)等 3 只股票，跌的最少的一只跌了 8%。账户资金是 1300 万，做了一个月赚了 160 万，11 月 12 日这一天，亏回去了 100 多万。

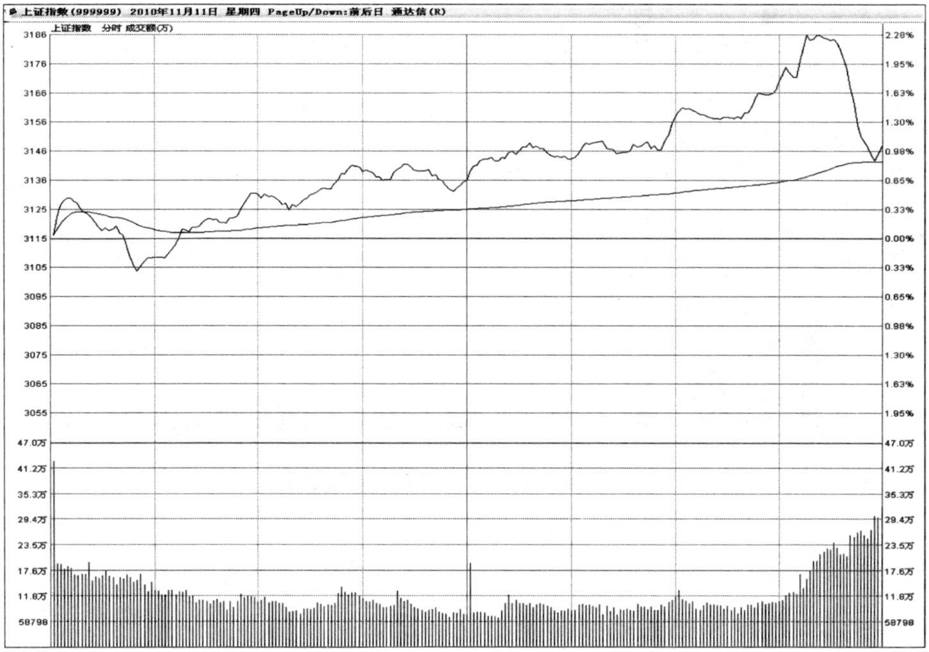

图 1-23 2010 年 11 月 11 日大盘尾市分时线

这次我是在 11 月 11 日清仓的，有运气的成分。当时做华帝股份(002035)，依据 3 天原则，3 天没有上涨就出掉。出来之后手上没有股票了，正好躲过 11 月 12 日的大跌。运气这东西靠不住，做股票不能靠运气。如果当时并没有出来，怎么办？在 11 月初大盘接近 3200 点阻力位的时候就要特别谨慎，我进华帝股份(002035)也仅仅用了 1/10 仓位，仓位比较轻。即使 11 月 12 日大盘下跌被套，13 日的反弹也会出来，即使是割肉也要出来，因为仓位比较轻，也不会亏太多。何况当时的华帝股份(002035)还不是很弱(图 1-24)。

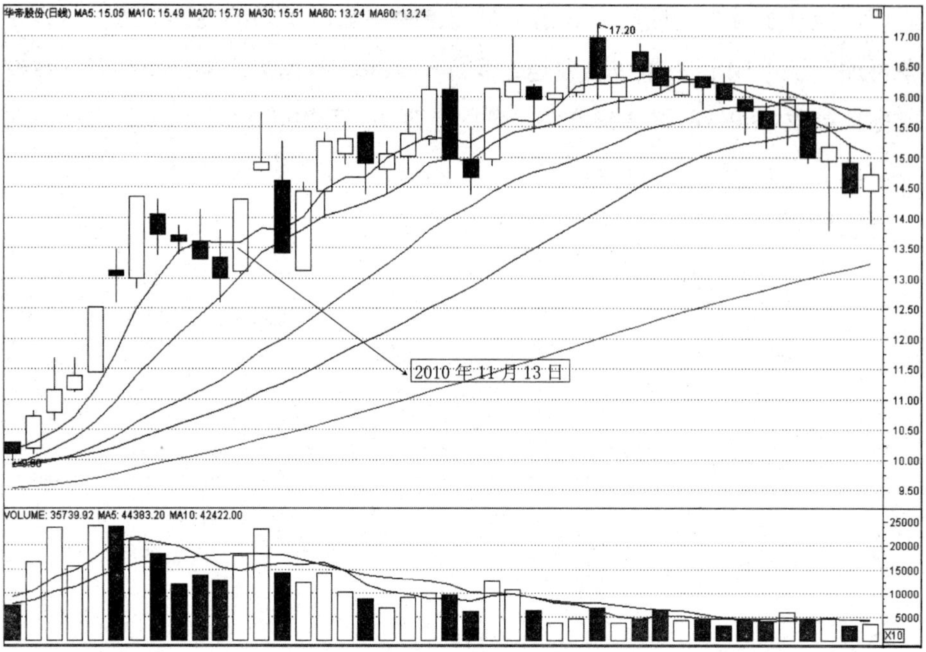

图 1-24　华帝股份(002035)走势图

2010 年 11 月 11 日清仓之后就没再操作。2011 年 2 月 14 日，上证指数站稳 60 日均线，可以进场操作(图 1-25)。2011 年 4 月 11 日大盘面对前期(2010 年 11 月份)阻力位冲高回落，这天给朋友的短信我这样说：

大盘面对前期高点(3100 点一带)，压力比较大，手上的股票今天可以考虑减仓。

当时有朋友问，为什么要减仓？我解释说，大盘面对前期阻力位，冲高回落，现在减仓比较主动。他又问：哪个阻力位，2010 年 4 月份阻力位高点是 3186 点，现在才 3050 点，还有 100 多点，是不是过于谨慎了？我的观点是：大盘短期走势具有一定偶然性，上行遇到阻力位需要谨慎操作，上次高点是 3186 点，不一定要等到 3185 点再减仓，能减就先减出来。如同开车，知道前方可能有个大坑，差不多就停下来，不一定要等到坑前再停车，一脚没刹住，掉进去，还要慢慢往出爬。

2011 年 4 月 11 日之后大盘并没有开始下跌，继续上涨，上涨的幅度比较弱，面对重要阻力位，上涨力度较弱，需要特别谨慎。4 月 19 日大盘下跌 58

点，本轮自 2661 点开始的这波行情有可能走完。之后连续两天小反弹，坚决清仓。

据媒体报道，国内某券商投资经理因为股指期货做多亏损而跳楼自杀。据说是在 2011 年 4 月 18 日开了 10 手多单，每手保证金 18 万，而他整个账户资金是 200 万，接近 90%仓位。我不知道他是怎么分析当时的行情，如果用技术分析来判断，大盘首先要触及到 2010 年 4 月份的阻力位，之后还有 3400 点、3500 点的重要阻力区域，这样的点位，即使不去做空，也不应该去做多，更不应该满仓去做多。血的教训！

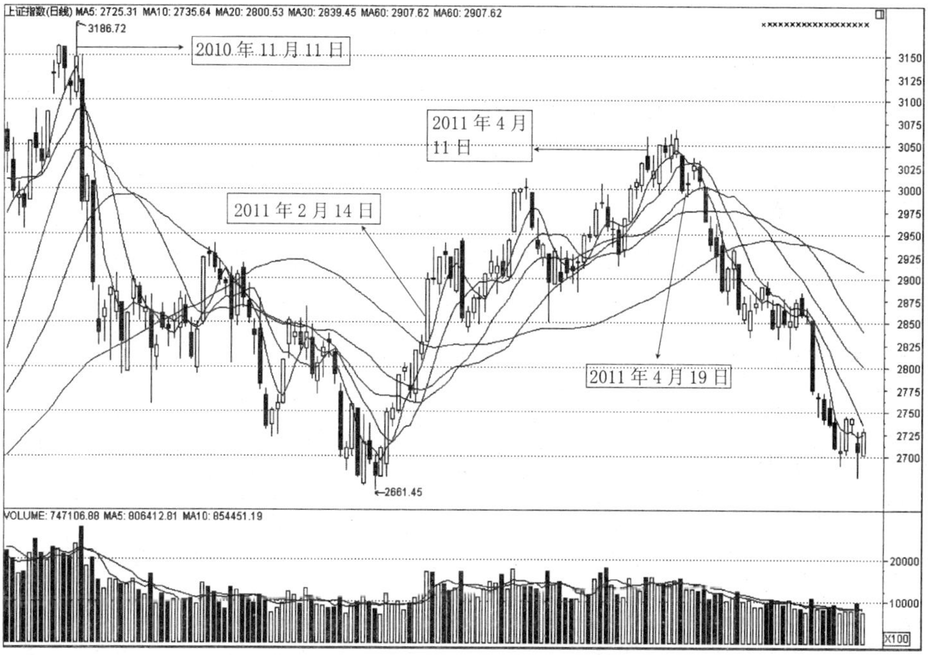

图 1-25　2010～2011 年上证指数走势图

1.4 优点与缺点

认识到自己方法的优点和缺点，才能扬长避短，发挥有利的作用，回避不利的影响。均线和关键变盘点位结合运用的方法，有其优点，也有其缺点。这种方法的优点是捕捉大行情，规避大风险，适合单边行情。缺点是有些行情可能会踏空，震荡市收益可能不理想。

行情来了，赚钱不要手软，行情不能操作，也不要手痒。2006～2007年的跨年度大行情，赚钱太容易，这时候不要疑神疑鬼的去逃顶，该赚的钱，能赚的钱，一定要赚。2008年不能做了就休息。经历了2006～2007年的大牛市，2008年年初有些人认为上证指数要过10000点，至少到奥运会之前不会跌多少，较为悲观的看法认为是震荡市。2008年的下跌，一些人是有准备的，最终为什么还赔钱？知道大盘会下跌，没想到大盘会以这样的方式下跌。顶部逃出来，赔在了半山腰的抄底上。有人说，中国股市经历过四次牛熊转换，我认为未必如此。中国股市到目前不过20年的时间，有可能一个完整的大轮回都没走完，很多事情都是第一次，没有什么经验可谈。依照2001～2005年的熊市经验去操作2008年的行情，必亏。有了2008年的经历，我认为下跌行情中没有什么规律可循，这就是规律。

股市中赚钱不难，难的是长期赚钱。1929年，美国投资者格罗克•马克斯，在大崩盘中一天就损失了25万美元，他说过一句带有黑色幽默的话，道出了市场交易极为残酷的一面：经过多年个人奋斗，我终于从一无所有转为极端贫困。

我们市场中的很多投资者，不也是这样每天忙忙碌碌、辛辛苦苦的——赔钱。造成这种现象的根本原因在于股市风险、收益情况的阶段性特征。在某一阶段是高风险低收益，在某一阶段是低风险高收益。在低风险高收益的阶段，赚钱很容易，亏钱的风险非常小。在高风险低收益的阶段，赚钱很难，绝大多数操作都是亏钱，亏钱的风险很大。充分认识到股市的这种阶段性特征，能做的阶段就做，不能做的阶段就不要做，这就是股市的行业特征。任何一个行业都有它的行业特征，比如工业，可以标准化、全天候生产，而农业则要遵循气候规律，不是说想什么时候生产就可以生产的。在中国北方，春种秋收是规律，不能说某个人勤快，冬天去种地，不但没有收成，种子都赔进去。我们要做的事情是发现规律，遵循规律去办事，而不是违背规律。

用均线和变盘点位相结合的方法，有时候会踏空一些行情。比如2009年3月份那段从2050～2400点的行情，双顶形态成立之后不在进，后来又走起来了。如果那次双顶之后下跌再进，2009年7月29日之后的下跌也应该进，这次就会被套。方法的使用要有一致性，不能说2009年3月份2400点那段行情我操作，到 7 月 29 日大跌之后的行情我不操作，只要操作，真正的顶部就不会有反弹的机会，一定会满仓被套在高位。宁可踏空一些行情，也不让自己被套住。

用均线和变盘点位相结合的方法，震荡市收益可能不理想。我也知道震荡市高抛低吸，可是在当时行情没走出来，谁敢说就是震荡市，单边市怎么办。因为我们坚持晚进早出的原则，这种原则适合大行情，小行情在进入之前已经有一段涨幅，进入之后又没有多少涨幅，不吃鱼头和鱼尾，只吃鱼身，而这条鱼又比较小，自然收益也比较少。从 2010 年到现在，我收益都不高。2010 年开年就是震荡，操作的机会不多，并且仓位非常轻。2010 年 4 月 19 日下跌之后就没再做。7 月底开始进入，之后行情也没涨，震荡到 9 月份清仓之后踏空 10 月初期的上涨，之后重仓做过几次反弹，整个 2010 年的收益基本都是这几次反弹操作赚的。2010 年 11 月 12 日下跌之后没再做，到 2011 年 2 月份才开始逐步进场，4 月清仓。这两年的行情不利于我们这种方法的操作，能赚就赚，不能赚也不能赔钱。以前我赚过钱，以后也会赚钱，又何必急于这一时呢？

1.5 判断大盘的难点

回顾 2008 年以来的几次阶段性顶部，我都比较及时的出来了(图 1-26)。2008 年 1 月份 5500 点头肩顶的右肩清仓，2009 年 7 月 29 日大跌之后的清仓，2009 年 11 月 25 日的清仓，2010 年 4 月 21 日的清仓，2010 年 9 月 14 日清仓，2010 年 11 月 11 日的清仓，2011 年 4 月之后的空仓，我出来的时候不一定是顶部，但是顶部一定都能出来。2008 年 5500 点和 2009 年 7 月 29 日之后的清仓是依靠形态理论中关键变盘点位，2010 年 4 月份那次是跌破 60 日均线，2009 年 11 月份、2010 年 11 月份和 2011 年 4 月份是前期阻力位。有个朋友听我的建议，2010 年 11 月份和 2011 年 4 月份都成功出来避免了损失，专门来找我学习判断大盘的方法，准备听我对市场深刻的分析，我说就是前期阻力位，上不去就下，就这样。没有其他原因了？没有！就这样简单。

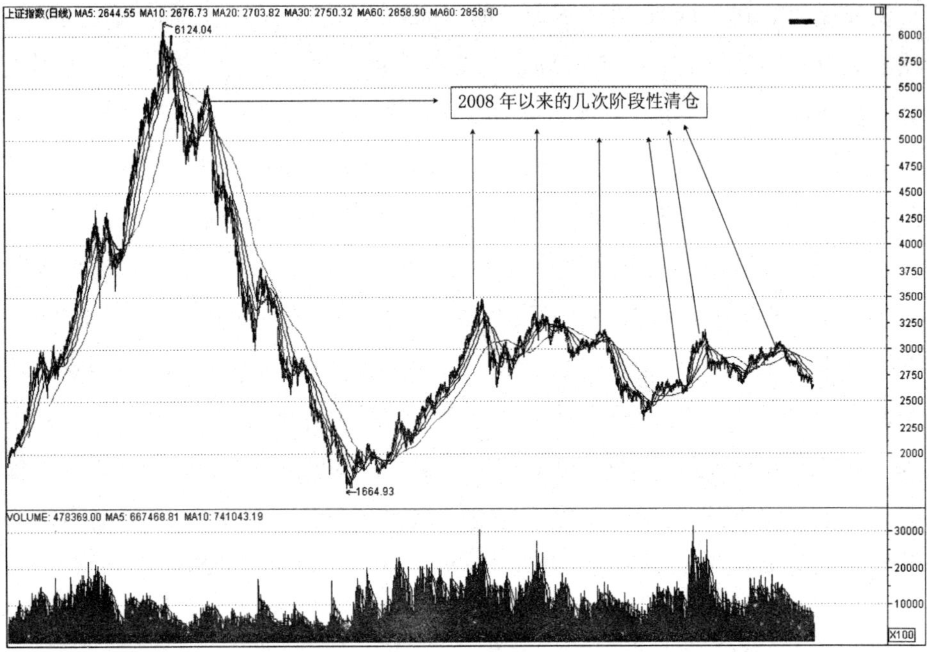

图 1-26　2008 年以来的上证指数走势

判断大盘的方法并不难，难的是坚持原则。股市最大的诱惑在于，每时每刻都有赚钱的机会，有些机会仅仅是理论上的机会，实际操作中很难把握。不同的人由于价值取向的不同，形成不同的人性。不同的人性对于风险与利润做出的选择不同。赚钱的方法很简单，人很复杂，所以让赚钱也变的很复杂。

2011 年 5 月份人民大学组织了一期炒股培训班，邀我去张家界讲两天课，给我安排的时间是 5 月 22 日、23 日。22 日(周日)讲课的时候我先讲的大盘，说当前的行情已经不能做了，我空仓，并且开玩笑说，即使明天(23 日，周一)就是收一根百点长阳，我也不会操作，这是原则。结果第二天(23 日，周一)大盘暴跌 83 点(图 1-27)，我看有些学员脸都跌绿了。我非常理解他们的心情，如果我手上有股票，大盘暴跌，心里也会很难受。到现在我做股票 10 年，也没有达到“手中有股，心中无股；不以赚喜，不以赔悲”的境界。想赚钱没有错，想赚大钱也没有错，但是我们要知道哪些钱能赚，哪些钱是赚不到的，不要为了捡个芝麻丢了西瓜。有些人总操作是思想认识上存在误区，有些人则是不想着放过任何赚钱的机会，而股市从理论上来说也的确是时时刻刻都存在着赚钱的机会，这就让很多人欲罢不能。在下跌行情中，有些人还在问我应该怎样买卖股票，我的回答是不做，有人就会说，下跌行情我也赚过钱啊，为什么不做，如果做得好一样可以赚钱。我讲的是战略，而他们讲的是战术，战略上的失误，战术上的小修小补无济于事。

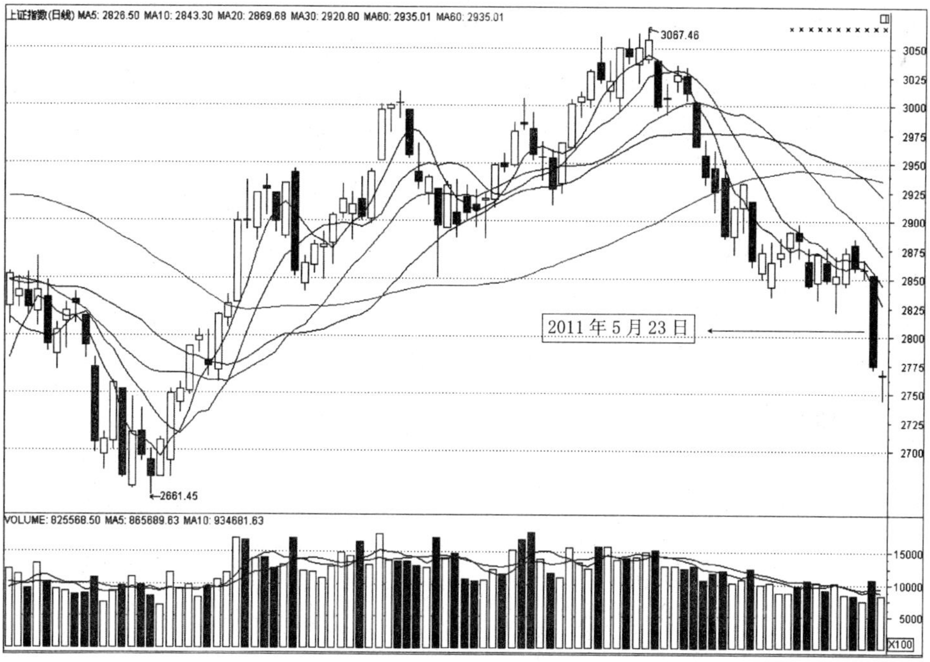

图 1-27　2011 年上证指数走势图

第二章　价量关系

2.1 放量上涨与缩量上涨

传统价量关系认为：买卖双方对价格的认同程度通过成交量的大小得以确认，认同程度大，成交量大，认同程度小，成交量小。这就使价量关系呈现一种变化规律：价升量增、价跌量减。依据这一规律，当价格上升时，成交量不再增加，意味着价格得不到买方确认，价格上升的趋势将会改变；反之，当价格下跌时，成交量萎缩到一定程度就不再萎缩，意味着卖方不再认同价格的继续下降，价格下降趋势将会改变。成交量是推动股价上涨的原动力，是测量股市行情变化的温度计，通过其增加或者减少的速度可以推断出多空双方的力量对比和股价涨跌的幅度。成交量和价格都上升是投资者对某只股票感兴趣而且这一兴趣将持续下去的信号。反之，价格上升而交易量下降则是股票价格随后将下跌的信号。

这里有两个疑问：

(1)成交量和价格都上升是投资者对某只股票感兴趣而且这一兴趣将持续下去的信号，投资者对一只股票感兴趣就会买入，致使股价上涨，这点容易理解，那么为什么会成交量也放大呢？成交量放大，说明买的人多，卖的人也多。成交量放大，说明对这只股票感兴趣的人(多方)很多，同时说明对这只股票不感兴趣的人(空方)也很多，如果只有买而没有卖股价应该是无量上涨，而不应该是放量。

(2)当价格上升时，成交量不再增加，意味着价格得不到买方确认，价格上升的趋势将会改变；反之，当价格下跌时，成交量萎缩到一定程度就不再萎缩，意味着卖方不再认同价格的继续下降，价格下降趋势将会改变。只有流入的资金比流出的资金多股价才会上涨，股价缩量上涨如果得不到买方的确认，那么价格为什么还是上涨，为什么还是流入资金比流出资金多，没有买方的认可，流入资金从哪里来？这就解释不通。实际上是股价上涨，得不到卖方的认可，买方被迫提高价格去买进，才会造成股价上涨同时成交量萎缩的现象。股价上涨的根本原因是买入比卖出的多，而不是因为卖出的人少。

缩量下跌中，缩量说明卖出的人少，既然卖出的人这么少为什么还是下跌？说明买入的人更少。股价的上涨或者下跌，是多空双方力量抵消之后形成合力的方向，不能单纯的考虑买方或者卖方，是相对量而非绝对量。

从心理学角度来分析，为什么股价上涨会放量。股价上涨，就会有获利盘，这些获利盘担心股价会回落，多数人会选择落袋为安的操作。这种现象在一些有过赔钱经历的股民身上体现的尤为明显：以前赔过钱，害怕再赔钱，赚点钱就想出来；以前赚钱不出，结果又跌下来，不但到手的利润没赚到，还有可能损失本金。这种害怕损失的心理，导致一只股票只要股价上涨就会有大量抛盘，如果继续上涨，就需要有新的资金进入，这些新进入的资金获利之后也会出来形成新的抛盘，还需要再有新资金进入，如此反复，导致股价放量上涨。在这个过程中，因为上涨才会有获利盘，有获利盘才会有抛盘，有抛盘成交量才会放大，股价上涨是放量的原因，放量是股价上涨的结果，而非原动力。有价才会有量，价在量先。有没有人股价上涨的时候不卖？有，但是少数。我们分析市场心理，分析的是市场多数人的心理，股价上涨有人卖，也有人不卖，卖的人占多数，起主导作用。

在研究放量上涨的时候，我们发现一种现象：缩量上涨。成交量萎缩，股价却还在上涨。依照市场心理来分析，放量就会有获利盘，有获利盘就会有抛盘，获利盘越多抛盘就会越多。股价上涨缩量，说明抛盘并不多，为什么这些获利盘没形成抛盘？如果筹码为广大散户持有，你不卖别人也会卖，并且卖的人比不卖的人要多，就会放量。现在的情况是，获利盘并没有大规模卖出，说明大部分筹码并没有在散户手中，而是集中在一个或者几个少数人手中，只要这些人不卖，就不会形成大的抛盘，股价上涨就不会放量。反之，一只股票只要是缩量上涨，就说明筹码锁定程度良好，由于散户人多心不齐，不可能起到锁仓的作用，所以，筹码只能是锁定在少数大资金手中。

股市技术分析，效果之所以不尽如人意，一个重要的原因是一些主力反技术分析而行之，刻意做出一些骗线，价格和成交量都可以做假。那么缩量上涨能不能作假，这个没办法作假。如果想让股价缩量上涨，那你就要收集到足够的筹码，如果大量筹码还在散户手中，只要股价上涨，就会形成抛盘，就会放量，没法控制其他人不去卖。大资金锁仓，才会缩量上涨，缩量上涨是筹码锁定程度的真实体现。

缩量上涨是我们操作系统的中枢，所有个股走势分析均需要得到缩量上涨的确认。缩量上涨的例子可以看一下诚志股份(000990)2009 年一段走势(图 2-1)。该股自 2008 年 11 月 3 日 4.30 元逐步上涨，2009 年 1 月 19 日、20 日达到阶段高点 8 元左右，并且成交量放大。是建仓还是出货？不能确定。如果能走出缩量上涨，说明这两天的放量就是有资金进场建仓。该股之后走出一波缩量上涨行情，直至 14 元(图 2-2)。

图 2-1　诚志股份 2009 年走势图

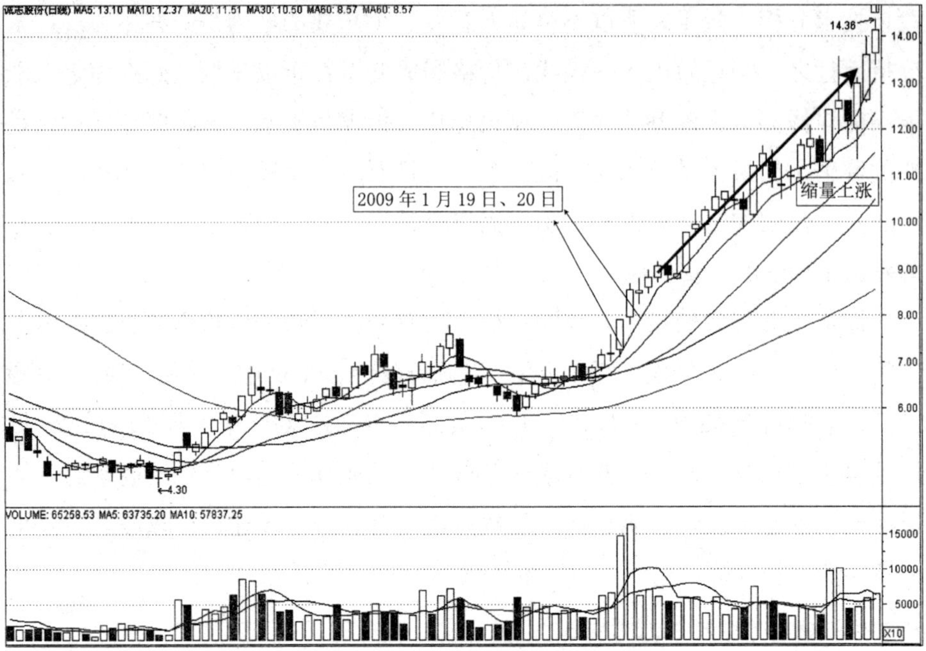

图 2-2 诚志股份缩量上涨

同样的例子还可以看一下江中药业(600750)2009～2010年的一段行情(图2-3)。该股自2008年末见阶段性低点6.60元之后一路上行。2009年7～9月份在14～18元之间的相对高位放量震荡。相对高位的放量有可能是大资金出货，这点好理解，低位进货，高位出货，低吸高抛实现盈利。也有可能是新的大资金进场吸货，这点有些人就不容易理解。既然进货，为什么不在低位进，股价已经涨到18元了，与低位6元的价格相比接近3倍，这么高了还进货？

主力不是神仙，进早了被套，进晚了追高，常有的事。在一只股票运行过程中，大资金之间也会产生分歧，换主力的事也经常发生。我不主张通过技术分析手段预测股价的原因，是因为无法预测别人的想法和投资行为。同样都是大资金出货，有些股票会下跌，有些股票会横盘，有些股票还会继续上涨。为什么出完货了还会上涨？因为有新的更加乐观的大资金又进入了。比如说这只股票，14～18元的横盘有可能是有些大资金要出货，如果有新的大资金再进入，那么这只股票还有可能再继续上涨。不能把市场资金看成是一个主力，市场有很多主力，也不能把所有股价的运行看成是一个阶段，有些股价运行可以分很多阶段，各个阶段之间没有必然的联系。现在有些人分析行情，还是用建仓、拉升、洗盘、出货这一套庄股时代手法来判断，我们的市场早已今非昔比。股市是一个战场，战场环境变了，我们的策略也要跟着变，不要打了半天仗，自己的对手是谁都不知道。市场参与者越多，资金性质和操作手法就越复杂，不确定性就会越大，规律性的普遍原理就会越少。不知道一只股票是否还有涨升空间，那我们还怎么做股票？一只股票会涨多少我们不确定，但是我们能确定它什么时候会涨，那就是强势阶段。江中药业(600750)在相对高位 14～18 元放量震荡，我们不要主观的认定是出货还是建仓，如果能走出缩量上涨说明筹码锁定程度良好，就是有大资金进场建仓。如果走不出缩量上涨，就不能确定是大资金建仓，继续观望。2009 年 9 月份之后，该股走出一波缩量上涨行情，直至 40 元(图 2-4)，说明当时就是有大资金进场。

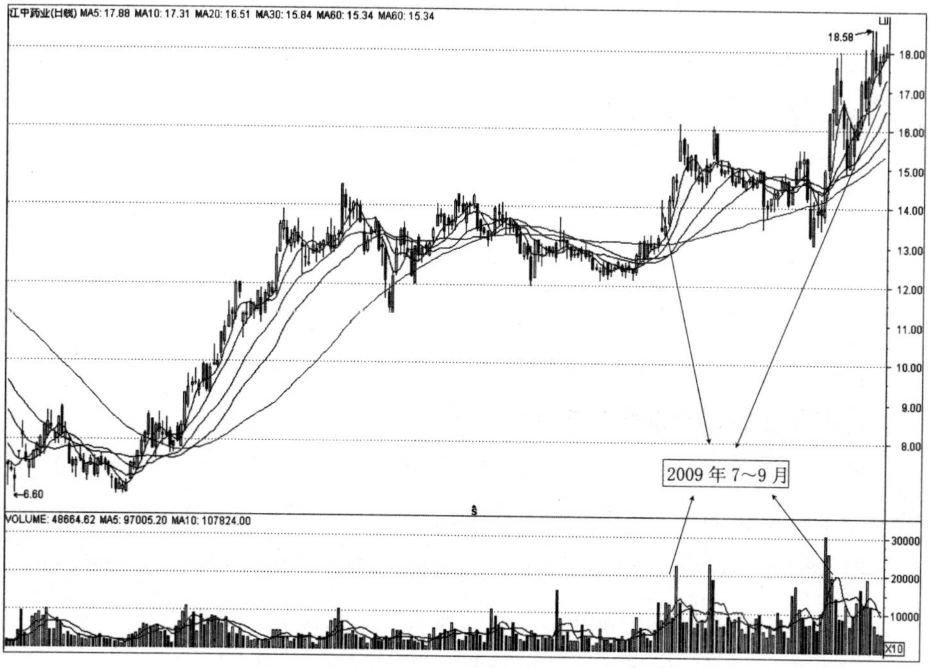

图 2-3 江中药业 2009～2010 年走势图

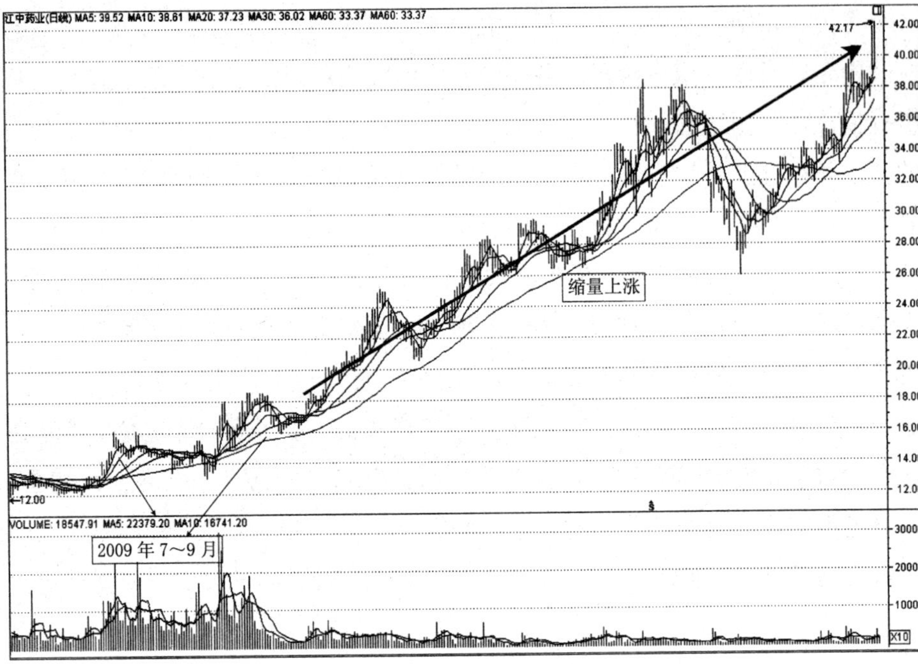

图 2-4　江中药业缩量上涨

2.2 缩量上涨的误区

缩量上涨的根本作用在于判断筹码锁定程度，从而判断大资金的进出。在运用的时候，需要明白原理，而不是用“缩量上涨”四个字去套图形。本节我把这几年一些读者朋友选择的缩量上涨案例分析一下，以便让大家更好理解怎样的走势才算是真正的缩量上涨。

海博股份(600708)(图 2-5)

操作时间：2010 年 10 月 8 日 14：57 买入，10 月 15 日 14：29 清仓(中间进行了多次的 T+0 的操作，也不成功)。

盈亏状况：亏损近 -20%(把前期一个月成功操作的获利都回吐了，教训深刻)。

选股理由：大盘强势向好，个股初显缩量上扬走势，尾盘追高买入。

个人总结：不应该操作这样的个股，原因如下：

(1)从个股的运行特点看，主力采用的波段操作手法，未出现过一个涨停板，肯定是弱势股，短线操作应该回避这样的个股。

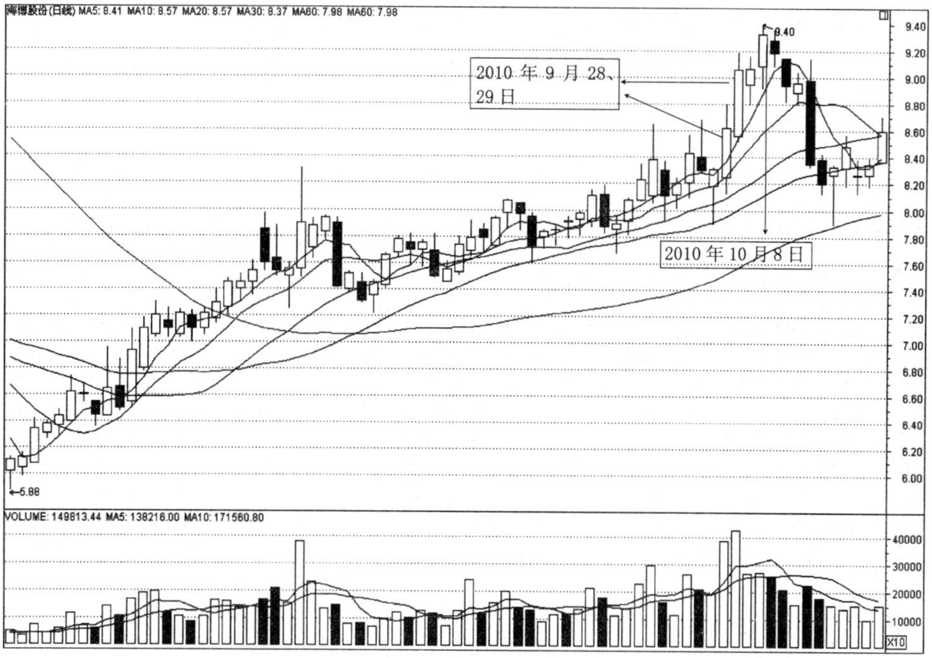

图 2-5 海博股份走势图

图 2-6 海博股份 2010 年 10 月 8 日分时走势图

(2)个股虽然初显缩量上扬趋势，但是从对盘整平台的突破看，量仍旧放的很大，不能排除主力出货的嫌疑，或者是主力未拿筹码，无论是哪种情况个股均有可能下跌调整。

(4)未遵从“三日原则”，介入时是调整的第二日，应该在下一个交易日，全天没有上涨时出掉，损失应该很小，这时存在很严重的侥幸心理。

(5)被套后，先是慌张，后是恐惧，导致大幅度亏损。个股虽然跌破30日线，但大盘强势向好，个股已处于60日线和前期密集成交区，支撑力度很强，应该选择在60日线补仓，并等待解套；个股几日的T+0操作都十分随意，没有规范，这是导致亏损加大的主要原因，牢记教训。

主要的教训是一定要做强势股。正如高老师所说的，风水轮流转，围绕强势股操作的思路不能变。所谓强势股，就是涨停板较多的个股，这样的个股拉升起来才有力度。

点评：该股在2010年9月28日、29日连续两天放量上涨，10月8日从K线走势上看，价格上涨，成交量萎缩，是缩量上涨。如果看一下10月8日的分时图(图2-6)就会发现，上涨是尾市拉高所致。我们讲的缩量上涨，是因为股价上涨有获利盘，这些获利盘遇到震荡很容易形成抛盘，如果没有形成抛盘，说明筹码锁定程度良好。这就涉及上涨幅度和充分震荡的问题，上涨幅度越大，获利盘越多，抛盘就会越多。一只股票上涨10%，另一只上涨1%，上涨10%的股票要比上涨1%的股票抛盘大的多；越是震荡，抛盘就会越多，一只高位充分震荡的股票，比迅速冲高的股票抛盘要大的多。海博股份(600708)尾市迅速拉高，没有充分震荡全天交易就结束了，如果是早盘上涨全天高位震荡，未必会是缩量。所以，这种从K线走势上看出的缩量上涨，分时图没有高位震荡的缩量并不是缩量上涨。

石油济柴(000617)(图2-7)

操作时间：2010年11月3日10：17买入，11月4日和5日分两笔清仓。

盈亏状况：亏损近-4%。

选股理由：个股缩量拉升，经3日调整，我判断会再向上。

整体评价：选股和操作均极差。

(1)大盘已在前重要压力区，盘整多日，上攻欲望明显不足，随时可能向下，应回避风险，不应冒险操作，这是失败的最根本原因。

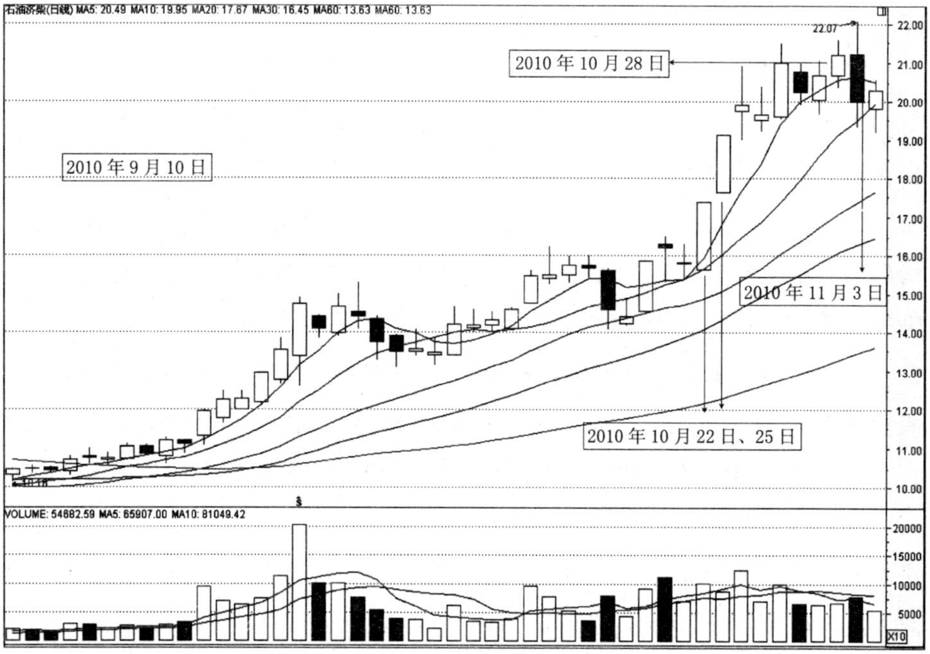

图 2-7 石油济柴走势图

(2)个股在 10 月 28 日再次拉出缩量大阳后，经过 3 日调整，下一个交易日应及时拉升，如不拉升则不能介入，这是 3 日原则中所规定的，我没有遵循。我是在开盘短时上攻回落时介入的，而在 5 日、10 日均线之上买入，有些追高，当日被套。初套后，由于刚刚经历巨亏，所以心态变坏。

(3)11 月 4 日卖出半仓时个股已经明显止跌于 10 日均线，量也没有放大，大盘收出中阳线，应等待反弹，而我却在恐慌中卖出。11 月 5 日卖出另外半仓，大盘虽然收出十字星，但不会马上回落，应继续持仓等待解套，我却没有原则地卖出，显示出我操作中的随意性。

点评：石油济柴在 2010 年 8 月 12 日之后停牌，9 月 10 复牌，早盘迅速下跌，之后强势拉起，高位震荡(图 2-8)。全天换手率 7.06%，相比之前的走势是放量。从 K 线走势来看，9 月 10 日之后的走势，相比 9 月 10 日的成交量，属于缩量上涨。缩量上涨的前提是必须要有放量，放量有大资金进入的可能，之后的缩量上涨是对放量过程中大资金进入的确认。放量是发动一波行情必要而不充分的条件，只有放量，大资金才有可能进入，只有大资金的进入，才有可能发动一波行情。不放量，大资金没法进入。实际走势中，有些长线资金通过时间换空间，采用下跌低吸，震荡低吸的方式建仓，没有明显的放量过程。这类长线资金运作的股票较难跟踪，不是我们操作系统研究操作的对象。是否属于放量，需要看相对量比，还需要看绝对换手率。该股 9 月 10 日之前的换手率维持在 2%～3%，9 月 10 日的换手率是 7.06%，相比之前的成交量是放量。但是，相对于总股本来说，7.06%的换手率并不能算大，不能算是放量。我们看一下该股的股本结构(图 2-9)：总股本 2.8753 亿股，大股东中国石油集团济柴动力总厂持有 1.7252 亿股，占总股本 60%。大股东的股份不会轻易在二级市场上流动，扣除这部分股份，实际流通股本就变为 1.1501 亿股。2010 年 9 月 10 日全天成交 2030.7 万股，占总股本 7.60%，占实际流通股本 17.6%。如果以 17.6%的换手率来说，就可以认为是放量，当天进入的资金有可能撬动 1.1501 亿的股本，发动一波行情。10 月 22 日、25 日两天连续涨停，分时图高位震荡(图 2-10 和图 2-11)，换手率分别为 3.53%和 3.01%，相对于 9 月 10 日的换手率属于缩量。连续大涨并且分时图有高位震荡的缩量上涨，表明筹码锁定程度非常好，也是对 9 月 10 日放量过程中大资金建仓的确认。10 月 28 日再次缩量大涨(图 2-12)。该股在这一阶段的走势属于缩量上涨，选股符合缩量上涨的要求。在 11 月 3 日进入的时间不合适。10 月 28 日之后该股连续调整 3 天，11 月 3 日是调整的第四天，依据 3 天原则就不应该再进入了。所谓 3 天原则，是指一只股票在上涨过程中，调整不能超过 3 天，超过 3 天短线操作就要先出来。有没有调整超过 3 天之后再继续大涨的？有，而且不在少数。那为什么就不再多拿几天，这和我们做短线整体思路有关。做短线，我们介入的时间是在高速上涨阶段，进入之后就大涨，说明我们买在了上涨途中，那我们继续持有。如果调整时间超过 3 天，有可能继续调整或者下跌，即使以后再涨起来，调整或者下跌的过程我们不参与，短线只做强势上涨阶段。风险小，获利快。该股正确的操作流程是：10 月 28 日缩量大涨的次日(29 日)回调的时候进入，3 天不涨，少赚或者持平出来。该股的操作失误在于细节，缩量上涨的运用没有错误。之后的走势也证明，该股比海博股份(600708)要强的多(图 2-13 和图 2-14)。

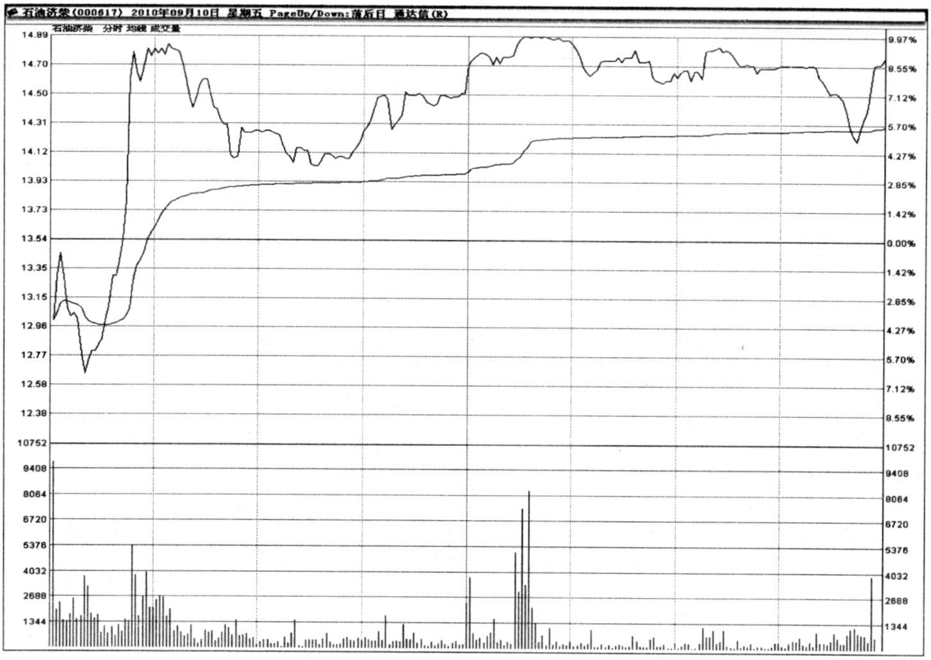

图 2-8 石油济柴 2010 年 9 月 10 日分时走势图

截至日期：2010 年 6 月 30 日　十大股东情况　股东总户数：29899　户均流通股：9617

股东名称	持股数（万股）	占总股本比%	股份性质	增减情况（万股）
中国石油集团济柴动力总厂	17252.35	60.00	无限售 A 股	14376.96
中国工商银行—诺安平衡证券投资基金	622.79	2.17	无限售 A 股	24.99
中国银行—海富通收益增长证券投资基金	164.69	0.57	无限售 A 股	新进
滕祺	91.69	0.32	无限售 A 股	0.52
中国银行—华夏大盘精选证券投资基金	79.99	0.28	无限售 A 股	新进
金玲玲	78.98	0.27	无限售 A 股	15.73
大华银行有限公司	69.35	0.24	无限售 A 股	未变
王艳	54.20	0.19	无限售 A 股	新进
交通银行—华夏蓝筹核心混合型证券投资基金(LOF)	52.44	0.18	无限售 A 股	-47.55
兴业证券—兴业一兴卓越 2 号集合资产管理计划	48.16	0.17	无限售 A 股	新进

图 2-9 石油济柴股本结构

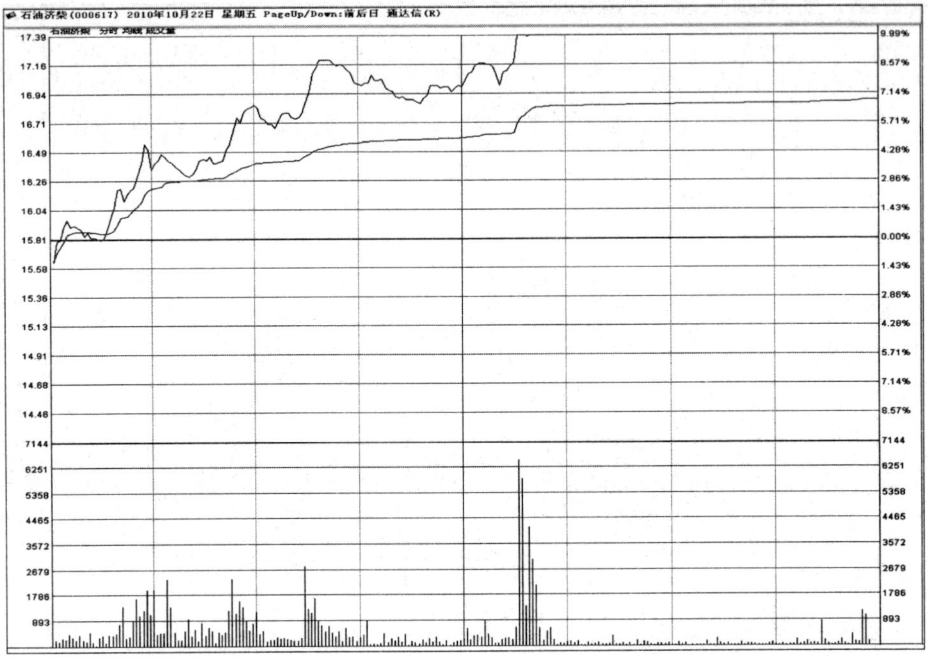

图 2-10 石油济柴 2010 年 10 月 22 日分时走势图

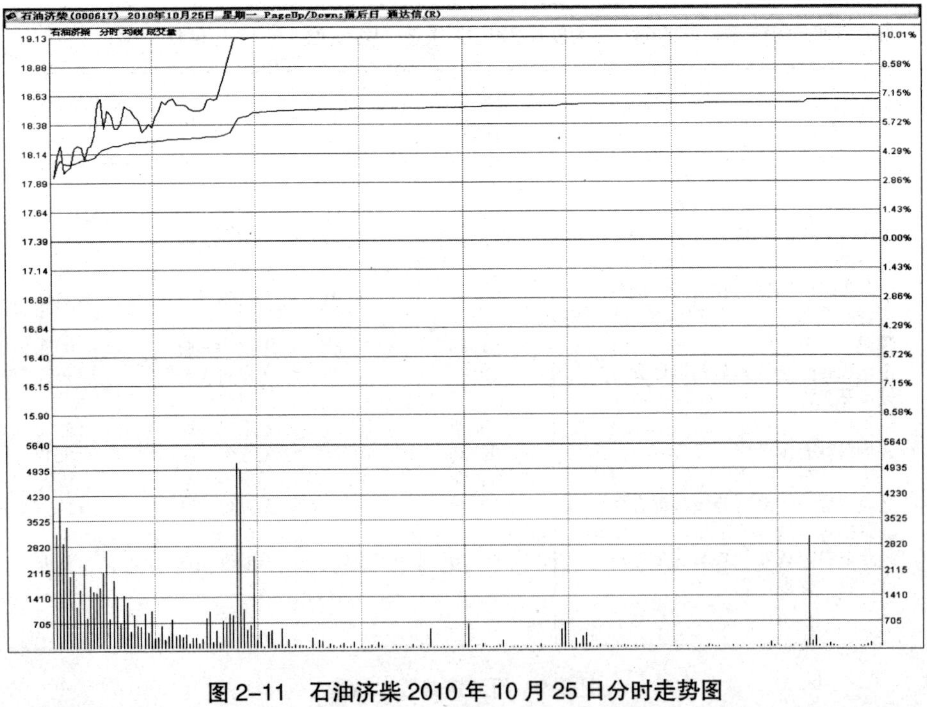

图 2-11 石油济柴 2010 年 10 月 25 日分时走势图

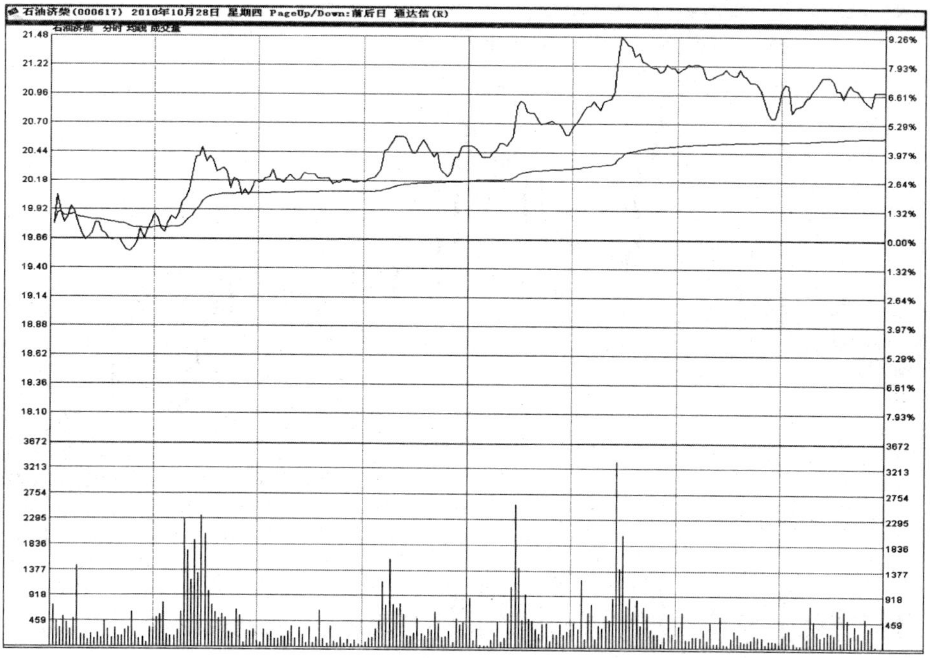

图 2-12 石油济柴 2010 年 10 月 28 日分时走势图

图 2-13 石油济柴走势图

图 2-14 海博股份走势图

濮耐股份(002225)(图 2-15)

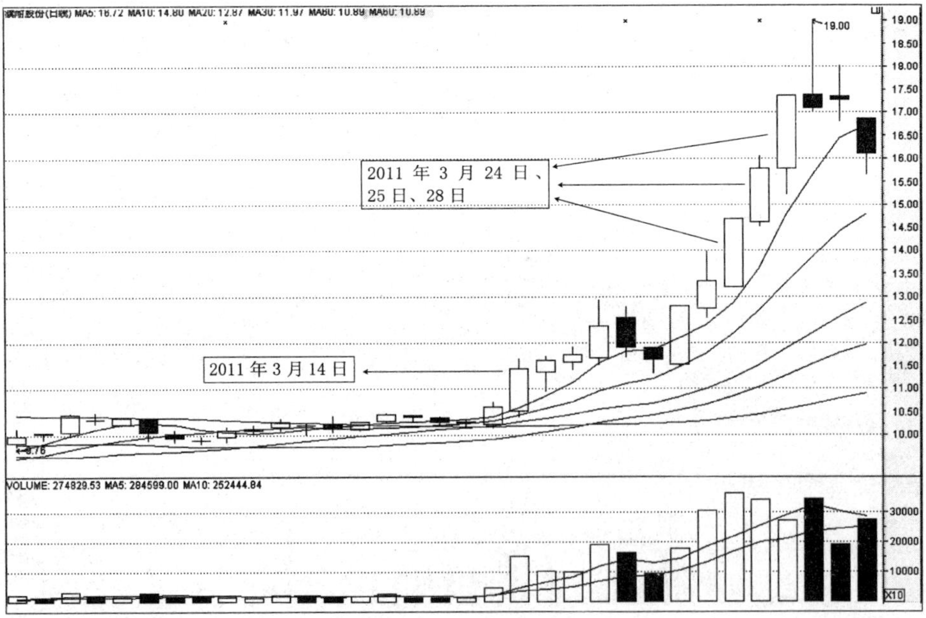

图 2-15 濮耐股份走势图

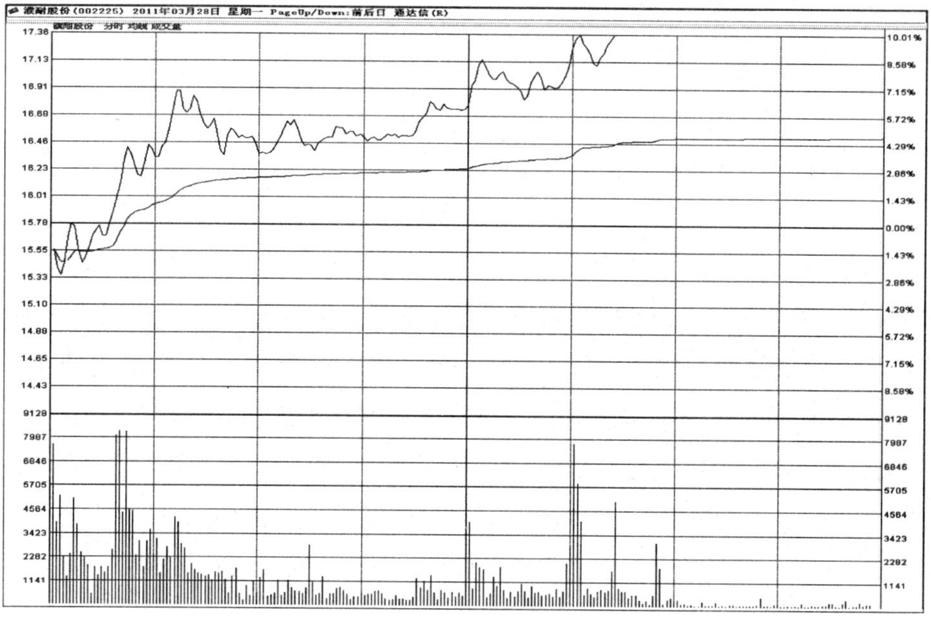

图 2-16 濮耐股份 2011 年 3 月 28 日分时走势图

濮耐股份是比较典型的横盘出货。它的流通量才 1.48 亿，但是从 3 月 23～28 日拉大阳线每天总额都 4 个亿左右，是在边拉边出吧。尤其是 3 月 29 日达到 6 个亿。高老师，这样的票假如后边有个缩量上涨也不应该参与对吗？

点评：该股自 2011 年 3 月 14 日 10.50 元一带起步，连续上涨，3 月 24 日换手率 46.48%，25 日换手率 43.82%，28 日换手率 34.96%。3 天连续上涨，换手率逐步萎缩，尤其是 28 日，分时走势高位有震荡过程(图 2-16)，换手率减小，说明 28 日的筹码锁定程度要比 24 日、25 日好。但这只股票是否属于缩量上涨？缩量上涨的主要作用是判断筹码锁定程度，3 月 28 日相对 24 日、25 日是缩量，但是这天的换手率是 34.96%，这就意味着该股在 28 日一个交易日有 1/3 的筹码在交易流动，不能算是筹码锁定程度良好。所以，这只股票不符合缩量上涨的要求。不过这只股票回调的时候还是可以考虑参与的，主要是因为上涨的幅度。在以后的篇幅会讲当时的操作。

宁波富邦(600768)(图 2-17)

宁波富邦 2011 年 4 月 7～12 日缩量横盘？4.1？4.6 的换手是 20 多。横盘期间换手 12～13 相差一倍。虽然超过 3 天横盘没有上涨，根据换手和缩量推断主力并没出货。根据这两点可以参与，对吗？

点评：该股 2011 年 3 月 31 日、4 月 1 日连续两天涨停，4 月 1 日高位震荡，尾市封住涨停板(图 2-18)，换手率创出阶段新高为 26.53%。这天的高换手率，有可能是大资金出货，也有可能是新的大资金进场，不能确定。4 月 6 日早盘大幅低开，之后冲高，震荡逐步回落(图 2-19)，换手率 22.53%。价格在上涨，成交量相对于 4 月 1 日在减少，是否符合缩量上涨的要求。应该说有缩量上涨的倾向，但不理想。成交量减少不明显，并且是冲高回落，这种走势有资金建仓的可能，也有短线资金拉高出货的可能。4 月 7 日迅速冲高逐步回落(图 2-20)，不能排除短线资金拉高出货的可能。综合 4 月 6 日、7 日走势，有大资金继续建仓的可能，也有短线资金拉高出货的可能，并且 4 月 6 日、7 日还有可能不是同一短线资金。如果是短线资金拉高出货，那么之后的横盘走势就不能参与。如果是大资金建仓，并没有明显的缩量上涨，而且横盘时间已经远超 3 天，也不能再参与了。

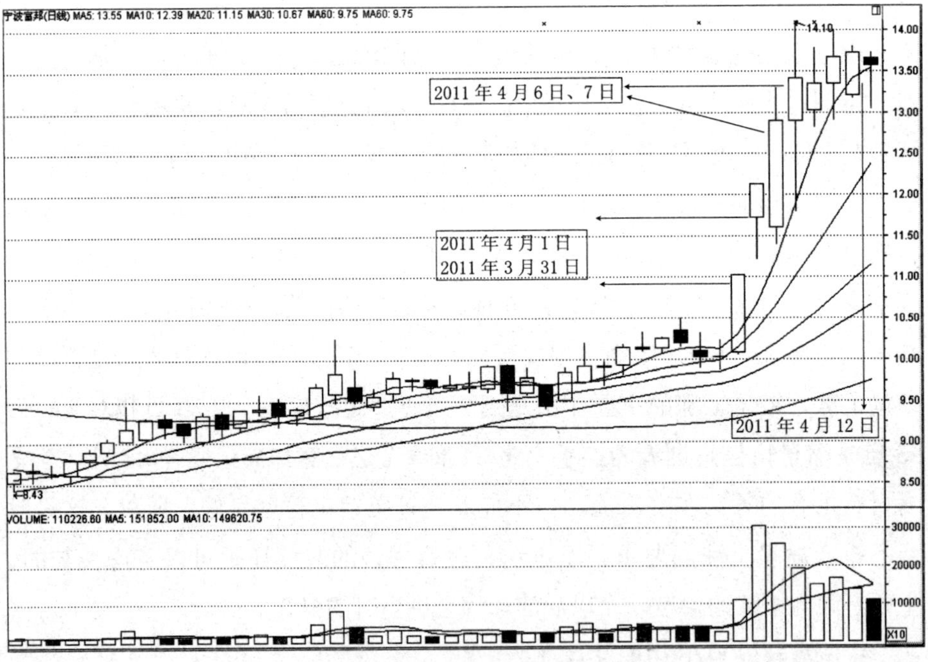

图 2-17 宁波富邦走势图

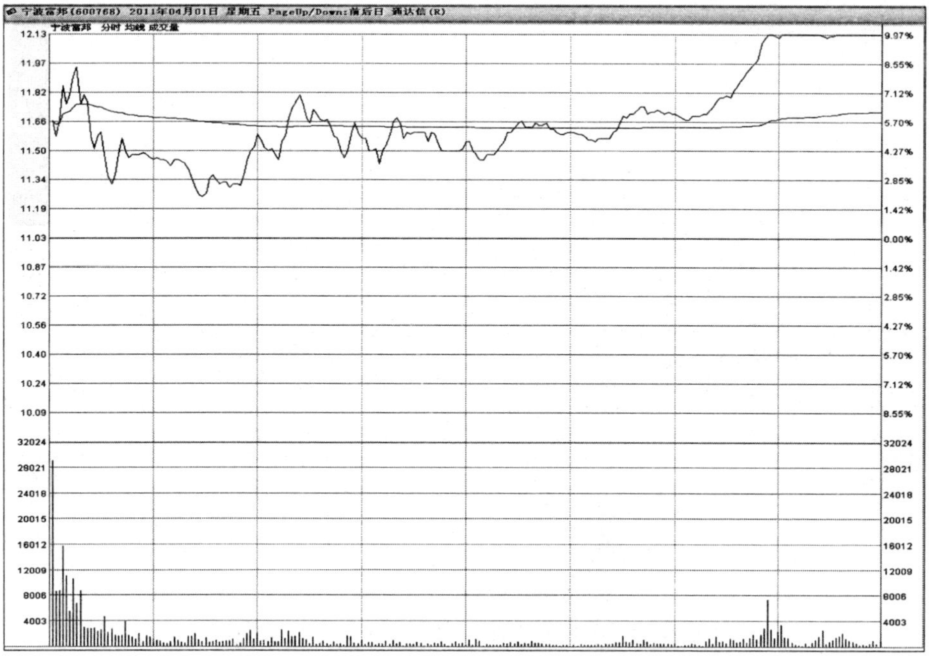

图 2-18 宁波富邦 2011 年 4 月 1 日分时走势图

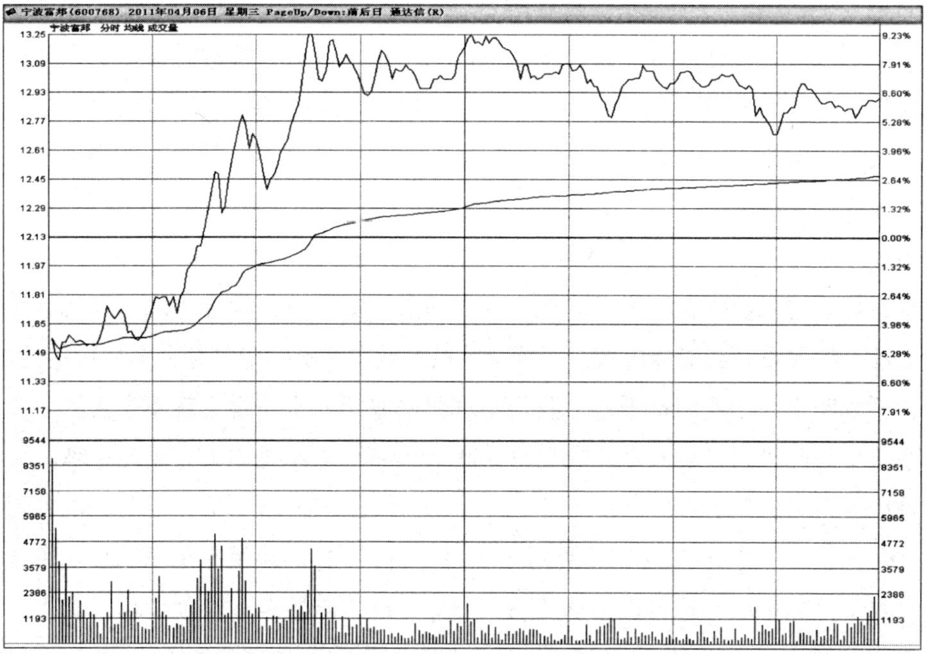

图 2-19 宁波富邦 2011 年 4 月 6 日分时走势图

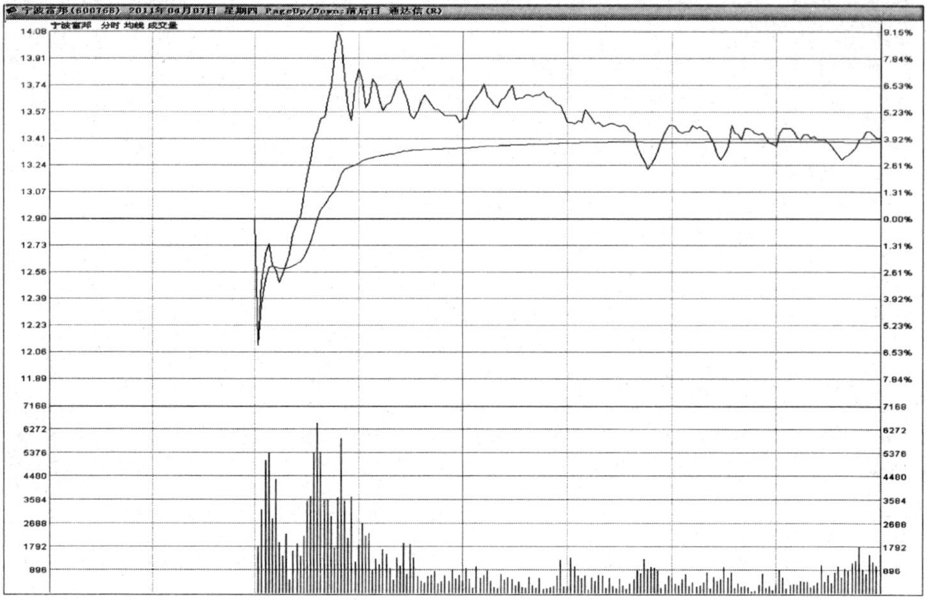

图 2-20　宁波富邦 2011 年 4 月 7 日分时走势图

这位读者分析横盘的时候进入宁波富邦(600768)，我想应该是看了后面的走势(图 2-21)。但是实盘操作的时候，我们是看不到后面走势的。这也是我把这一段走势分成两个图的原因。建议大家在分析行情的时候，也不要看以后走出来的走势，否则会影响分析的效果。上涨的股票一定都能找到理由，能找到理由的股票不一定上涨。这只股票自 2011 年 4 月 1 日第二个涨停板的时候我就开始关注，直到横盘，还有之后的拉升。一直都在看，一直没操作。该股在运行到 4 月 12 日的时候，有可能短线资金出完货，那就不能参与了。也有可能进入的资金不再去运作，导致横盘。如果有新资金进入，那就继续上涨，如果没有新资金进入，那就继续横盘或者下跌。走势存在多种可能性，找不到确定性，我们不进入。我们不进入的股票，不是肯定就不会上涨，有些不参与的股票日后看走的也很好。我们不参与，不是因为它不能上涨，而是因为不确定能上涨。该股 4 月 14 日再次上涨，高位充分震荡，封住涨停板(图 2-22)，换手率 17.69%，相对于 4 月 1 日、6 日的换手率是在减小，符合缩量上涨的标准，也可以确认 4 月 1 日、6 日的放量是有资金进场。4 月 15 日高位震荡，涨停板反复打开(图 2-23)，换手率 27.07%，接近 4 月 1 日

26.53%的换手率，视为放量。有可能是大资金之间产生分歧的换手行为，也有可能是 4 月 14 日进入的资金出货行为。需要再次等待缩量上涨的确认。4 月 16 日上涨 6.63%，换手率 23.95%，成交量略有萎缩，但是这天的上涨是尾市迅速冲高所致(图 2-24)，并不能反应出筹码的锁定程度。这样的缩量上涨，应该视为缩量横盘。横盘超过 3 天，不再参与。

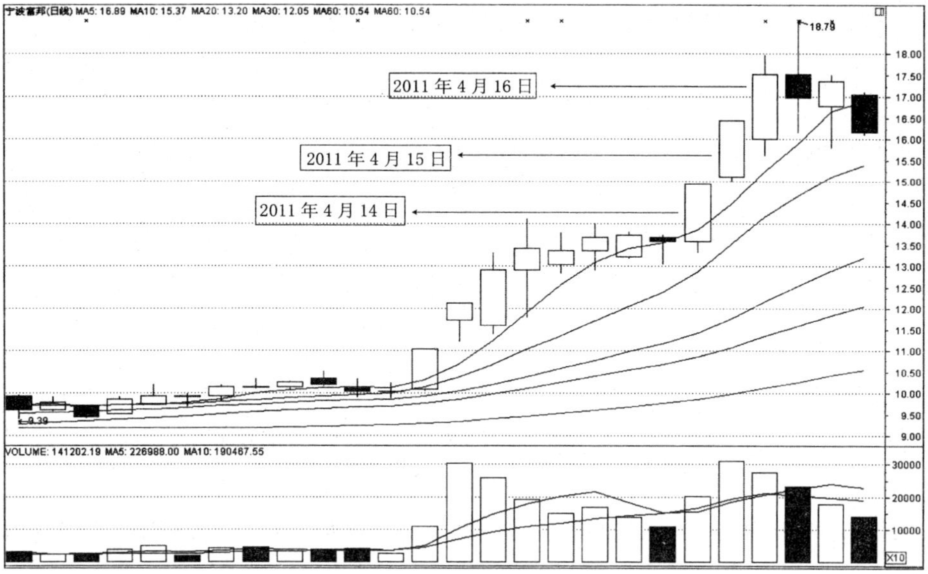

图 2-21　宁波富邦连续涨停

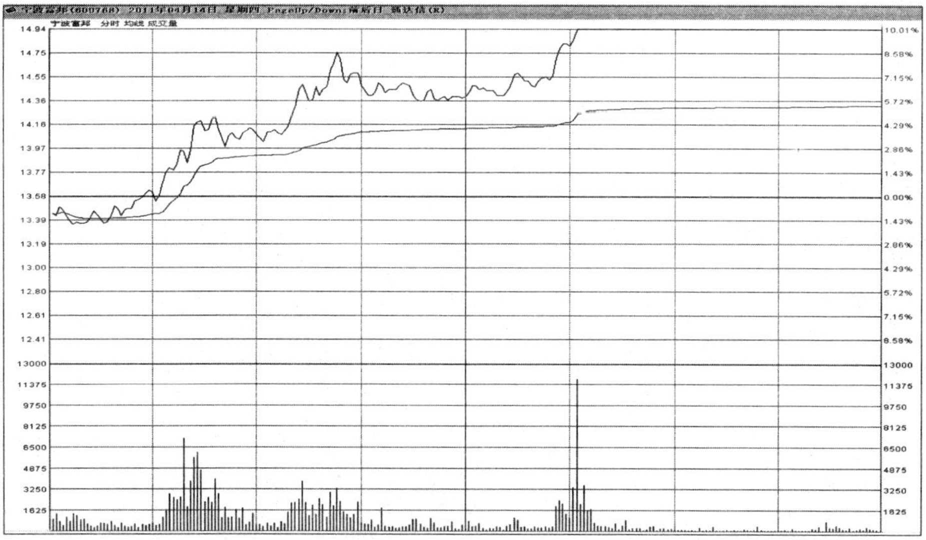

图 2-22　宁波富邦 2011 年 4 月 14 日分时走势图

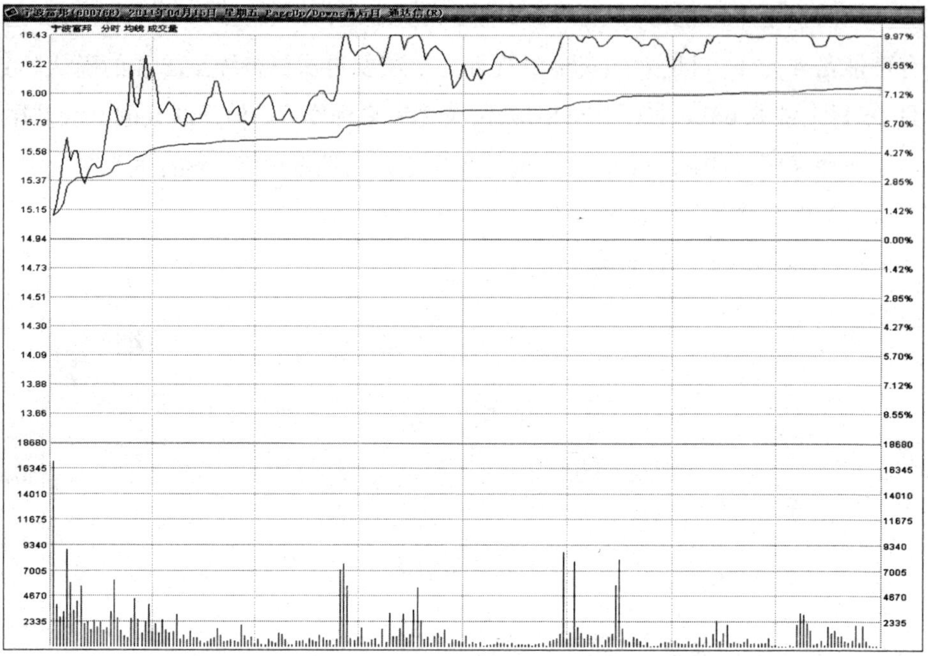

图 2-23 宁波富邦 2011 年 4 月 15 日分时走势图

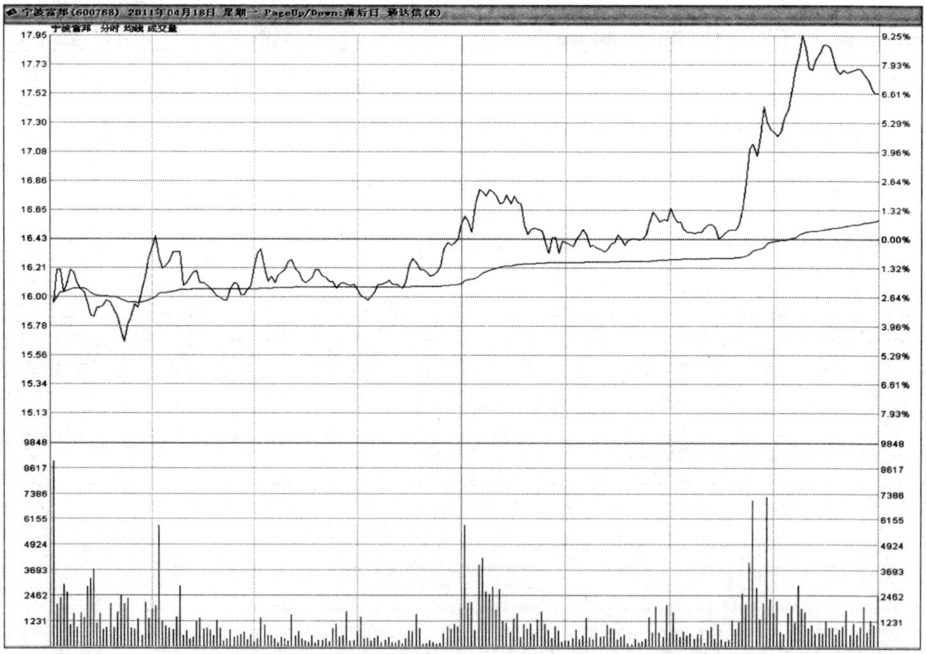

图 2-24 宁波富邦 2011 年 4 月 18 日分时走势图

安纳达(002136)(图 2-25)

安纳达 2011 年 3 月 23 日缩量涨停很标准，但是调整将近两周后才进行新的一波上涨。高老师这样的票在调整时没有放大量，当时也并不知道有后边的一波，也有可能做成双顶，但是在 4 月 6 日和 7 日这两天有进入的理论依据吗？

点评：安纳达自 2011 年 3 月 10 日、11 日、14 日连续 3 天上涨，换手率分别为 11.64%、17%、12.68%，15 日股价达到阶段性高点 23 元一点，全天震荡(图 2-26)，换手率 22.76%，视为放量。15 日的放量，有可能是此前进入的短线资金出货，也有可能是新的大资金进场。3 月 16 日尾市迅速拉高(图 2-27)，这样的上涨不符合缩量上涨的标准。15 日的放量和 16 日的尾市拉高，短线资金出货的可能性比较大。3 月 16 日之后横盘 3 天，不进，3 月 23 日再次涨停(图 2-28)，股价经过充分震荡，全天换手率是 10.53%。那么这天的走势是否属于缩量上涨？缩量是一个相对结果，看和谁比。与 3 月 15 日的换手率 22.76%比较，属于明显缩量上涨。从 3 月 15 日、16 日分时走势来看，资金出货的迹象比较明显，至少是有一部分资金在出货。如果是有资金在出货(有可能是关联账户之间的对倒，也有可能是出给散户)，那么 3 月 15 日的放量就没有参考作用。如果排除 3 月 15 日的成交量，3 月 23 日的换手率与 3 月 10 日、11 日、14 日的换手率相比，依然是属于缩量。这样比较出的缩量上涨是可信的。这只股票我也操作过，在 3 月 25 日也就是 3 月 23 日之后调整的第二天 25.5 元一带进入的，下一交易日(3 月 28 日)是调整的第三天，无力上涨，在 26.1 元一带出掉(图 2-29 和图 2-30)。之后开始下跌，4 月 6 日、7 日还能否再进入？因为调整已经超过 3 天，短线操作肯定是不应该再进。如果要进入，是从中长线考虑，中长线操作大盘是基础，当时的大盘尚在上涨趋势中，如果是中长线操作可以进入。4 月 19 日之后横盘 3 天(图 2-15)，短线不应该再进入，大盘有破位下行的迹象，中长线操作也不应该进入。

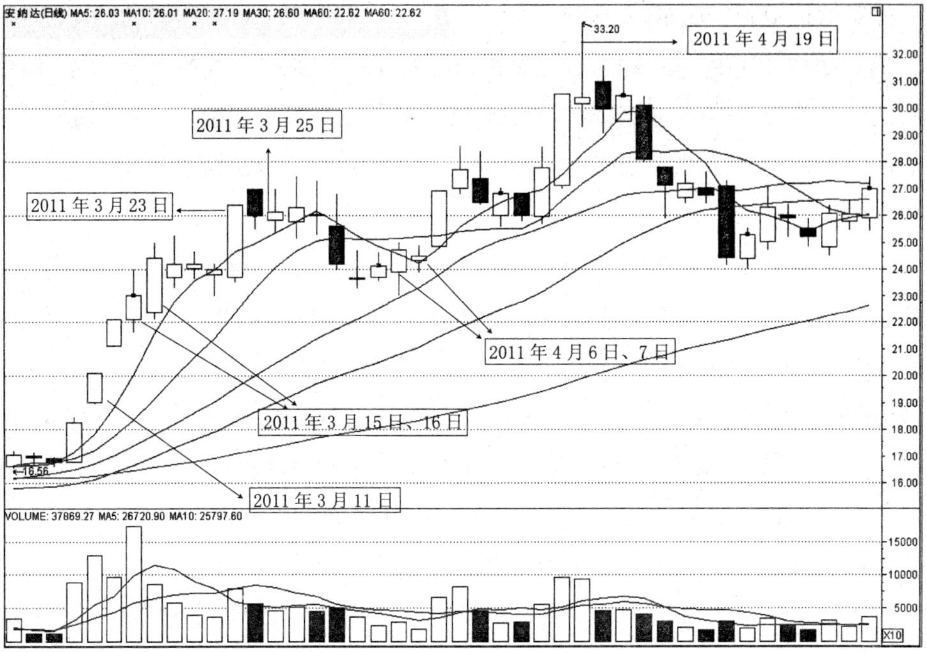

图 2-25 安纳达走势图

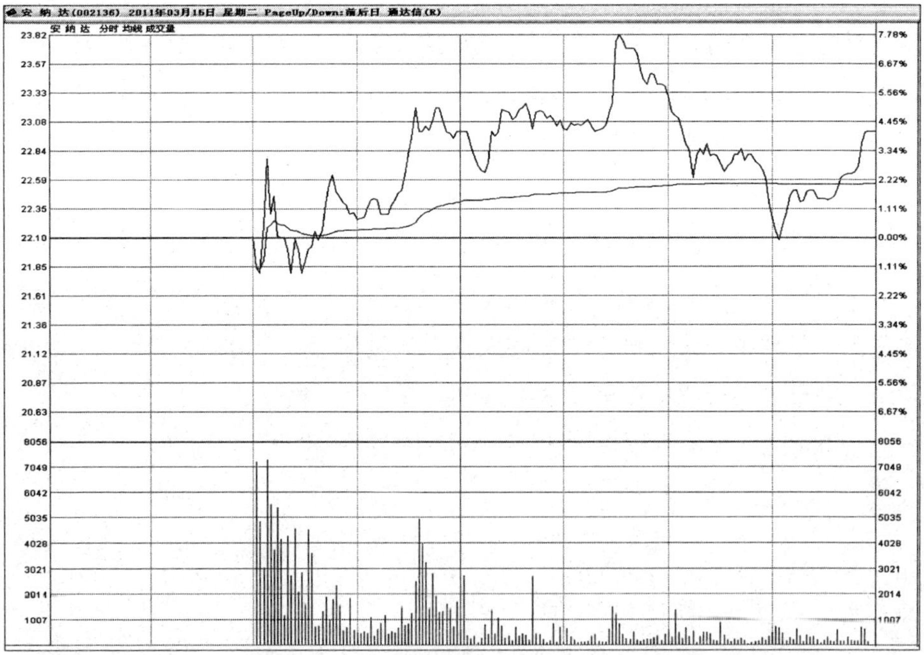

图 2-26 安纳达 2011 年 3 月 15 日分时走势图

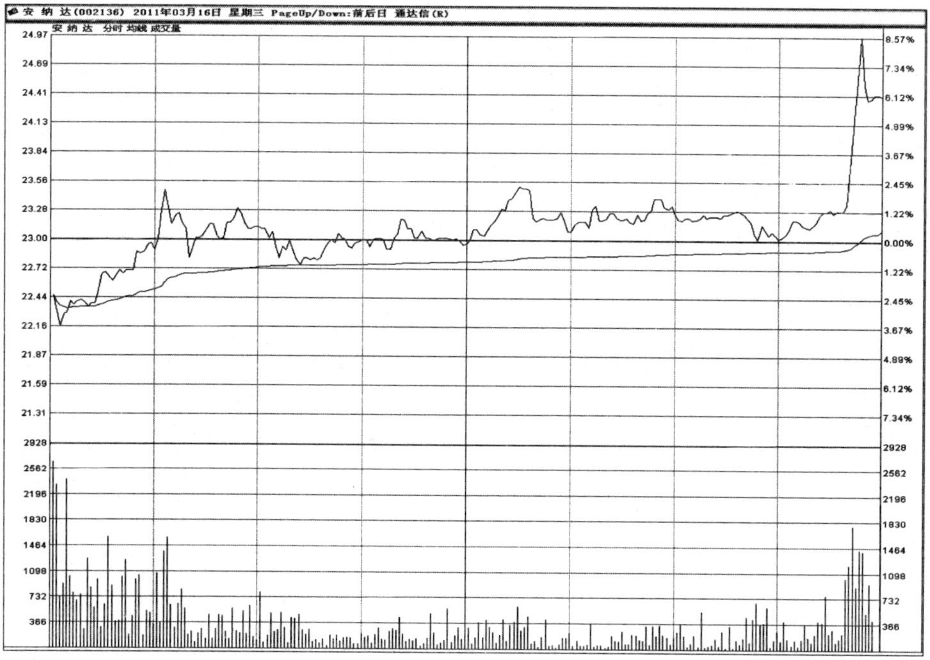

图 2-27 安纳达 2011 年 3 月 16 日分时走势图

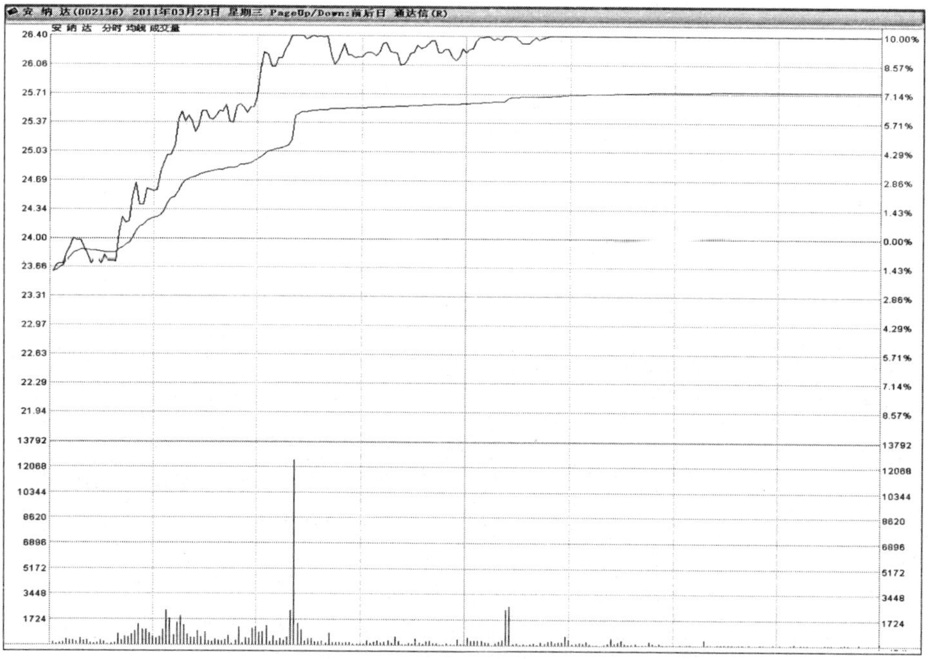

图 2-28 安纳达 2011 年 3 月 23 日分时走势图

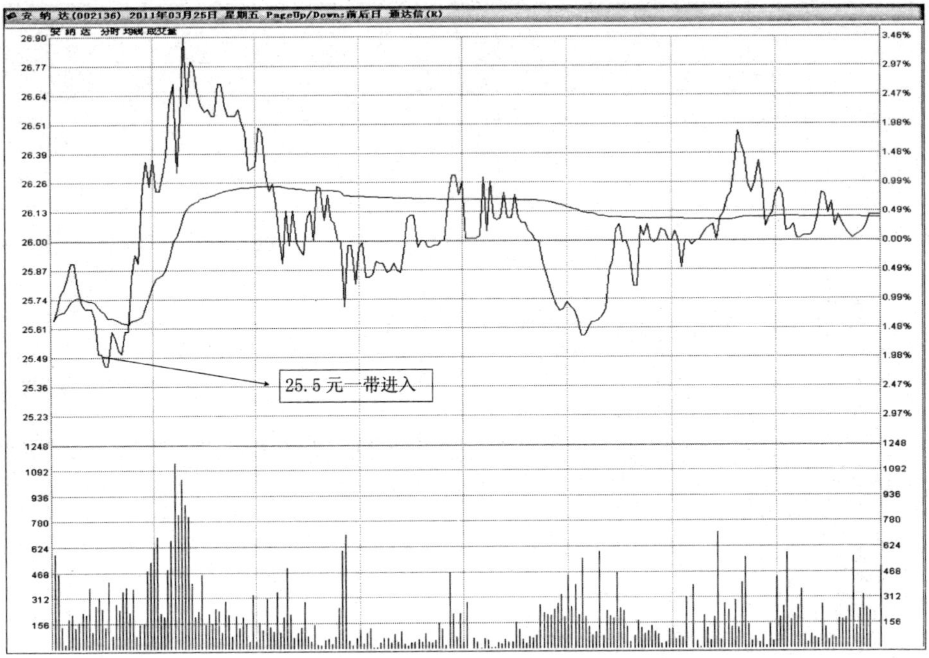

图 2-29　安纳达 2011 年 3 月 25 日分时走势图

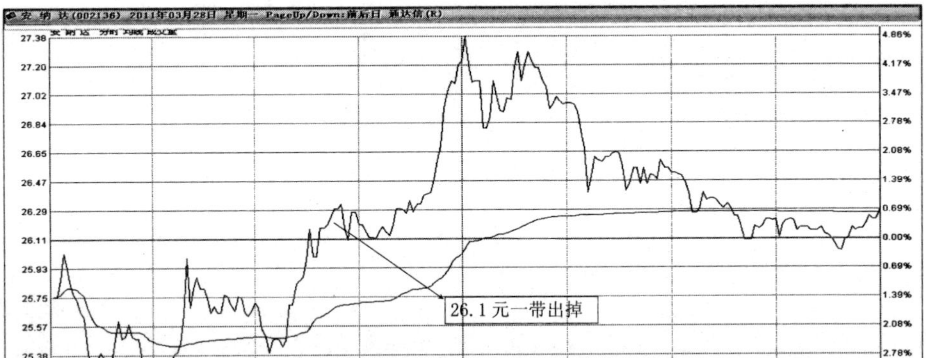

图 2-30　安纳达 2011 年 3 月 28 日分时走势图

九芝堂(000989)(图 2-31)

九芝堂 2010 年 11 月 23 日放量突破后面这几天应该算是缩量上涨，但是后期大盘走稳后也没起来，而当时关注的康恩贝却起来了，这个股一直困扰我，我自己认为是大盘不好，主力没机会拉起来，或者是机构买盘。

点评：九芝堂的问题很有代表性，实际走势中会出现许多这样“缩量上涨”的股票，应该如何操作避免或者减少操作失误带来的损失，比赚钱更为重要。2010 年 11 月 23 日上证指数下跌 56 点(-1.94%)，该股逆市上涨(图 2-32)7.63%，换手率为 14.58%，创出阶段新高，视为放量上涨。从当天的分时图来看，大盘暴跌，个股逆市走强，想拉高出货会非常困难，资金进场的可能性比较大。之后连续 4 个交易日价升量缩，11 月 29 日再次逆市上涨 3.49%(图 2-33)，换手率 6.73%，显示出筹码锁定程度较好。从该股后来的走势看，如果进入这只股票基本没有赚钱的机会，能持平出来就不错，如果操作不坚决还有可能被深套。既然缩量上涨筹码锁定程度较好，为什么还会出现这样赔钱的结果？

这里涉及资金性质和资金博弈结果的问题。缩量上涨是对前期放量大资金进入的确认，有大资金进入就一定会上涨吗？需要看资金性质。比如一些产业资本，从二级市场买进筹码是为了争夺控股权，当他们买到一定数量就不会再买了，更不会去考虑股价走势的问题。还有一些机构(基金等)，虽然买进以后也希望股价继续上涨，受法律法规的限制，他们一般不会去刻意影响股价走势，买到一定数量符合自己持仓要求之后，就不会再买。还有一些主力股手法，能对股价产生持续的影响，一般是顺势做波段，高抛低吸，很少逆市而动。做的太明显，监管层不允许，市场也不认可。这也是我为什么一直强调大盘的原因之一，大盘不好，主力运作很困难，一般不会死扛硬拉，多数会顺势做调整，波段操作，等行情好了之后再往起做。我们跟着做，并不知道调整下来会不会再起来，或者说什么时候再起来，心里没底。所以，调整的股票即使日后能涨起来，在调整的阶段我们也不参与。

除了资金性质导致走势不同之外，资金博弈的结果也会导致股价走势不同。有些资金想做股价，并不一定能做起来，需要看他们自身的资金实力，上市公司的配合程度，市场跟风盘的认可程度。大资金运作失败赔钱的比例不比散户少。在这里顺便说一下炒股软件的问题。炒股软件一般分两类，初级的软件是在技术指标的基础上改变而来的，自己把指标参数改变一下就能变成价值几千甚至上万的炒股软件。市场是不断变化的，指标是固定的，用一个不变的指标去套一个灵活多变的市场，效果可想而知。股市技术分析决不应该是看图说话，图形后面是资金，资金后面是人，是人和人在斗智斗勇，而不是人和图形在战斗。看图说话违背技术分析的根本宗旨。高级的软件据说是可以分析资金流向，一般是以分笔成交的Level—2 数据为依据来统计大小单，大小单可以作假。进货的时候可以用小单买大单砸，出货的时候可以用大单拉小单出。有些买进机构不太注重操盘手法，用大小单统计出的结果就比较真实。但是，即使可以确定有大资金进入，股价就一定会上涨吗？进入的资金性质以及资金博弈的结果不同，会导致以后走势不同。但是在当时我们并不知道进入资金的性质以及大资金是否能运作成功，应该如何操作？

以九芝堂为例，首先该股不应该操作，因为当时大盘不好，不应该再操作。其次，作为学习的例子，如果大盘在上涨趋势中，这样的股票就能做，可以采用分批建仓的交易策略。如果是我操作，我会在 2010 年 11 月 30 日尾市 16.90 左右进入第一笔(图 2-34)，第二笔在 16 元一带补仓，12 月 1 日最低价 16.31 元，没到 16 元继续等待补仓，连续下跌就补仓，上涨就出掉。12 月 2 日有个小反弹，上涨无力，又是调整的第三天，在 16.80 元一带先出来(图 2-35)。之后不再进入。

九芝堂之后的走势证明，在 2010 年 11 月 23 日应该是有资金进入。11 月 23 日放量大阳线的开盘价，是向上攻击的起点，也就是新进资金的最低成本价，股价再次回调到这一位置的时候，有些资金会继续加仓，这就使放量大阳线的开盘价具有一定的支撑作用。11 月 23 日开盘价是 15.30 元，12 月 9 日最低价 15.31 元，12 月 10 日最低价是 15.30 元，证明是 11 月 23 日进入的资金依托自己的成本价在加仓，之后有一个小反弹(图 2-31)。实盘操作中，不要依托 11 月 23 日放量大阳线开盘价的支撑位去抢反弹，因为我们不能确定 11 月 23 日进入资金的性质，一些放量大阳线有支撑作用，一些放量大阳线就支撑不住，资金性质不同导致走势的不同。这是一只资金运作失败的股票，11 月 23 日进入的资金被套住了，这样的股票我们不参与。

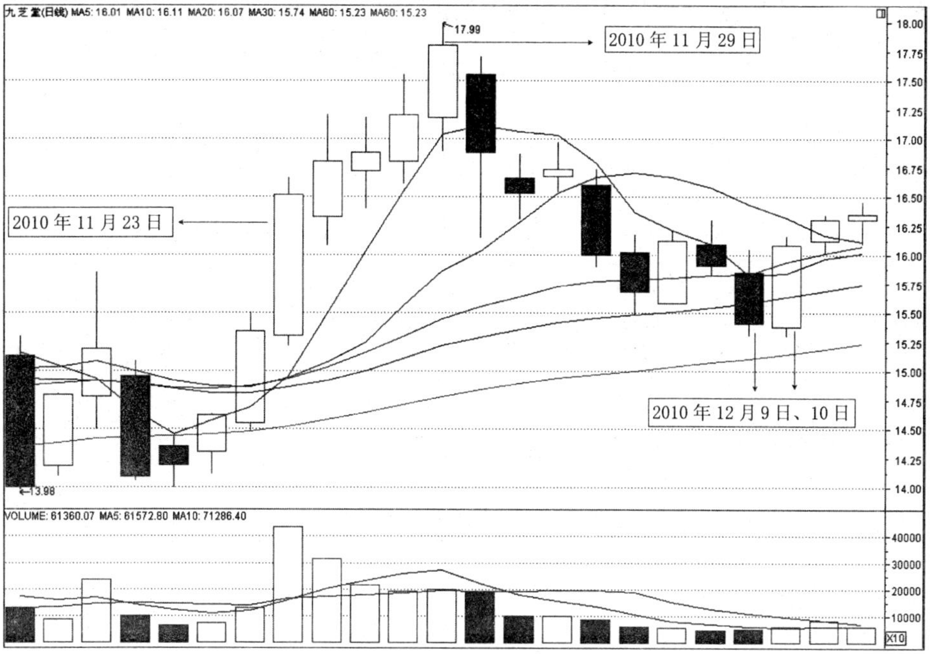

图 2-31　九芝堂走势图

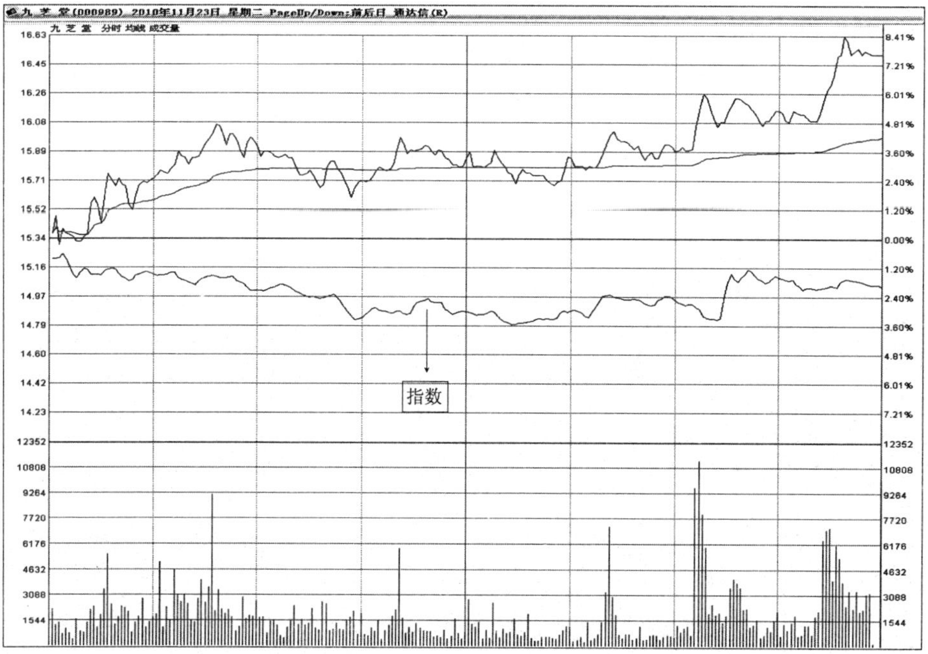

图 2-32　九芝堂 2010 年 11 月 23 日分时走势图

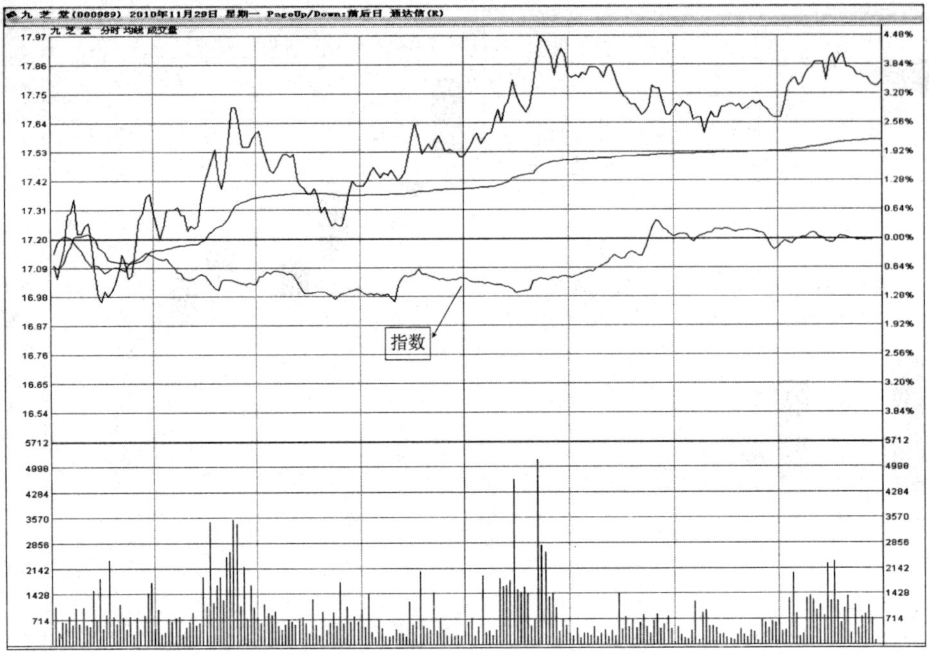

图 2-33　九芝堂 2010 年 11 月 29 日分时走势图

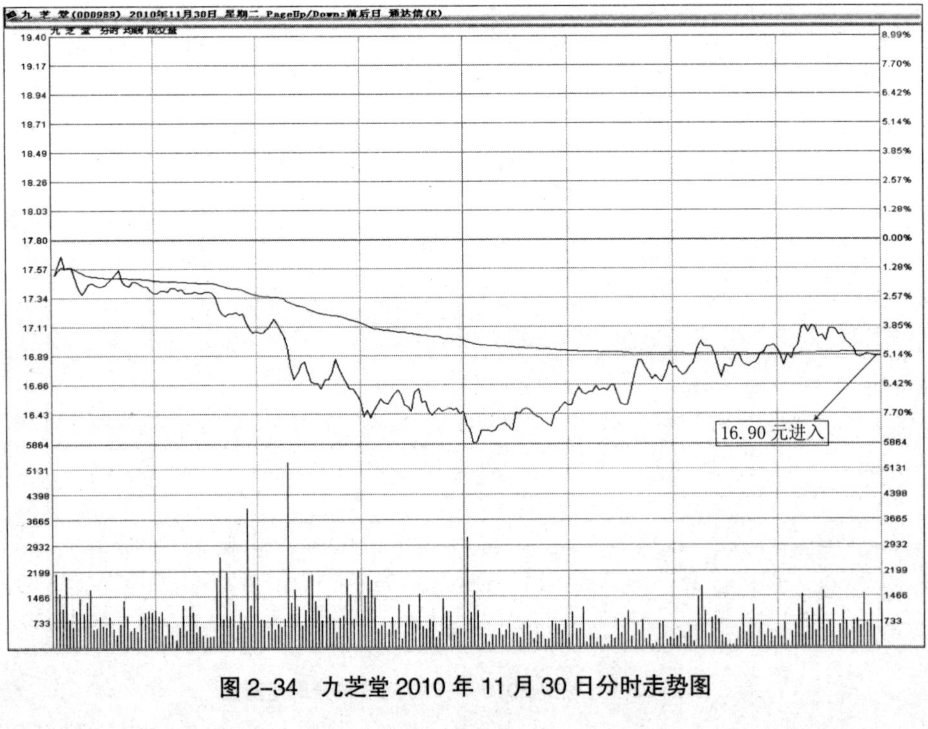

图 2-34　九芝堂 2010 年 11 月 30 日分时走势图

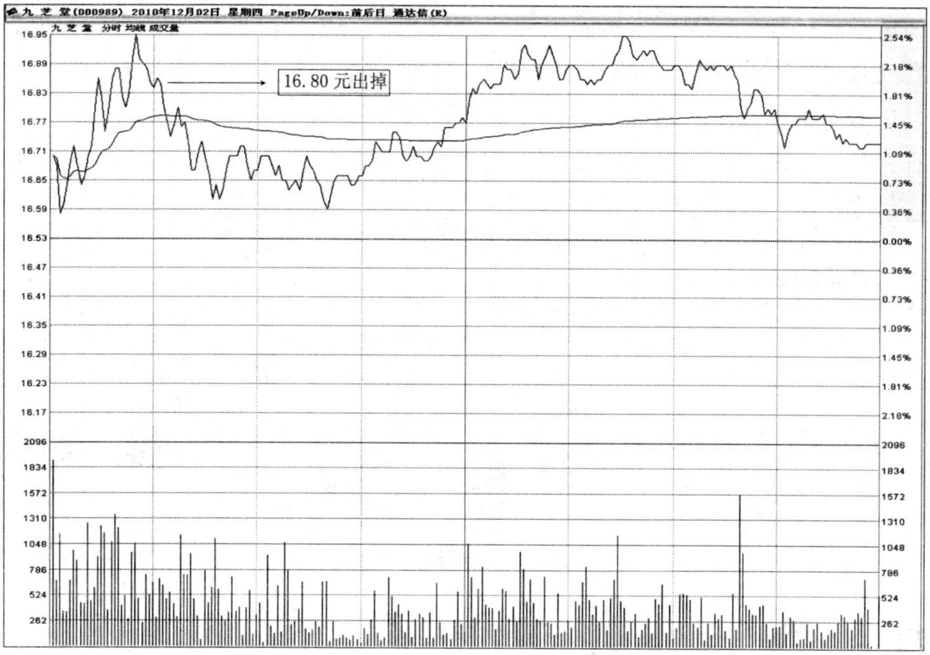

图 2-35 九芝堂 2010 年 12 月 2 日分时走势图

我们也看一下在这个问题中提到的康恩贝(600572)(图 2-36)。该股 2010 年 11 月 16 日在前一交易日涨停的基础上再次涨停(图 2-37)，换手率 18.94%，此前一段时间的换手率都维持在 8%～10%左右，视为放量。11 月 24 日全天充分震荡之后再次涨停(图 2-38)，换手率 7.79%。11 月 24 日的换手率相对于 11 月 16 日属于缩量，同时股价创出新高，字面理解是缩量上涨。如果是缩量上涨，那么 11 月 24 日是对 11 月 16 日放量资金进场的确认。我们看一下 11 月 16 日的分时图。当天下午大盘暴跌，该股涨停板被打开，最终还是封住涨停板。大盘暴跌有恐慌性抛盘出来，如果没有资金承接，该股不可能尾市再次封住涨停板。承接的资金有可能是中长线资金，也有可能是短线游资。如果是中长线资金进场建仓，11 月 24 日的缩量上涨是比较可信的，说明筹码锁定程度较好。11 月 16 日换手率是 18.94%，没再放量，如果是中长线资金进场，这样的换手率略显不足，不是很理想。如果 11 月 16 日是短线游资操作，那么这一天的高换手率就没有对比的意义。该股走到 11 月 24 日的时候，还不能确定相比 11 月 16 日是缩量上涨。实际上，从该股更长的周期来看，是符合缩量上涨要求的。2009 年 9～10 月之间的放量，之后可以看成是缩量上涨(图 2-39)。2010 年 11 月 24 日的走势不能确定是对 11 月 16 日的缩量上涨确认，整体走势属于缩量上涨。鉴于当时的大盘下跌走势，该股在当时不应该操作。至于 2010 年 4～5 月份之间的放量上涨(图 2-40)，应该看成是新一波行情，是有新资金进入运作，与 2010 年 11 月 24 日的缩量上涨没有必然联系。

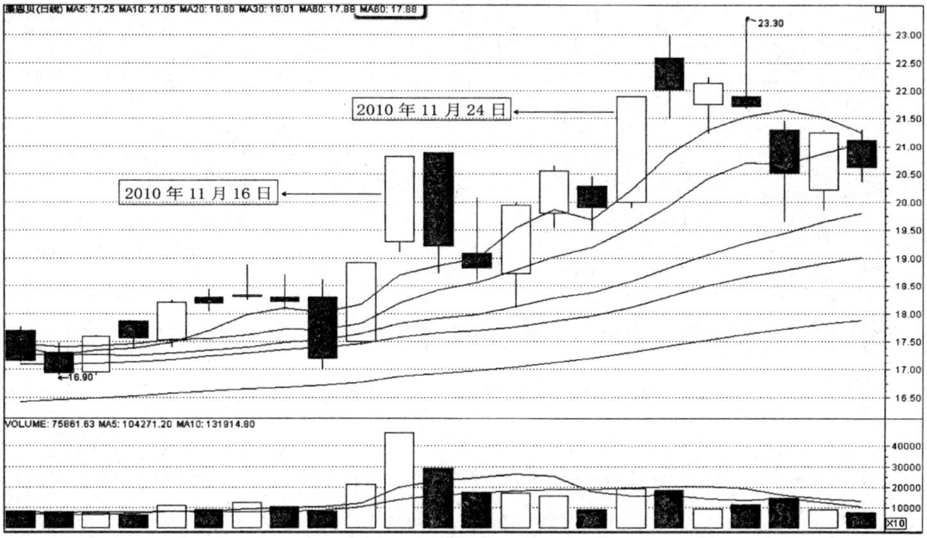

图 2-36 康恩贝走势图

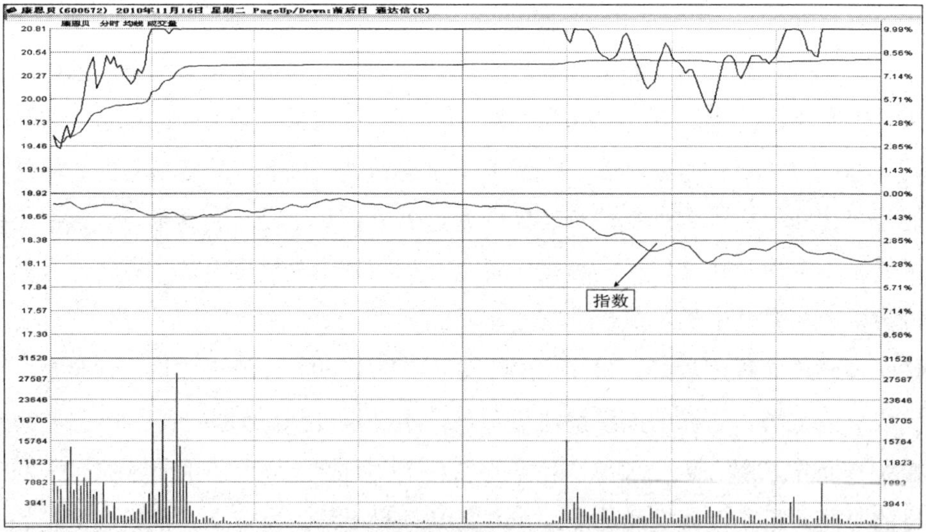

图 2-37 康恩贝 2010 年 11 月 16 日分时走势图

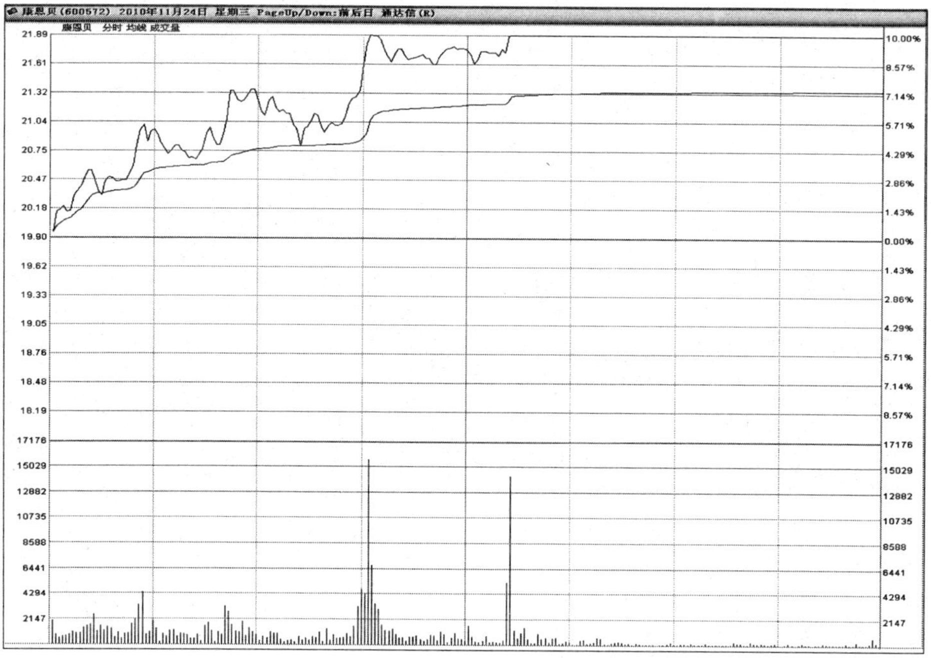

图 2-38 康恩贝 2010 年 11 月 24 日分时走势图

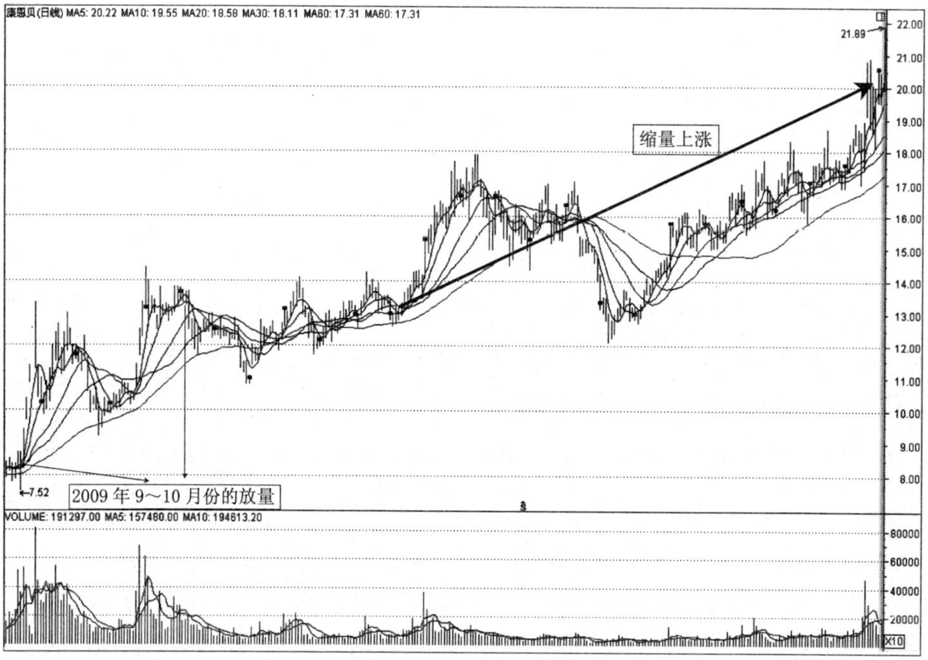

图 2-39 2009 年康恩贝走势图

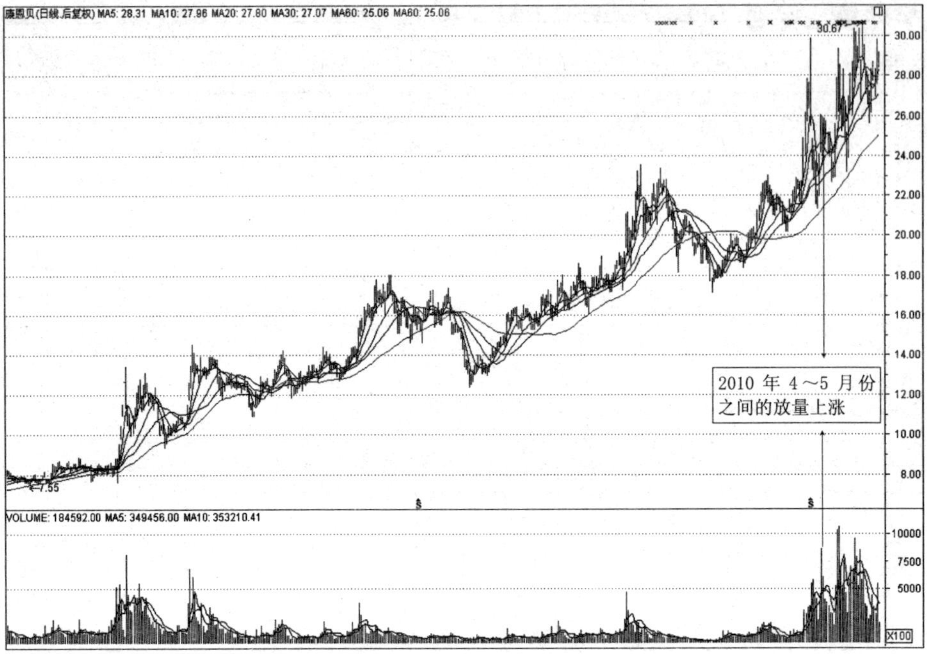

图 2-40　2010 年康恩贝走势图

黑猫股份(002068)(图 2-41)

该股 2011 年 4 月 12 日换手率为 13.75%，之后成交量开始萎缩，问这种走势的股票能否算缩量上涨(图 2-41)。

点评：2011 年 4 月 12 日在前一交易日涨停的基础上高开低走，14:17 随着大盘的下跌，该股逆市上涨(图 2-42)。尾市的逆市上涨，建仓的可能性较小。大盘下跌，会有抛盘出来，如果想建仓逢低吸纳就可以，没必要拉高建仓，能低价买到谁也不想着高价买。如果是建仓，那就是受利好消息影响导致的抢筹，随后几个交易日走势证明，并不需要抢筹。所以 4 月 12 日尾市拉高建仓的可能性较小，更大的可能是护盘。大盘跳水，如果想护住股价，有经验的操盘手会选择拉高，这种手法付出的资金成本较小，效果不错。由于前一个交易日是涨停，4 月 12 日尾市拉升有可能是短线资金没出完货而采取的护盘行为。之后在 4 月 15 日(图 2-43)和 4 月 19 日(图 2-44)都有逆市拉升的行为，短线资金操作的可能降低。如果是短线资金做，有 4 月 12 日的拉升就可以出来，一般不会到了 4 月 15 日、19 日还没出完货。这只股票很可能是中长线资金在运作，当时走势虽然在上涨，但是涨幅比较小，应该属于缩量横盘，并且横盘时间远超 3 天，短线就不能再参与了。横盘的股票有可能向上，也有可能向下，该股在 4 月 19 日之后选择了随大盘一起下行。

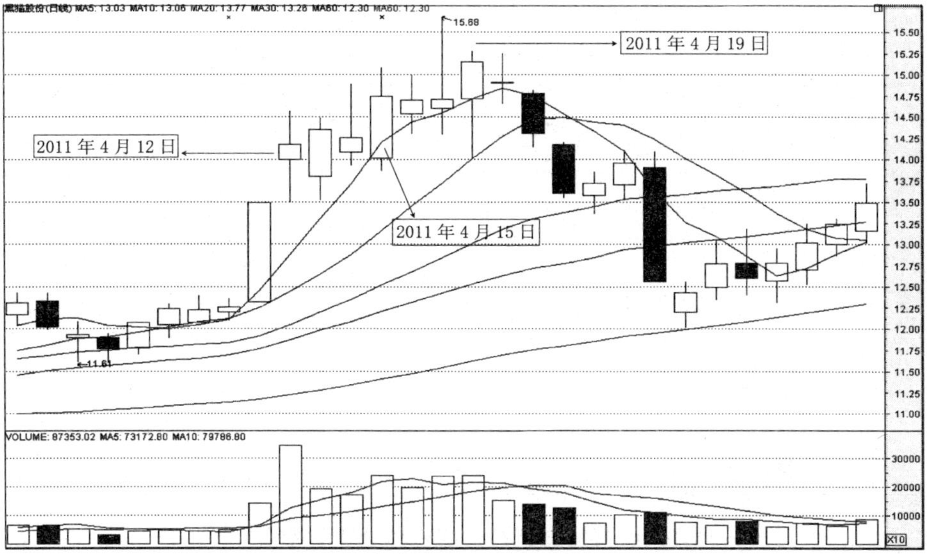

图 2-41　黑猫股份走势图

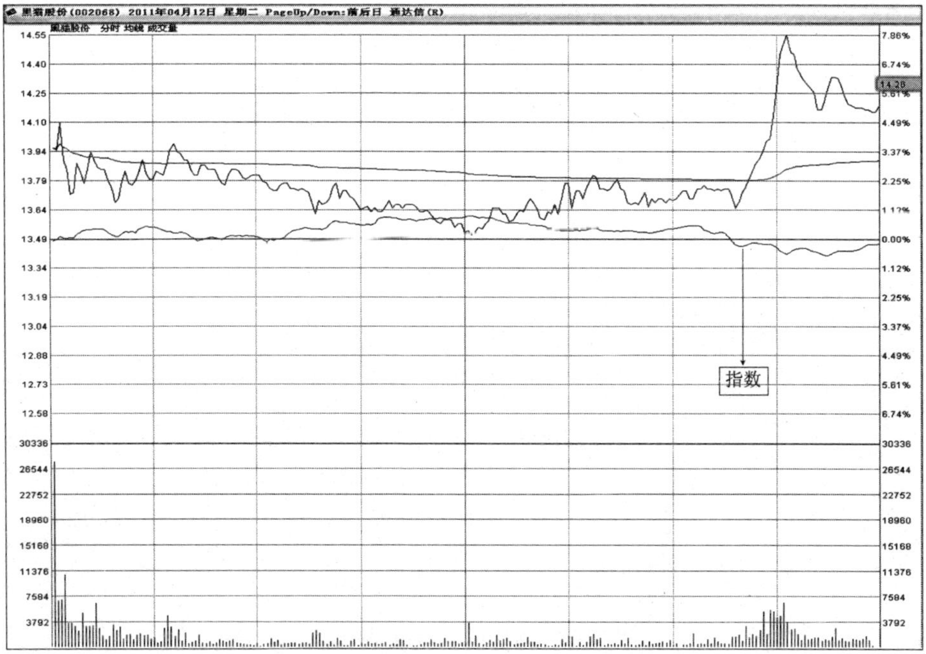

图 2-42　黑猫股份 2011 年 4 月 12 日分时走势图

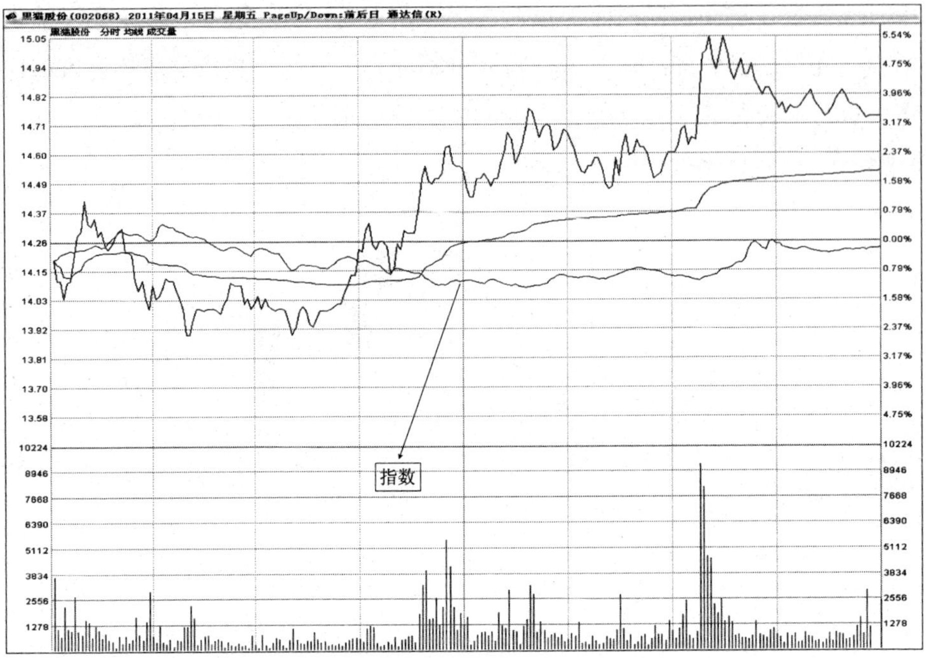

图 2-43 黑猫股份 2011 年 4 月 15 日分时走势图

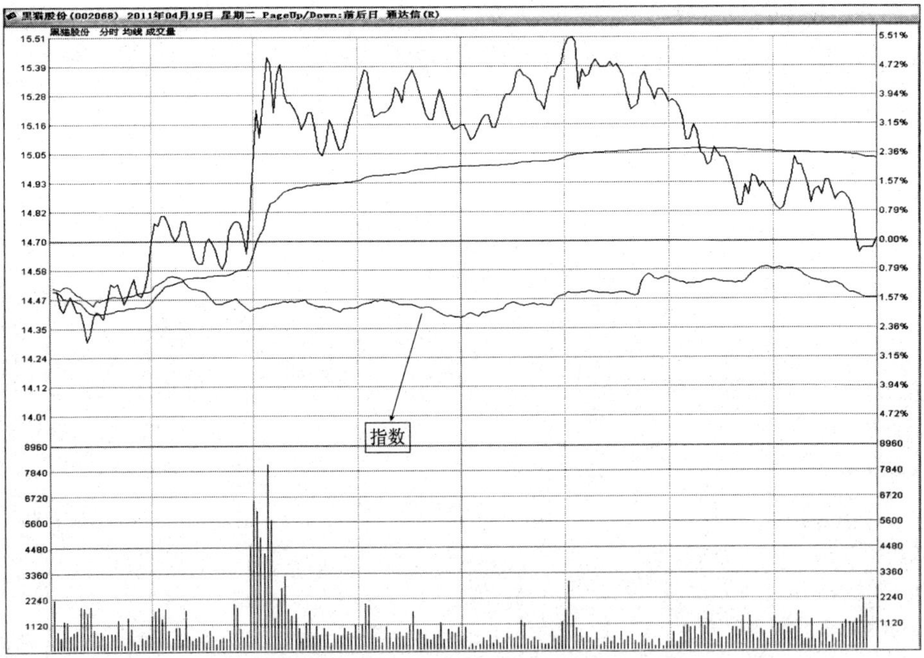

图 2-44 黑猫股份 2011 年 4 月 19 日分时走势图

第三章 涨停板

3.1 涨停板的结构

涨跌停板是新兴市场为了抑制股价过分波动而采取的人为限制涨跌幅的制度。涨跌停板对股价有延迟作用。股价被大单封住涨停板，没有波动，会提高持股者的心理预期。反之，股价涨停，真的就有这么多买盘吗？

一个标准的涨停板，可以分解为三个阶段(图 3-1)。

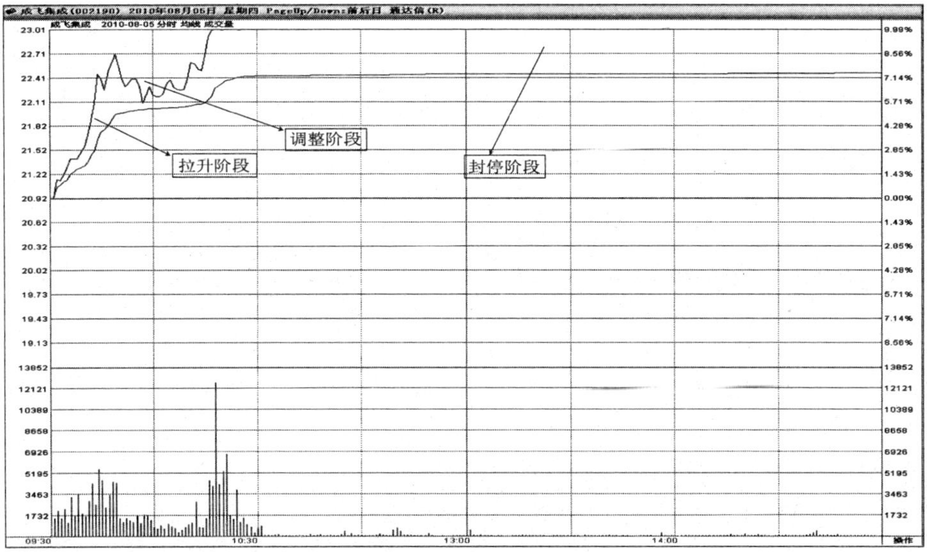

图 3-1 涨停板分时线

(1)拉升阶段。在这一阶段主要注意拉升的时间和过程。个股早盘拉升，因为全天走势不明朗，主力资金有做盘的打算，是提前计划好的。如果是尾市拉升，多数是因为大盘走好，一些中长线资金临时决定拉升，这样的涨停板，跟踪起来就没把握(图 3-2)。还要注意拉升的过程。涨停板最主要的作用是提高投资者的心理预期，股价封住涨停，抛单会迅速减少。股价平滑拉升，说明主力资金并不惧怕抛盘，这样主力投入资金比较多，跟踪就有把握。有些股票迅速拉升，还没等抛盘出来就封住涨停板，显示了主力并不想过多投入资金的意愿，他们都不想投入过多资金，我们跟着操作就要特别谨慎(图 3-3)。

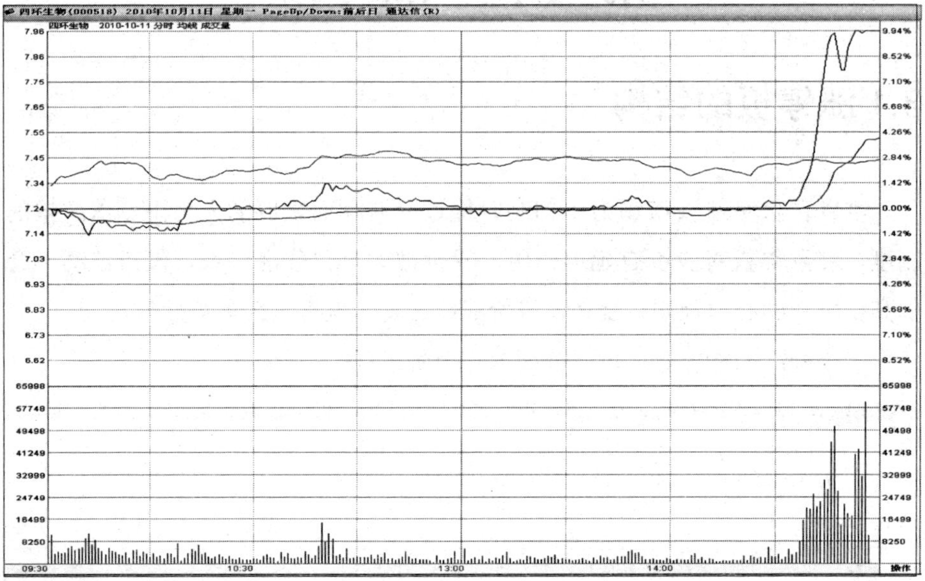

图 3-2　四环生物 2010 年 10 月 11 日分时走势图

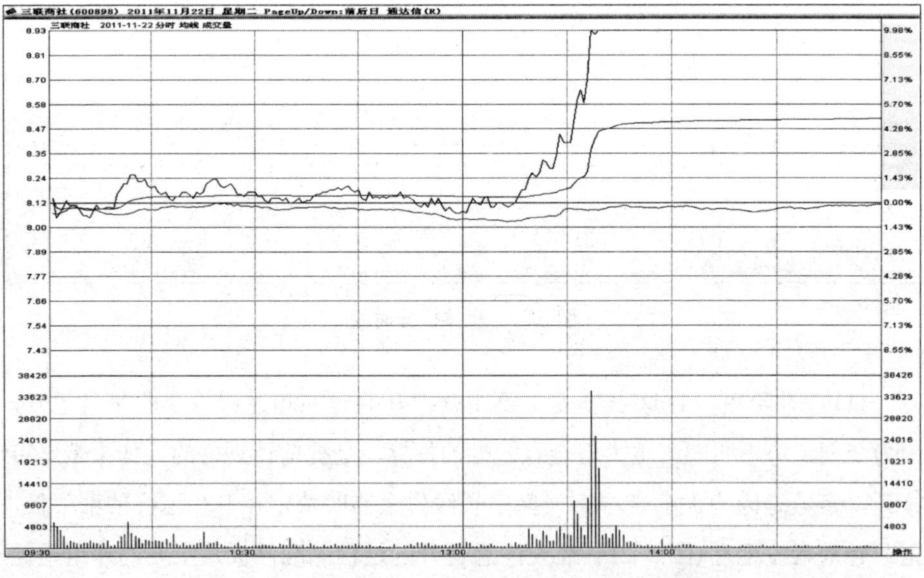

图 3-3　三联商社 2011 年 11 月 12 日分时走势图

(2)调整阶段。很多人认为，股价直接封住涨停板才是股价坚挺的表现，从直观来看，这种说法或许有道理，但是从操作的角度来看，调整阶段必不可少。市场上有一种追涨停板的手法，现在影响比较大，我也曾经用过。追涨停板最大的风险不在于第二天的低开低走，而在于当天封不住涨停板。进晚了，股价封住涨停，进不到。进早了，股价有可能冲高回落，当天就被套(图 3-4 和图 3-5)。有充分调整过程的股票可以在一定程度上规避这种风险。散户盘或受外在大盘等因素的影响，能够很快冲高，却不能稳定在高位震荡，能够长时间高位震荡，没有主力资金的参与是不可能实现的。经过充分调整而封涨停板的例子可以看海通集团(600537)在 2009 年 12 月 14 日的走势(图 3-6)。这一阶段也是判断缩量上涨的关键。分时图高位有充分震荡的过程，这样的缩量上涨说明筹码锁定程度良好，是真正的缩量上涨。没有经过调整，直接封住涨停板，这样的缩量上涨有可能是受操盘手法影响而导致的缩量，不能确定筹码锁定程度是否良好。

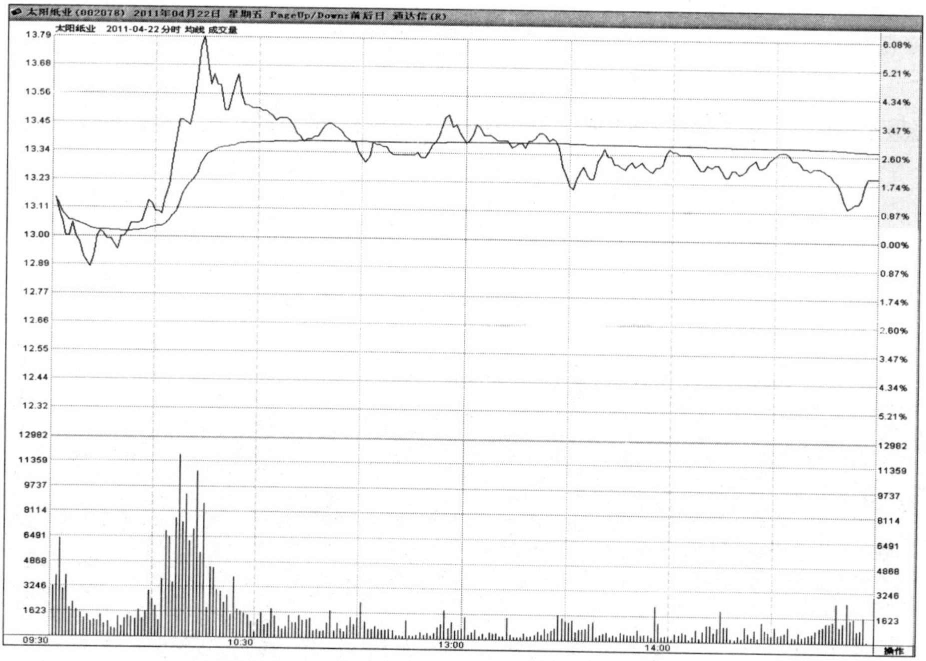

图 3-4 太阳纸业 2011 年 4 月 22 日分时走势图

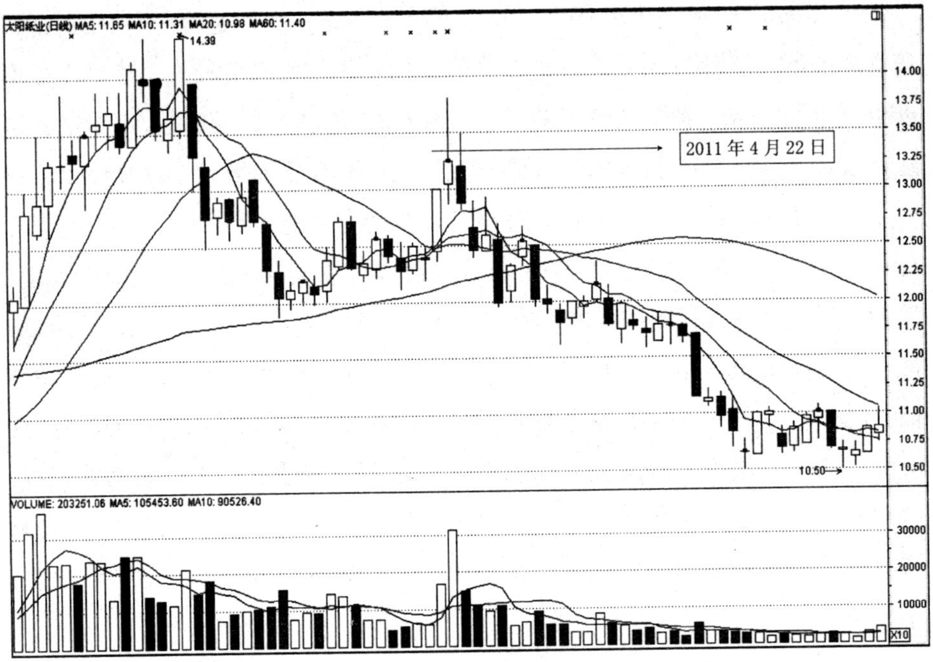

图 3-5 太阳纸业走势图

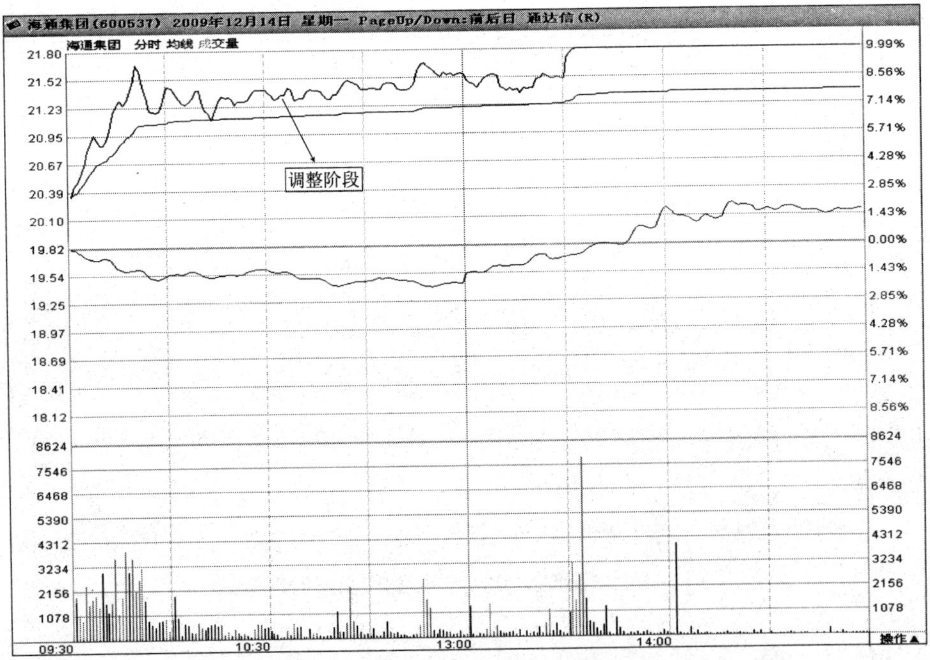

图 3-6 海通集团 2009 年 12 月 14 日分时走势图

(3)封停阶段。封停阶段是股价封住涨停之后的走势。涨停板能够提高投资者的心理预期，主要是在这一阶段。不封涨停，股价就一直在波动，有涨有跌，有些人担心股价会下跌，就会卖出股票。股价封住涨停，价格是固定的，没有波动，这时候就不用担心股价会下跌，从而使原来打算卖出的抛盘推迟或者改变卖出。市场上曾经名噪一时的涨停板敢死队主要就是利用这个原理来运作。短线追求快进快出，如果想快出，就不能仓位太重，买进太多不利于出货。但是还要把股价拉起来。怎么在不买入过多股票的情况下对股价产生影响，涨停板是一种不错的手法。股价用大单封住涨停板，抛单会迅速减少，这样就不会增加仓位，有利于快速出货。由此可见，涨停板敢死队最大的风险就是封不住涨停板，封不住涨停板就会抛盘不断，在高位接货，会增加整体持仓成本，出货就比较被动。封不住涨停板而导致运作失败的例子可以看一下中国联通(600050)2008 年 6 月 3 日的走势(图 3-7，图 3-8)。

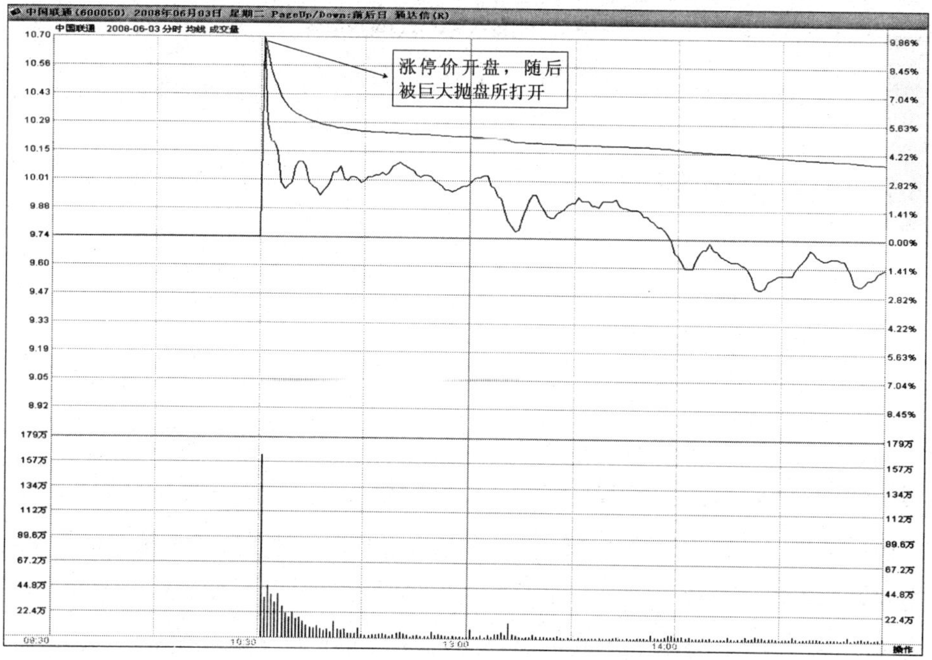

图 3-7　中国联通 2008 年 6 月 3 日分时走势图

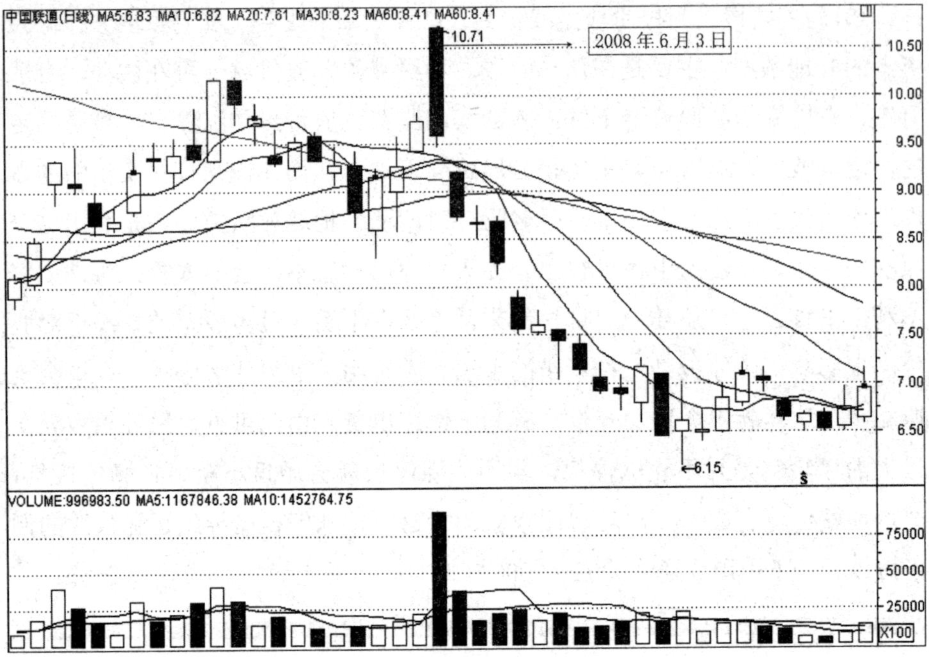

图 3-8　中国联通走势图

3.2 涨停板的意义

涨停板在实盘操作中，有两个意义：

(1)确定主力行为。

(2)确定主力有无出货的意图。

一只股票，基本面无重大利好消息，散户不可能不约而同的去买一只股票，能够涨停的股票，尤其是连续涨停的股票，一定是有主力资金运作。涨停板，是我们寻找主力的一条捷径。在运用的时候，要排除外在环境的影响，主要是基本面消息和大盘等。个股因利好消息而涨停，不能确定一定是主力资金所为。但是个股有利空而涨停，则可以确定是主力资金所为，因为利好会有跟风盘，而利空则不会有跟风盘。受利好消息影响而涨停的股票可以看华锐铸钢(002204)在 2011 年 4 月 13 日复牌之后的连续涨停(图 3-9)。有利空消息而能够继续涨停的股票，可以看 ST 钛白(002145)在 2008 年 12 月 22 日、23 日的走势(图 3-10 和图 3-11)。

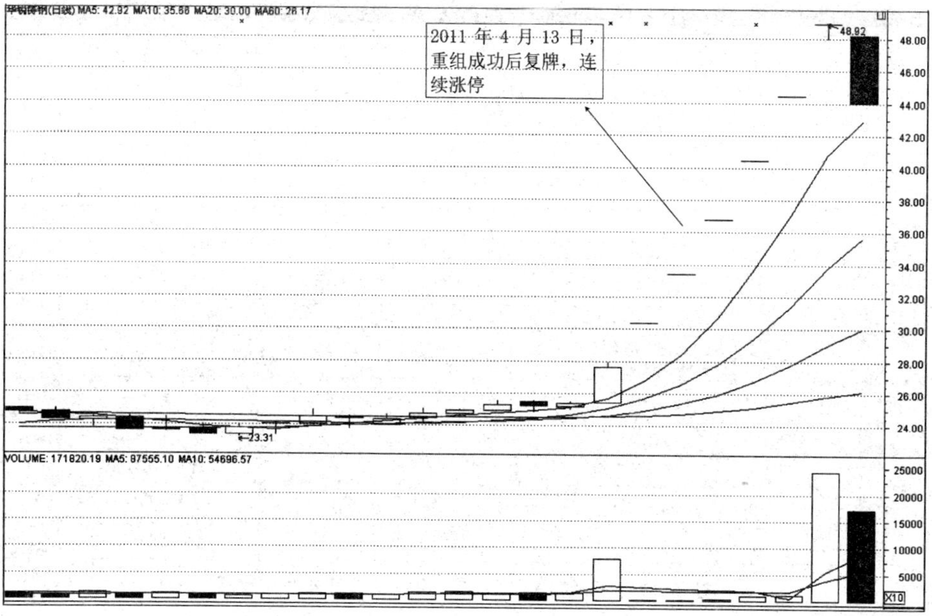

图 3–9 华锐铸钢走势图

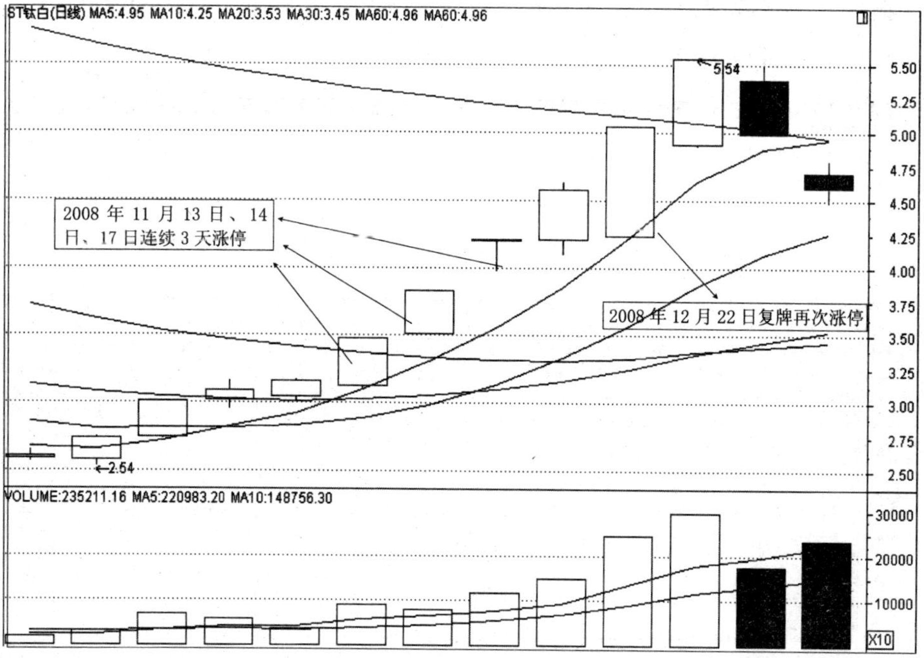

图 3–10 ST 钛白走势图

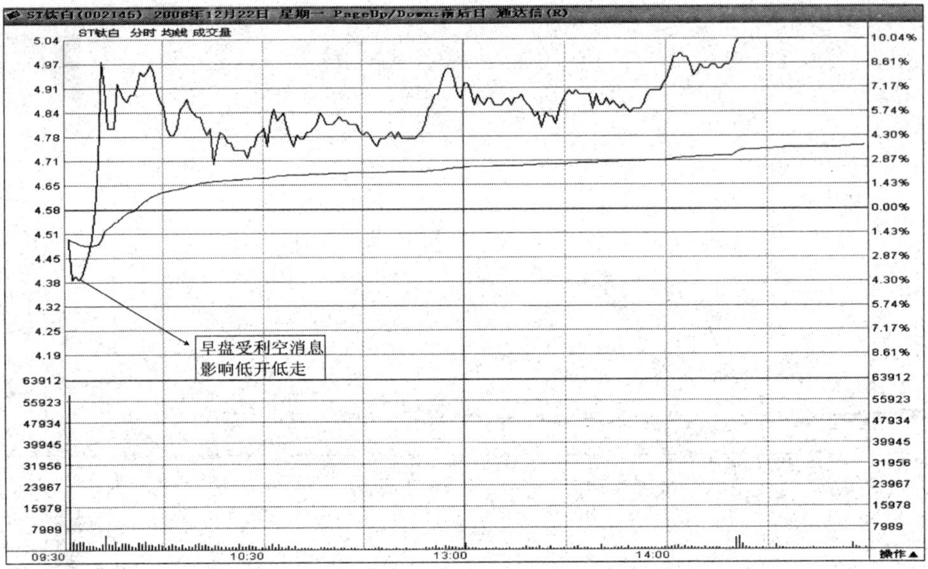

图 3-11 ST 钛白 2008 年 12 月 22 日分时走势图

分析涨停板，还要结合大盘等因素来考虑。一般情况下，大多数股票走势和大盘同步，但是程度略有差别，很少有因为大盘的因素而导致个股涨停的情况。2008 年 9 月 19 日，大盘受利好消息刺激而涨停，受此影响当天绝大多数股票也都涨停(图 3-12)。

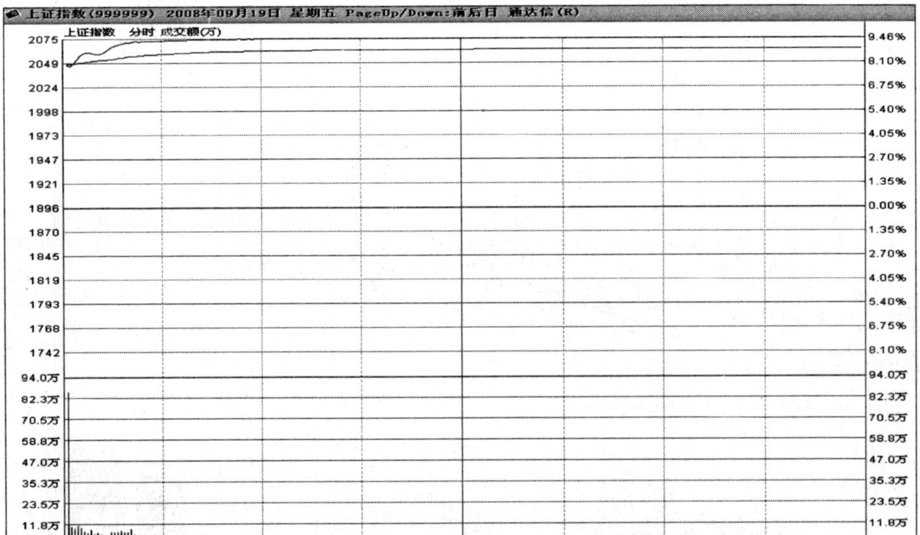

图 3-12 上证指数 2008 年 9 月 19 日分时走势图

在使用涨停板确定是否有主力的时候，要结合当时的市场环境以及个股基本面消息，这样可以尽量排除散户跟风盘造成涨停的可能。比如，个股有利好消息而涨停如华锐铸钢(002204)(图 3-9)，不能确定是主力所为。个股有利空而涨停，则不可能是散户所为，必然是主力资金在其中运作。再比如大盘大涨个股尾市涨停，有可能是受到大盘的影响，如果大盘暴跌而个股依然能够顽强地封住涨停，其中必有主力资金在死扛。这样的例子我们可以看多伦股份(600696)在 2011 年 8 月份的一次操作。

该股在 2011 年 7 月份有过一段上涨行情(图 3-13)，当时有朋友问我，是否属于缩量上涨。应该说是属于缩量上涨，但是并不明显，没有把握，鉴于当时大盘是在下降趋势中，就放弃没操作。

8 月 11 日这位朋友给我打电话，说 12.35 元进入(图 3-14)，当天被套住了，问该怎样操作。我看了一下当时的 K 线走势，属于相对高位放量，这样的股票是不应该进入的。我说先拿着吧，如果有反弹就先出来，下跌补仓不要进早了，11 元左右补仓。我之所以这样说，主要是看 8 月 8 日的分时走势(图 3-15)。当天大盘暴跌，该股强封涨停，主力资金投入不少，次日低开低走(图 3-16)，之后连续下跌，应该没有出来的机会，有可能做个小双顶，把自己解放出来，那就先拿着看看。下个交易日反弹，在 12.79 元出掉(图 3-17)。

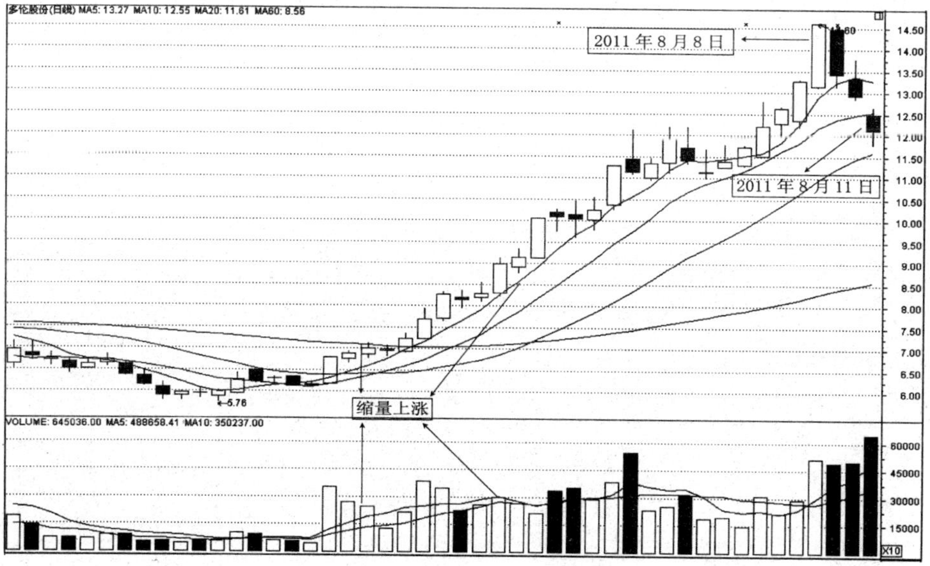

图 3-13 多伦股份(600696)走势图

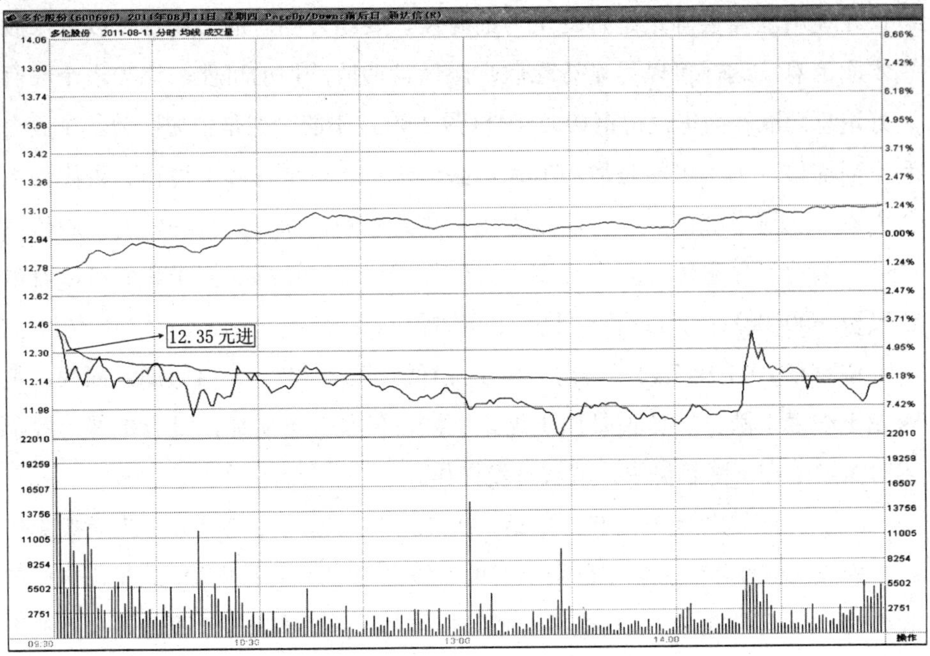

图 3-14　多伦股份 2011 年 8 月 11 日分时走势图

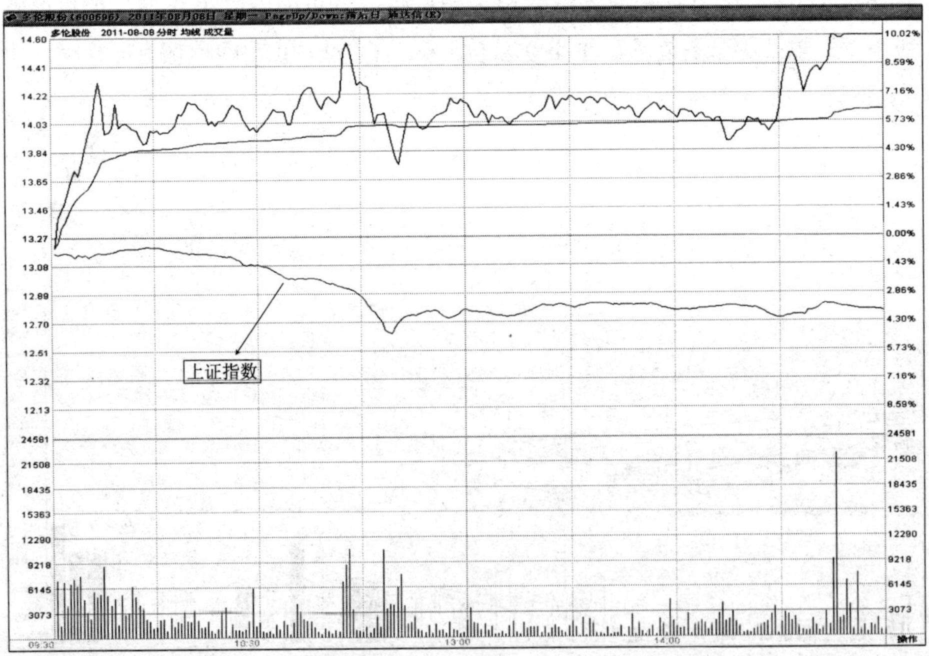

图 3-15　多伦股份 2011 年 8 月 8 日分时走势图

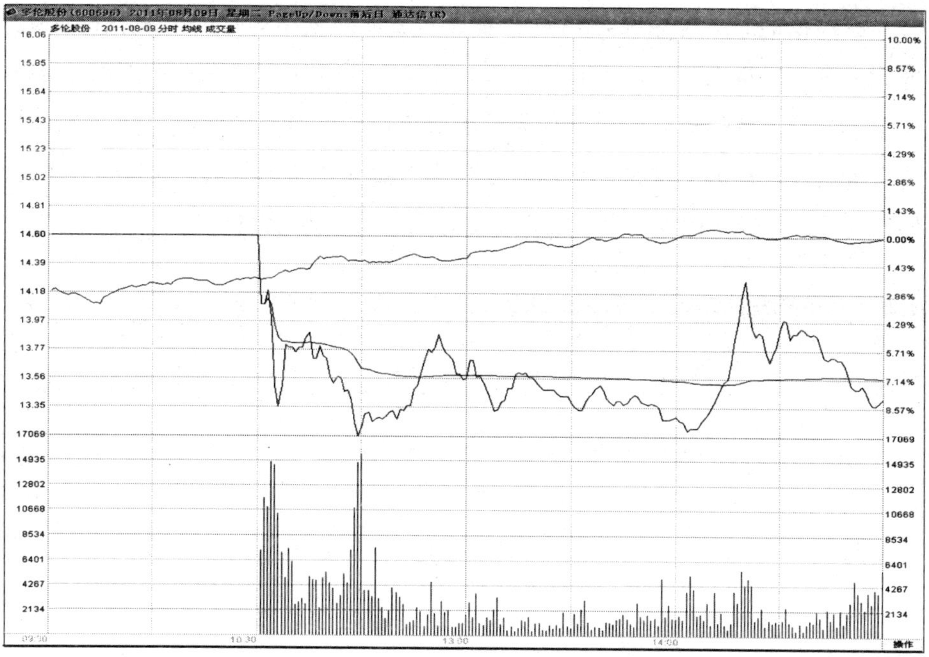

图 3–16 多伦股份 2011 年 8 月 9 日分时走势图

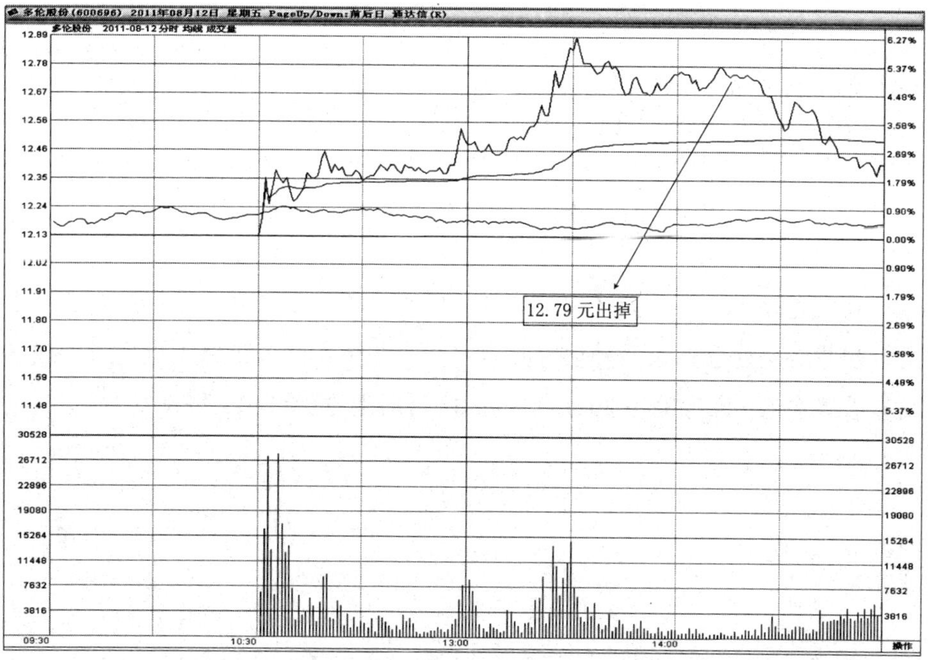

图 3–17 多伦股份 2011 年 8 月 12 日分时走势图

涨停板的另一个意义是判断主力有无出货的意图和行为。封住涨停板，成交稀少，出货太明显。不封涨停板，主力的卖盘可以夹杂在散户的单子中成交，容易浑水摸鱼。所以，如果是想出货，一般就不会封涨停板。尤其是涨停板封住之后成交很少，可以确定主力资金无出货的行为。尤其是一些涨停板封住之后成交稀少的个股，主力更无出货的行为(图 3-18)。

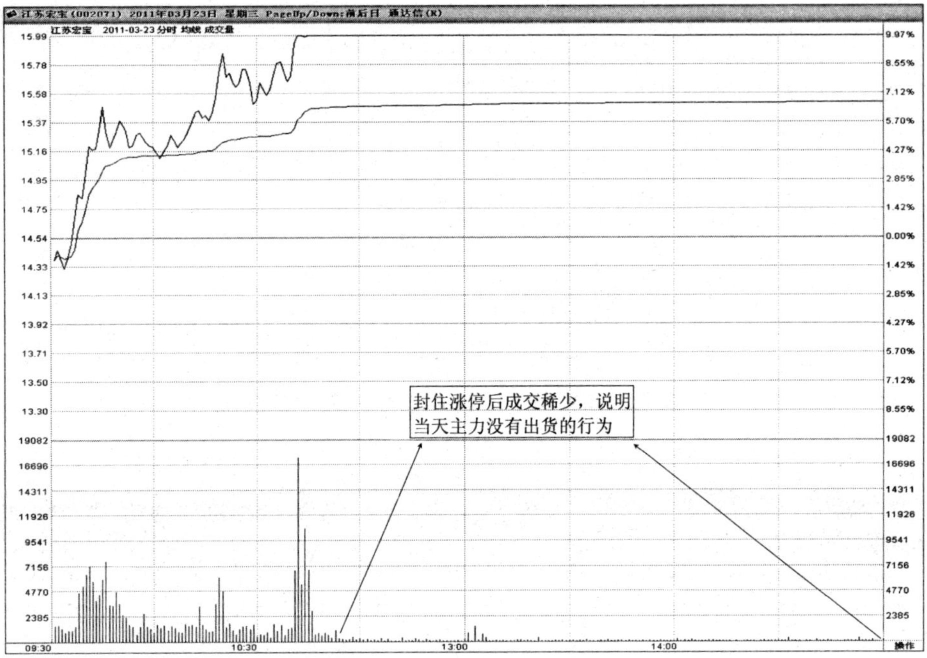

图 3-18　江苏宏宝 2011 年 3 月 23 日分时走势图

在实盘操作中，我们经常会遇到一些涨停板反复打开，这样的走势是主力在出货还是建仓？这两种情况都有可能。主力在涨停价格附近出货的例子可以看粤水电(002060)在 2011 年 1 月 31 日的走势(图 3-19 和 3-20)。

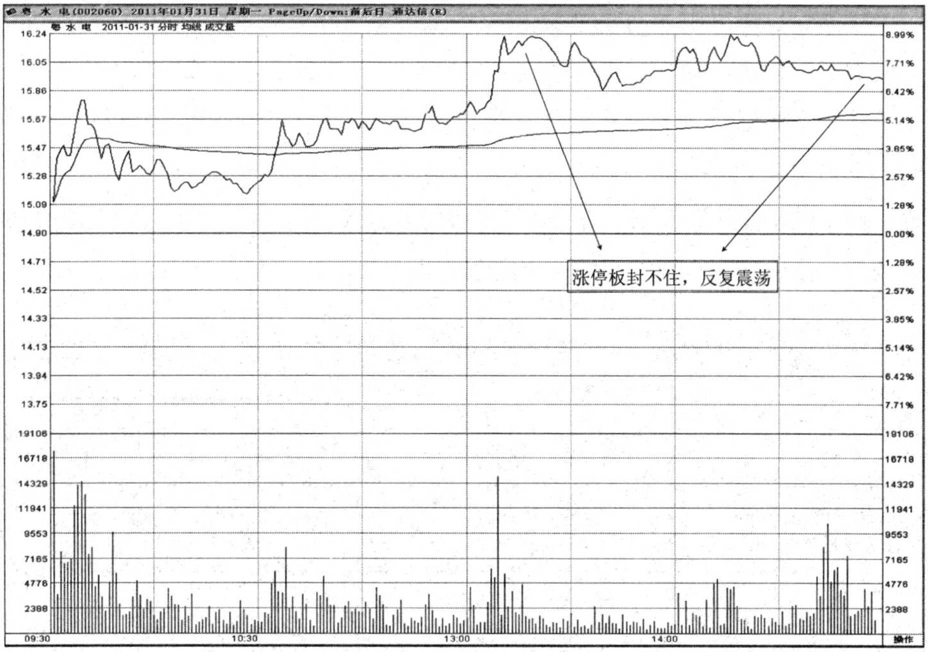

图 3-19　粤水电 2011 年 1 月 31 日分时走势图

图 3-20　粤水电走势图

在涨停板附近反复震荡的另一种可能是主力建仓。股价封住涨停会提高人们的心理预期，抛盘会迅速减少。而股价封不住涨停，在涨停板附近震荡，由于获利盘怕股价下跌，则会轻易地被震出来，主力因此实现快速建仓的目的。涨停板附近震荡建仓的例子可以看诚志股份(000990)在 2009 年 1 月 19 日、20 日的走势(图 3-21～图 3-23)。涨停板封不住而建仓，在当时无法确认是建仓还是出货，需要之后缩量上涨来确认。

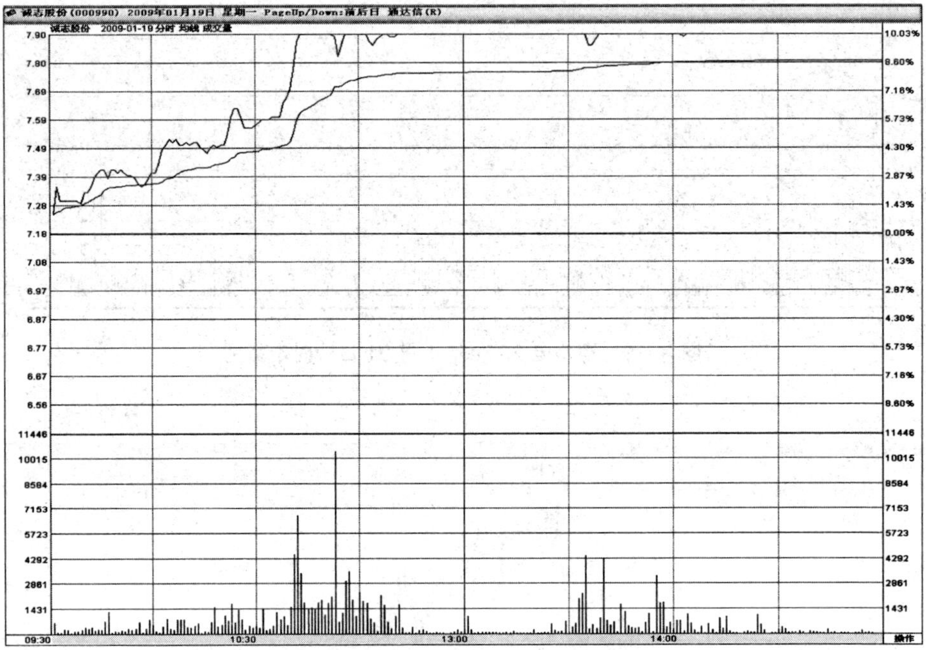

图 3-21　诚志股份 2009 年 1 月 19 日分时走势图

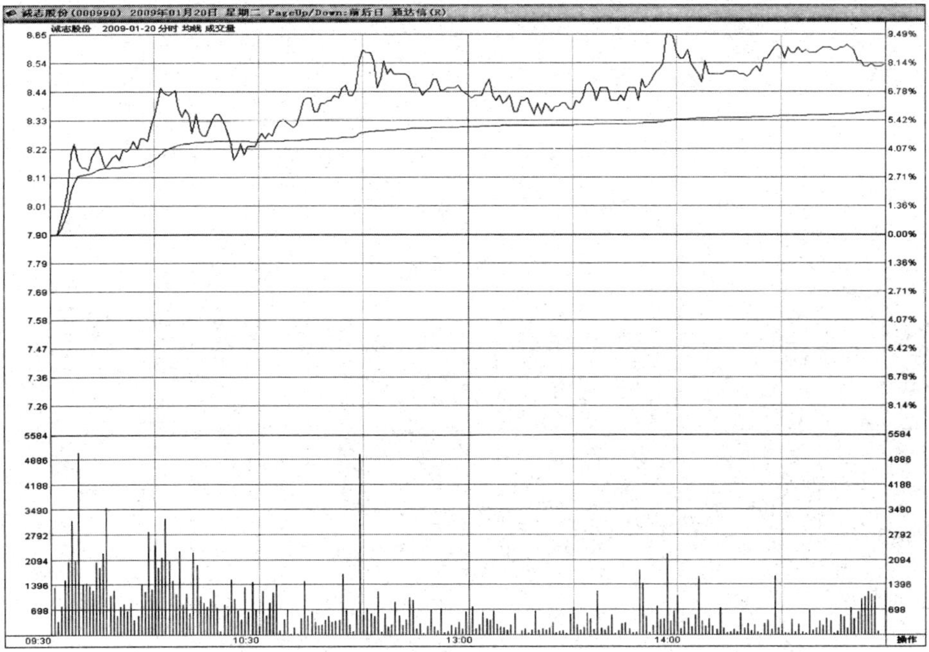

图 3-22　诚志股份 2009 年 1 月 20 日分时走势图

图 3-23　诚志股份走势图

第四章　实盘操作

4.1 广晟有色(600259)

上证指数 2010 年 4 月 19 日大跌 150 点，跌破 5 日、10 日、20 日、30 日、60 日均线，4 月 21 日反弹清仓。之后没再操作。直到 2010 年 7 月 28 日上证指数站稳 60 日均线，可以进场操作(图 4-1)。之后指数开始横盘整理，盘面上符合操作要求的股票很少。比较活跃的是稀土永磁板块。

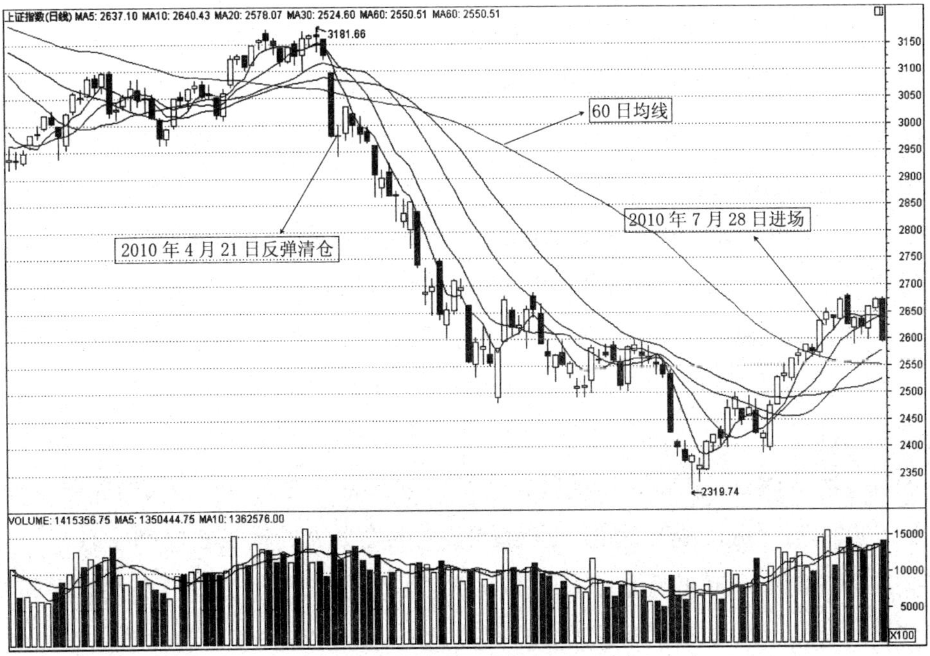

图 4-1　2010 年上证指数走势图

稀土永磁板块分为两类，一类是涉矿企业，以包钢稀土(600111)、五矿发展(600058)、江西铜业(600362)、中色股份(000758)、广晟有色(600259)为代表；另一类是稀土加工企业，以太原刚玉(000795)、宁波韵升(600366)、横店东磁(002056)、北矿磁材(600980)为代表。稀土永磁板块表现活跃，一直在关注，始终没找到合适的进入点位。后来发现广晟有色(600259)有可能是个进入的机会。

广晟有色(600259)(图 4-2)2010 年 6 月份有过一波放量上涨的行情，没有走出缩量上涨就没参与。9 月初再次放量上涨，继续等待。9 月 30 日经过充分震荡(图 4-3)换手率为 15.22%，相对 9 月 28 日 26.89%的换手率，属于缩量上涨，表明筹码锁定程度良好。10 月 8 日早盘震荡之后封住涨停，但是尾市涨停板打开(图 4-4)，全天换手率 18.78%。尾盘涨停板打开，应该是有大资金在出，不过整体换手率不大，还没有资金大规模出逃的迹象。一般情况下，尾市封不住的涨停板，下个交易日会大幅低开低走，所以进的时候不要进早了。10 月 8 日收盘价 61.12 元。下个交易日的操作计划是：分批建仓，第一笔单子应该是在跌 5 个点的位置 58 元左右建仓，并且仓位不能重，不要超过 1/10 仓位，以防当天大幅深调甚至砸到跌停板上，之后视成交量大小决定是否补仓。10 月 11 日大部分委托单都是在 58 元左右，出于分散资金的需要，只有极少部分单子挂在 59 元和 60 元。当天并没有大幅下跌，最低价 59.50 元，仅在 59.80 元成交了极少一部分(图 4-5)。10 月 12 日充分震荡之后再次涨停(图 4-6)，换手率 16.97%，表明筹码锁定程度良好。这天的走势很关键，如果涨不上去，就有做双顶的可能，就要及时出来。当天的走势非常好，说明是买到了上涨途中，以后还会上涨，这时候就不要忙着去逃顶。并不是涨了就要卖，我们决定买卖的依据是行情的客观走势，而不是账户的盈亏。既然遇到了上涨途中的行情，那就拿到见顶为止。有些人的股票拿了好长时间不上涨，刚开始涨一点就出了，风险很大的横盘阶段都拿过来了，到了主升的高利润低风险阶段却早早跑了，关键问题不是贪与不贪的问题，而是对行情的判断水平问题。像广晟有色(600259)这种走势的股票，买到上涨途中，应该什么时候卖？如果一直上涨，那就一直持有，直到有一天，从高位迅速杀跌的时候要特别注意，但是不要着急卖，恐慌走势出现的时候，卖也不一定卖的出去。之后会有反弹，反弹的时候坚决清仓离场。10 月 18 日从涨停板附近迅速下跌，行情有可能走完，反弹时在 95 元一带出掉(图 4-7)。当天换手率为 20.36%，高位没有放巨量，说明上涨趋势还没有遭到破坏，依据趋势的持续性，首次下跌的时候可以进场做一次反弹。10 月 26 日下跌接近 10 日均线的位置，尾盘 82.90 元轻仓进入(图 4-8)，如果继续下跌就分批补仓，如果上涨就出掉。10 月 27 日 90 元左右出掉(图 4-9)。

广晟有色(600259)10 月 11 日 60 元进入，10 月 18 日 95 元出掉，6 个交易日盈利幅度接近 60%。但是并没有赚多少钱，仓位太轻。有个读者也买了这只股票，20 元的成本，100 元出掉，最终没赚多少钱，因为他就买了 100 股。股票大涨和赚钱是两回事。

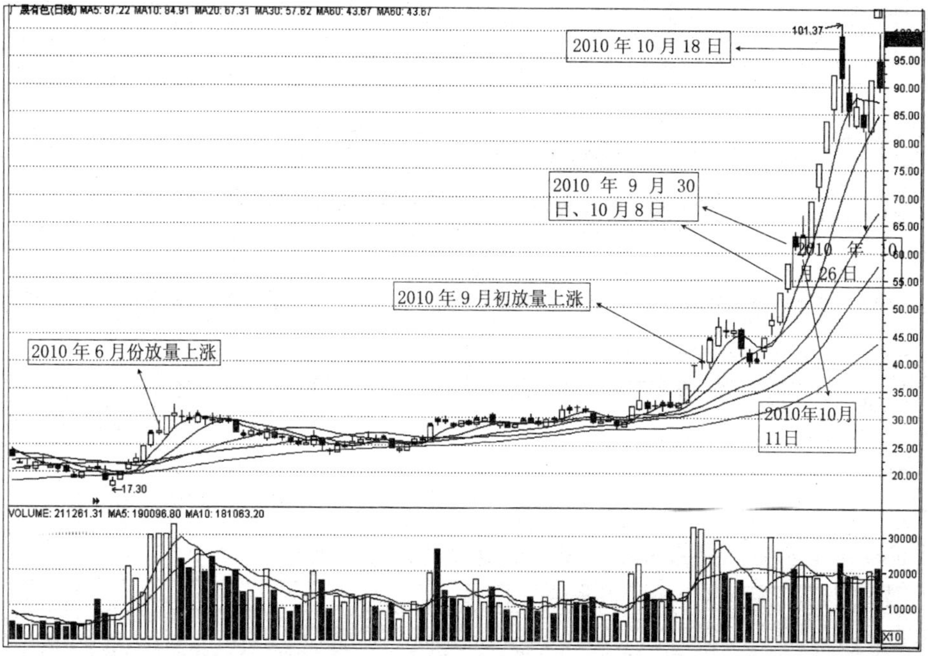

图 4-2　2010 年广晟有色走势图

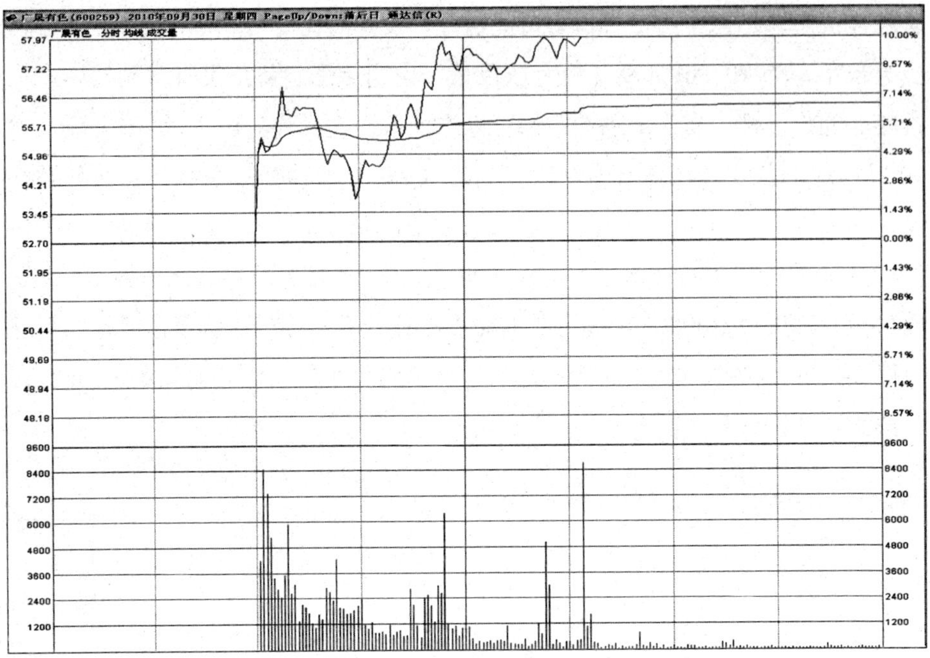

图 4-3　广晟有色 2010 年 9 月 30 日分时走势图

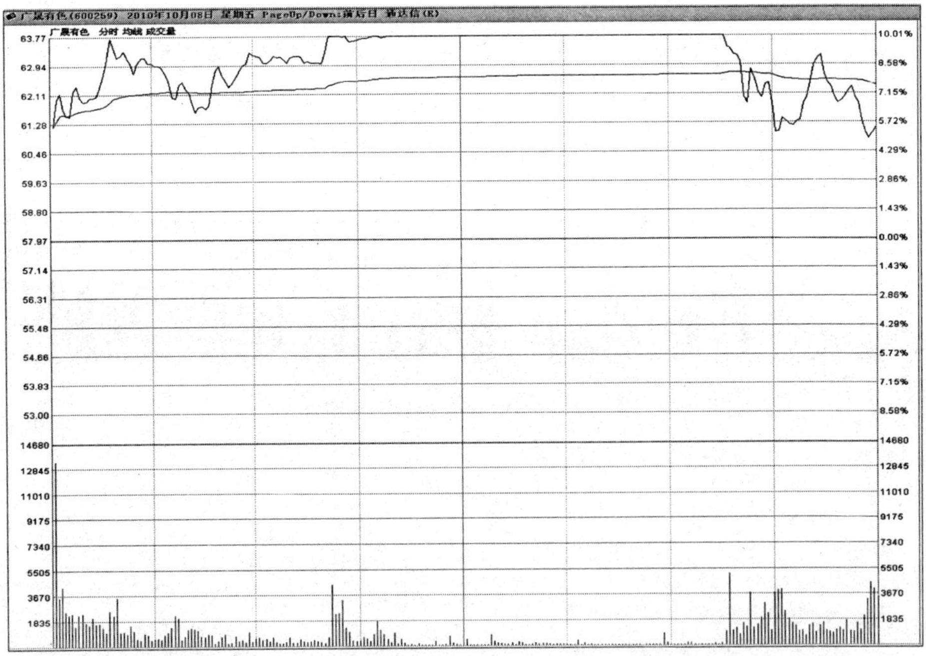

图 4-4　广晟有色 2010 年 10 月 8 日分时走势图

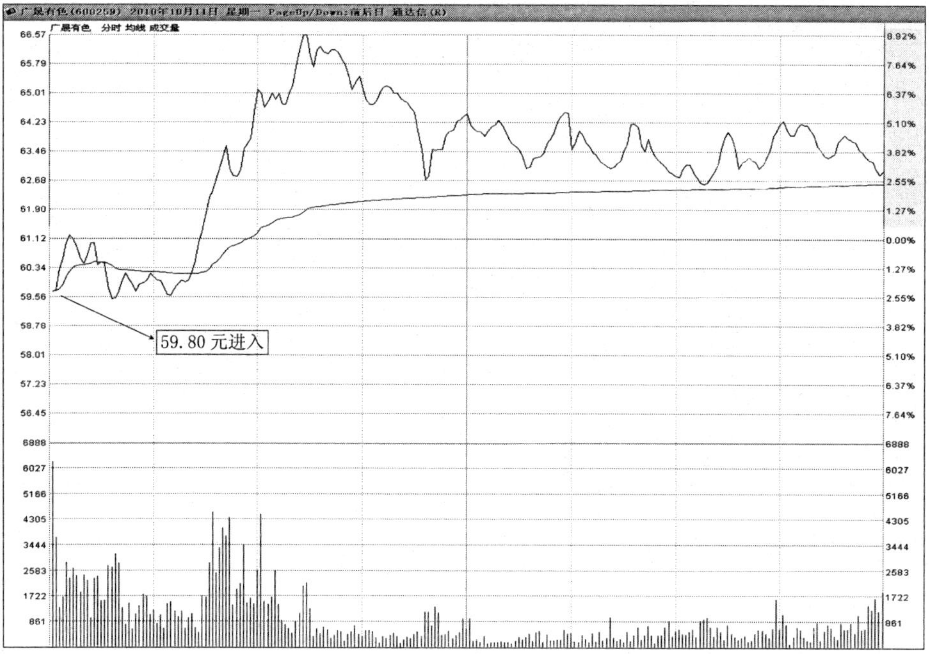

图 4-5 广晟有色 2010 年 10 月 11 日分时走势图

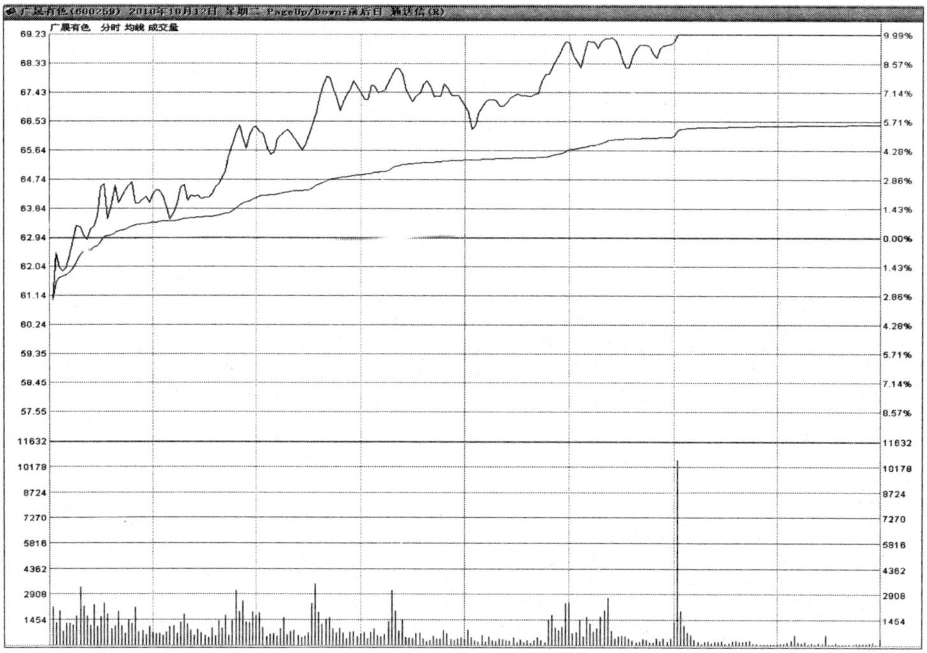

图 4-6 广晟有色 2010 年 10 月 12 日分时走势图

图 4-7　广晟有色 2010 年 10 月 18 日分时走势图

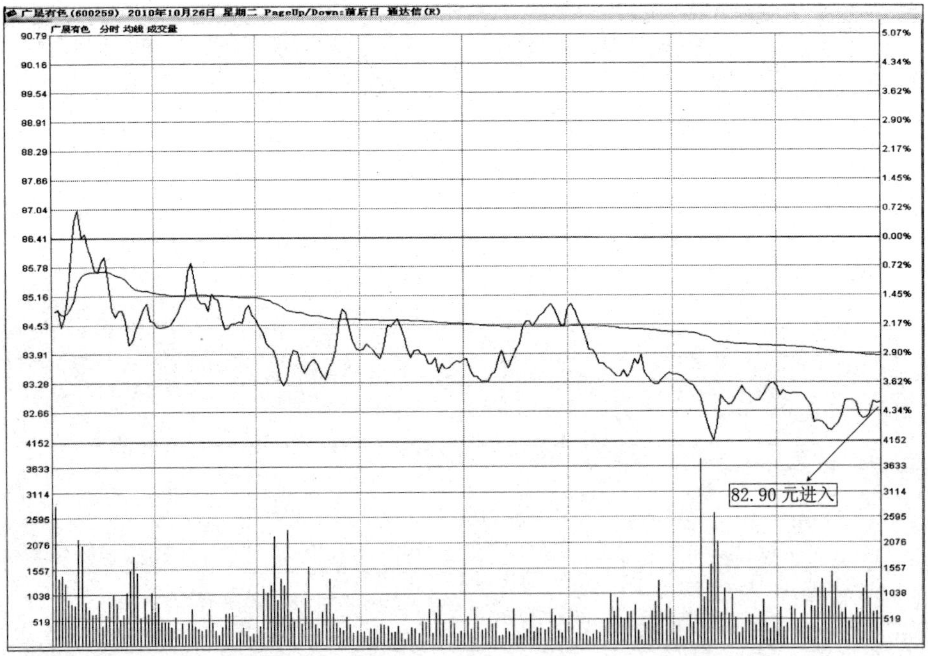

图 4-8　广晟有色 2010 年 10 月 26 日分时走势图

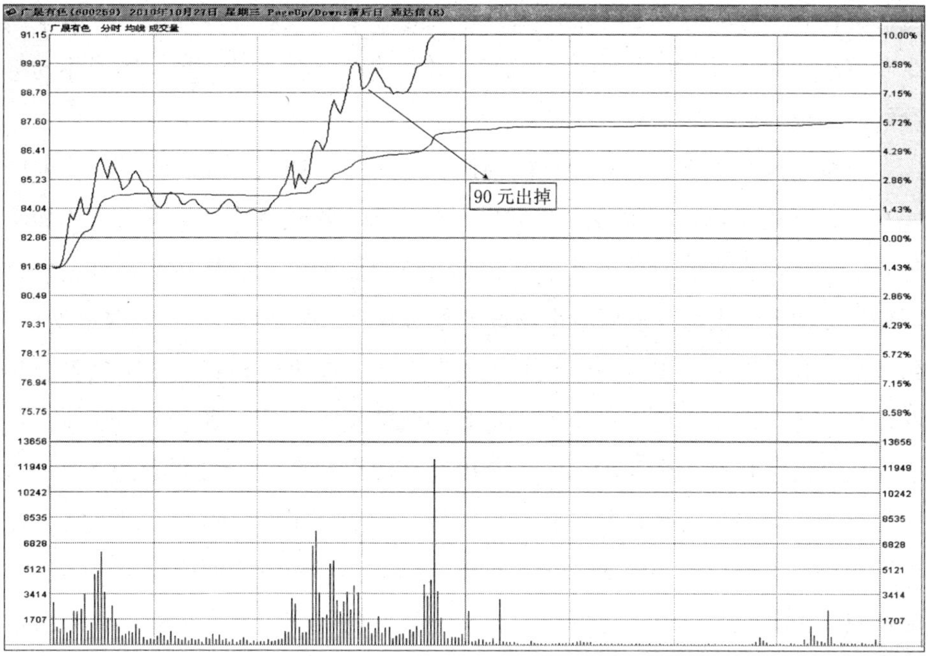

图 4-9 广晟有色 2010 年 10 月 27 日分时走势图

2010 年出现了两只“妖股”：成飞集成(002190)、广晟有色(600259)。之所以出现这种牛到发疯的妖股，根本原因在于市场的弱势。大势偏弱，大多数股票都没有行情，一旦有一个能得到市场广泛认可的题材出现，就会遭到逐利资金的疯狂炒作。即使市场很弱，其中也必然会有一批活跃资金，有两点原因：①市场资金对行情的看法始终存在分歧，只要股市存在就会有多方和空方，不会出现所有人都看多或者所有人都看空的情况，对于行情的判断永远不会绝对统一，无论行情如何都会有做多的资金和做空的资金，这是股市中客观存在的一种情况。②活跃资金是要追逐利润，无论行情如何，总有想赚钱的资金。有些人觉得行情不好就会暂时停止操作，而有些人则会一直追求利润，一方面是人性贪婪的体现，另一方面一些资金有追求绝对收益的业绩压力。如果行情比较好，板块轮动个股普涨，就没有必要围绕着一个板块中的一只股票反复炒作。做哪只都是赚钱，为什么一定要炒作一只已经炒到很高的股票呢。市场行情不好，没有个股普涨的条件，而有些资金却是要追逐利润，正是因为其他的股票炒不动，炒起来得不到市场的广泛认可，一旦市场出现一个具有号召力的题材，逐利资金就会大炒特炒，使一只股票从牛股变成疯牛，再从疯牛变成“妖股”。2010 年“妖股”的出现，是市场弱势行情的表现。

这里涉及到大资金运作原理的问题。一只已经连续上涨的股票，比如广晟有色，已经涨到 60 元的历史高价，为什么还要继续炒它，换一只股票炒不行吗？能连续上涨的股票，其中必然有大资金的运作，但是并不是有大资金运作的股票就会上涨，需要看市场跟风盘的响应。如果得不到跟风盘的认可，那就会运作失败。所以说，一只股票能涨多少，是大资金和散户跟风资金共同作用的结果，不是主力一个人想拉多高就能拉多高的，资金有局限性。对于大资金的运作有两个风险：大资金砸盘和没有跟风盘。如果资金实力足够大，基本不存在第一种风险，有其他大资金砸盘，照单全收就可以。第二种没有跟风盘的风险则是致命的。在运作之初，并不知道能不能得到市场的响应，只能去凭经验预判，有时候自己感觉很好的股票，不一定能得到市场跟风资金的认可。而当一只股票能连续上涨的时候，其走势已经证明了能得到市场跟风资金的认可，这时候再进入风险就要小的多。这也是为什么市场游资喜欢追高拉板的原因，从投机的角度来说，10 元的股票到 11 元和 15 元的股票到 16.5 元收益没有区别，而风险则不同。一只从 10 元涨到 15 元的股票，再从 15 元拉升到 16.5 元很容易，而一只没涨过的股票，想从 10 元拉到 11 元则有可能非常难。很多人不明白为什么已经涨的很高的股票能再上涨，而那些趴在地上不动的股票就是不动，因为很多人没有大资金运作的经历，并不知道大资金运作的原理。以为没涨的股票就要涨，其实市场上很多没涨的股票并不是没有大资金去运作，而是这些大资金没运作起来，主力都被套的硬邦邦的，我们就不要去做解放军了。

4.2 恒源煤电(600971)

上证指数在 2010 年 7 月 28 日站上 60 日均线，可以进场操作。之后就一直横盘，几次突破 2700 点的阻力位都没有成功，在 9 月 14 日清掉手中股票，空仓观望(图 4-10)。国庆节之后，受美国量化宽松政策影响，美元暴跌，国际大宗商品暴涨，国内A股市场在煤炭、有色带动下指数一路狂飙，连续的上涨担心会有回调也不敢追，完全踏空这波上涨。不过也不用着急，指数连续暴涨，其中必然会有强有力的板块带动，能够板块联动的股票，具有非常强的趋势性，只要有回调，就是非常好的机会。我们的操作系统以寻找确定性交易机会为目标，确定性有两个意义；第一不确定性的走势不操作，这样就牢牢控制住了风险，比如大盘连续暴涨，个股连续拉板，不能确定什么时候开始调整，事后看大涨的股票，只要不是最后一天进入的，都能赚钱，但是当时没法确定每一个新高是不是最后的一天。第二确定性的机会重仓做，这样可以提高收益。要想整体获利10%如果是1/4仓位那就需要涨40%，如果是满仓抓一个板就可以。为什么不敢满仓，因为不能确定一定会上涨，如果能确定一定会上涨，哪怕就是涨3%、5%，我们也敢满仓，那样收益也会非常可观。在趋势没有形成之前我们不操作，趋势形成之后连续大涨我们也不着急操作，就等趋势形成之后的回调重仓操作。有板块联动的股票，属于强趋势，依据趋势的持续性，如果回调重仓操作，能不能继续创新高上涨不确定，但是能确定一定会有反弹。

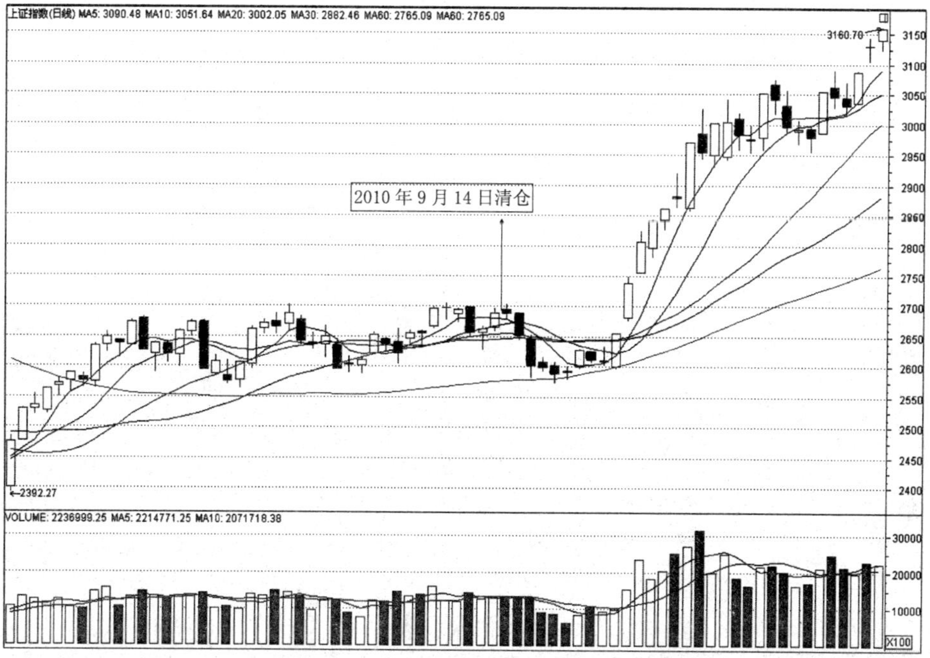

图4-10　上证指数2010年9月份走势图

煤炭板块中，走势比较理想的个股是恒源煤电(600971)(图 4-11)。该股 2010 年 10 月 11 日是连续大涨的第三天，换手率为 27.43%，成交量创出阶段新高，视为放量。股价连续上涨，有获利盘出逃造成放量很正常，如果没有新资金进入，那么行情到此为止，如果有新资金进入，还有可能再创新高。需要等缩量上涨来确认。这时候不能进，我们看到恒源煤电(600971)以后走起来了，如果早进入能获利更多。如果想赚钱多，那就要早进，有可能碰到大涨的股票大赚一笔，但是这种大赚承担着很大的风险，因为有些股票走不起来，如果走不起来，那就赔钱。如果想赚钱稳，就要等趋势走出来之后再进，单只股票盈利幅度相对较少，但是稳定，通过复利的方式，实现资本长期稳定巨额的收益。我选择后者。10 月 14 日高位充分震荡再次封住涨停板(图 4-12)，换手率为 17.82%，缩量上涨，显示筹码锁定程度良好。10 月 15 日冲高回落(图 4-13)，换手率为 14.72%，没有放大量，回调可以参与。10 月 18 日换手率 14.12%，没有放量，尾市在 41.50 元一带半仓进入(图 4-14)。如果下个交易日继续回调，那就在跌 5 个点的位置 40～39.5 元一带把剩下半仓加上，满仓等反弹。如果下个交易日上涨，则有可能买到上涨途中，那就继续持有。10 月 19 日上涨 7.76%(图 4-15)，没有补仓，也没有出。10 月 20 日早盘冲高，在 45.5 元一带有个震荡(图 4-16)，获利已经到 10%，就先出来。出了之后就开始下跌，当时心里还为出了个高点价格而窃喜，过了一会再看就傻眼了：又涨停了！当天换手率为 15.70%，知道出早了。如果再次调整还有机会进入，之后连续的横盘调整，没有深调，也就没有再进。

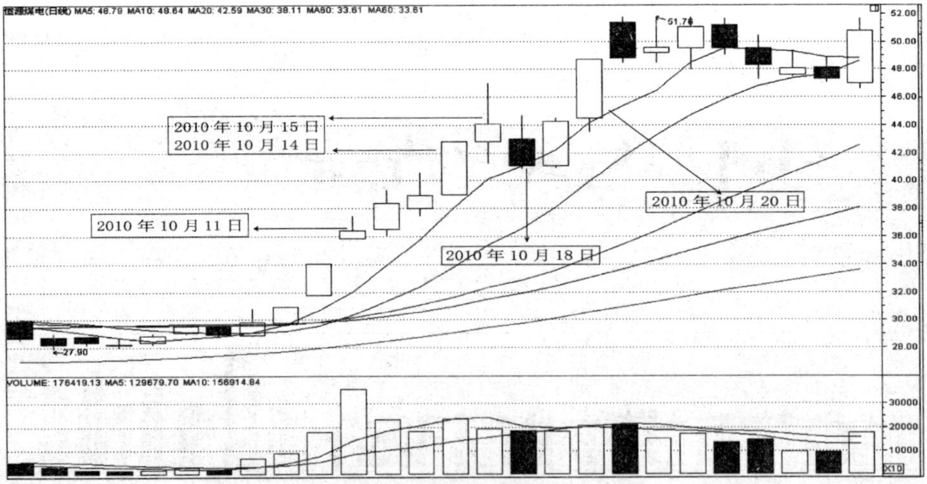

图 4-11　恒源煤电 2010 年走势图

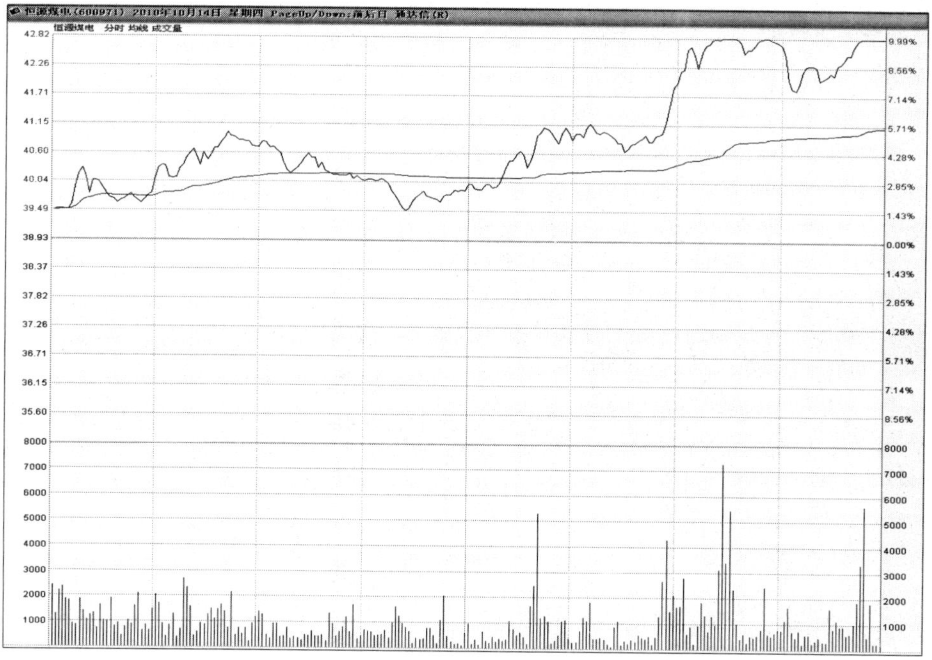

图 4-12 恒源煤电 2010 年 10 月 14 日分时走势图

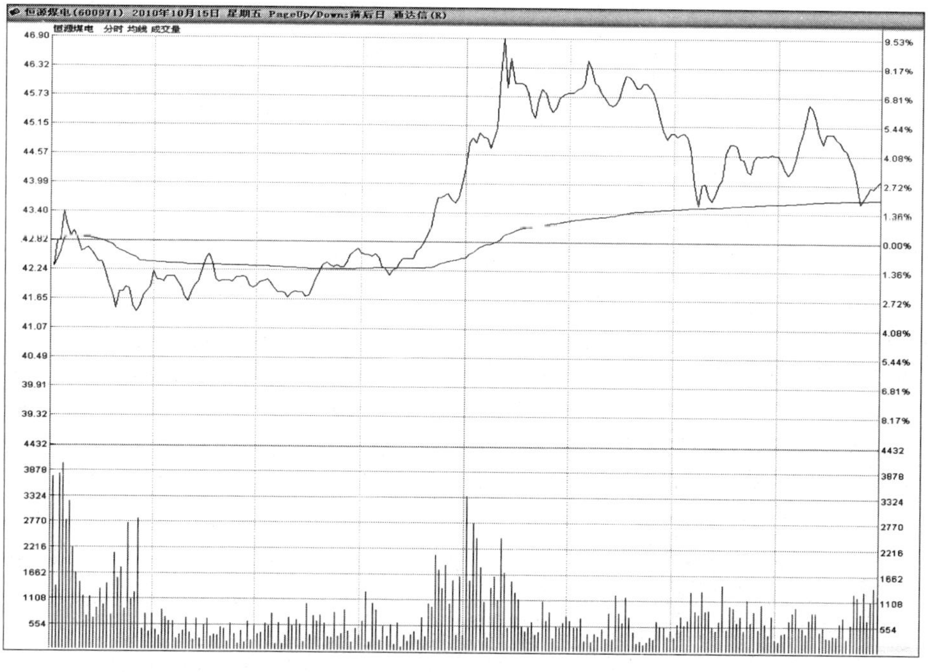

图 4-13 恒源煤电 2010 年 10 月 15 日分时走势图

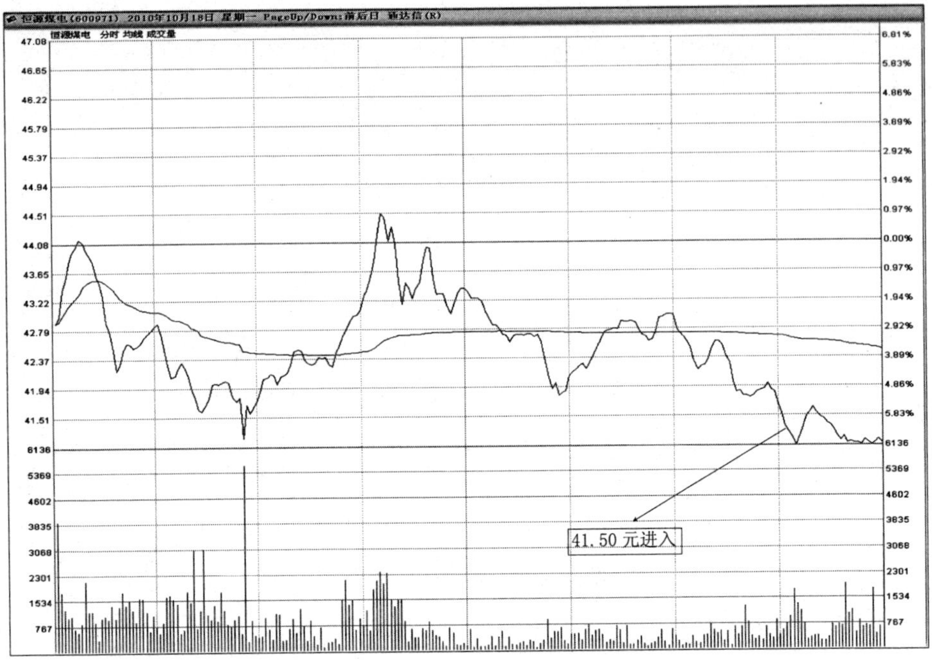

图 4-14 恒源煤电 2010 年 10 月 18 日分时走势图

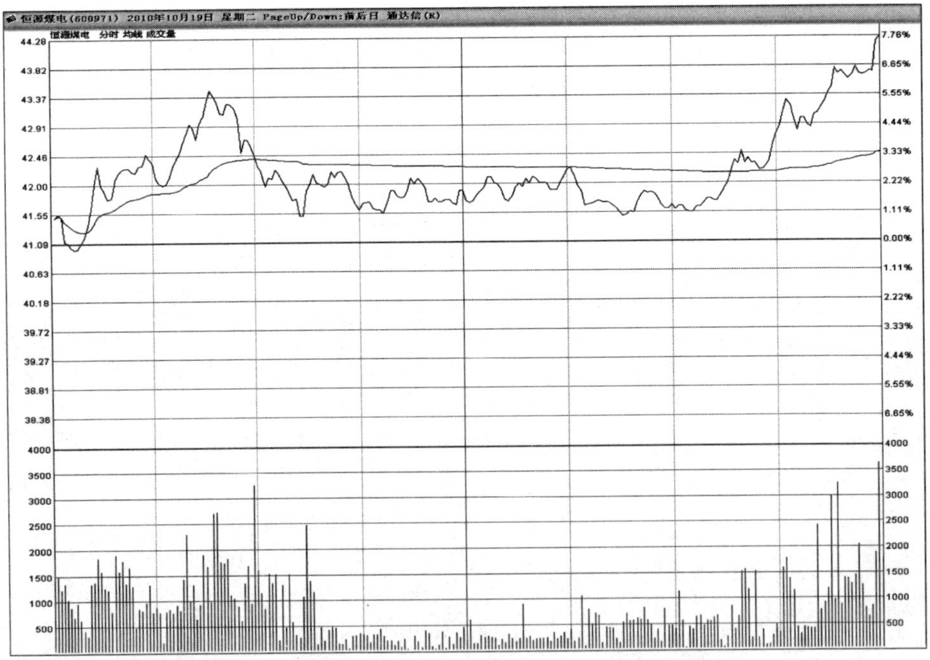

图 4-15 恒源煤电 2010 年 10 月 19 日分时走势图

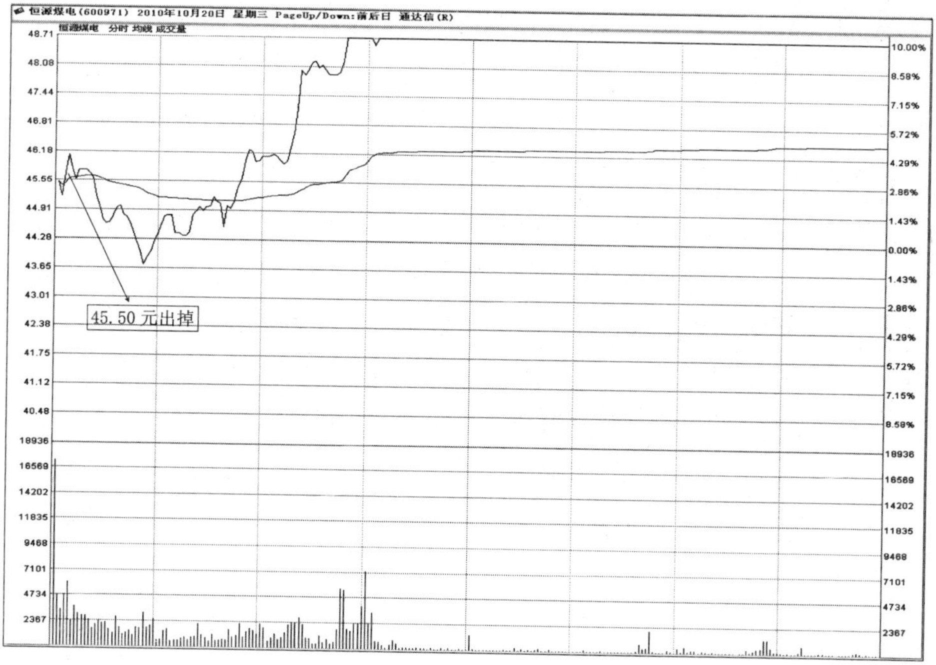

图 4-16 恒源煤电 2010 年 10 月 20 日分时走势图

4.3 豫光金铅(600531)

豫光金铅(600531)(图 4-17)2010 年 10 月 13 日股价涨停，换手率 16.36%，创出阶段新高，视为放量。10 月 15 日高位充分震荡，再次封住涨停板(图 4-18)，换手率 8.34%，属于缩量上涨，显示筹码锁定程度良好。10 月 18 日冲高回落(图 4-19)，换手率 14.56%。如何界定这天的成交量是本次操作的关键。与前一交易日(10 月 15 日)相比属于放量，与 10 月 13 日相比不属于放量。我们采用的是和前期放量比较大的交易日相比，也就是与 10 月 13 日相比，那么 10 月 18 日的成交量就不算是放量，没有资金大规模出逃的迹象，回调可以参与。实盘中，我是在 10 月 18 日尾盘 31 元左右进入半仓(图 4-19)。如果上涨就继续持有，如果下跌 5%到 29.5 元左右的时候补仓，直至满仓。10 月 19 日没涨没跌，没有补仓，也没有出。10 月 20 日受隔夜美元反弹国际大宗商品暴跌的影响，早盘大幅低开低走，用出掉恒源煤电(600971)的资金在 29.50 元把仓位加满(图 4-20)。10 月 21 日反弹，最高涨 6%，力度比较弱(图 4-21)。这种板块联动的强趋势，一般会有强势反弹，所以当天也没出。从以后的走势来看，如果当天能在高点出些，跌下来再买回来，赚的会更多点。如果不下跌，可能就会踏空。这需要看每个人的操作习惯，我也没有更好的办法。我一般是不动，等反弹出掉。各位读者可以依据自己的情况做出灵活的选择。10 月 25 日反弹，在 33 元左右全部出掉(图 4-22)。之后再次下跌，当时有些朋友跟着我做了第一次下跌的反弹，再次下跌的时候又买进去了，我没有买。第一次下跌有把握做一个强势反弹，第二次甚至以后的下跌，没什么把握，横盘时间越长，也就越危险。

本例操作中，界定高位是否放量是关键。如果没有放巨量，回调可以操作，如果是放巨量，就不能再操作了。2011 年 1 月份水利板块走强，一直等进入的机会。1 月 31 日支持水利建设的文件正式下发，应该是属于利好。当天水利板块有代表性的几只股票安徽水利(600502)(图 4-23)、葛洲坝(600068)(图 4-24)、粤水电(002060)(图 4-25)放巨量上涨。受利好消息影响，买盘踊跃比较正常，但是谁在卖？如果没有大资金出逃，应该是不放量的上涨甚至是无量涨停。利好而放量，可以确定当天是有大资金出货，而且是整个板块都在有大资金出货。那么这样的回调，是否能有反弹就不确定，所以不应该再参与了。

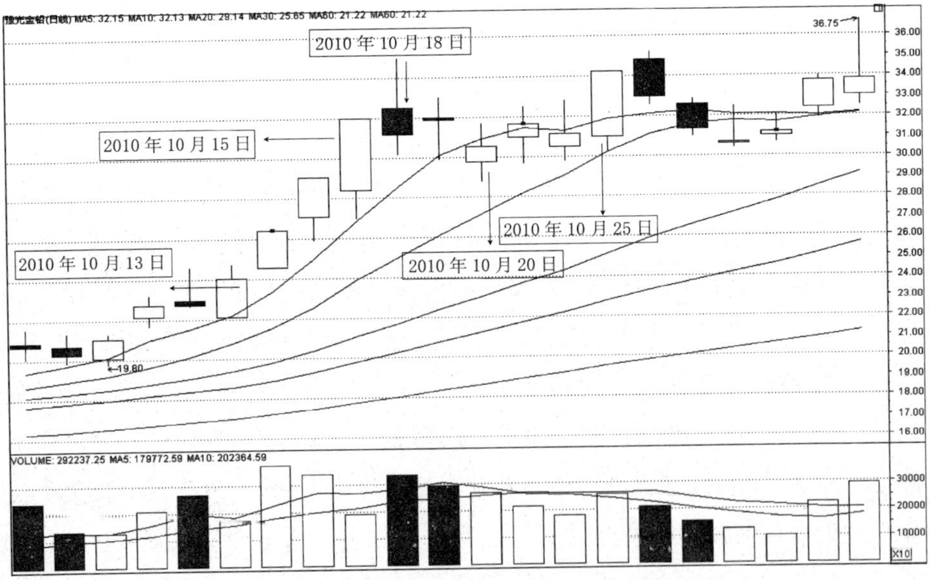

图 4-17　豫光金铅 2010 年走势图

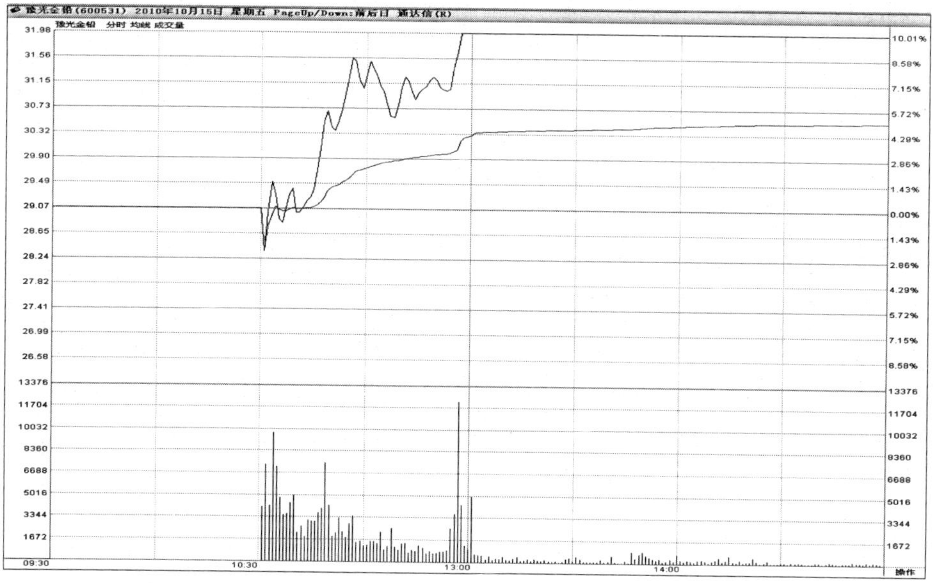

图 4-18 豫光金铅 2010 年 10 月 15 日分时走势图

图 4-19 豫光金铅 2010 年 10 月 18 日分时走势图

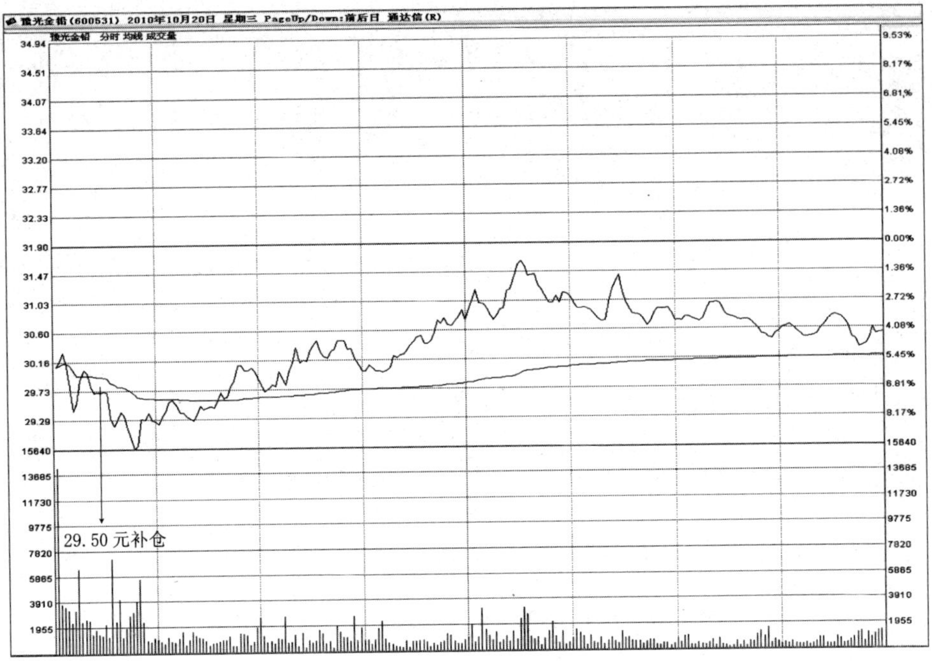

图 4-20 豫光金铅 2010 年 10 月 20 日分时走势图

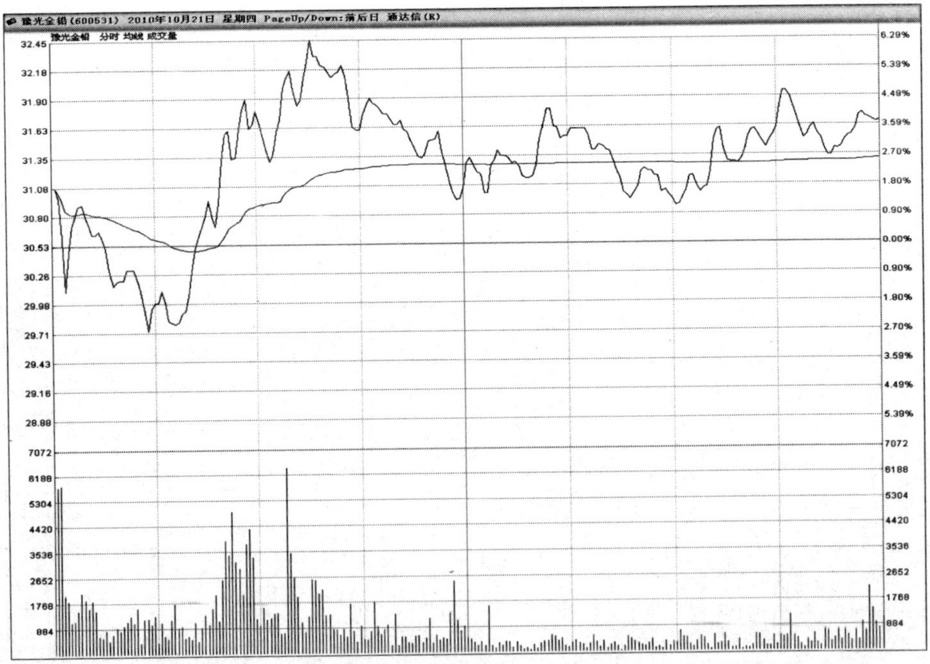

图 4-21 豫光金铅 2010 年 10 月 21 日分时走势图

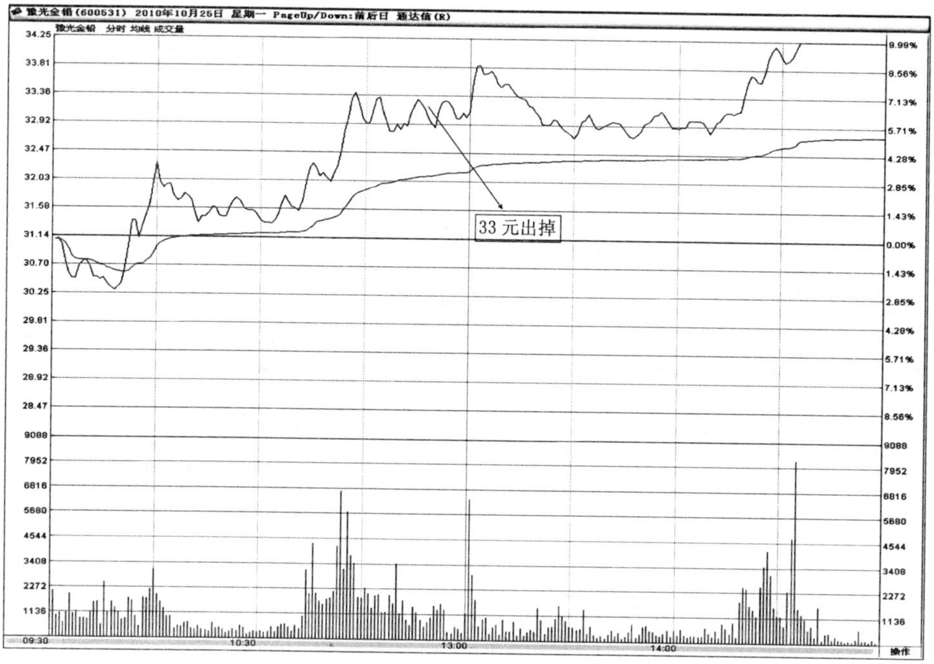

图 4-22 豫光金铅 2010 年 10 月 25 日分时走势图

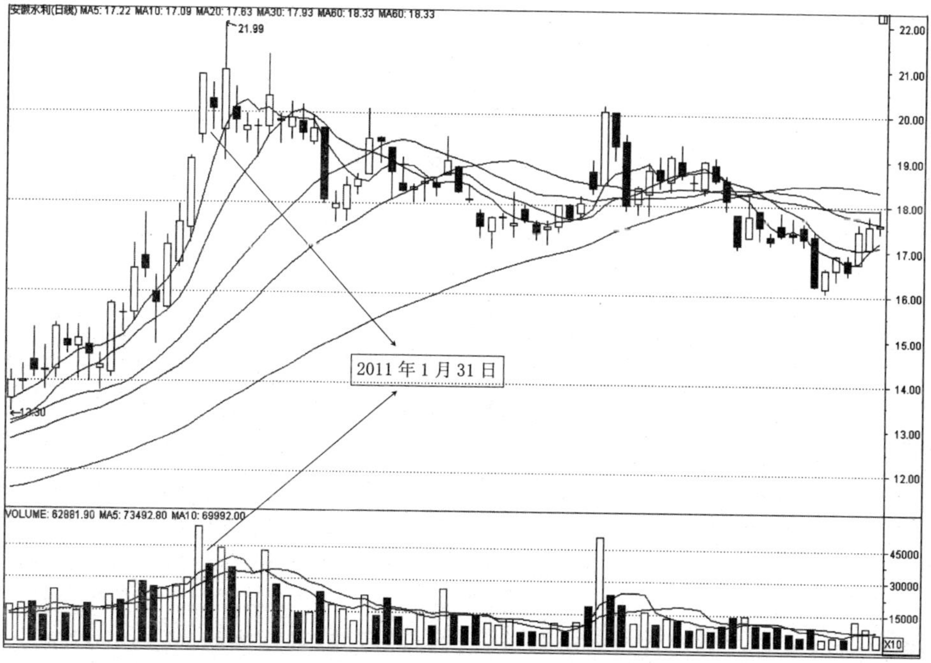

图 4-23 安徽水利 2011 年走势图

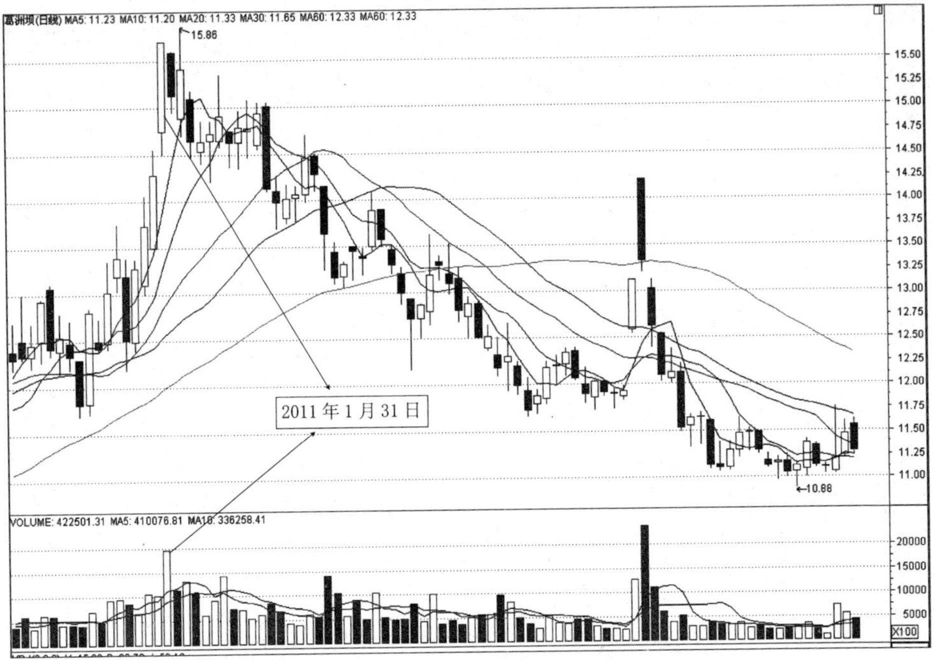

图 4-24　葛洲坝 2011 年走势图

图 4-25　粤水电 2011 年走势图

4.4 中钢天源(002057)

中钢天源(002057)(图4-26)，2010年7月23日随稀土永磁板块放量上涨，一直没有走出缩量上涨走势，就一直没有操作。2010年10月26日再次涨停，换手率为17.98%，此前两天的换手率为14.40%、14.34%，视为放量。10月26日之后再次连涨3天，换手率分别为15.32%、15.37%、13.86%。3天都是经过充分震荡(图4-27～图4-29)，连续上涨成交量逐步萎缩，显示筹码锁定程度良好。11月1日高位震荡(图4-30)，换手率为17.23%，没有放巨量，回调不放巨量可以参与。11月2日冲高回落(图4-31)，换手率为17.56%，成交量不算是巨量，没有资金大规模出逃的迹象。11月2日冲高回落，收盘价29.48元，第二天可能会是低开低走，在下跌5%的位置28元左右挂半仓，26.5元用余下半仓补仓，仓位加满。11月3日28元左右进半仓，最低价27.21元(图4-32)，没有跌倒26.5元，所以也没有补仓。如果上涨就出掉，如果下跌就继续补仓。11月4日31元左右出掉(图4-33)。半仓获利10%。

中钢天源(002057)2010年10月26日的换手率是17.98%，之后3天上涨换手率分别为15.32%、15.37%、13.86%，缩量不是很明显，那么这种走势的股票是否可以操作？有两个关键点需要注意。①缩量上涨不是很明显的股票，需要有涨幅的保证，也就是说，必须要涨到一定幅度，至少50%以上，才可以确认趋势的形成。一只股票能连续上涨，不仅仅是有主力资金运作，还要有跟风盘配合。上涨幅度越大，说明得到认可的资金就越多，而这些资金在基本面没有重大利空之前，不可能同时改变观点，这就使趋势具有了一定持续性，即使见顶，也一定会有反弹的机会。趋势的持续性和趋势的强弱有关，而趋势强弱的外在表现就是涨幅，涨幅越大，趋势越强。实际上，能够拉涨停的股票都是能得到市场资金认可的强势股。能涨停的股票一定有大资金运作，大资金运作的股票不一定都能涨停。有些股票，一天进1000万股价就能涨停，有些股票一天进3000万，股价纹丝不动。除了和股本大小有关，更重要的是是否能得到跟风盘的认可。能拉涨停就是短期强势，只不过这种强势有时候持续的时间很短，当短到不具有可操作性的时候，那就不能进。比如有些股票可能连续两个涨停板，说明短期强势，依据趋势的持续性即使见顶也会有个过渡，有可能高位横盘一天作为过渡，如果我们这天进入，第二天就下跌，没有出来的机会，或者说继续横盘并不上涨，没有获利的机会。所以需要结合涨幅来判断趋势的强弱，而趋势的强弱决定趋势持续时间的长短。我们操作的是强趋势的反弹，而不是弱趋势的反弹。②相对高位不能放巨量。所谓巨量就是和前期阶段性高量相比，成交量明显放大许多，比如本例中，阶段性高量是 10 月 26 日换手率 17.98%，11 月 2 日相对高位换手率为 17.56%，基本持平，就不能算是放巨量，如果 11 月 2 日换手率是 25%，那就是巨量。高位放巨量，一定是有大资金在出，不一定说行情肯定就走完，但是有可能走完，走势具有了不确定性，那我们就不再参与。

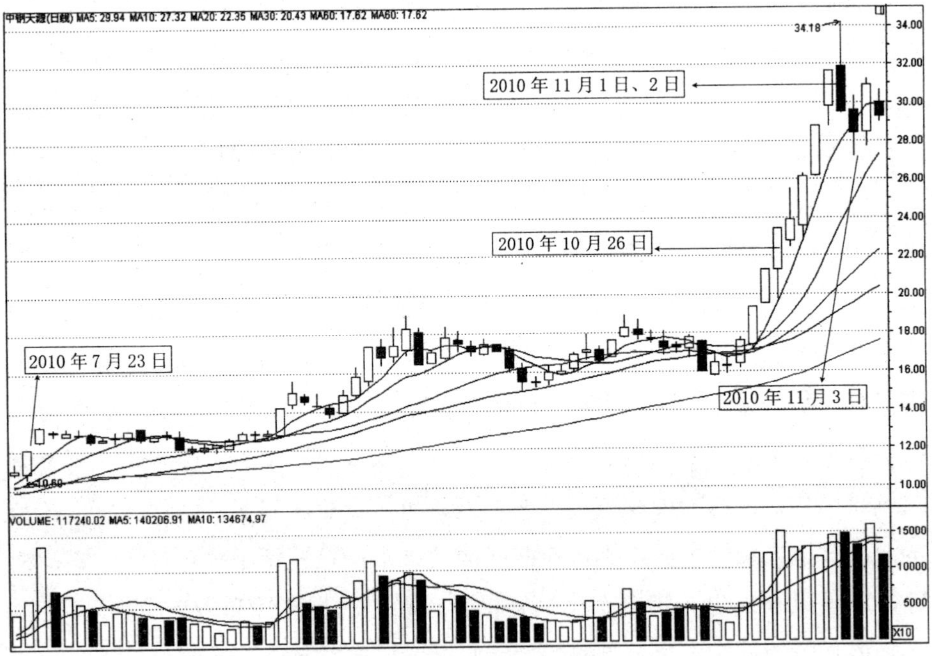

图 4-26　2010 年中钢天源走势图

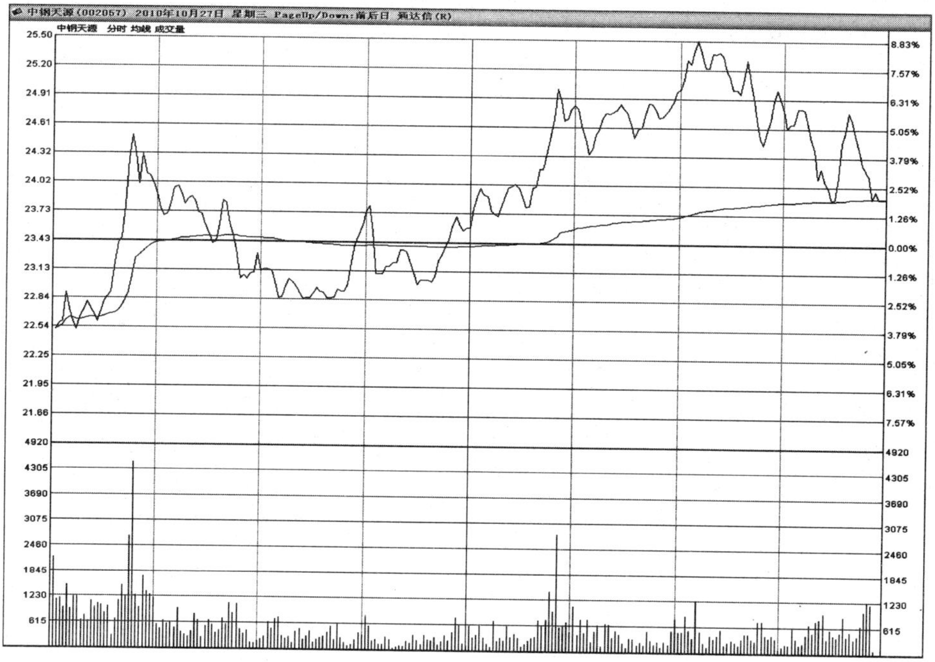

图 4-27　中钢天源 2010 年 10 月 27 日分时走势图

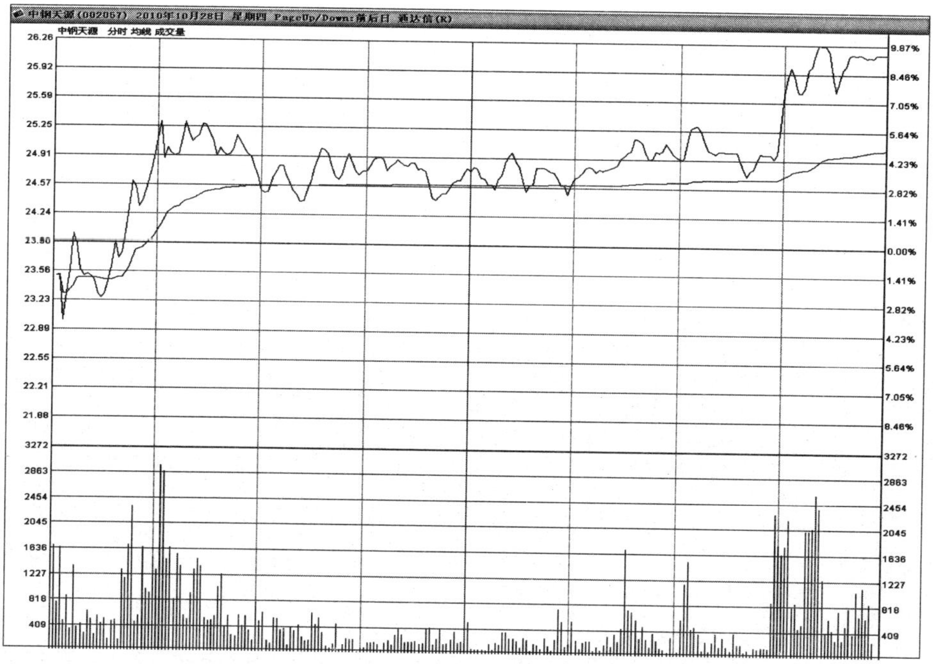

图 4-28　中钢天源 2010 年 10 月 28 日分时走势图

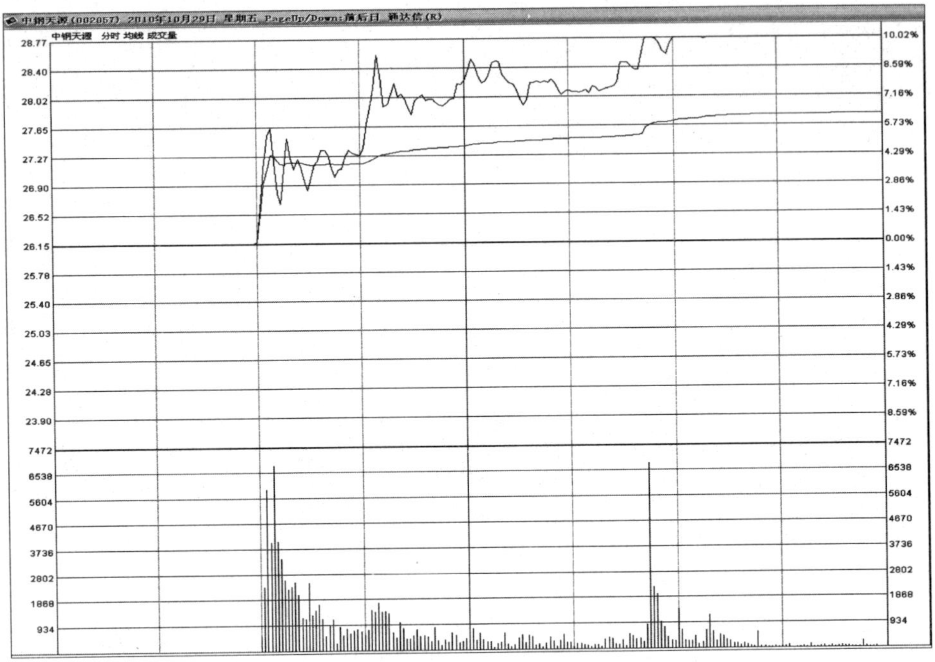

图 4-29　中钢天源 2010 年 10 月 29 日分时走势图

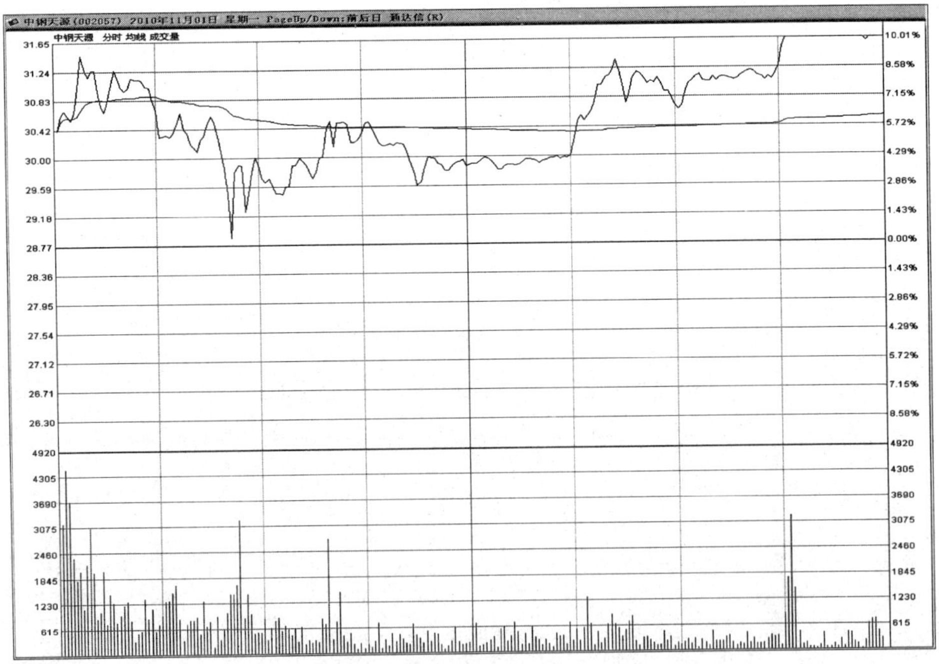

图 4-30　中钢天源 2010 年 11 月 1 日分时走势图

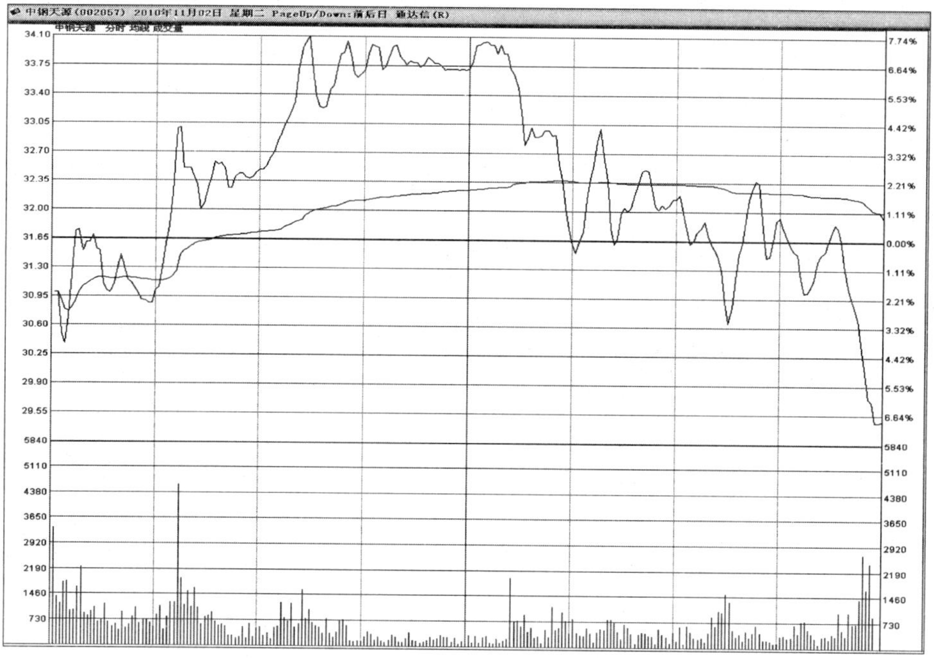

图 4-31 中钢天源 2010 年 11 月 2 日分时走势图

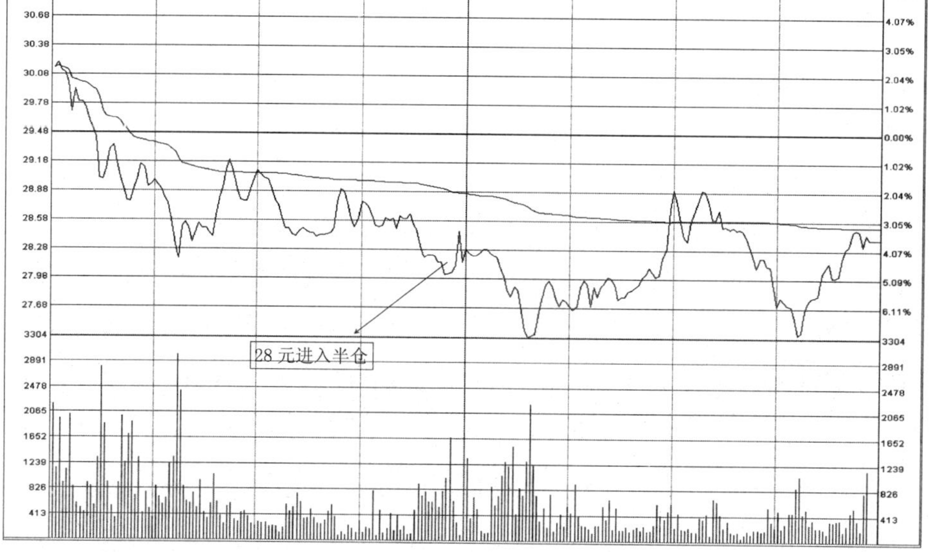

图 4-32 中钢天源 2010 年 11 月 3 日分时走势图

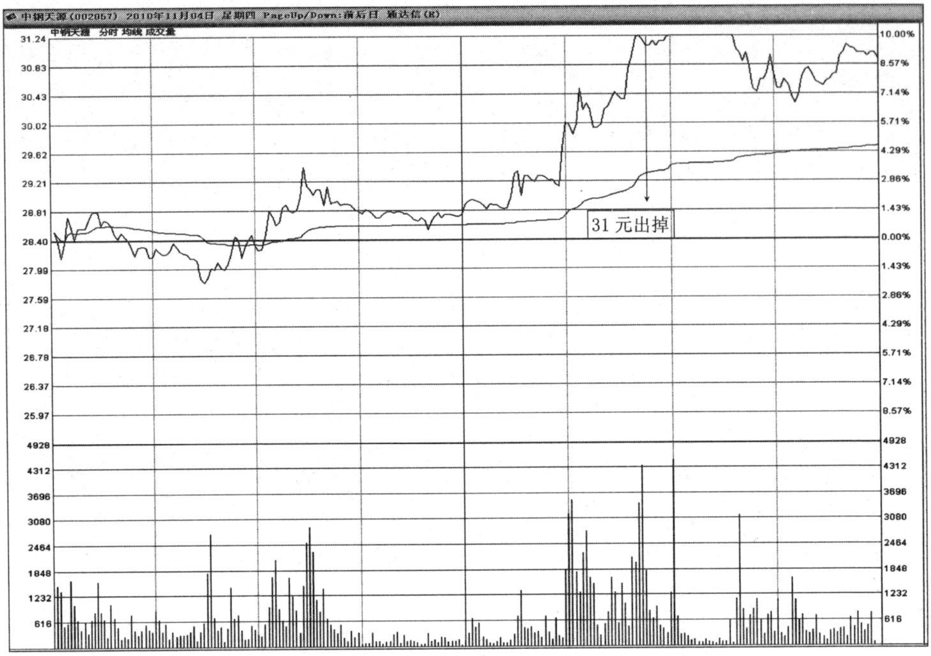

图 4-33　中钢天源 2010 年 11 月 4 日分时走势图

4.5 长江证券(000783)

2010 年 10 月份的行情，煤炭、有色是领涨板块，还有一些闻风而动的板块，券商板块就是其中之一。券商板块中发现了长江证券(000783)(图 4-34)。该股 2010 年 10 月 15 日换手率为 7.23%，10 月 18 日换手率为 8.66%，当时流通股本为 11.06 亿，股本较大，这样的换手率属于放量。10 月 19 日换手率为 5.84%，成交量开始萎缩，但是考虑到当天涨幅不大(4.63%)(图 4-35)，还不能确定是缩量上涨。10 月 20 日再次上涨，下午有高位震荡的过程(图 4-36)，换手率为 6.86%，显示筹码锁定程度良好。10 月 21 日回调尾市 15.30 元进入(图 4-37)，如果下跌补仓在 14.50 元，之后没有跌到这个价格，也没有补仓，10 月 25 日反弹 15.90 元出掉(图 4-38)。这只股票有些朋友跟着操作了，我自己没有做，因为当时满仓做豫光金铅(600531)，没有资金再做这只股票了。

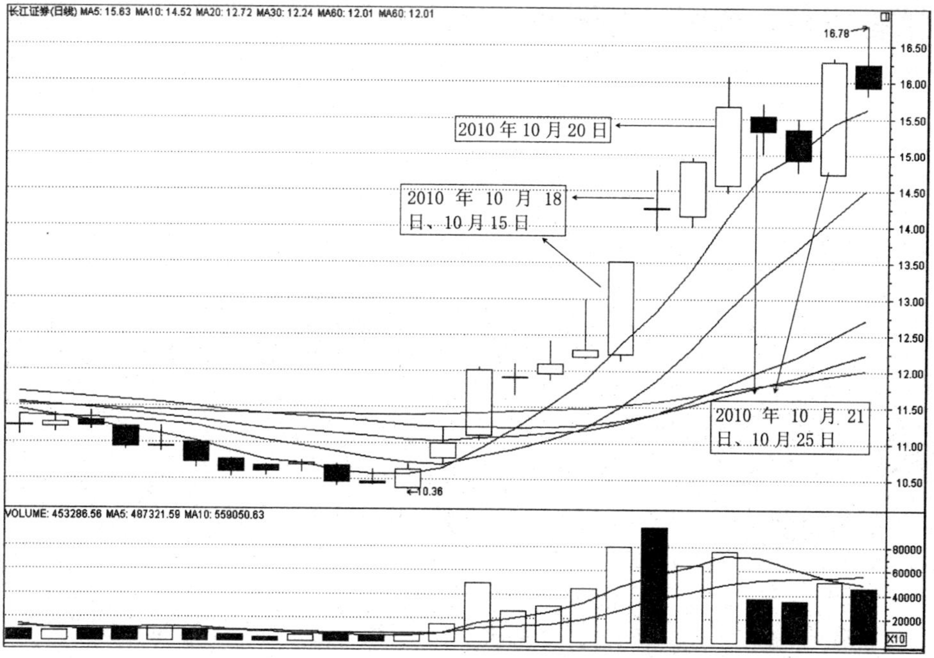

图 4-34　长江证券 2010 年走势图

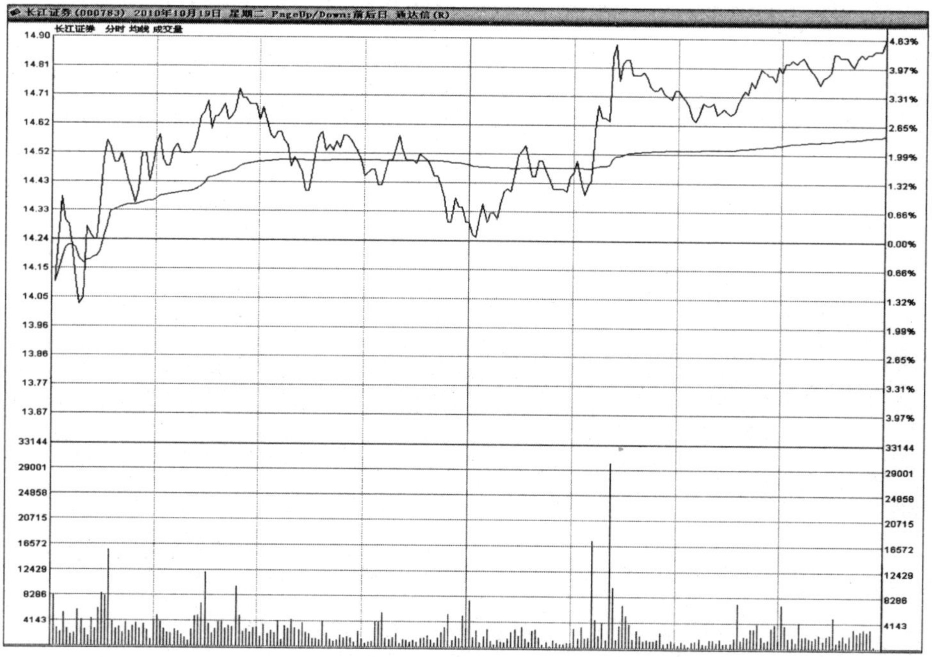

图 4-35　长江证券 2010 年 10 月 19 日分时走势图

图 4-36 长江证券 2010 年 10 月 20 日分时走势图

图 4-37 长江证券 2010 年 10 月 21 日分时走势图

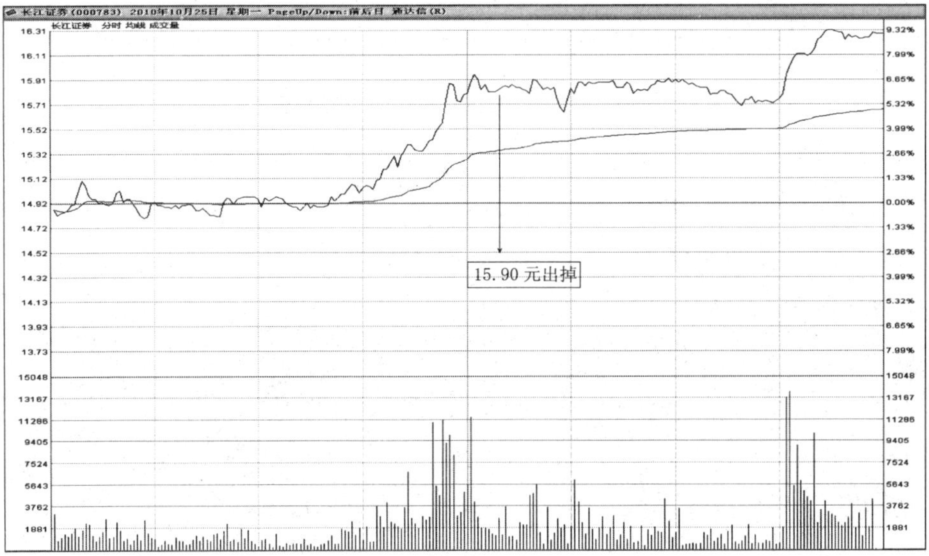

图 4-38 长江证券 2010 年 10 月 25 日分时走势图

4.6 沱牌曲酒(600702)

上证指数(图 4-39)到 2010 年 11 月初，面临 2010 年 4 月 19 日形成的高点 3180 点的阻力位，如果突破这一点位，之后还有 3200 点的阻力(2009 年底至 2010 年初形成的横盘)，如果再上行，面临 2009 年 7 月份形成的高点 3500 点一带阻力位，可以说，指数上行阻力重重。指数上行穿越阻力区域，并不是一定就过不去，而是有可能形成行情的转折点。这时候要特别谨慎，谨慎体现在两个方面：不追高，轻仓位。

沱牌曲酒(600702)(图 4-40)2010 年 10 月 29 日、11 月 1 日连续两天大涨，11 月 1 日换手率为 16.71%，11 月 4 日再次震荡涨停(图 4-41)，换手率 8.57%，与 11 月 1 日相比属于明显缩量上涨，表明筹码锁定程度良好。11 月 8 日(调整的第二天)尾市 22.5 元进入 1/10 仓位(图 4-42)。如果下跌就继续补仓，如果上涨就出掉。11 月 9 日继续横盘。这天属于调整的第三天，应该出掉。当时手上仓位非常轻，就犹豫了一下，准备看第四天怎么走，如果不涨就坚决出掉。11 月 10 日上午上涨，准备继续持有，涨到 24 元的时候开始回落，以为就是正常盘中调整，结果一路下跌，在 23 元出掉(图 4-43)。

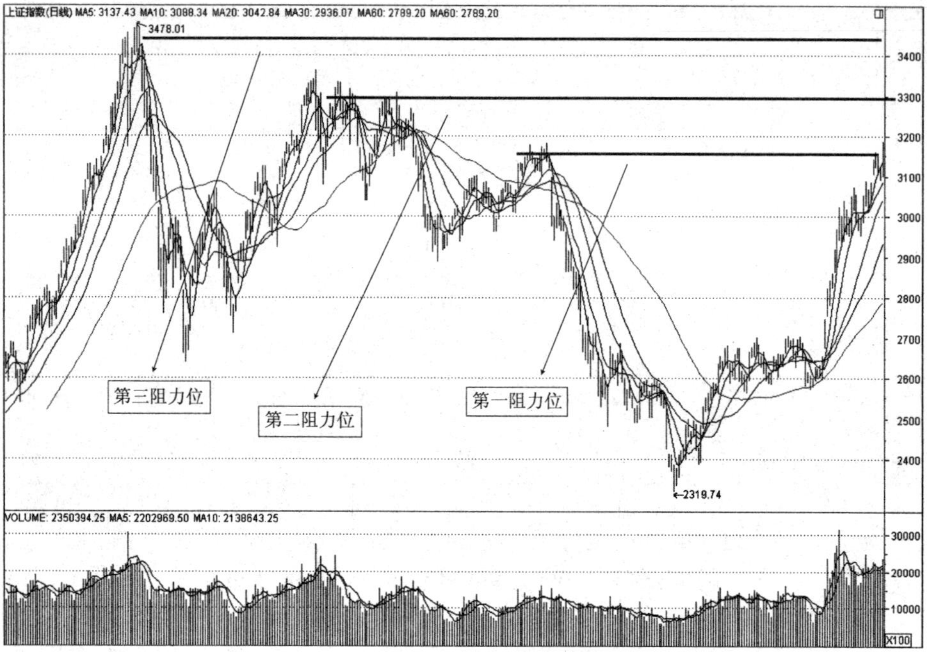

图 4-39　上证指数 2010 年的阻力位

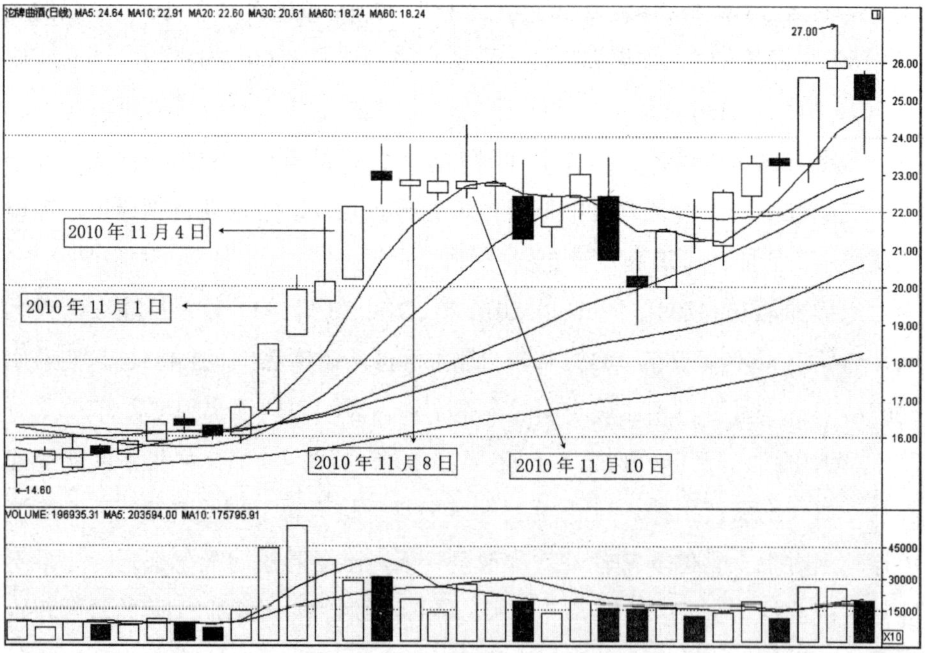

图 4-40　沱牌曲酒 2010 年 11 月走势图

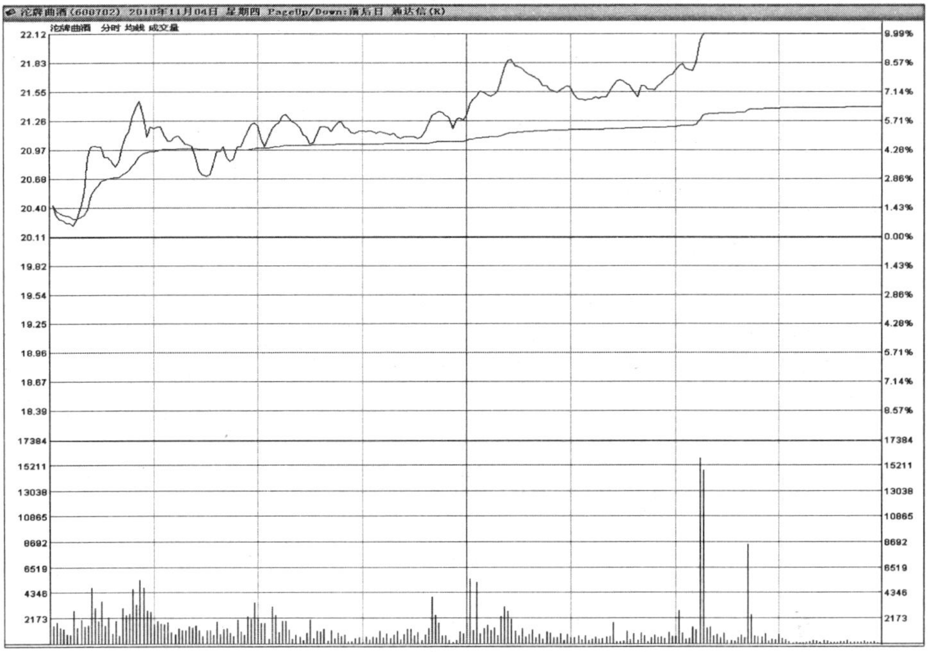

图 4-41　沱牌曲酒 2010 年 11 月 4 日分时走势图

图 4-42　沱牌曲酒 2010 年 11 月 8 日分时走势图

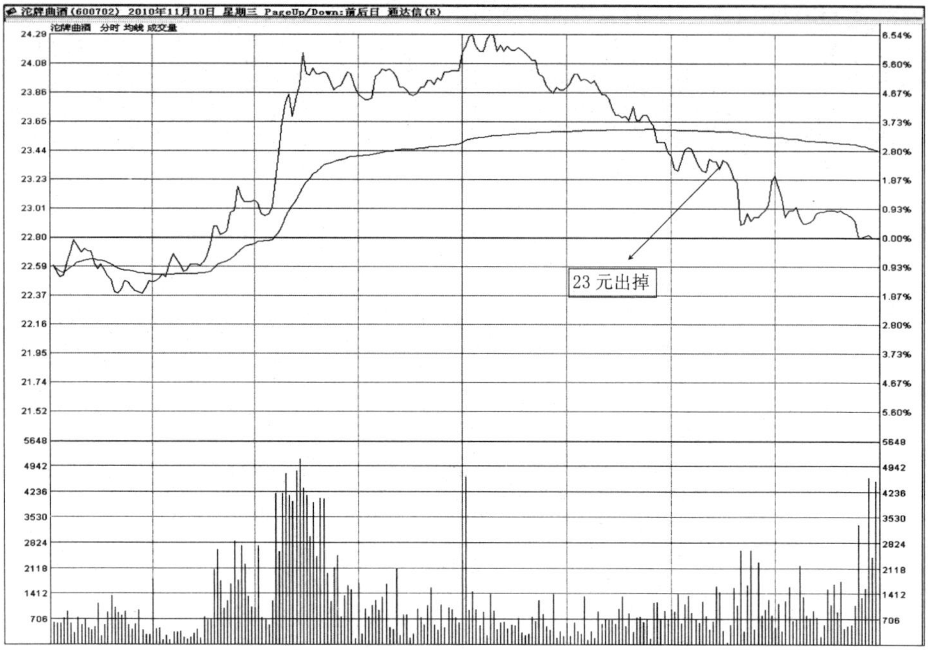

图 4-43 沱牌曲酒 2010 年 11 月 10 日分时走势图

4.7 滨海能源(000695)

滨海能源(000695)(图 4-44)2010 年 11 月 3 日冲高回落(图 4-46)，换手率为 6.88%。11 月 5 日股价创出阶段新高，换手率为 5.82%。11 月 5 日相比 11 月 3 日是缩量上涨，但是 11 月 3 日换手率是 6.88%，该股流通盘 2.22 亿，大股东天津泰达投资控股有限责任公司持股 37.59%，6.88%的换手率太小，进入的资金有限，不足以发动一波大行情。如果继续上涨，那么在此之前就应该有资金进入锁仓。2010 年 7 月 27 日、28 日两天换手率分别为 13.33%、15.77%(图 4-45)，通过其后的缩量上涨走势，可以推断出这两天有资金进入。筹码趋于锁定。11 月 3 日的放量有资金出，也有新的资金进入，11 月 5 日的上涨，是对 11 月 3 日有新资金进入的确认。11 月 5 日有一个值得警惕的信号，尾盘涨停板打开(图 4-47)，有可能是短线资金遇到了大资金砸盘运作失败，需要看下个交易日的成交量才能确认。11 月 8 日全天调整，换手率 4.70%，没有资金大规模出逃的迹象，尾市 14.80 元进入 1/10 仓位(图 4-48)。

11 月 9 日反弹，拉升过程有点急，担心冲高回落，16 元出掉(图 4-49)。之后该股开始停牌，2011 年 3 月 22 日公布定向增发建设云计算项目的公告，早盘瞬间砸向跌停板，之后拉起。全天换手率为 6.19%，与停牌之前 2010 年 11 月 9 日 5.92%的换手率持平，没有出现放量的情况还可以参与。2011 年 3 月 23 日 15 元进入 1/10(图 4-50)，3 月 24 日 16 元出掉(图 4-51)。

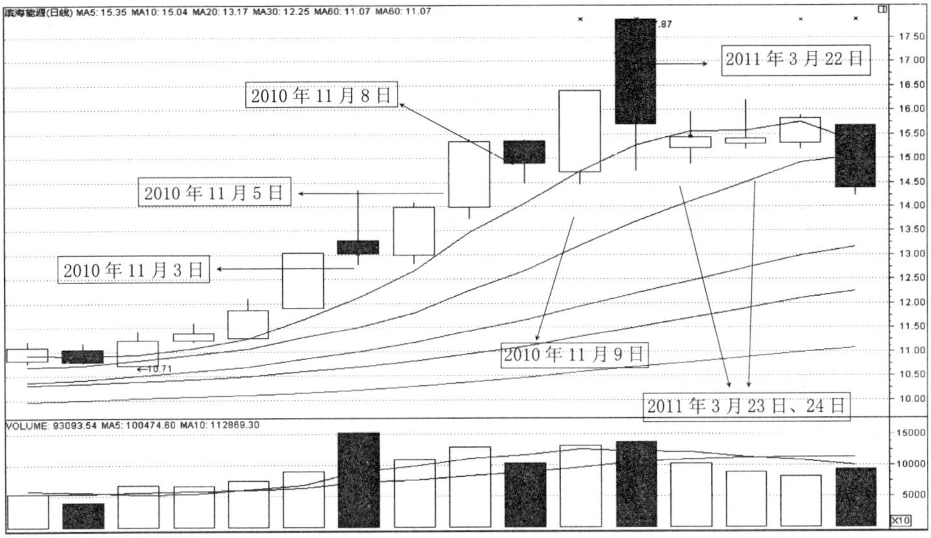

图 4-44 滨海能源 2010 年 11 月走势图

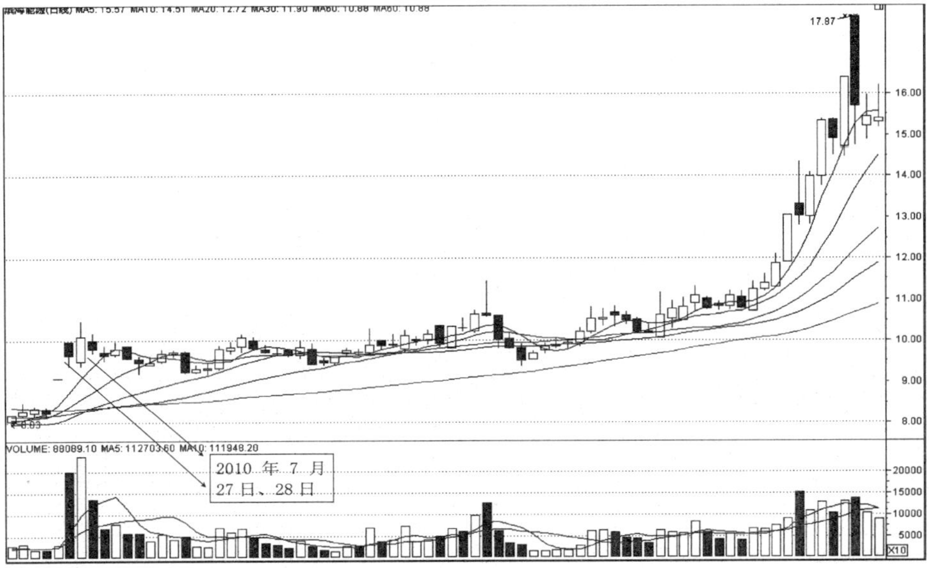

图 4-45 滨海能源 2010 年 7 月份走势图

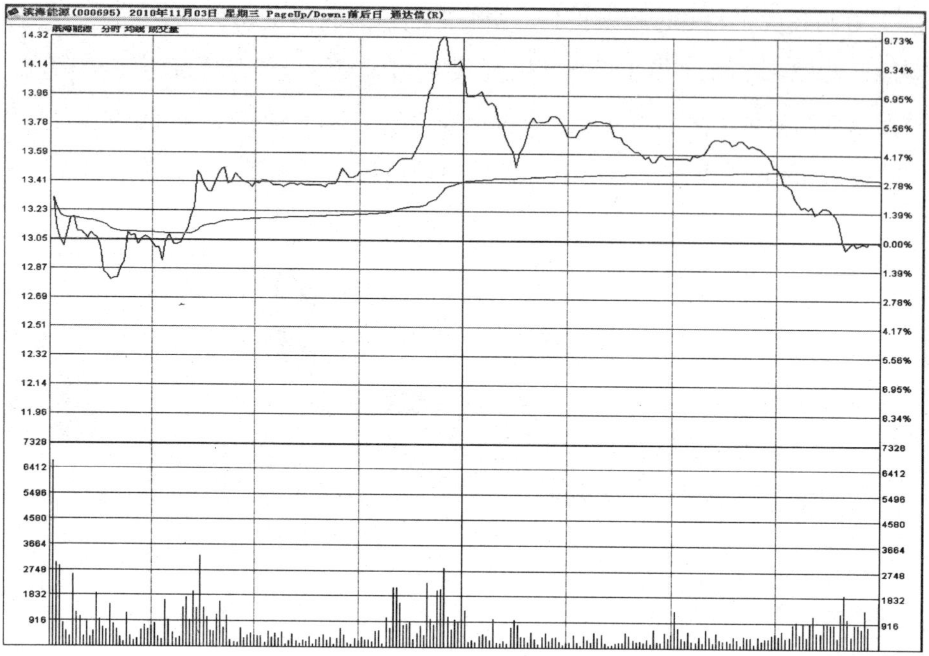

图 4-46 滨海能源 2010 年 11 月 3 日分时走势图

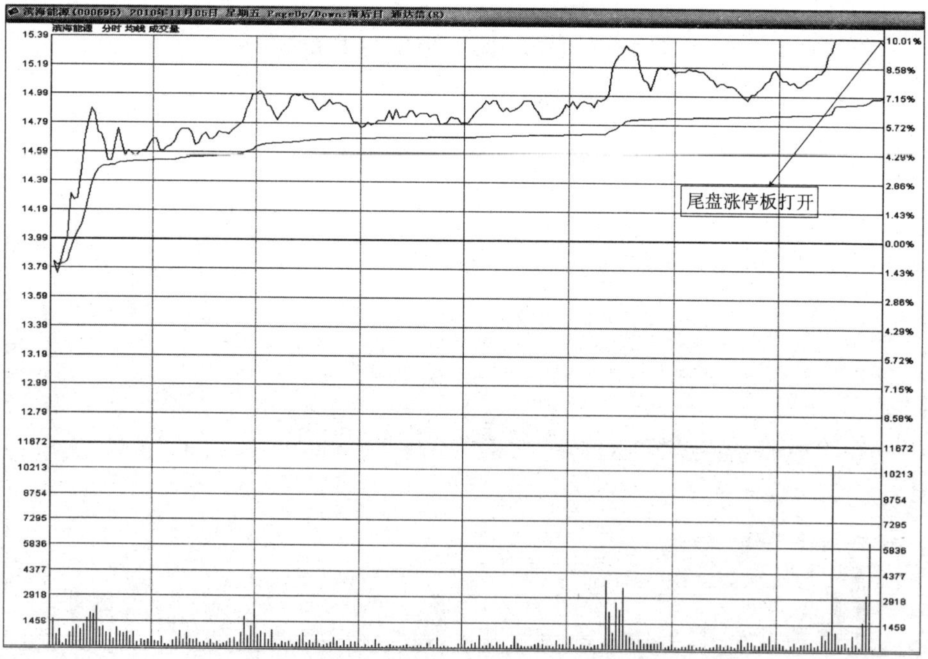

图 4-47 滨海能源 2010 年 11 月 5 日分时走势图

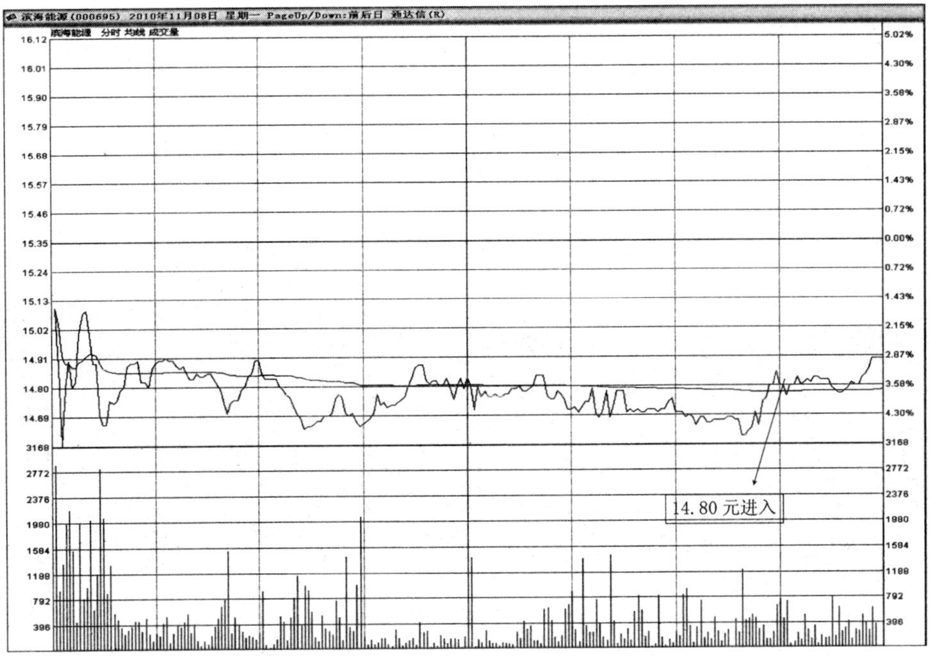

图 4-48　滨海能源 2010 年 11 月 8 日分时走势图

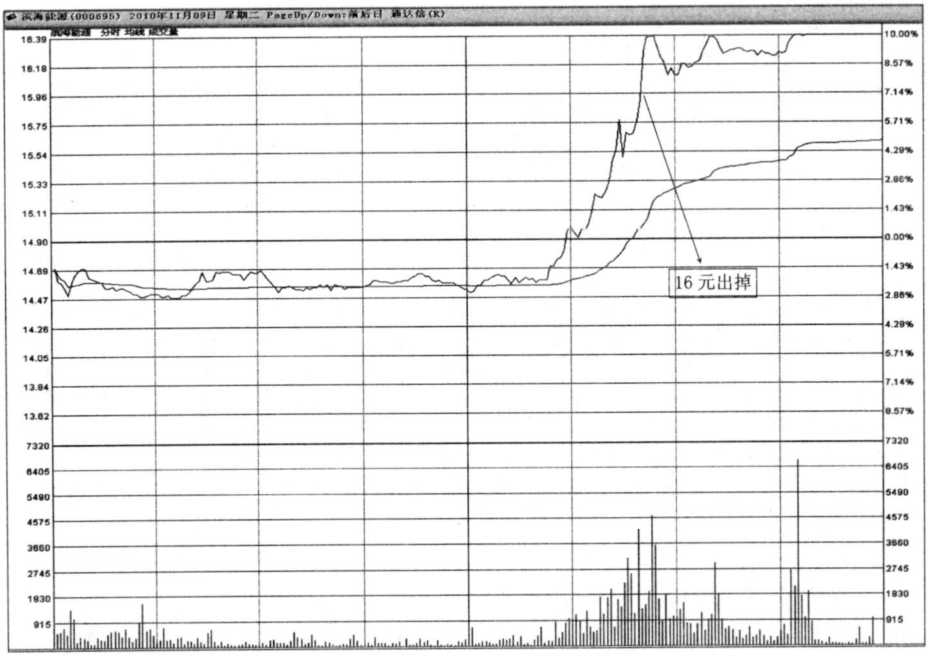

图 4-49　滨海能源 2010 年 11 月 9 日分时走势图

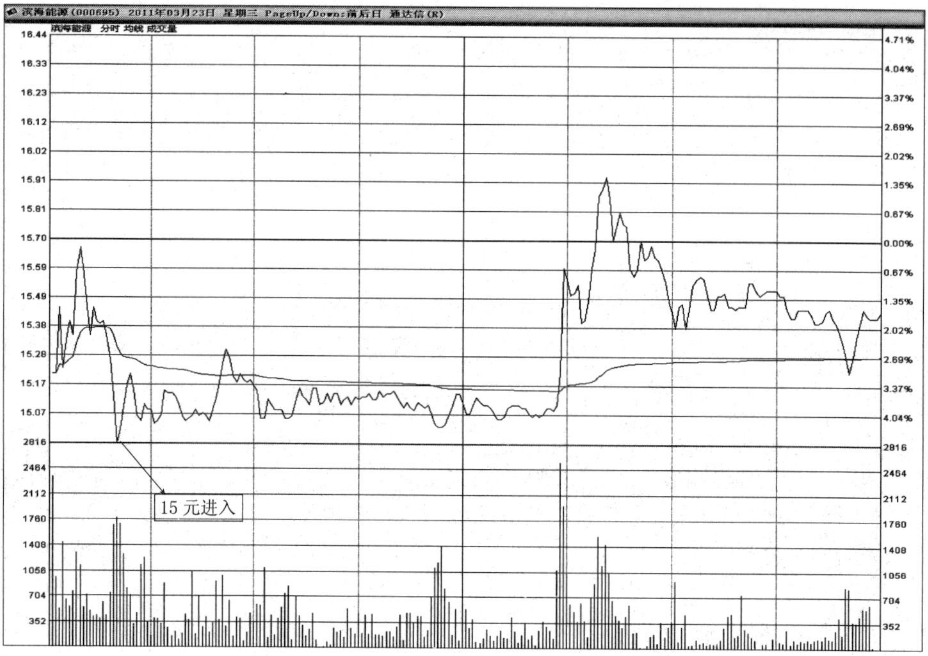

图 4-50 滨海能源 2011 年 3 月 23 日分时走势图

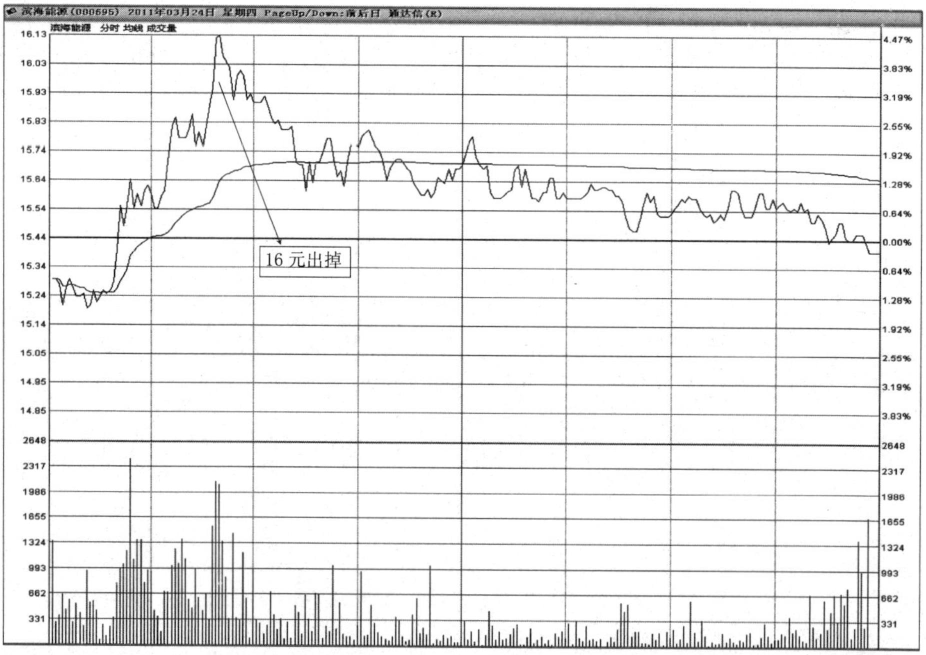

图 4-51 滨海能源 2011 年 3 月 24 日分时走势图

4.8 华帝股份(002035)

华帝股份(002035)(图 4-52)2010 年 11 月 4 日、5 日连续两天上涨，换手率分别为 10.79%、10.69%，为阶段性高点，视为放量。11 月 8 日充分震荡之后涨停(图 4-53)，换手率为 9.47%，显示筹码趋于锁定。11 月 9 日尾市 13.7 元进入(图 4-54)。11 月 11 日是调整的第三天，上冲之后开始回落，有可能形成双顶，在 14 元出掉(图 4-55)。

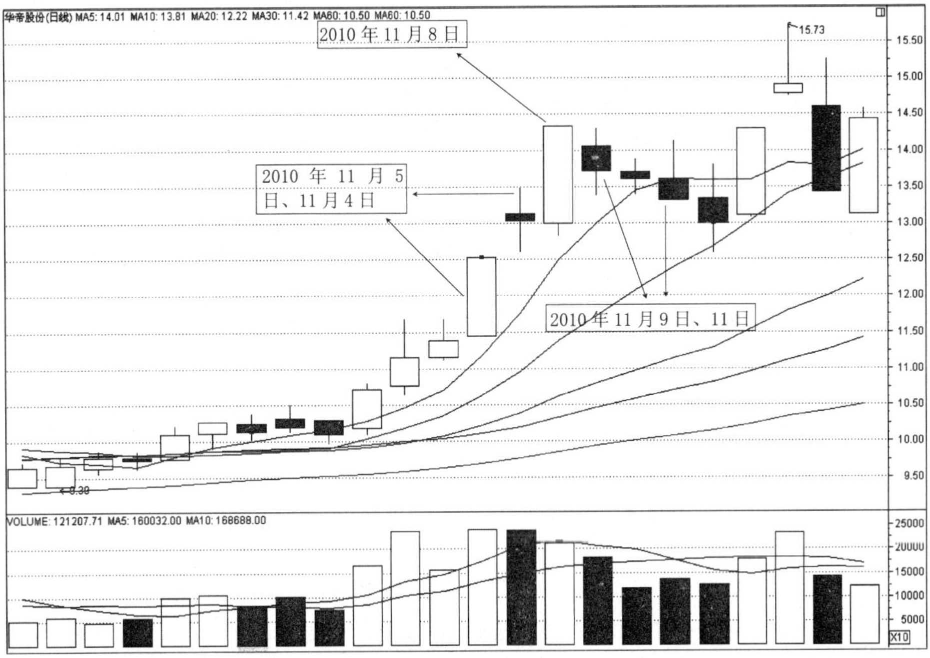

图 4-52　华帝股份 2010 年 11 月份走势图

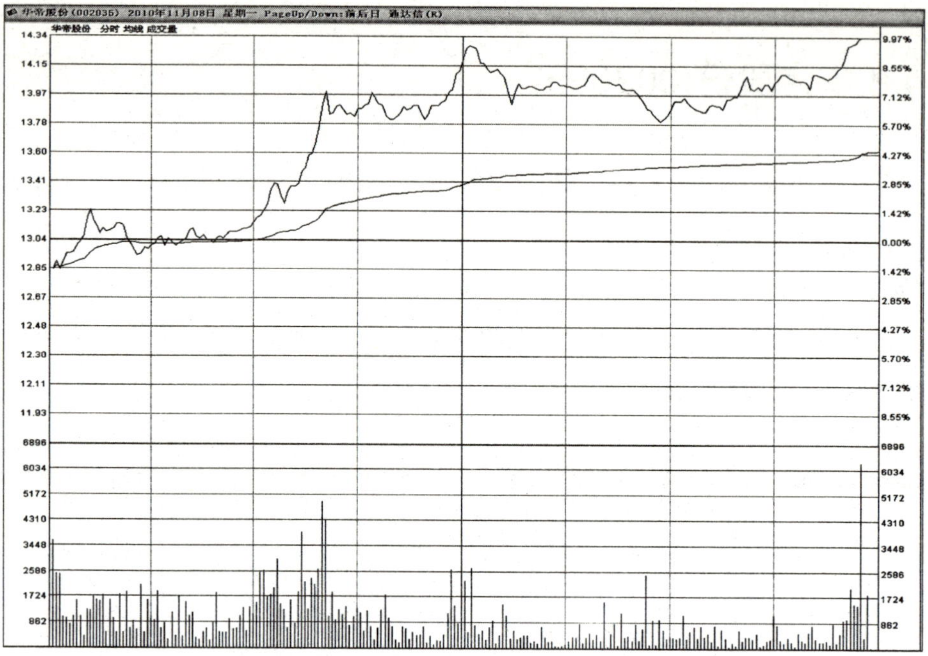

图 4-53　华帝股份 2010 年 11 月 8 日分时走势图

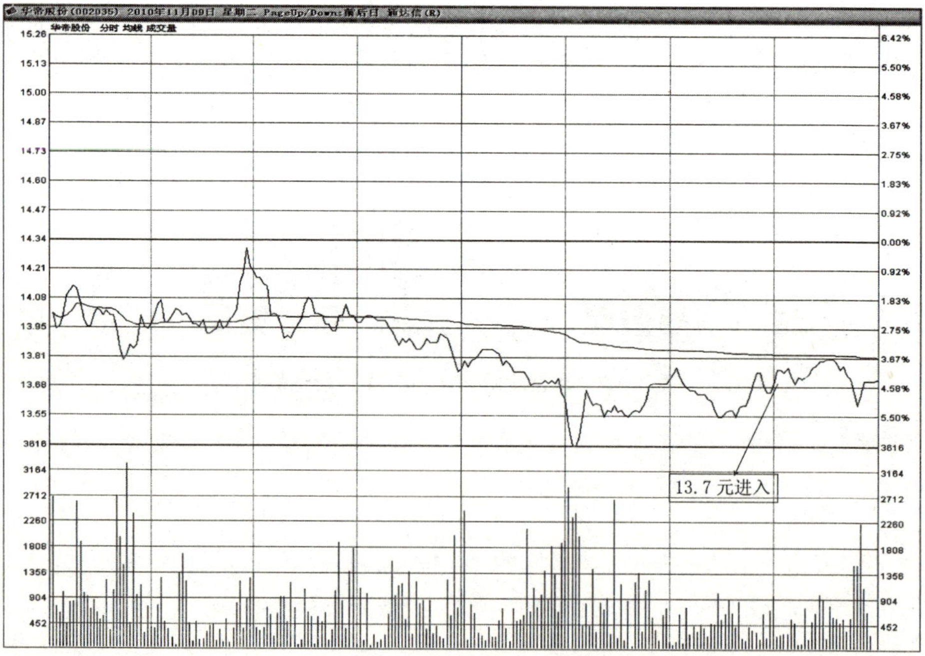

图 4-54　华帝股份 2010 年 11 月 9 日分时走势图

图 4–55 华帝股份 2010 年 11 月 11 日分时走势图

4.9 阶段总结

2010 年 11 月 11 日出完华帝股份(002035)之后就空仓了，上证指数 2010 年 11 月 12 日暴跌，之后就不能再操作了。在不操作的时候，有必要把以前操作的得失总结一下，以便以后更好的操作。这次被套住，赔了钱，不总结，不吸取教训，下次依然被套，赔钱。

四点技术要领：

(1)放量：放量是发动一波行情的第一个条件，只有放量，大资金才可能进入，不放量的股票大资金没法进入，没有发动大行情的可能。有些股票也可以没有明显的放量过程，这样的股票多为主力资金震荡建仓，以时间换取空间。跟踪难度比较大，操作要谨慎。

(2)缩量上涨:缩量上涨解决两个问题。一是上涨，上涨意味着前期进入的多方资金取得了胜利。并不是有资金进入，股票就会上涨。需要考察资金的性质和资金博弈的结果。比如产业资本的增持，是为了股权控制，并不为做股价。机构买盘(基金等)虽然希望进入之后股价上涨，但是一般不会有后续的影响，这类性质的资金会对股价产生暂时影响，没有持续性。再比如有些资金的确是进入了，也希望能把股价做起来，但能不能做起来还是一个未知的结果，有自身实力的原因，也有可能是市场跟风盘的原因，导致资金博弈失败，大资金运作失败的例子很多，不比亏钱的散户少。这几种情况我们都不能进，我们跟踪操作的股票是有大资金进入，并且大资金运作成功的股票。什么样的股票才是运作成功的股票？上涨表示运作成功。二是缩量。缩量意味着前期进入大资金没有明显出货，我们可以跟着做。缩量上涨的技术要领是大资金运作成功并且没有出货。

(3)高位和回调不能放巨量：放巨量意味着有大资金要出来，有可能本轮行情结束，这样的股票坚决不进。有些股票放量之后还能上涨，那是有新资金进入，属于新的行情。我们的思路是跟着主力资金做，操作步骤是主力资金先进，我们后跟进，主力资金没出或者正在出货的时候我们出。是跟着主力做，而不是先于主力进入。先于主力进入猜和赌的成分比较大，因为不能确定会有资金来做，那么风险就比较大。

(4)3 天原则：3 天不破是因为有新资金进入，势头已经起来了，股价再次下跌会有资金来抄底，对股价形成支撑，即使不上涨，趋势自然消退，也能坚持 3 天。超过 3 天不涨，那就要考虑出来。

六种结果：

(1)资金连续做，不可能突然全部转变，在下跌的过程中，会有原主力再次进入。这种可能要确定是进入的资金没出，如果是缩量上涨就好办，如果不是缩量上涨，那么还有没有资金锁仓。这需要有涨幅配合，至少要上涨 50%，放量但不放巨量，说明有一部分资金锁仓，这些资金在回调的过程中有可能再做一下，那就会有个反弹。这种可能是依靠趋势做反弹的原始理论依据，但可能不是最多的情况。

(2)如果一只股票经过放量、缩量上涨、缩量回调，说明进入的资金高位没出已经开始锁仓，那么再次拉起的时候阻力会比较小，并且，经过连续上涨，说明股性向上，有大批跟风资金。这样的股票，拉起来有跟风盘，并且抛盘比较少，是短线游资操作的最佳品种，容易吸引到新资金进场。概率比较大。自己做，要顺势做。跟着别人做，也要找资金容易做的股票，这样才有可能有资金来做。套的硬邦邦的股票，有哪个主力资金愿意去送死呢？

(3)被套资金反弹自救，被套资金有可能是在高点，也有可能是下跌过程中抄底套住的。

(4)没有强资金运作，弱反弹，那就尽快出来。

(5)高位大资金砸盘。大资金如果出，在高位上涨的时候砸盘更容易出来。价格合适，接盘踊跃，这时候出着合适，也好出。高位接盘多的时候不出，低位没人接了再出，这种可能性比较小。

(6)短线资金出货(拉高、杀跌、震荡)出货，导致中长线资金出来，带动整个趋势走坏，这样的股票坚决不进。高位放量的股票风险极大，不能去赌。

分批建仓：

证券投资是一门技术，也是一门艺术。所谓技术，就是本质、必然的规律；所谓艺术，就是投资者个人主观性差异导致操作结果的差异。通俗的讲，我们知道一只股票一定会有反弹，这就是技术；但是到什么位置会开始反弹，以及反弹高度是多少，没有办法用科学的方法去精确预判，只能是凭经验判断大概，这就是艺术。操作一只股票，进早了没有进到最低价，出早了没有卖到最高价，这是常有的事。如果我们依托某一个点位进股票，很有可能进不到，或者进到了没有支撑住股价继续下跌，如果这样就会被套，被套之后对心理影响比较大，有可能一害怕就割肉，也有可能刚一反弹就出货。为了解决盘中操作偶然性的问题，可以采用分批建仓的交易策略。把一次操作的机会分成几次，多给自己几次机会，这样减轻一次操作失误带来的压力。同时可以把握住盘中日内短线，可以尽快降低持仓成本，保持轻松的操作心态。分批建仓是一种交易策略，没什么技术含量，其关键点在于股价整体走势分析。

有些股票确定能够上涨，可以分批建仓，而有些股票则不能分批建仓。有一位读者在 2011 年 4 月份问我渤海活塞(600960)走势(图 4-56)。他从 18 元的进入，之后一路下跌就一路补仓，一直到 16 元的平台，问我该怎么操作。我说这只股票我没什么把握，如果你看好后市，可以先拿着不用割肉，但是我不主张再去补仓，如果继续下跌仓位较重，那将会非常被动。之后该股跌破 16 元平台到 14 元，再跌破 14 元平台到 12 元(图 4-57)。分批建仓不是什么秘籍，也不是起死回生的灵丹妙药，仅仅就是一种交易策略，前提是能确定行情一定会上涨，哪怕就是一个弱势反弹也可以，如果确定不了会上涨，则有可能越跌越买，越买越跌，把仓位加满，后来才发现依然是高高的顶部。

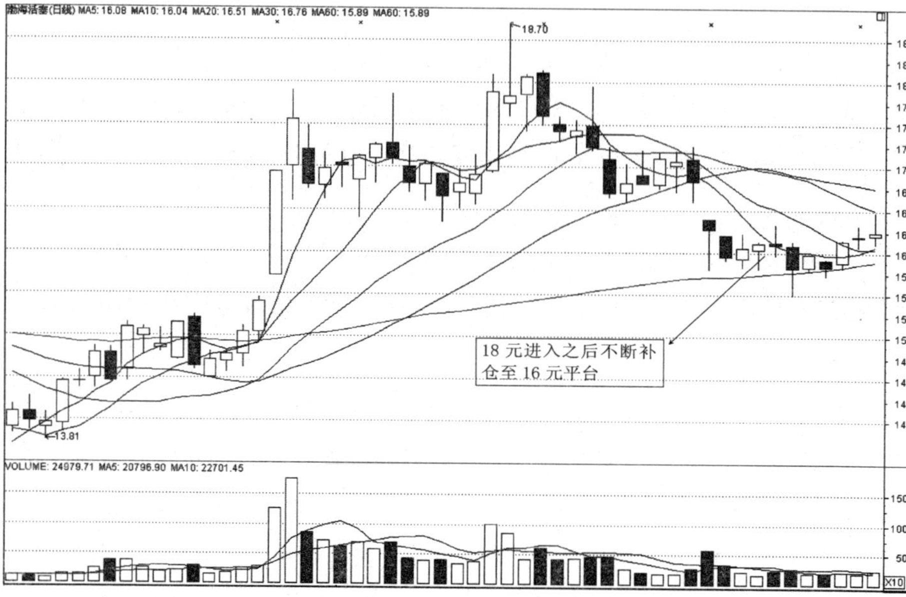

图 4-56　渤海活塞 2011 年 4 月份走势图

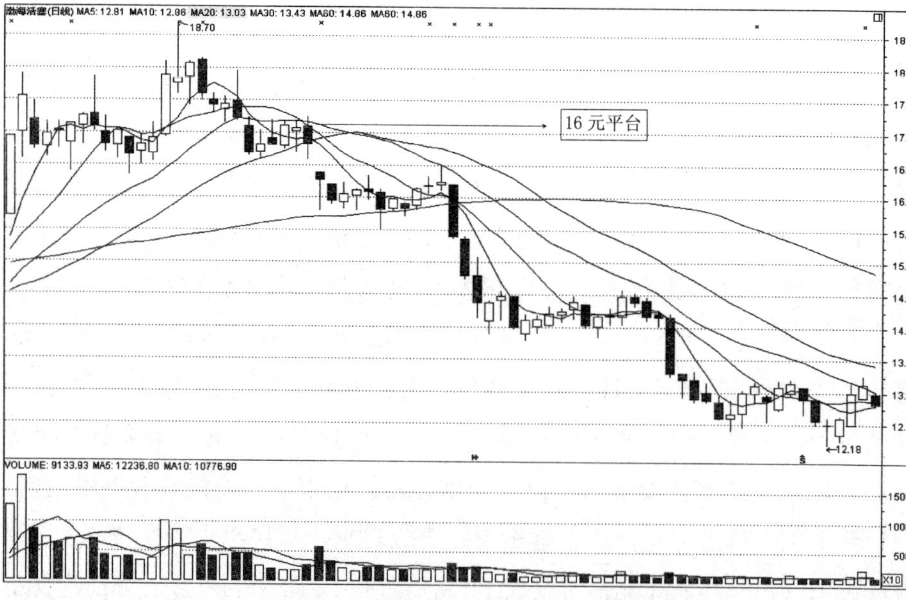

图 4-57　渤海活塞 2011 年下半年走势图

4.10 晋亿实业(601002)

上证指数2011年1月25日见相对低位2661点之后一路上行，这一阶段活跃着三个板块：高铁、水利、军工造船。2011年1月31日国家公布对水利建设支持的利好消息，水利板块放巨量，其中有大资金借利好出货，所以基本放弃。军工造船没有走出明显的缩量上涨，可操作性不强。重点关注的是高铁板块，高铁板块中的龙头就是晋亿实业(601002)(图4-58)。该股2010年12月9日放量上涨(图4-59)，换手率为7.47%，12月13日股价全天高位震荡(图4-60)，换手率为5.26%，显示筹码趋于锁定，可以考虑介入。之后该股开始一段横盘，没有明显的上涨和下跌，考虑到12月9日换手率并不大，涨幅有限，所以，经过横盘的股票如果再次下跌就不要参与了。该股在2011年1月21日再次放量上涨(图4-61)，换手率为9.06%，1月26日股价创出新高(图4-62)，换手率为7.28%，相对于1月21日属于缩量上涨，显示筹码锁定程度良好。考虑进入。之后该股一直稳定的缩量上涨，没有明显的回调。2月9日冲高回落(图4-63)，换手率为7.77%，没有放巨量，回调可以进入。2月10日在回调到5%的位置28元左右进半仓(图4-64)，如果上涨就持有，如果下跌就在跌5%的位置26.50元左右补仓，满仓做一次反弹。2月11日震荡(图4-65)，没有上涨也没有跌到补仓的价格，继续持有。2月14日在26.5～26.6元一带补仓(图4-66)。仓位加满。15日强势反弹，30元左右全部出掉(图4-67)。

该股是2011年初重仓操作的一只股票。之所以敢重仓，就在于强趋势。2011年1月21日放量上涨，换手率为9.06%，之后开始缩量上涨。依据缩量上涨的理论可以确认1月21日是有资金进入。但是全天的换手率为9.06%，即使所有的买盘全部为新进入的主力资金所吸收，这样的换手率相对于“庄股”的控盘程度还差很远。也就是说，如果一个主力仅仅靠1月21日的换手率来吸货，筹码不足以发动一波大行情，但是后来的走势却很强。这如何解释？从走势上来看，1月21日的换手率的确算不上是资金大规模建仓，只能说有部分资金进入，这需要结合涨幅来看一只股票的走势。我在前面的章节中提到过，一只股票能涨多少，并不仅仅是由主力这些大资金说了算，还需要看市场跟风盘的认可程度。理论分析的时候我们可以把资金分为主力的大资金和散户的小资金，实际走势要远比这样的分类复杂的多。大资金也分规模和性质，一只股票中有几种大资金运作是常有的事，散户资金也分大小。一只股票在没涨起来之前，没人能预测出以后会发生怎样的走势，大资金需要看市场跟风盘是否认可，散户资金需要看大资金的运作意图。一只股票只要能涨起来，就说明主力的大资金和散户的跟风盘共同认可，涨幅越大说明认可程度越高，而这些看多做多的人，在基本面未发生重大改变之前，不可能同时改变，这就形成了趋势，涨幅越大，趋势越强，趋势的持续性也就越强。我做股票，不做下跌的股票，不做横盘的股票，只做上涨趋势形成的股票。如果单纯从赚钱多的角度来考虑，下跌过程中去抄底，或者买横盘的股票等上涨，要比趋势形成之后再进入赚的多。因为趋势只有已有一定涨幅之后才能确认，所以严格的趋势投资者永远买不到最低价。但是从风险的角度来说，下跌行情中，真正的底部只有一个，怎么就能买到这唯一的底部，如果进早了，就会被套住。横盘的股票，有可能向上，也有可能向下。拿着横盘的股票很长时间，不但没赚钱，最终选择了向下突破还赔钱，相信有过一定交易经历的人可能都遇到过。只做上涨趋势形成的股票，即使见顶，也会有个转折的过程，在趋势没有结束之前我们出来，这样就可以控制风险，最终操作的结果是赚钱和不赔钱。

怎么样判断趋势的强弱？涨幅是一个标志。能大幅上涨的股票，就是强趋势股。具体到本例中的晋亿实业(601002)，该股自 2010 年 9 月份 7.50 元起步，至 2011 年 1 月份达到 20 元，必然要得到大资金和散户资金的高度认可才能有这样的涨幅，2011 年 1 月 21 日的放量上涨是有新资金进入，这些新进入的资金是在原来强趋势的基础上的锦上添花。同时，这只股票具有高铁板块的联动效应，属于极强趋势。如果回调有机会进入，满仓做，至少会有一个强势反弹。

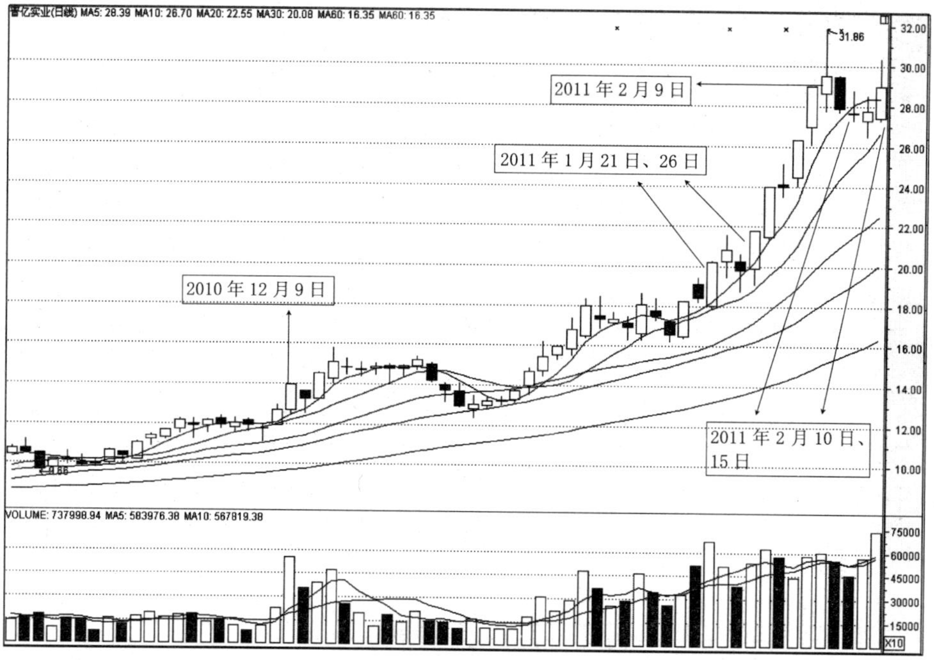

图 4–58　晋亿实业走势图

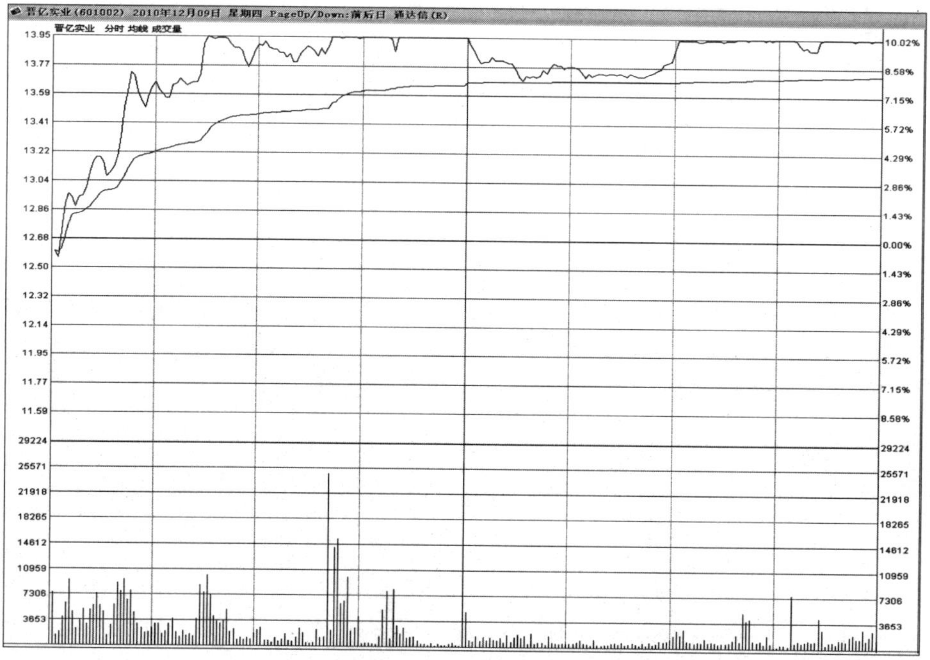

图 4–59　晋亿实业 2010 年 12 月 9 日分时走势图

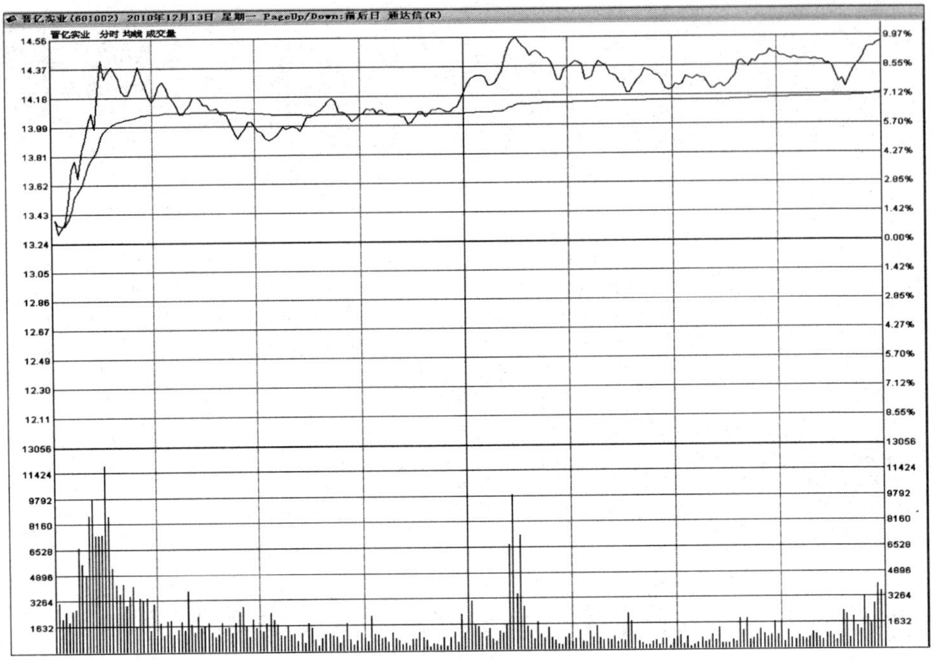

图 4-60　晋亿实业 2010 年 12 月 13 日分时走势图

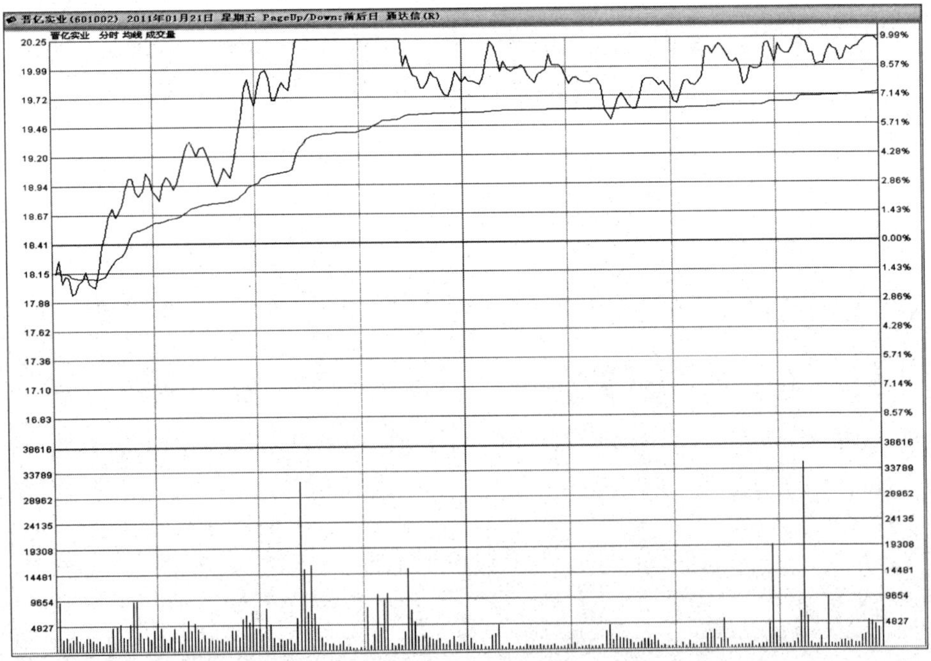

图 4-61　晋亿实业 2011 年 1 月 21 日分时走势图

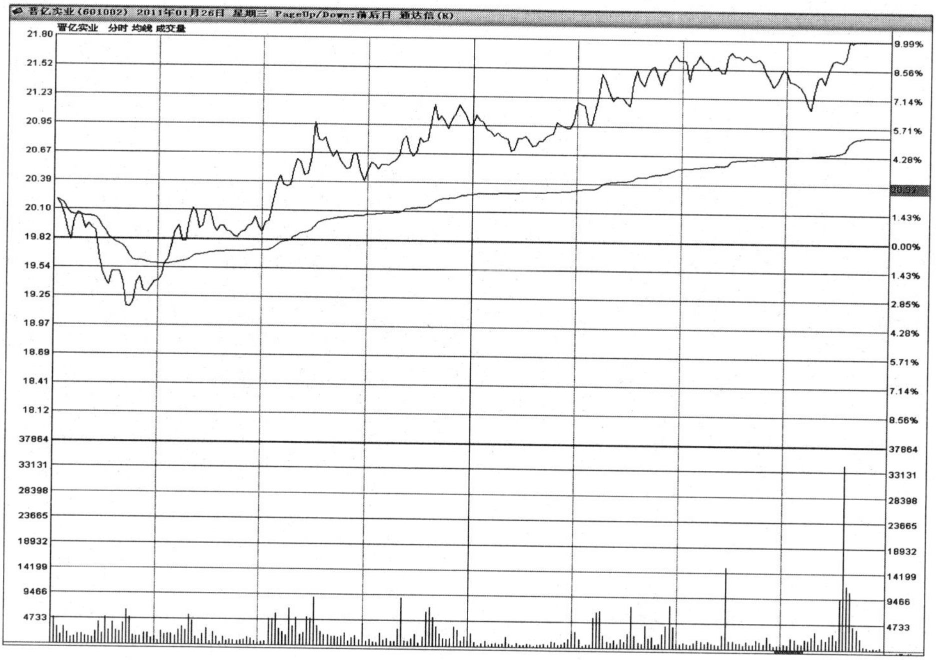

图 4-62 晋亿实业 2011 年 1 月 26 日分时走势图

图 4-63 晋亿实业 2011 年 2 月 9 日分时走势图

图 4-64 晋亿实业 2011 年 2 月 10 日分时走势图

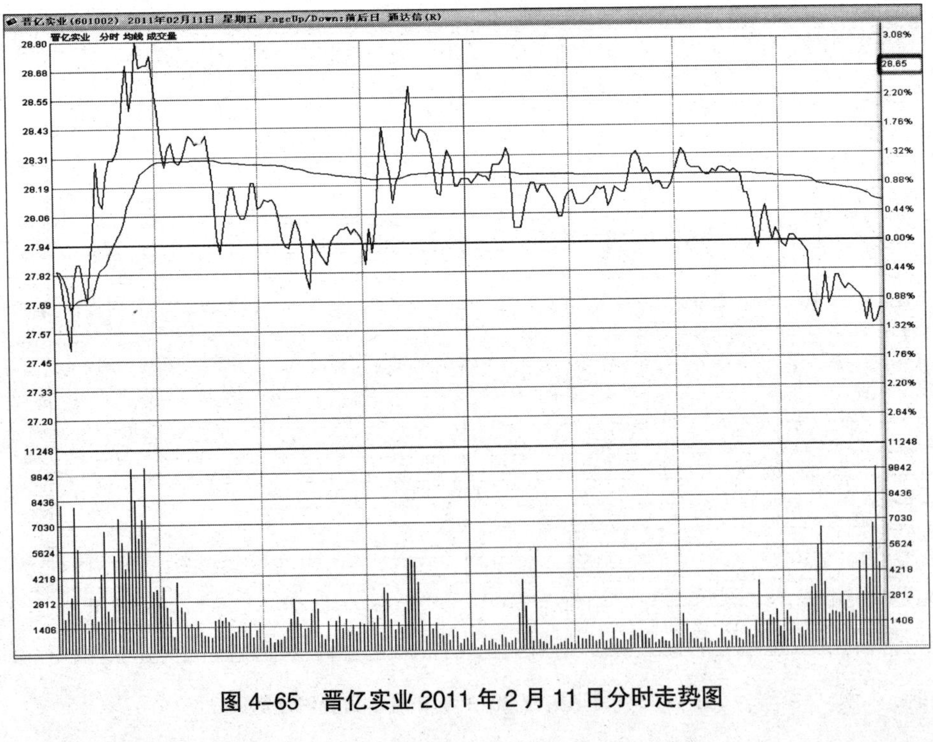

图 4-65 晋亿实业 2011 年 2 月 11 日分时走势图

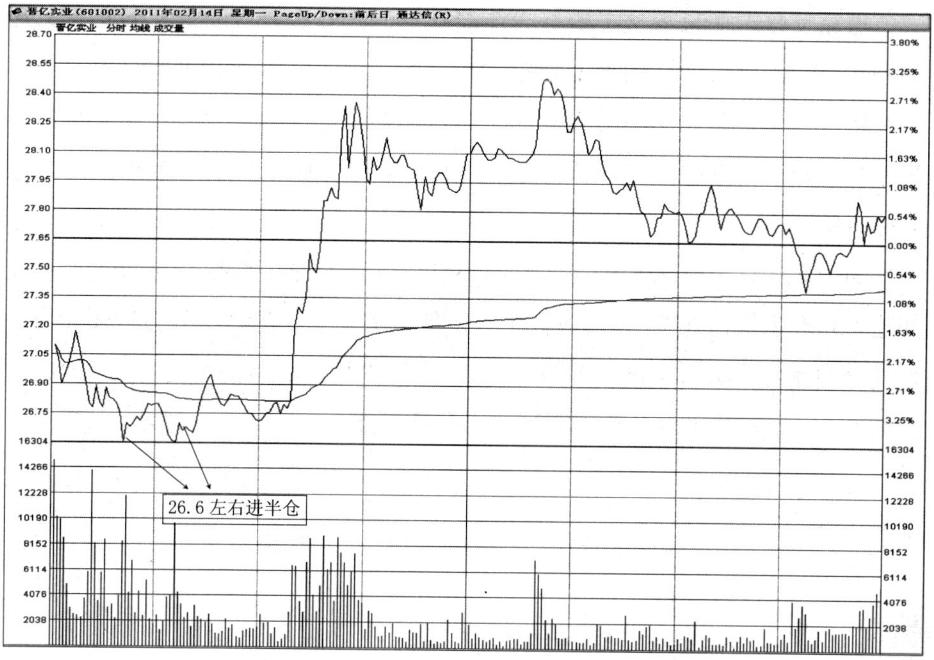

图 4-66 晋亿实业 2011 年 2 月 14 日分时走势图

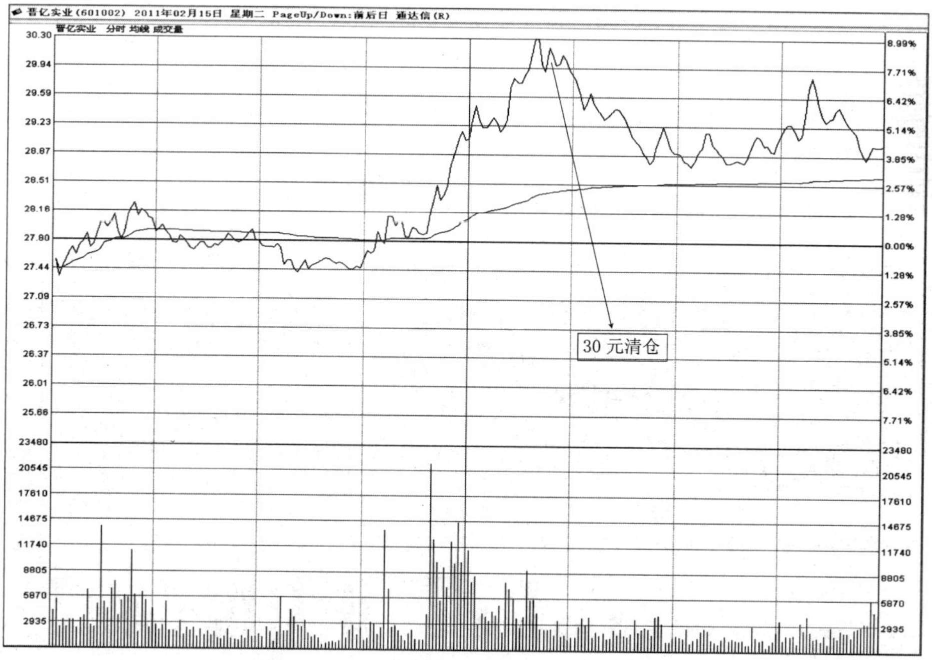

图 4-67 晋亿实业 2011 年 2 月 15 日分时走势图

做完反弹，如果再次下跌是否还能够再进入？有些股票会反复震荡，比如 2010 年 11 月份做过的豫光金铅(600531)，有些股票则会下跌。第一次下跌可以重仓做，因为确定会有反弹，第二次甚至第三次下跌没把握，尽量不要参与。晋亿实业(601002)2011 年 3 月 9 日再次上涨，这样的走势不参与(图 4-68～图 4-70)。

为什么 2 月 10 日 28 元敢买，3 月 9 日 24 元不买？因为在 28 元的时候我知道一点会上涨，在 24 元的时候不一定能上涨。无论是 28 元还是 24 元，我们的目的就为了赚取差价，不是为了做股东。28 元买，趋势还在，24 元趋势已经不在了，就不能买。没有趋势，神马都是浮云。

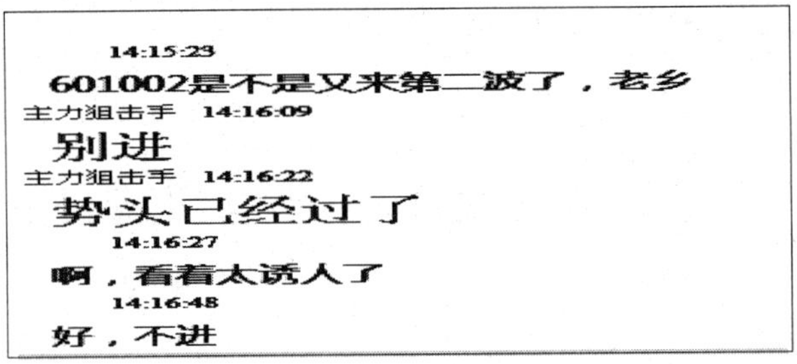

图 4-68 2011 年 3 月 9 日网络聊天记录

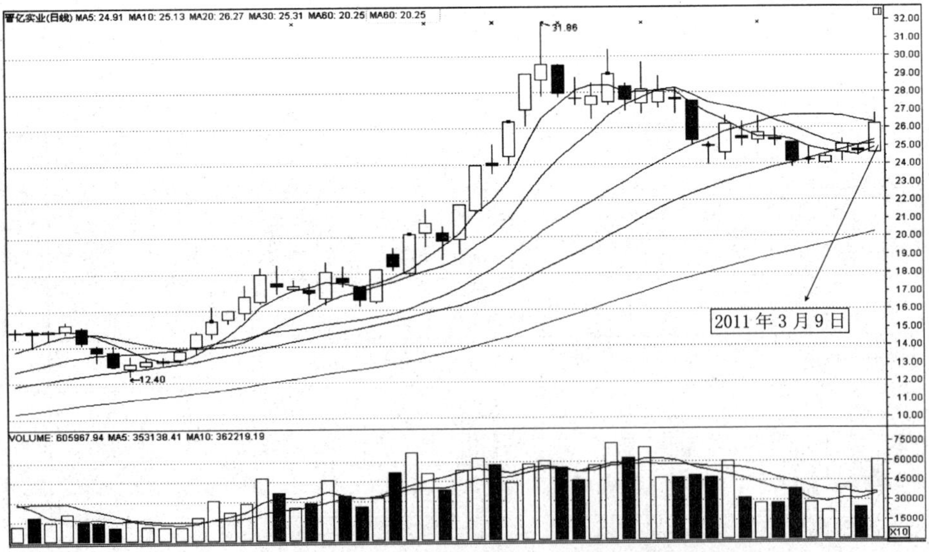

图 4-69 晋亿实业 2011 年 3 月份之前走势图

图 4-70 晋亿实业 2011 年 3 月份之后走势图

4.11 华平股份(300074)

华平股份(300074)(图 4-71)2011 年 1 月 31 日放量上涨(图 4-72)，换手率为 32.42%。不能确定是否有大资金进入。2 月 10 日再次上涨(图 4-73)，换手率为 19.70%，相对于 1 月 31 日属于缩量上涨，考虑进入。之后几天没有调整，也没有进入的机会。2 月 15 日冲高回落(图 4-74)，换手率为 19.82%，成交量比较温和，没有放巨量，如果次日调整不放量，那就进入。结果第二天没有调整就又涨停，继续等待。2 月 18 日调整，尾市 120 元进入 1/10 仓位(图 4-75)，当天收盘价 118.5 元。如果上涨，125 左右出掉，如果下跌，113 左右补仓 1/10 仓位。22 日早盘强力反弹，125 左右出掉(图 4-76)。尾市又跌下来，还能否进入？早盘迅速冲高，即使有资金出逃，时间较短，也可能出不完，22 日全天成交量并不大，尾市 113 元进入 1/10 仓位(图 4-76)。如果下跌，107 元补仓，如果上涨 120 元出掉。23 日冲高，120 元出掉(图 4-77)。横盘震荡时间超过三天，再次下跌就不能进了。之后该股下跌，跌到 100 元的位置有一次强力反弹，可以看成是二次筑顶，之后一路下跌至 64 元(图 4-78)。

也许有人会说，如果当时在120元没出，那可就惨了。不可能不出，一定会出。这是我们整个操作系统所要求的，在什么价格进，什么价格什么时间出，这是一个相互联系的整体，是一个系统，买进股票之前就想好了应该怎样出，否则那就不要买。

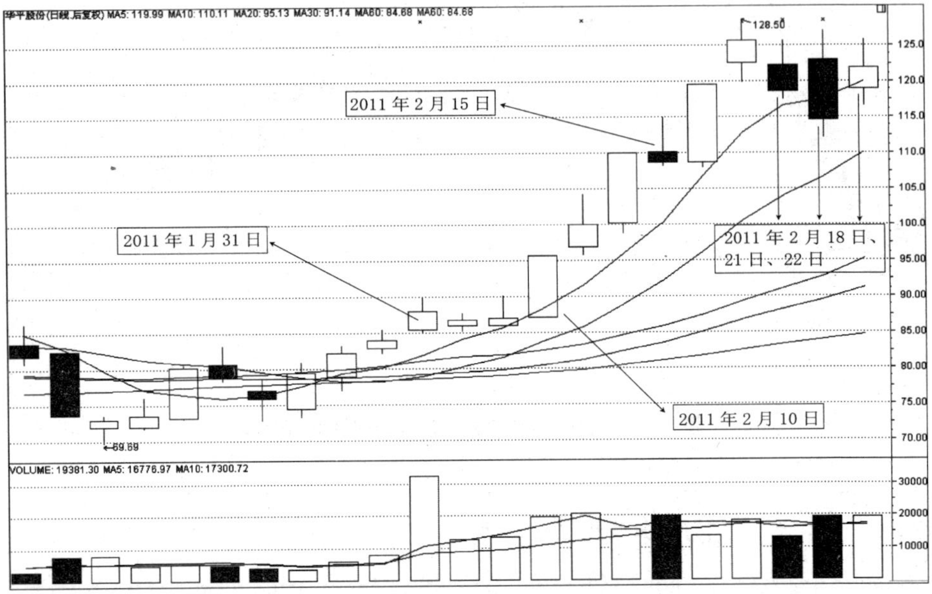

图4-71　华平股份2011年走势图

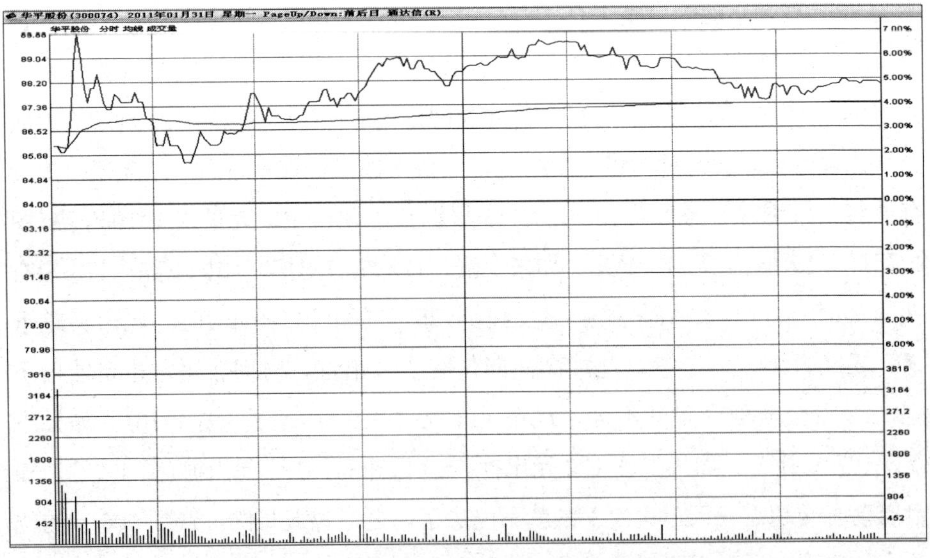

图4-72　华平股份2011年1月31日分时走势图

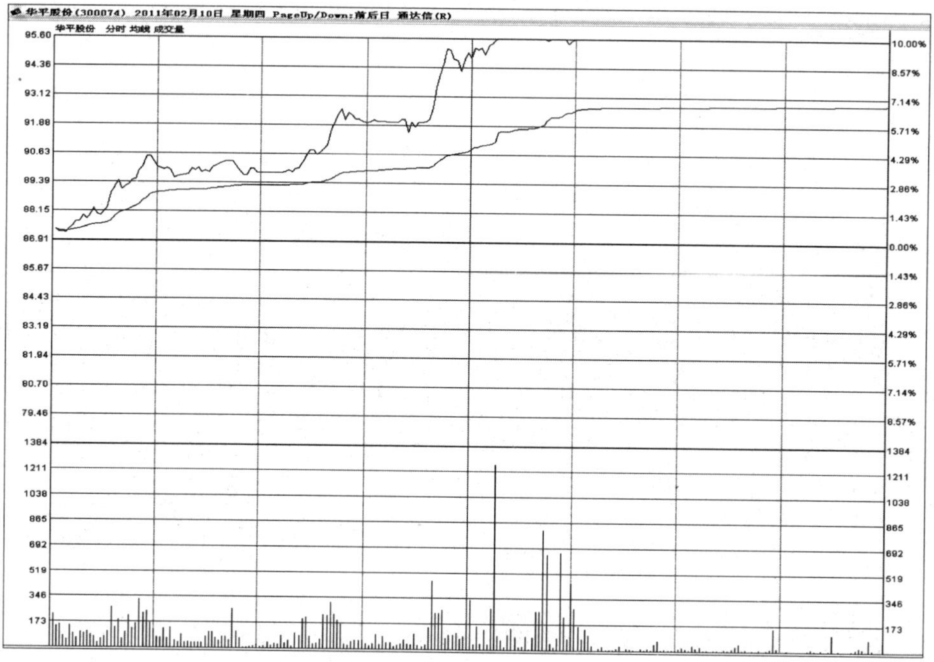

图 4-73 华平股份 2011 年 2 月 10 日分时走势图

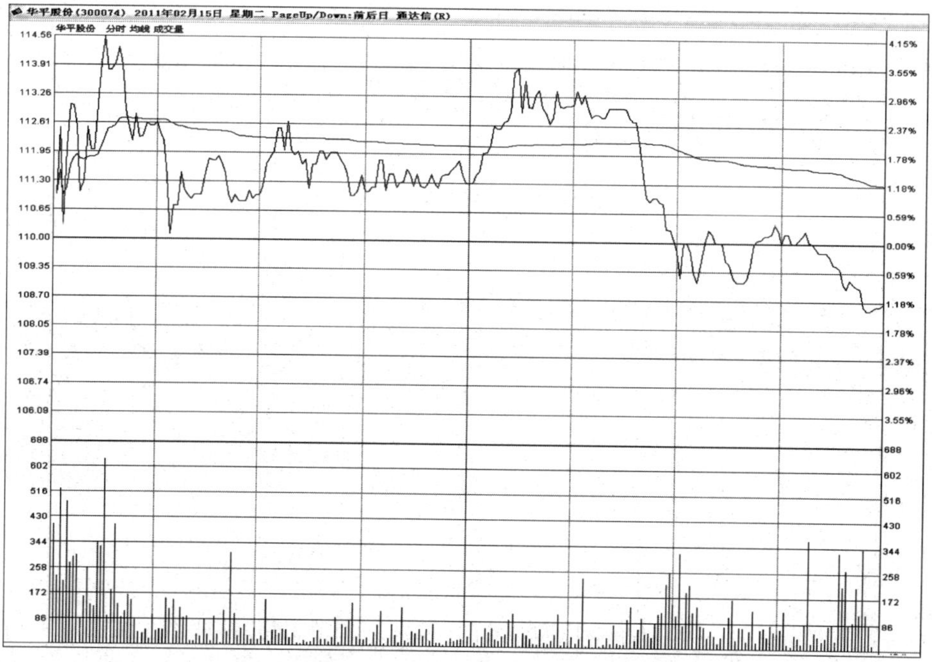

图 4-74 华平股份 2011 年 2 月 15 日分时走势图

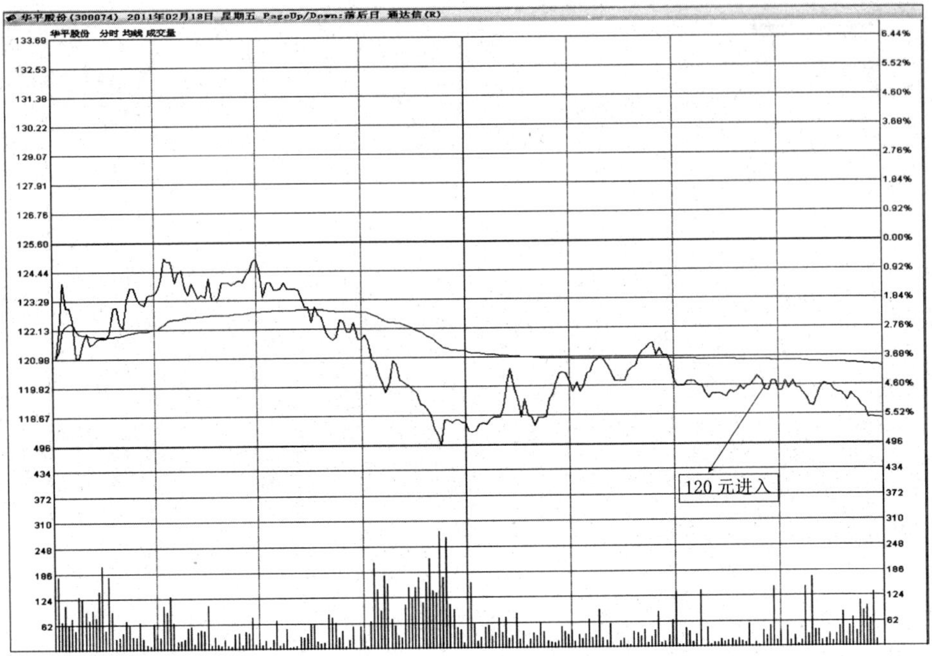

图 4-75　华平股份 2011 年 2 月 18 日分时走势图

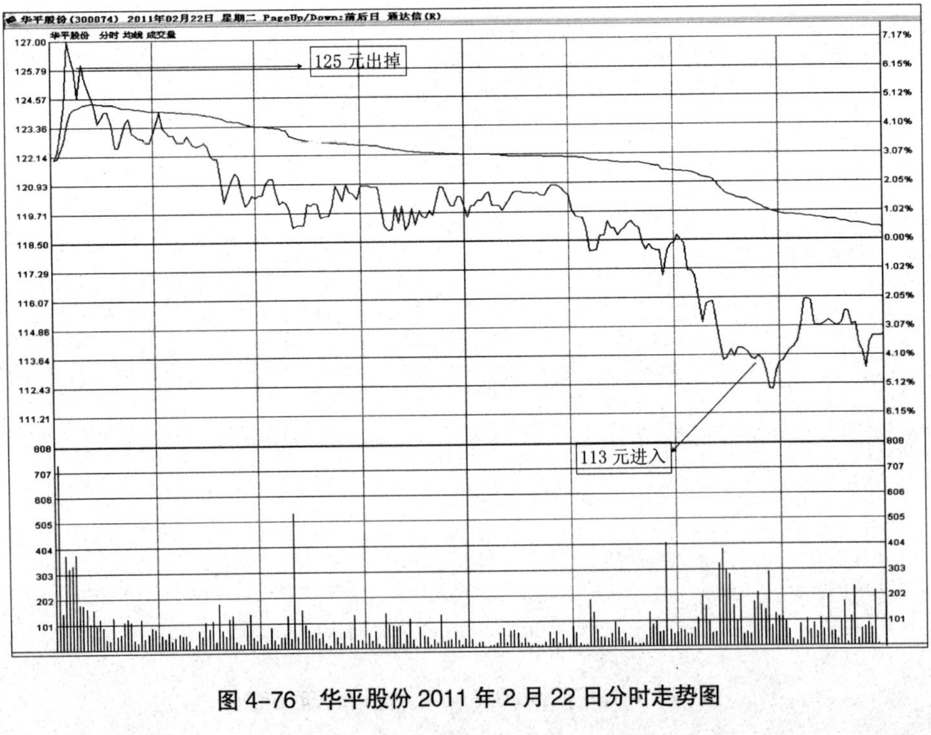

图 4-76　华平股份 2011 年 2 月 22 日分时走势图

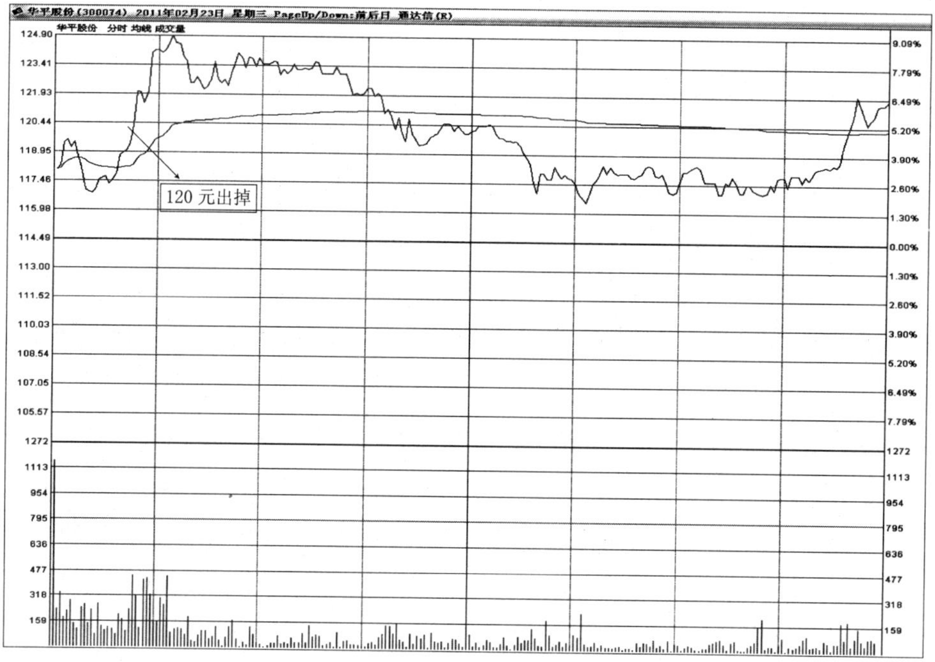

图 4-77　华平股份 2011 年 2 月 23 日分时走势图

图 4-78　华平股份 2011 年见顶后的走势

4.12 星宇股份(601799)

星宇股份(图 4-79)2011 年 2 月 10 日涨停(图 4-80)，换手率为 12.31%。2 月 11 日高位震荡(图 4-81)，换手率为 34.68%。这两天的放量上涨，有可能是资金拔高建仓，也有可能是游资导致的短线行情，如果是游资进出，那么行情有可能结束。之后该股连续几天小幅上涨，2 月 16 日看似一根大阳线，实际涨幅为 2.58%(图 4-82)。这样的缩量上涨符合缩量上涨的字面定义，但是对于操作不理想。缩量上涨的一个意义在于考察筹码的锁定程度，上涨 10%与上涨 2%对持有者的心理影响是不一样的。上涨幅度越大，获利幅度也就越大，而成交量缩小，说明筹码锁定程度良好。缩量上涨的另一个意义在于向上攻击的力度，反应出趋势的强弱。上涨 10%比上涨 2%的股票短期要强势。上涨幅度较小，有可能是新资金进入，但是并不想运作股价，股价受资金冲击影响，每天小幅攀升，虽然筹码锁定程度良好，但是得不到后续资金的认可，上涨的趋势越来越弱，这样的股票最好不要参与。后来这只股票回调至 2 月 23 日再次上冲，这种回调没把握，就不参与操作。

我有时候去一些地方讲课，在讲课之前都会讲两点关于学习的注意事项：①学东西一定要明白理论基础，知其然，还要知其所以然。②学东西要构建自己的交易系统，明白系统各部分之间的联系，不能东拼西凑的杂糅在一起，看似学了不少，实际各部分不相关甚至是矛盾的，那样效果不好。

技术分析源于经验，但是不能仅仅局限于经验，如果不能把经验总结到普遍规律的高度，很容易犯经验主义的错误。这次赚了钱，下次再用同样的方法，结果是亏钱，说明没有把握到市场的本质，还是看图说话。

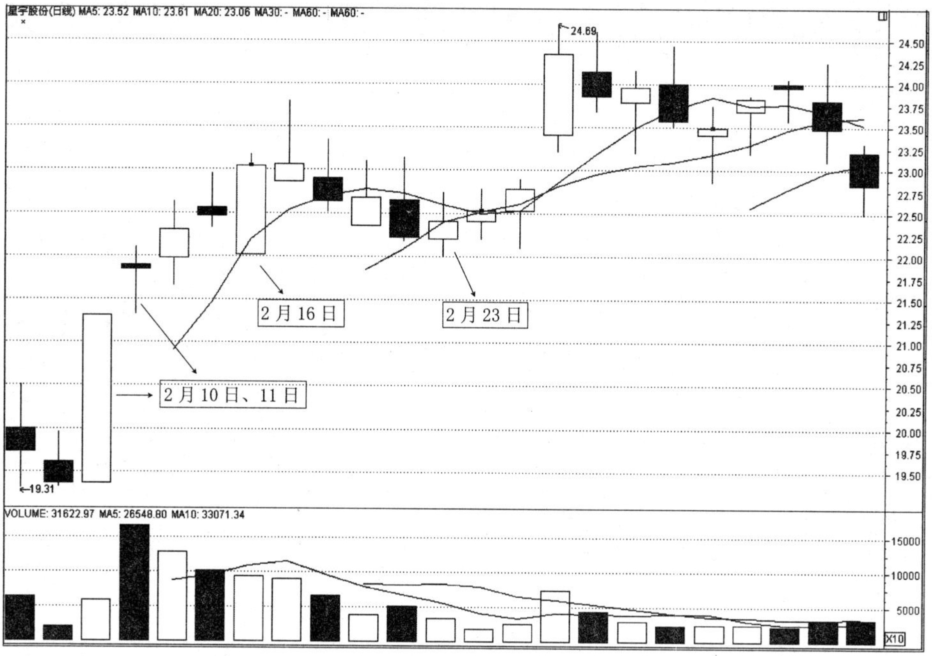

图 4-79　星宇股份 2011 年走势图

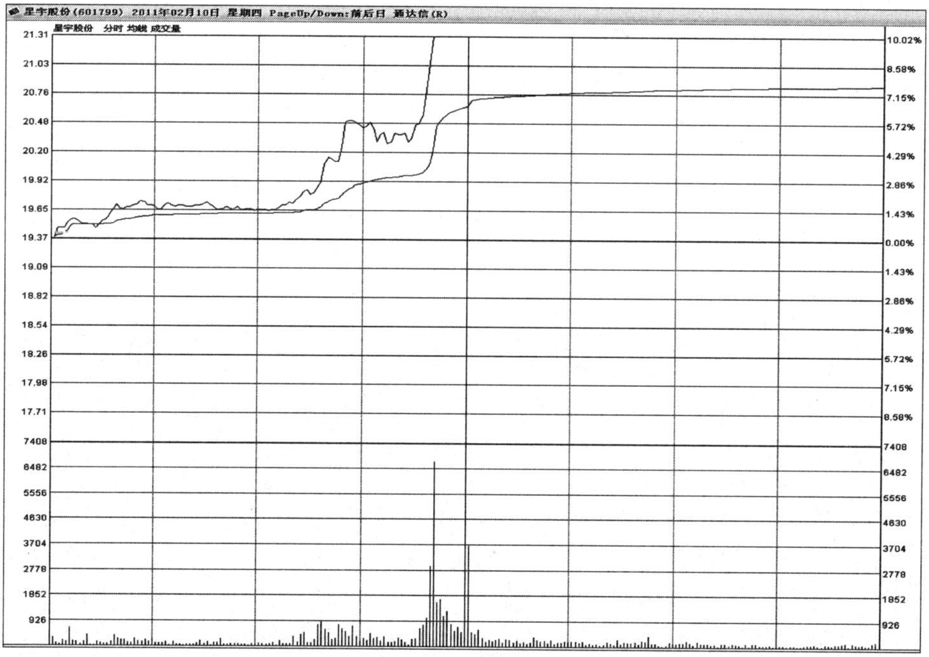

图 4-80　星宇股份 2011 年 2 月 10 日分时走势图

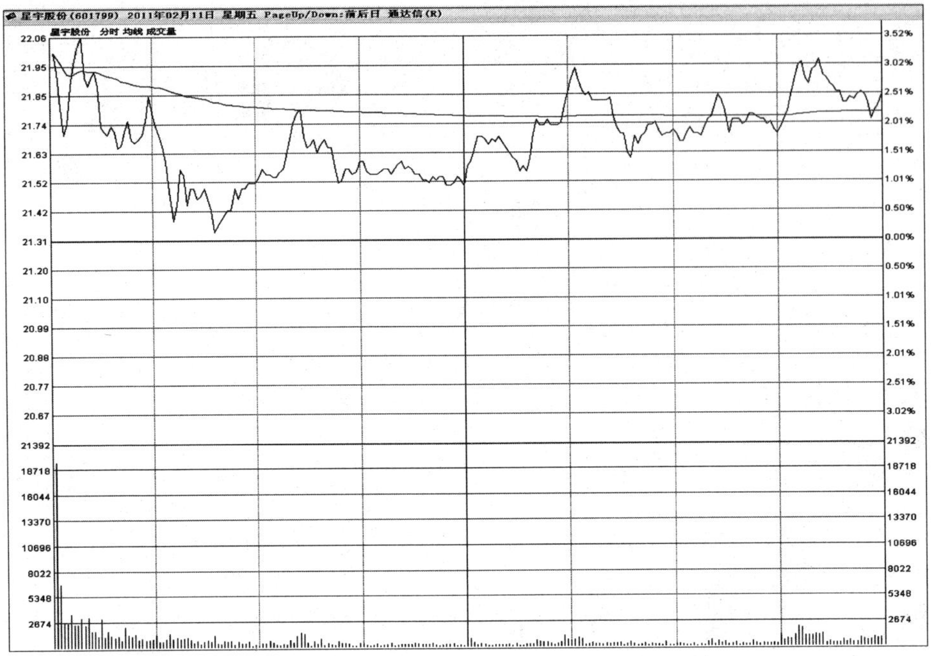

图 4-81 星宇股份 2011 年 2 月 11 日分时走势图

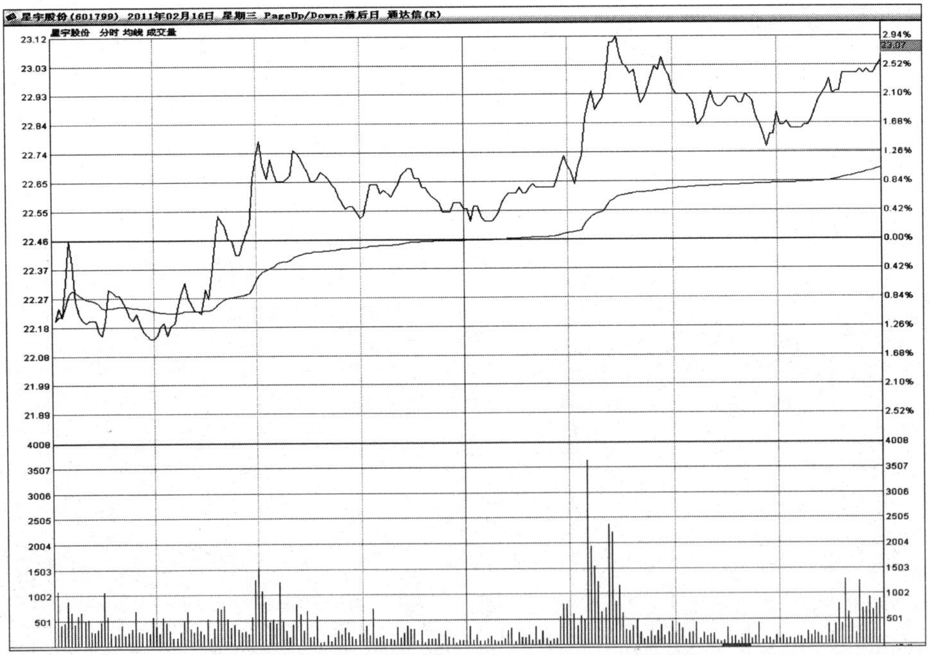

图 4-82 星宇股份 2011 年 2 月 16 日分时走势图

4.13 美亚柏科(300188)、好想你(002582)

美亚柏科(300188)(图 4-83)，2011 年 3 月 16 日上市，换手率 86.50%。3 月 18 日上涨 7.98%(图 4-84)，换手率 31.58%。相对于 3 月 16 日 86.50%的换手率是缩量上涨，但是不能确定筹码锁定程度。新股上市首日一般换手率都非常大，这对于以后的换手率不具有可比性。31.58%的换手率意味着有接近 1/3 的筹码在流动，很难说筹码锁定程度良好。3 月 24 日再次上涨，高位充分震荡(图 4-85)，换手率为 11.89%，这样的缩量上涨是可信的，说明筹码锁定程度良好。问题是：如果这只股票回调的时候进入就会被套，并且没有像样的反弹，走势接近倒 V 形反转。前面讲过趋势的持续性，即使见顶也一定会有反弹，为什么这只缩量上涨的股票就没有反弹？

同样走势的股票还可以看一下好想你(002582)(图 4-86)。该股 2011 年 5 月 20 日上市，20 日、23 日、24 日换手率分别为 76.71%、37.87%、32.71%。之后一路小幅上涨，成交量开始萎缩。6 月 1 日充分震荡之后涨停(图 4-87)，换手率 16.90%。属于缩量上涨，显示筹码锁定程度良好。该股在 6 月 1 日之后连续 4 个交易日小幅下跌，6 月 9 日破位下行。

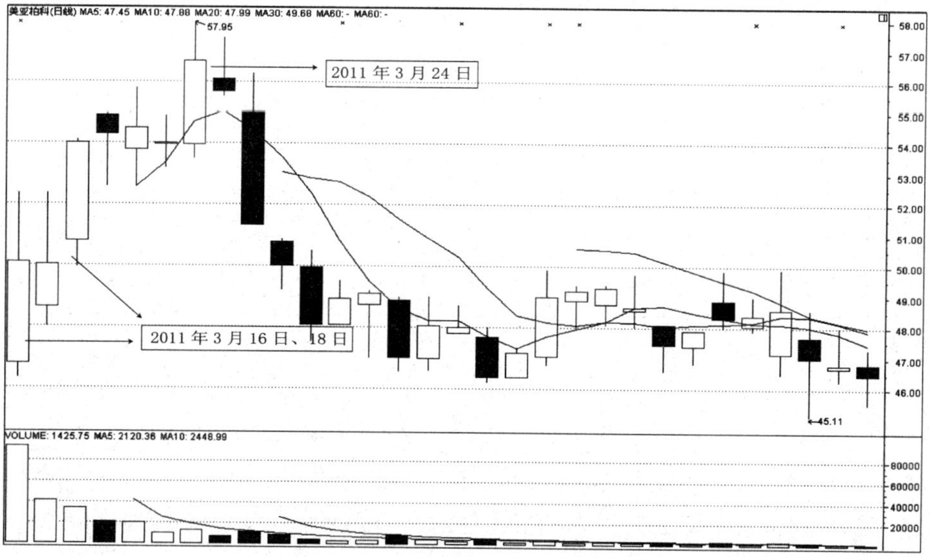

图 4-83 美亚柏科 2011 年走势图

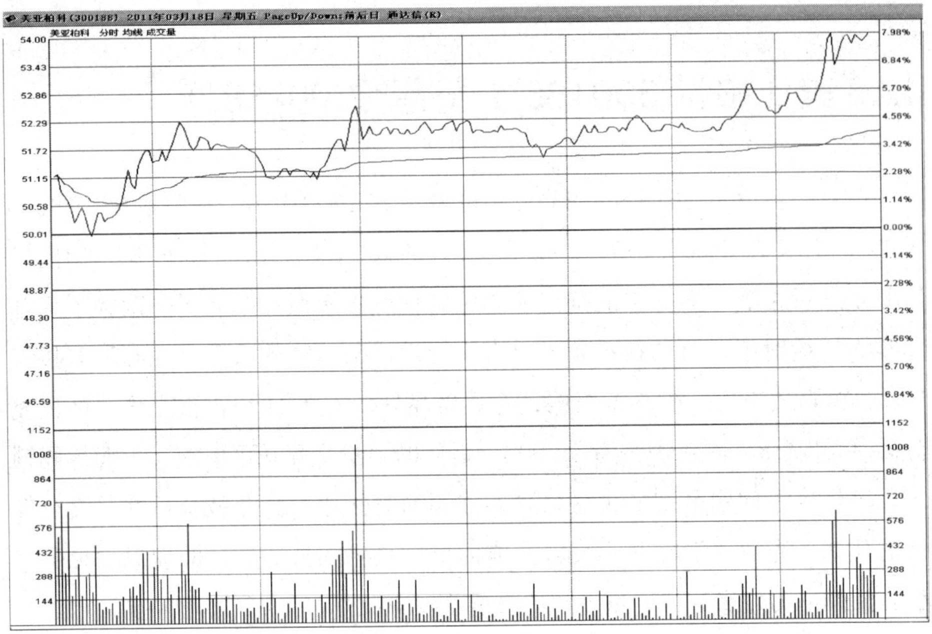

图 4-84 美亚柏科 2011 年 3 月 18 日分时走势图

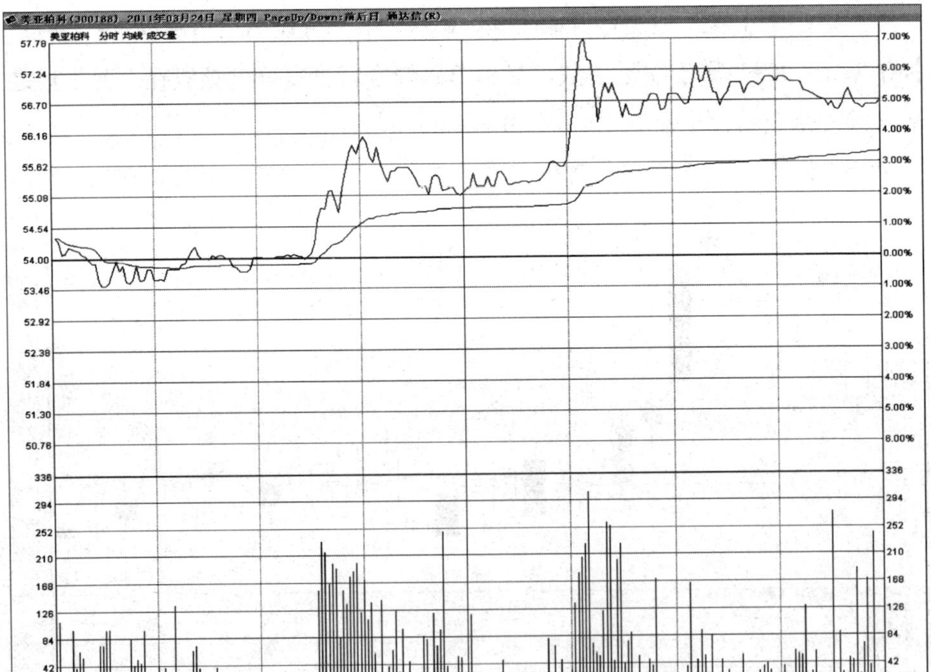

图 4-85 美亚柏科 2011 年 3 月 24 日分时走势图

图 4-86 好想你 2011 年走势图

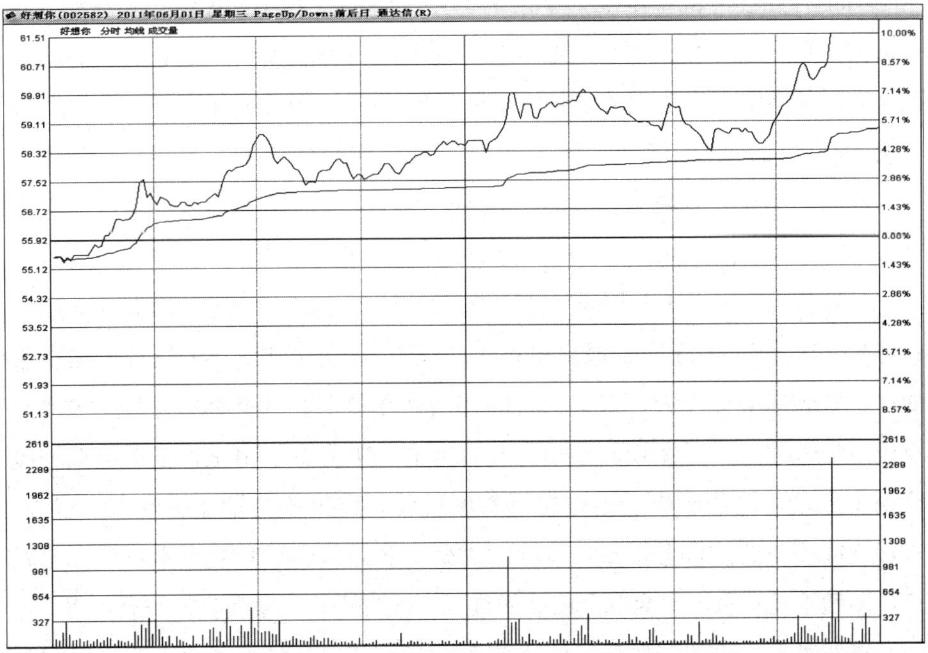

图 4-87 好想你 2011 年 6 月 1 日分时走势图

如果说好想你(002582)在6月1日见顶之后4天小幅下跌，可以看成是横盘，没有后续资金进入，当时大盘处在下降趋势中，趋势自然消退，还勉强说的过去，那么美亚柏科(300188)是见顶之后第二个交易日就大幅下跌，趋势的反转如此迅速，跑的慢点就会被深套。是什么原因造成了如此迅速的反转？

我们再来回想一下趋势的定义：趋势是市场所有参与者的交易行为所形成的一种合力。趋势不可预测，但是可以被有效跟踪，因为趋势具有持续性。趋势的持续性源于市场参与者的普遍心理。一只能大幅上涨的股票，必然是被市场高度认可的股票，看多做多的投资者前赴后继，在基本面未发生重大改变之前，多方不可能同时改变看法，即使不能上涨，也会有个持续过程，这个持续过程可以使我们从容而退，不亏钱或者赚钱出来。也就是说，上涨趋势的持续性与市场多方的心理转变过程相关。假如一只股票就一个投资者参与，那么他的多空转变就代表了所有参与者的多空变化，走势就是他一个人说了算。如果有十个人参与，那就不是他一个人说了算，需要看其他投资的行为。参与的人越多，个人在其中起到的作用越小，群体行为的影响就越大，也就使趋势具有了客观性。

所谓客观性，就不是某一个人说了算，而是由多数人普遍的心理来决定行情的走势，而多数人普遍的心理在一定时期内是稳定的，这也就使行情在某一阶段的走势具有客观的必然性。一只每天成交10个亿的股票与一只每天成交8000万的股票，趋势的客观性谁更强？成交量越大，表明参与的人越多，趋势的客观性就越强；成交量越小，受单一资金的影响就比较大，甚至有人为操纵的可能，人为操纵的走势不具有客观的必然性。

具体到本例中，美亚柏科(300188)2011年3月24日的成交量是7164万，好想你2011年6月1日的成交量是1.48亿，成交量非常小。这样的成交量受单一资金影响比较大，如果当时的行情处在前期新进资金不拉升，又没有新资金进入的趋势平衡期，哪怕是几百万的一笔资金要出来，都有可能把股价砸个窟窿，这就形成了走势的倒V形反转。如果成交量能达到10个亿左右，说明参与的投资者很多，拉升的大资金和跟风的散户资金不可能一起看空，即使不能上涨，也会有个震荡的过程，在这个过程中我们出来就可以了。

在我写书、讲课的时候，大家都愿意找一些成功的例子来证明自己理论的正确性以及自己操盘水平的高超，很少有人提及失败的例子或者赔钱的操作。但是在实盘操作中，如何回避那些有可能赔钱的股票，比寻找一只能让自己赚钱的股票更重要。不赔钱，那就只有赚钱了。

4.14 中国宝安(000009)

中国宝安(000009)(图 4-88)2011 年 2 月 11 日放量上涨(图 4-89)，换手率 11.12%。涨停板反复打开，高位震荡，有可能是有大资金出逃，也有可能是新的大资金进入。这天不能进。不要看着后来涨起来了，就后悔当时没有进，同样封不住涨停板的走势，第二天大幅低开低走甚至砸到跌停板的例子都很多。不确定的走势就不要进，无论后来是跌还是涨。2 月 17 日再次涨停(图 4-90)，股价高位充分震荡，换手率 8.11%，相对于 2 月 11 日属于缩量上涨。2 月 11 日换手率 11.12%，换手率不理想，是有新资金进入，但后面的走势并不仅仅是这一天进入的资金所能运作的，前期必有其他大资金锁仓。2 月 17 日的缩量上涨，表明股价创新高，但是抛盘并不多，筹码锁定程度良好。该股比较可以操作，主要是基于成交量的考虑。2 月 11 日的成交量是 23.33 亿，2 月 17 日的成交量是 19.41 亿，每天成交十几亿，表明市场参与者众多，能大涨说明多方取得决定性胜利，而这些多头不可能同时看空，形成了短期强势。

成交量对于趋势的作用，如同重量(质量)对于惯性的作用，一个物体，重量越大，惯性也就越强。比如一辆骑行的自行车，想停随时都可以停，而一辆运行的载重汽车，即使急刹车，也需要一段距离才能停下来。2 月 18 日冲高回落(图 4-91)，换手率 15.15%，属于相对高位放巨量，有大资金出逃，趋势有可能受到这批出逃资金的影响而结束，所以不能再参与。有大资金出逃，并不意味着行情一定结束，也许在大资金出逃的过程中，有新的更乐观、实力更强的大资金进入，行情还能继续，但是我们不能确定会有新资金来运作，所以不参与。2 月 21 日股价再次涨停(图 4-92)，换手率 10.49%，表明 2 月 18 日的放量是有大资金出，也有大资金进入，趋势还在，如果回调还可以进入。2 月 22 日再次冲高回落(图 4-93)，换手率为 16.78%，高位放巨量，放弃操作。该股在 2 月 23 日、24 日连续调整两天，25 日有一个反弹(图 4-94)，形成双顶走势，很可能是在 22 日追高过程中被套资金的自救行为。这种成交量巨大的股票，有时候并不一定是一个主力所为，有可能是几个大资金所为，他们也有分歧，走的晚的资金也会被套在，2 月 22 日成交 43 亿，不一定都被散户买了，被套资金实力也不可小觑，趁人气还在，拉高自救。如果这只股票不是这么大成交量，而是成交 2～3 个亿的股票，有一个大资金出来砸盘，上涨行情就有可能结束，高位放量之后形成倒 V 形反转的例子不在少数。

高位成交量明显放大，属于高位放巨量，有大资金出货，这样的股票即使回调也不参与，放弃操作。

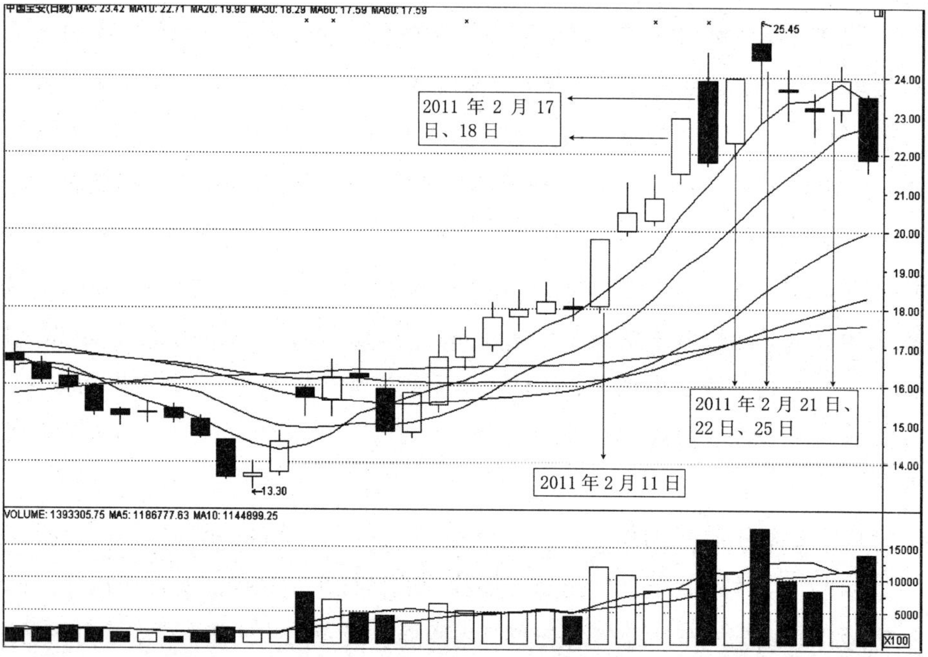

图 4-88　中国宝安 2011 年走势图

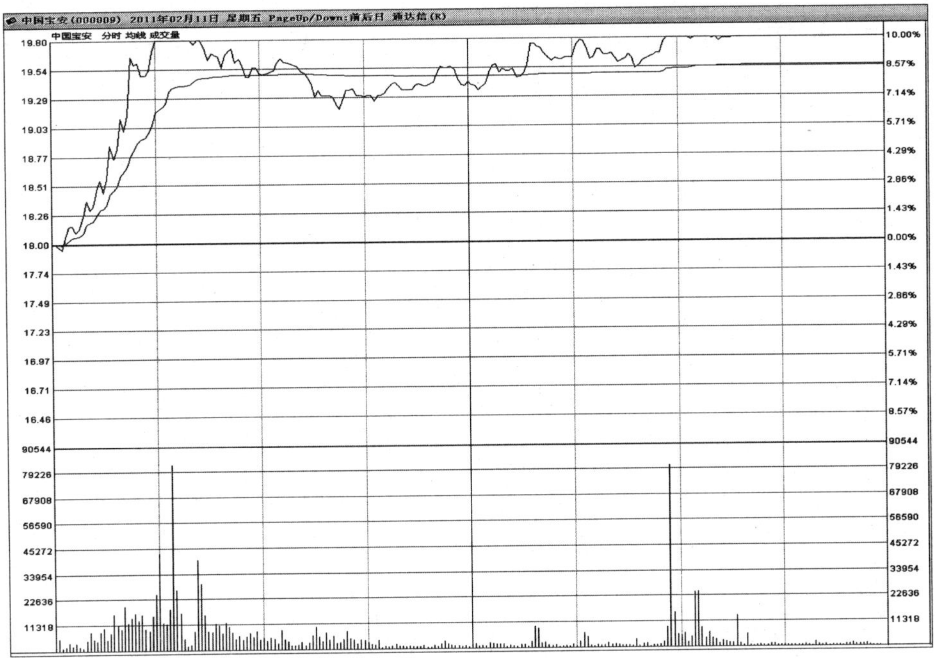

图 4-89 中国宝安 2011 年 2 月 11 日分时走势图

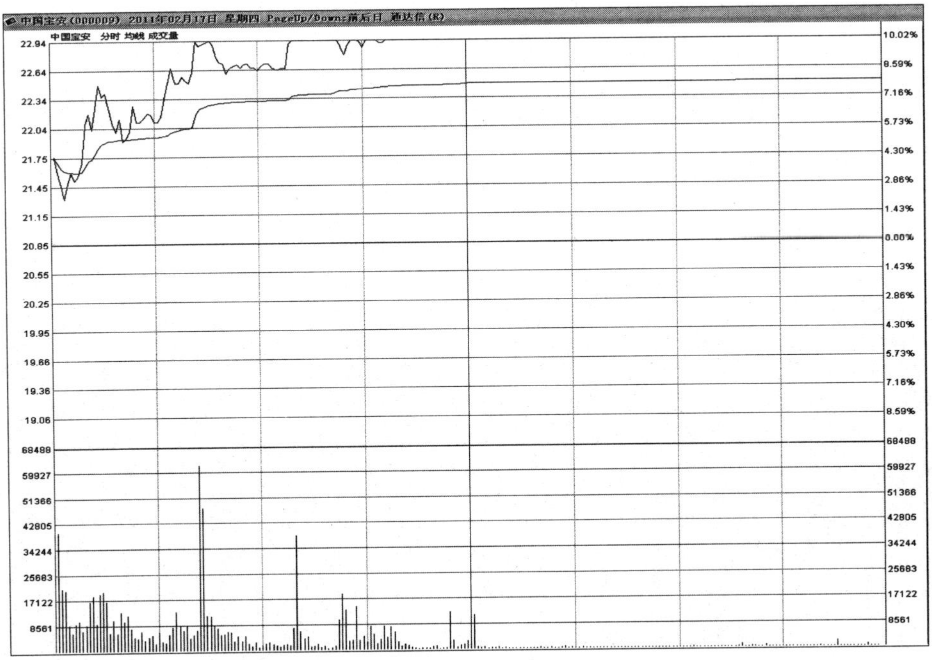

图 4-90 中国宝安 2011 年 2 月 17 日分时走势图

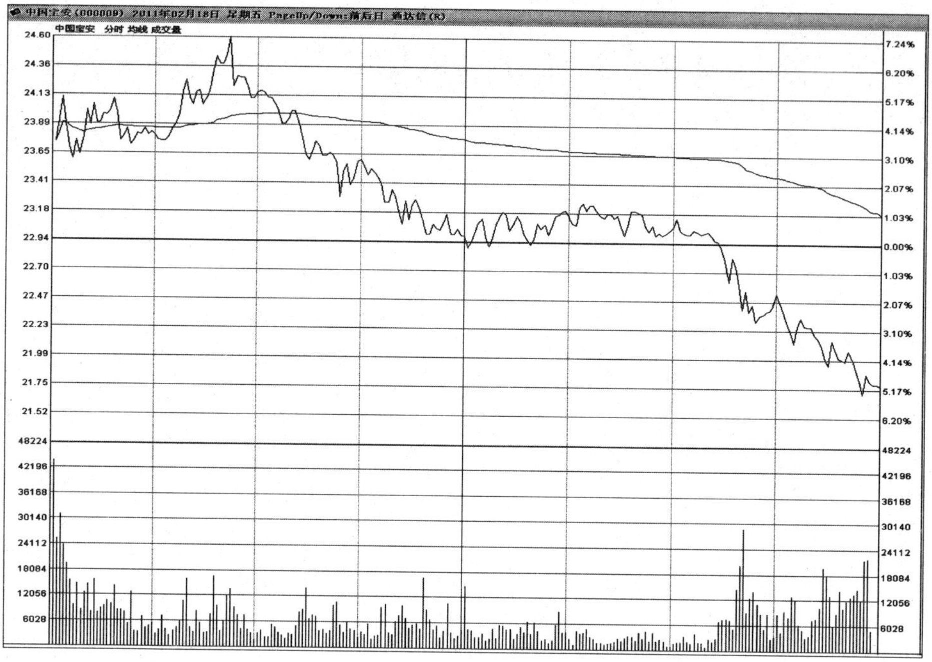

图 4-91 中国宝安 2011 年 2 月 18 日分时走势图

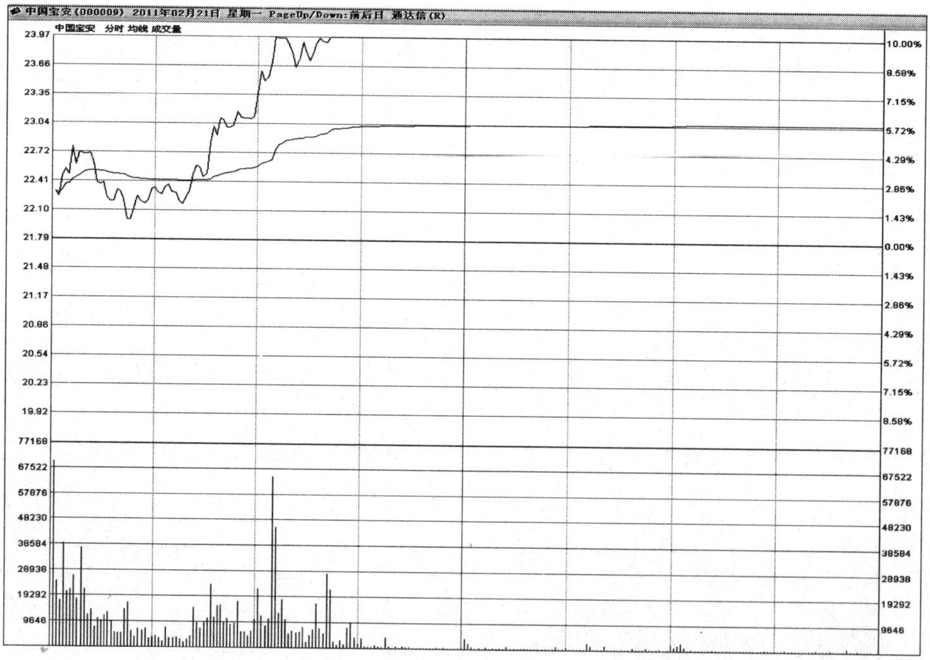

图 4-92 中国宝安 2011 年 2 月 21 日分时走势图

图 4-93 中国宝安 2011 年 2 月 22 日分时走势图

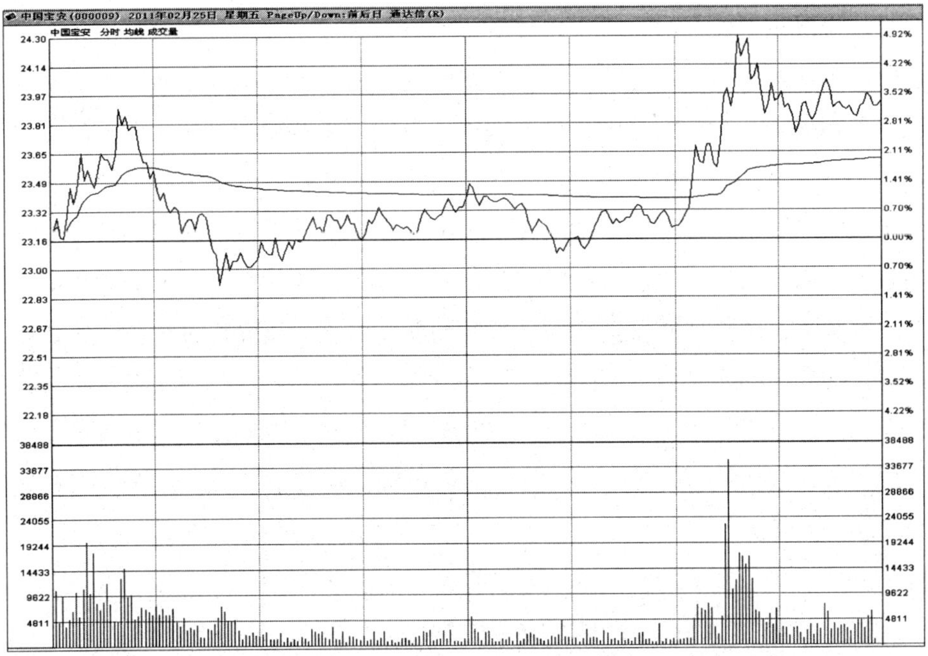

图 4-94 中国宝安 2011 年 2 月 25 日分时走势图

4.15 三元达(002417)

三元达(002417)(图4-95)2011年2月15日上涨(图4-96)4.74%，换手率为29.89%，由于2月14日是迅速封涨停(图4-97)，15日的高位震荡有可能是短线游资的快进快出，还不能参与。2月16日经过充分震荡再次涨停(图4-98)，换手率为25.55%，筹码趋于锁定，说明15日有资金入场。有许多人问我，在判断缩量上涨的时候，需要多长时间才能确认是缩量上涨。有些波段手法运作的股票，每天涨幅较小，需要几个星期甚至更长时间，有些短线手法运作的股票，几天就可以确认，甚至第二天就可以确认。

比如本例中，15日放量上涨，16日开始缩量上涨，就可以确认是缩量上涨。2月16日之后连续3天横盘调整，没有上涨，也没有下跌，所以2月22日下跌的时候，调整时间已经超过3天，就不能再进了。为什么前期有大资金进入，调整回来不能进？有大资金进入就一定会上涨吗？需要看前期进入的资金性质和资金博弈的结果。我们讲过六种结果，如果是新进入的资金没有出，同时也不再继续运作，也没有其他资金进入，那么股价可能处于一种短暂的平衡，平衡不可能无期限，最终会被打破，也许上涨，也许下跌。在这里我们提出一个3天原则，调整超过3天，平衡有可能打破，无论是上涨还是下跌，我们先出来观望。在个股的操作上，我们只做强势阶段。处在强势阶段的股票，即使不能继续上涨，也不会立刻就下跌，会给我们持平出来的机会，风险最小。随着横盘时间的持续，强势会逐渐消退，不确定性因素在逐渐增多，风险也就逐渐加大，那我们就先出来。该股后来展开一段横盘走势，2011年3月11日再创新高(图4-99)，换手率为15.62%，相对于2月15、16日的放量，属于缩量上涨，表明筹码锁定程度良好。回调的时候可以考虑进入，但是并不理想。3月11日成交量为1.56亿，在此之前的交易日成交量多为几千万，绝对成交量比较小，趋势的客观性较弱。3月15日止跌，17日有个反弹，回调的时候进入可以获利，但是并不理想。

该股2011年3月11日见相对高位34.09元之后一路下跌，2011年6月23日见相对低位19.74元(后复权)(图4-100)。为什么有大资金进入，还会跌这么多？现在很多人分析股票，对股市还是“庄股”时代的认识，即使是有人“坐庄”，也不是说就能为所欲为。中国股市到现在经历了20年的时间，“坐庄”失败，触犯刑法锒铛入狱的人不在少数，国外更长的证券历史证明，没有人能和趋势做对。三元达(002417)的下跌，和2011年初中小板、创业板整体回调的大趋势有关，“坐庄”也没办法托住股价。该股的下跌，如果是有“庄家”运作，那“庄家”一定是失败的运作，“庄家”也被套住了。中国股市发展到现在，资金性质比较复杂，有基金、保险、个人大户等等，这些不同性质的资金操作手法各异，也就使走势具有了极大的不确定性。看似一样的放量大阳线，有可能是机构资金建仓导致，也有可能是游资炒作导致，其后的走势会有很大不同。比如本例中，3月11日的缩量上涨，说明前期进入的资金没有大规模出货，这天进入的资金有可能是游资，次日就开始震荡出货，也有可能是机构资金买入，买到自己的目标仓位就停止买入。长期来看股价有可能大涨，也有可能暴跌，通过技术分析不能做出科学的预判，但是短期有资金进入，导致市场多方占据优势，因为人们的心理转变需要一个过程，多方心理不可能同时转变看空，就使走势短期处于强势阶段，即使强势逐渐消退，也有个转变的过程，我们在这个转变的过程中出来就可以。这样操作的结果是，如果买到强势股的中继阶段，那么我们继续持有，大赚；如果买到强势股的见顶阶段，我们依据3天原则坚决离场，持平或者少赚。我做股票，首要目标是控制风险，做强势阶段的个股，不如抄底操作赚的多，但是强势阶段确定性最高，风险最小。在我的操作系统中只做强势阶段，选时要比选股更重要。

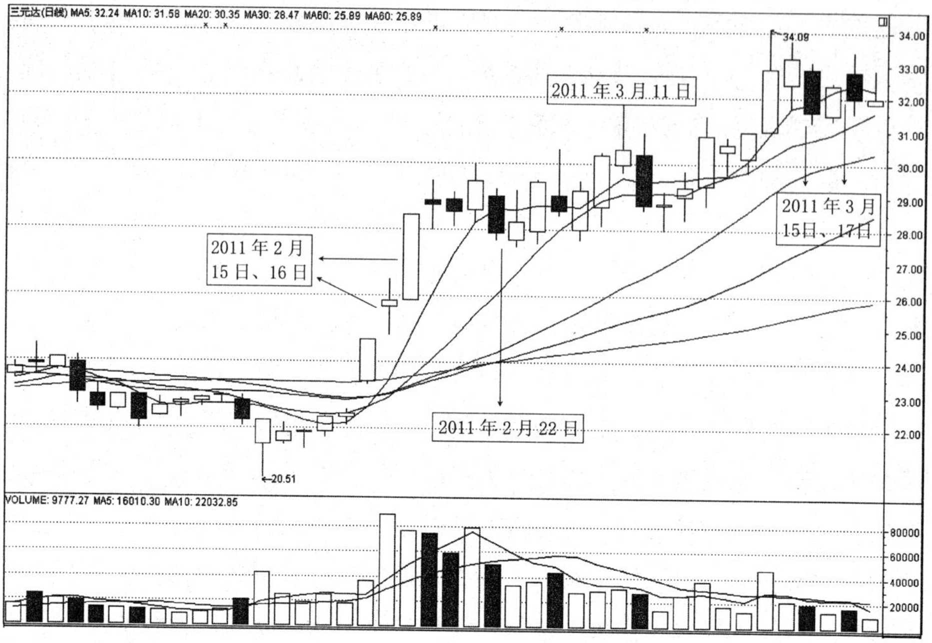

图 4–95　三元达 2011 年 2～3 月份走势图

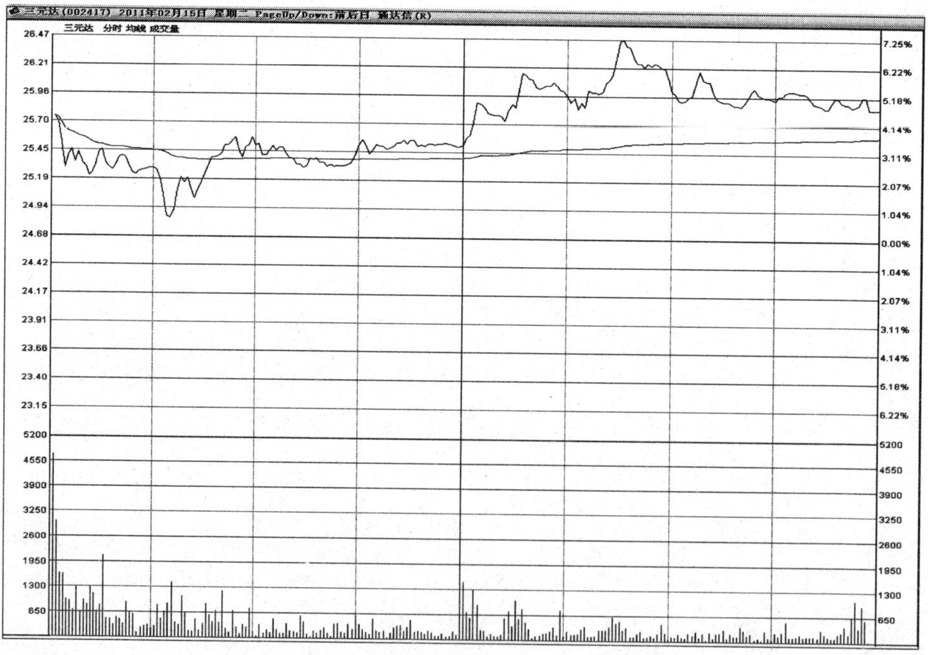

图 4–96　三元达 2011 年 2 月 15 日分时走势图

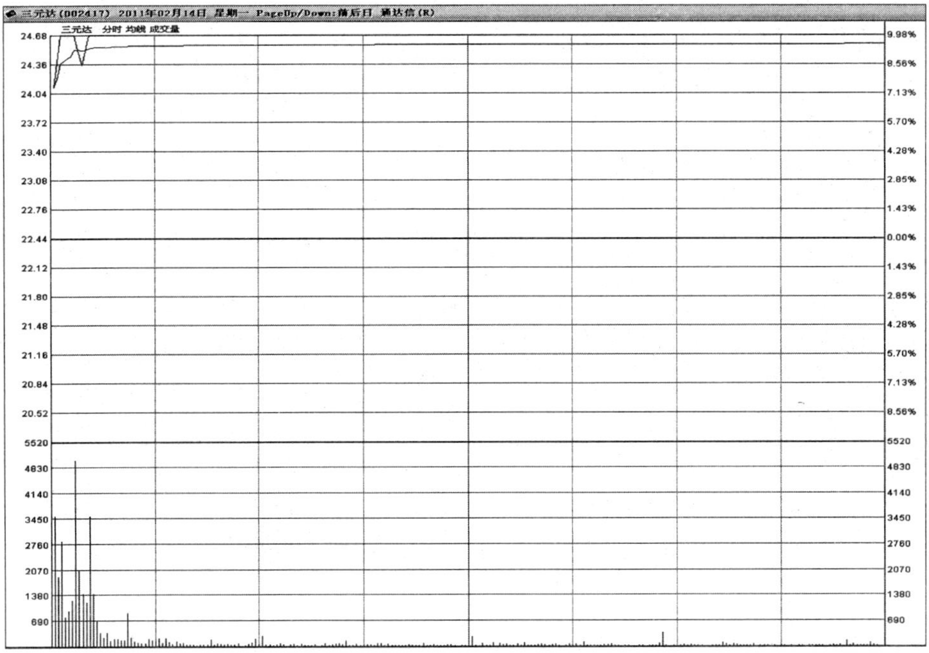

图 4-97　三元达 2011 年 2 月 14 日分时走势图

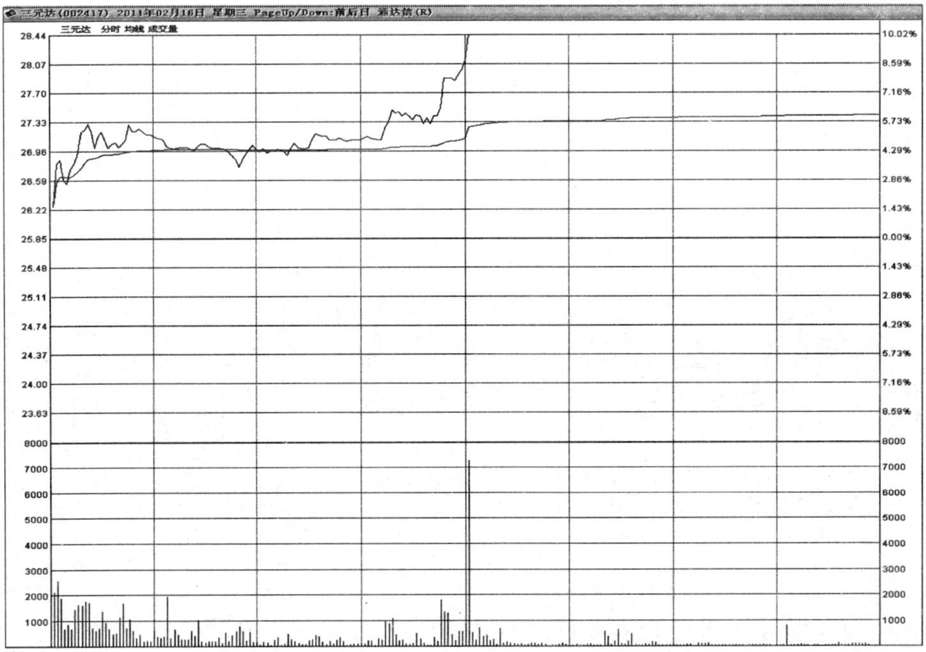

图 4-98　三元达 2011 年 2 月 16 日分时走势图

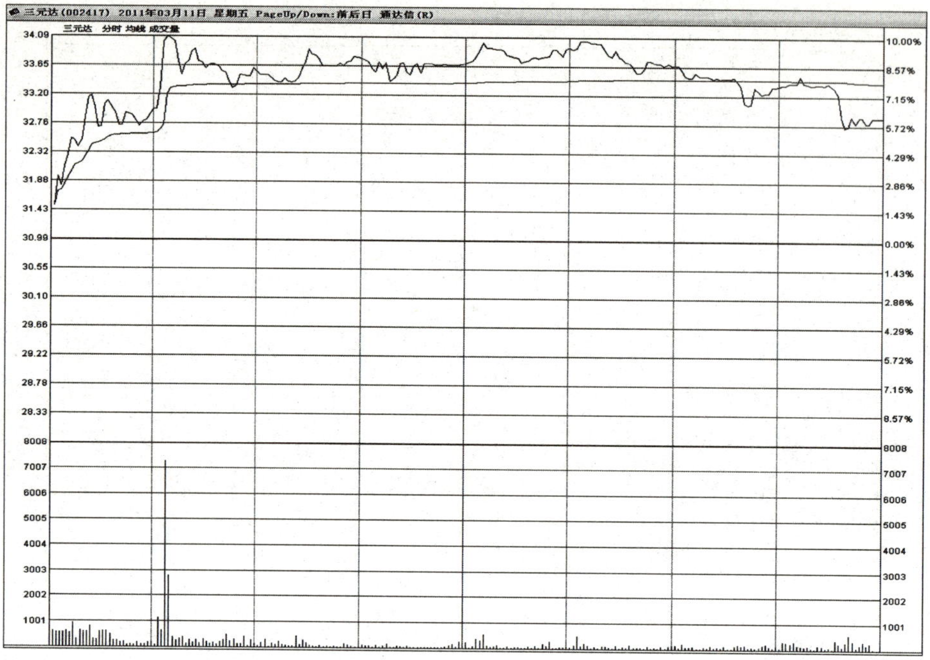

图 4-99 三元达 2011 年 3 月 11 日分时走势图

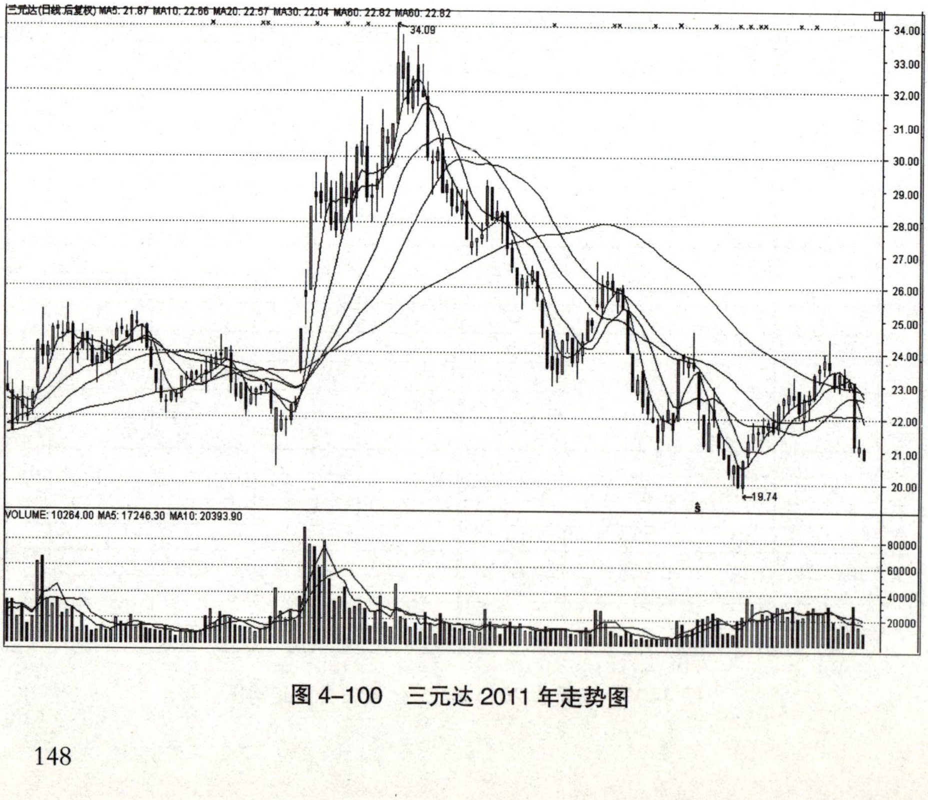

图 4-100 三元达 2011 年走势图

4.16 建发股份(600153)

建发股份(600153)(图 4-101)，2011 年 2 月 21 日、22 日、23 日连续 3 天放量上涨，换手率分别为 4.52%、6.76%、5.92%，换手率不理想。第一大流通股东厦门建发集团有限公司持股占比 46.38%(图 4-102)，这部分股份不会轻易流通，扣除这部分股份，连续 3 天的放量可以看成换手率接近扩大一倍，能达到 10%左右的换手率，这样连续 3 天的换手率就比较理想。2 月 22 的换手率是 6.76%，23 日的换手率是 5.92%，相差不多，并且涨幅不是很大(图 4-103)，所以这样的缩量上涨还不能确定筹码锁定程度。3 月 1 日上涨 5.01%(图 4-104)，换手率为 4.76%，符合缩量上涨的要求，回调可以进入。3 月 3 日尾市 8.20 元进入 1/10 仓位(图 4-105)，3 月 4 日尾市上涨(图 4-106)，以为可能还要继续拉升，就继续持有。3 月 7 日早盘冲高，回落之后的反抽 8.50 元出掉(图 4-107)。3 月 10 日继续上涨 7.96%(图 4-108)，换手率为 4.78%，回调可以进入。之后横盘两天，没有机会进入，放弃操作。4 月 14 日再次上涨 7.78%(图 4-109)，换手率为 4.25%，回调考虑进入。之后横盘两天，同时考虑到大盘面对前期重要阻力位(图 4-110)，放弃操作。

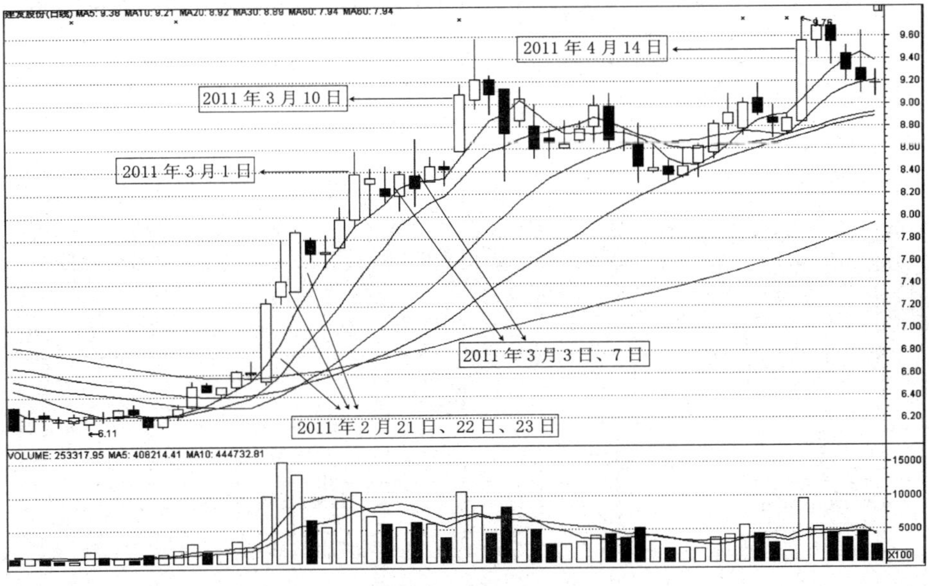

图 4-101　建发股份走势图

截至日期：2010 年 12 月 31 日　十大流通股东情况　股东总户数：127343

股东名称	持股数（万股）	占流通股比（%）	股东性质	增减情况（万股）
厦门建发集团有限公司	103785.21	46.38A 股	公司	未变
中国建设银行—国泰金马稳健回报证券投资基金	8828.26	3.95A 股	基金	235.09
中国建设银行—国泰金鼎价值精选混合型证券投资基金	3500.00	1.56A 股	基金	-294.66
中国建设银行—长盛同庆可分离交易股票型证券投资基金	3140.33	1.40A 股	基金	379.98
全国社保基金—组合	1444.51	0.65A 股	社保基金	新进
中信证券股份有限公司	963.38	0.43A 股	证券公司	新进
中国建设银行—金鑫证券投资基金	900.00	0.40A 股	基金	新进
中国银行—嘉实沪深 300 指数证券投资基金	769.66	0.34A 股	基金	新进
东方证券股份有限公司	700.01	0.31A 股	证券公司	新进
中国农业银行—国泰金牛创新成长股票型证券投资基金	577.31	0.26A 股	基金	新进

图 4-102　建发股份十大流通股东

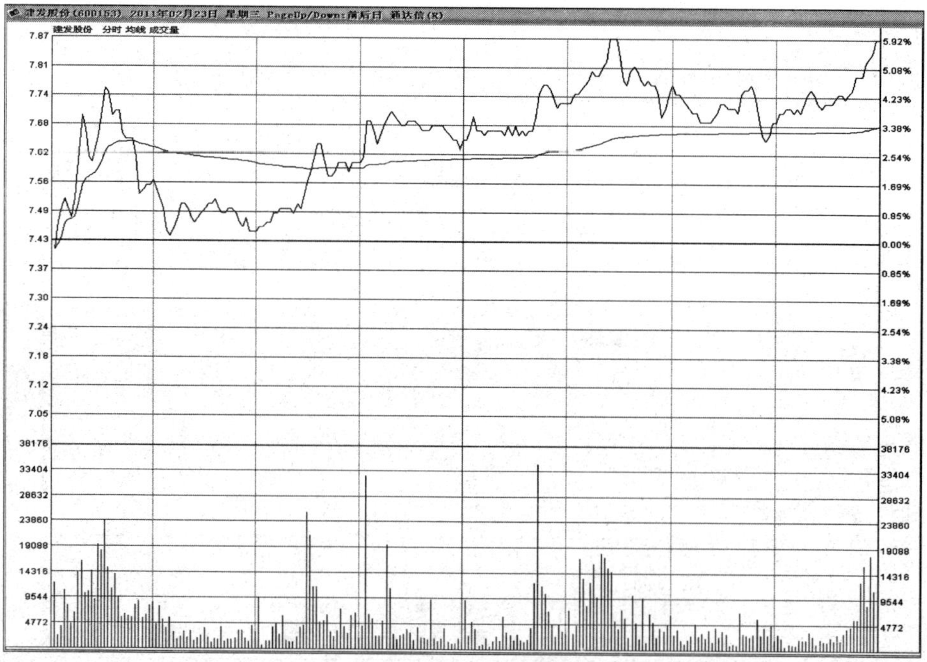

图 4-103　建发股份 2011 年 2 月 23 日分时走势图

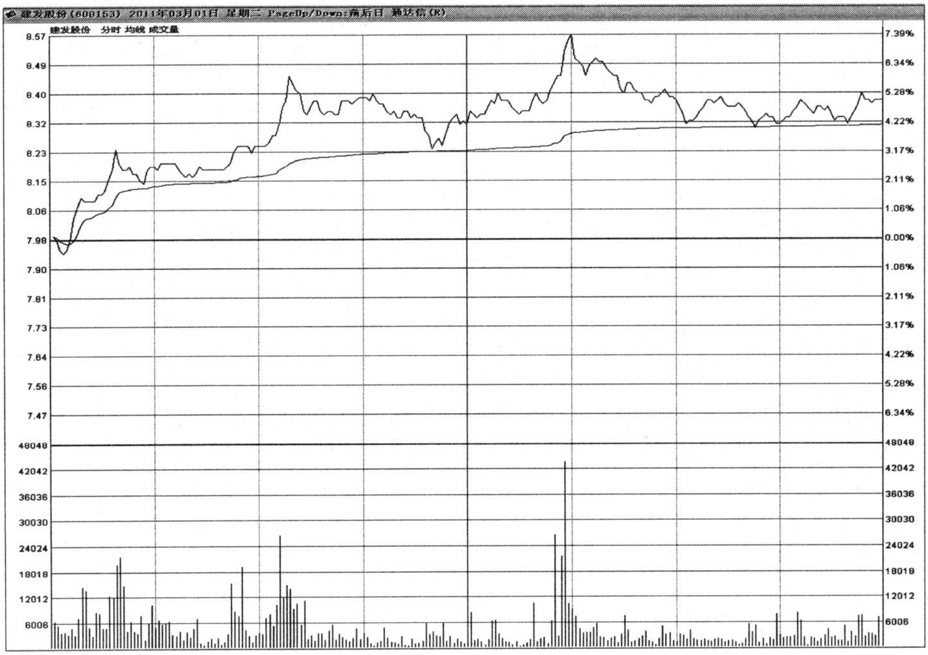

图 4-104　建发股份 2011 年 3 月 1 日分时走势图

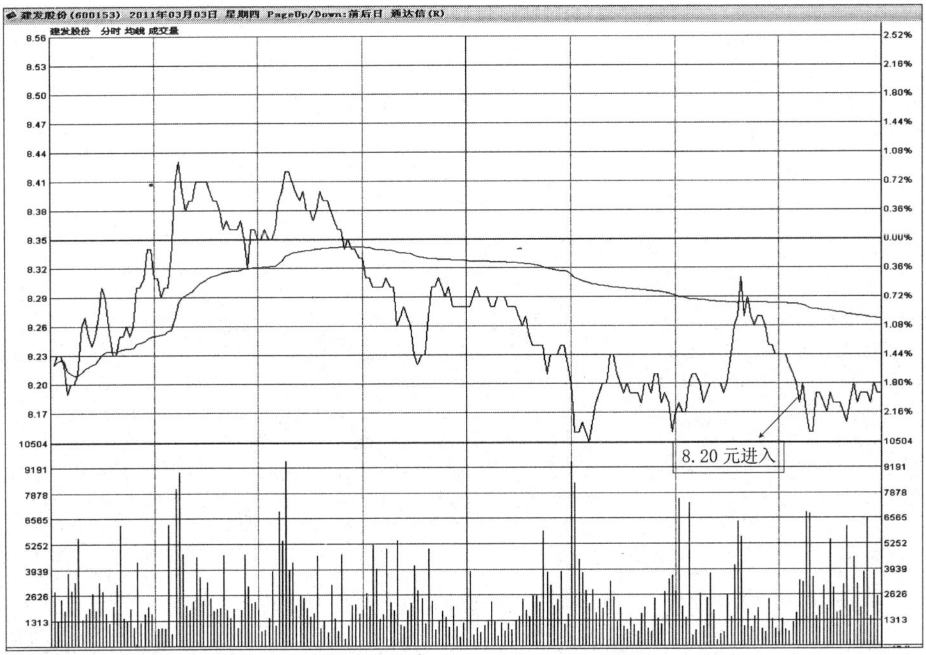

图 4-105　建发股份 2011 年 3 月 3 日分时走势图

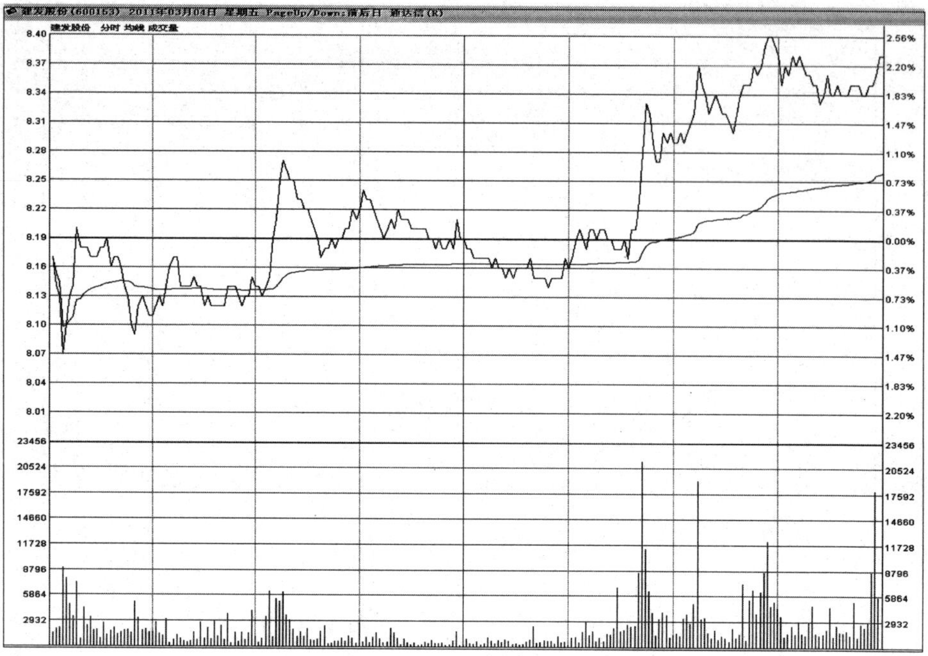

图 4-106 建发股份 2011 年 3 月 4 日分时走势图

图 4-107 建发股份 2011 年 3 月 7 日分时走势图

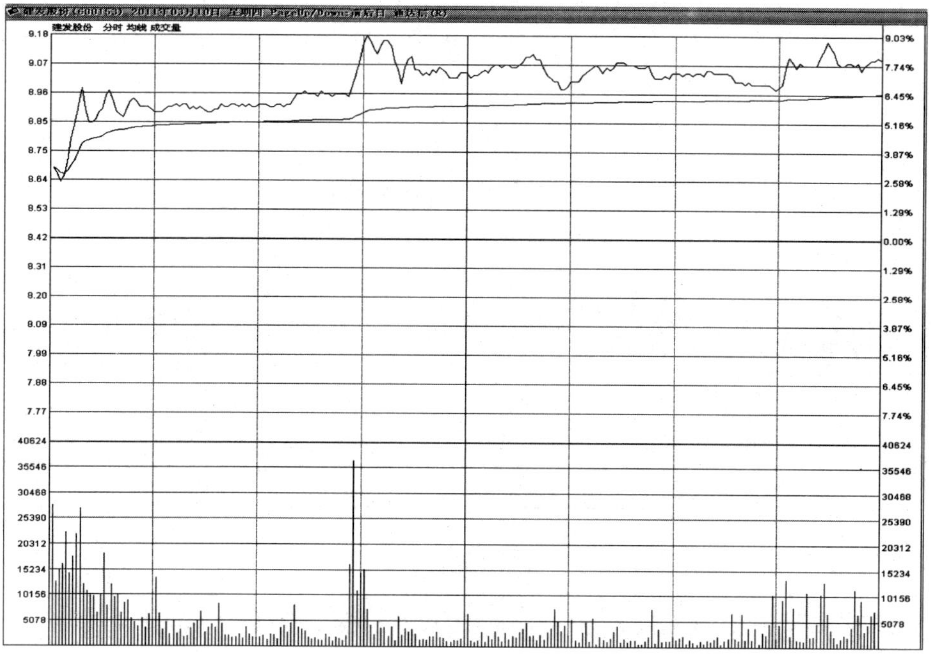

图 4–108　建发股份 2011 年 3 月 10 日分时走势图

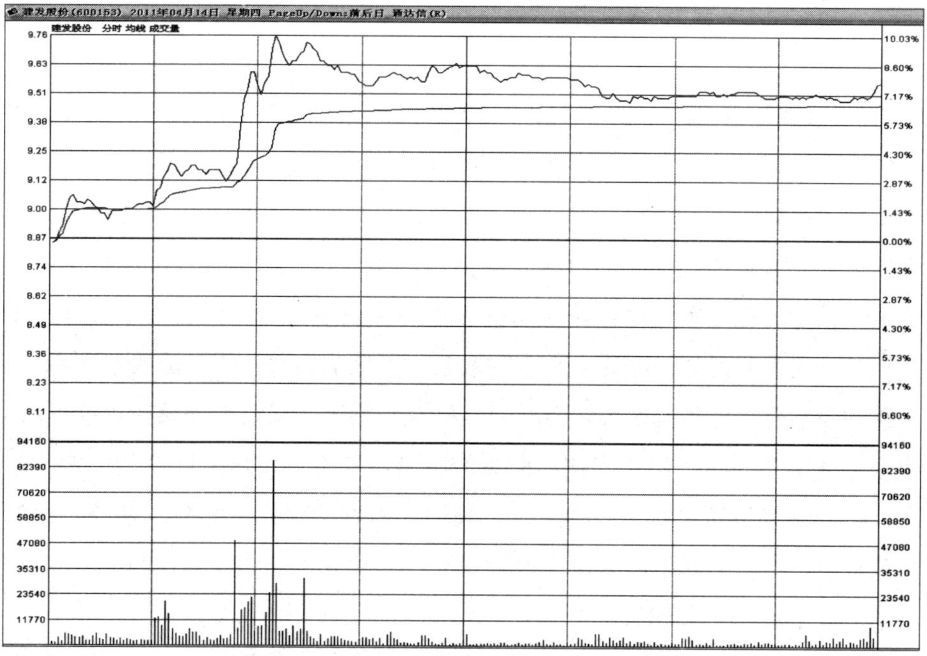

图 4–109　建发股份 2011 年 4 月 14 日分时走势图

图 4-110　2011 年上证指数走势图

4.17 滨化股份(601678)

滨化股份(601678)(图 4-111)，2011 年 2 月 23 日(图 4-112)、24 日(图 4-113)连续两天放量上涨，换手率分别为 25.51%、25.74%，这两天有可能是大资金拉高建仓，也有可能是短线游资进出，之后展开横盘。不能确定资金性质以及资金意图，横盘的时候不能参与。事后看，这只股票涨起来了，横盘的时候参与能多赚一些，不过有些股票高位放量之后的横盘并不上涨，而是下跌。我做股票只做高速上涨中的股票，下跌的股票，横盘的股票不参与。下跌的股票有可能抄到底部，也有可能抄在半山腰，横盘的股票有可能上涨，也有可能下跌。我不参与下跌和横盘的股票，并不是说这些股票就一定不会上涨，而是我不确定它一定会上涨，找不到这种确定性，那就不参与。相对高位放量，横盘之后下跌的例子可以看一下大杨创世(600233)在 2011 年 3 月份的一段走势(图 4-114)。

滨化股份(601678)，2011 年 3 月 7 日上涨 6.3%(图 4-115)，换手率为

8.72%，相对于 2 月 23 日、24 日的换手率，属于缩量上涨，显示筹码锁定程度良好。3 月 8 日回调，换手率为 7.35%，没有放量，尾市 27.50 元进 1/4 仓位(图 4-116)。如果上涨就继续持有，下跌至 26 元左右补仓。3 月 9 日震荡上涨(图 4-117)，全天换手率为 19.22%，换手率有点大，但还没有放巨量，继续持有。3 月 10 日早盘上冲无力，成交量比较大，在 20.50 左右出掉(图 4-118)。当天是股票除权送股，配送的股票在当天交易结束之后才能到账户上，所以当天不能卖。早盘在 20.50 左右把能卖的股票清仓，之后股价一路下行，心情比较郁闷：要不是除权送股，全部出掉多好啊。到尾市的时候一看，哎呀，又涨起来了，因祸得福。这天的换手率为 28.77%，创出阶段新高，又是尾市强拉，所以决定第二天如果开盘不是低开太多就出掉。3 月 11 日早盘大幅低开，担心当天砸跌停板，在 21 元左右全部出掉(图 4-119)。该股在 2011 年 3 月 29 日再次上涨(图 4-120)，换手率为 16.94%，换手率比较理想，没有过前期高点(后复权)，担心可能会做一个双顶形态，下跌的时候没有参与。4 月 18 日股价创出新高(后复权)(图 4-121)，换手率为 12.07%，筹码锁定程度良好。大盘在 4 月 19 日下跌，行情有可能结束，参与操作要特别谨慎。考虑大盘的因素，当时就放弃了操作。如果当时轻仓参与，采用分批建仓的策略，也能少赚点。风险与收益不成正比例，放弃操作。

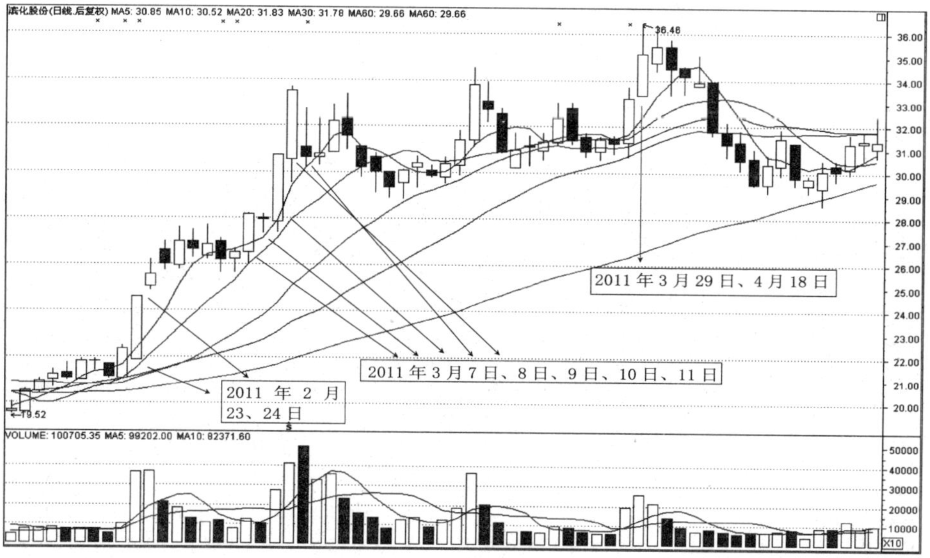

图 4-111 滨化股份走势图

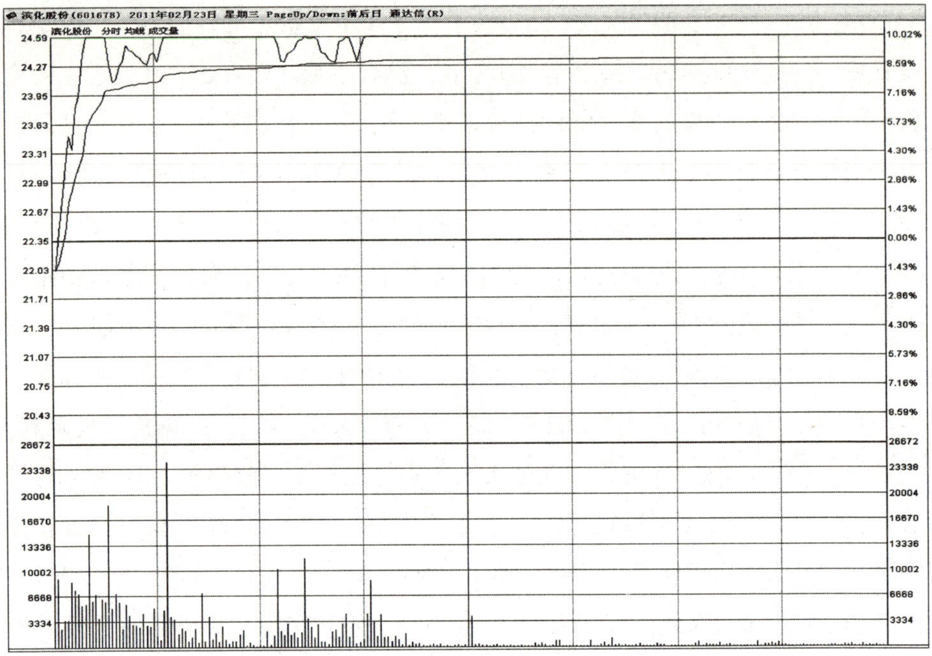

图 4-112 滨化股份 2011 年 2 月 23 日分时走势图

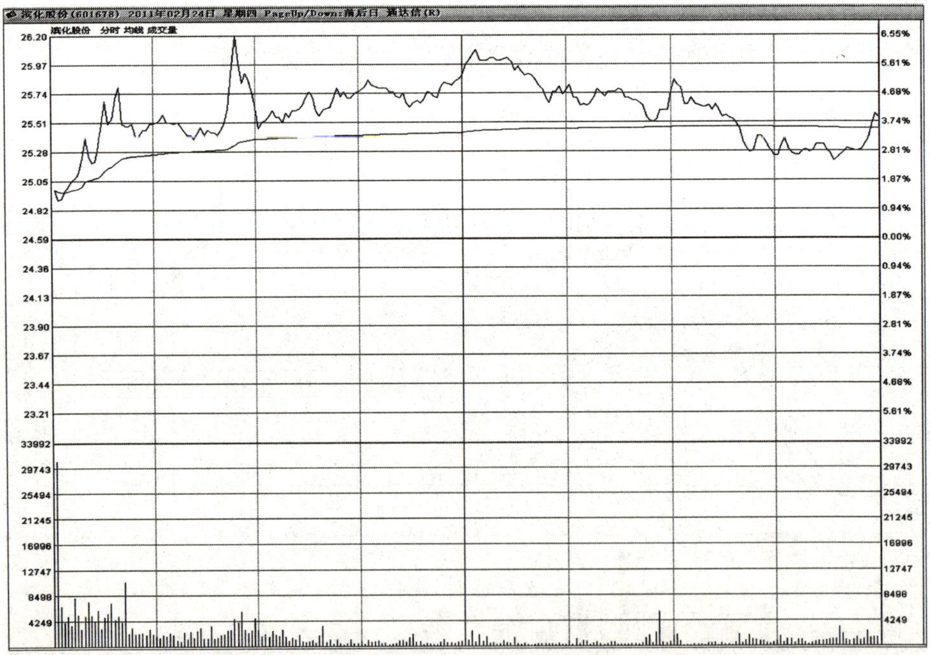

图 4-113 滨化股份 2011 年 2 月 24 日分时走势图

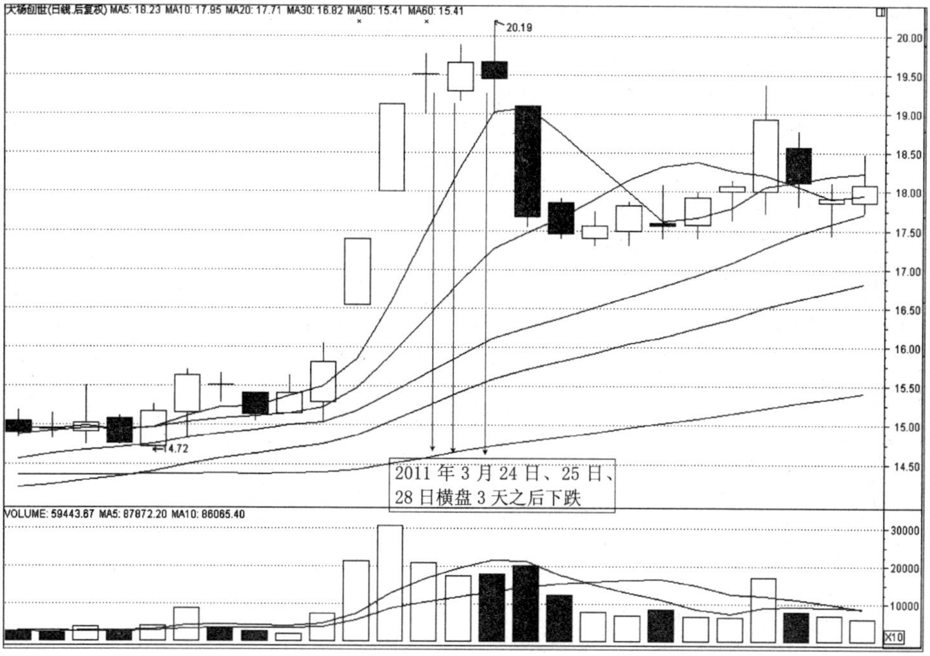

图 4-114　大杨创世走势图

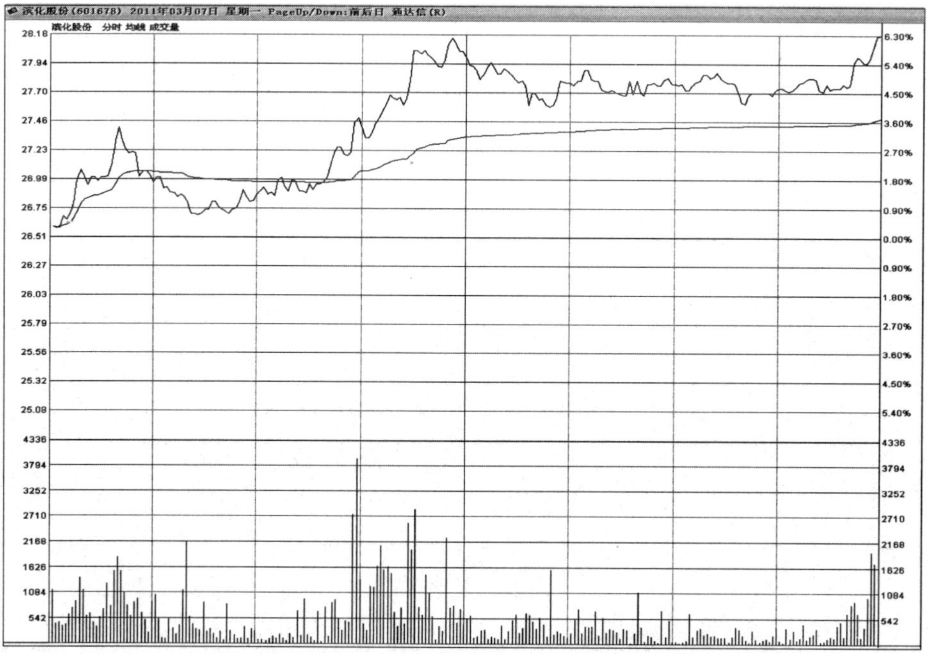

图 4-115　滨化股份 2011 年 3 月 7 日分时走势图

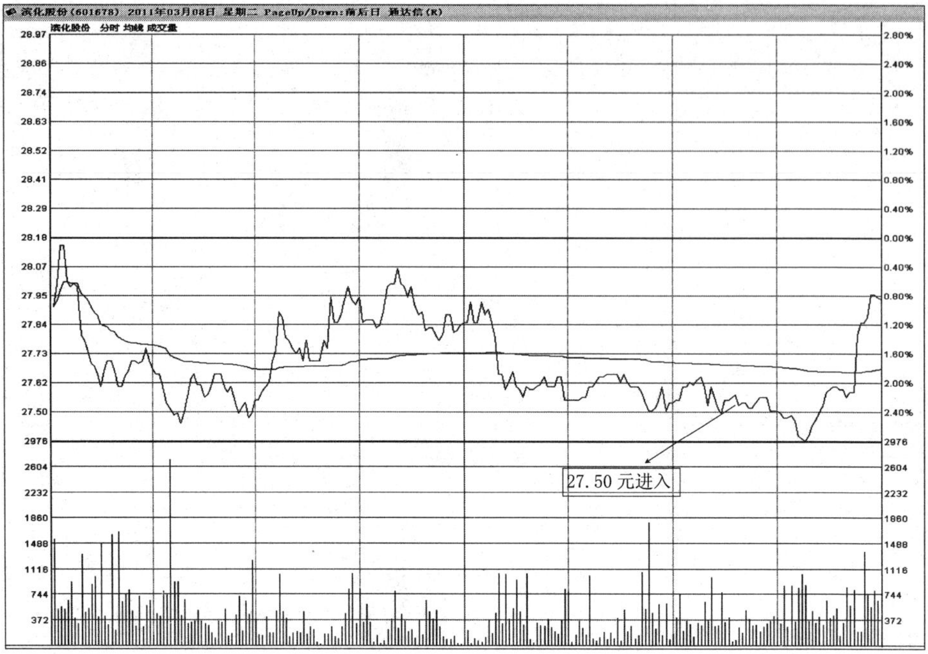

图 4-116　滨化股份 2011 年 3 月 8 日分时走势图

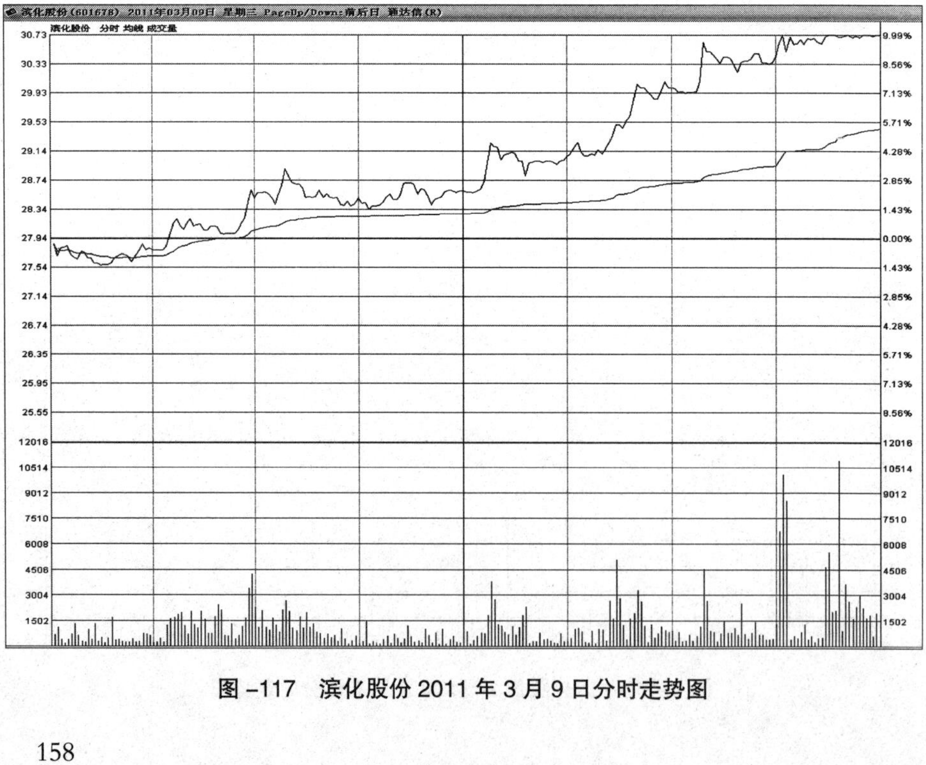

图 -117　滨化股份 2011 年 3 月 9 日分时走势图

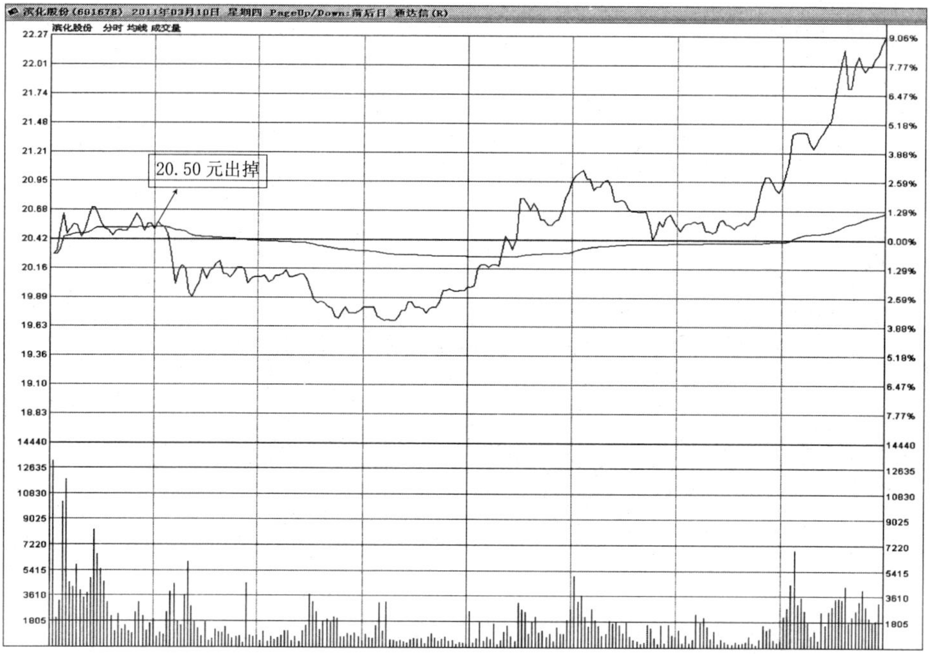

图 4-118　滨化股份 2011 年 3 月 10 日分时走势图

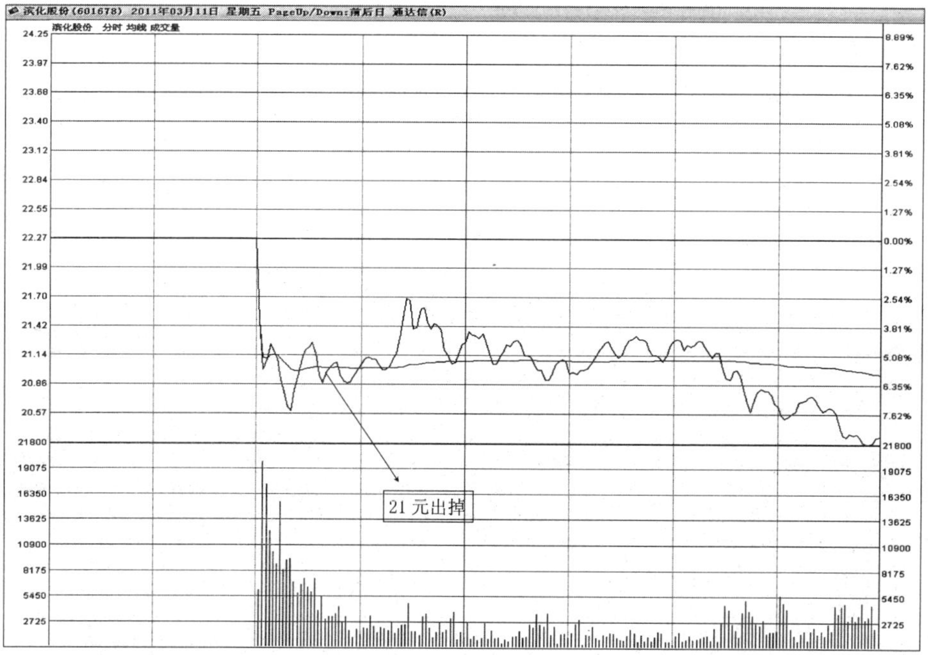

图 4-119　滨化股份 2011 年 3 月 11 日分时走势图

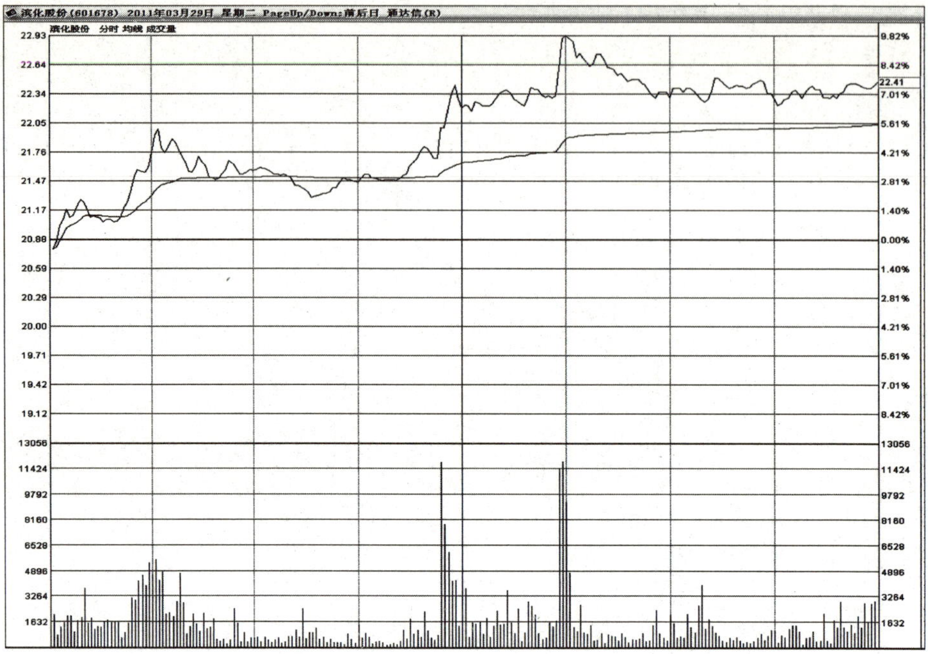

图 4-120 滨化股份 2011 年 3 月 29 日分时走势图

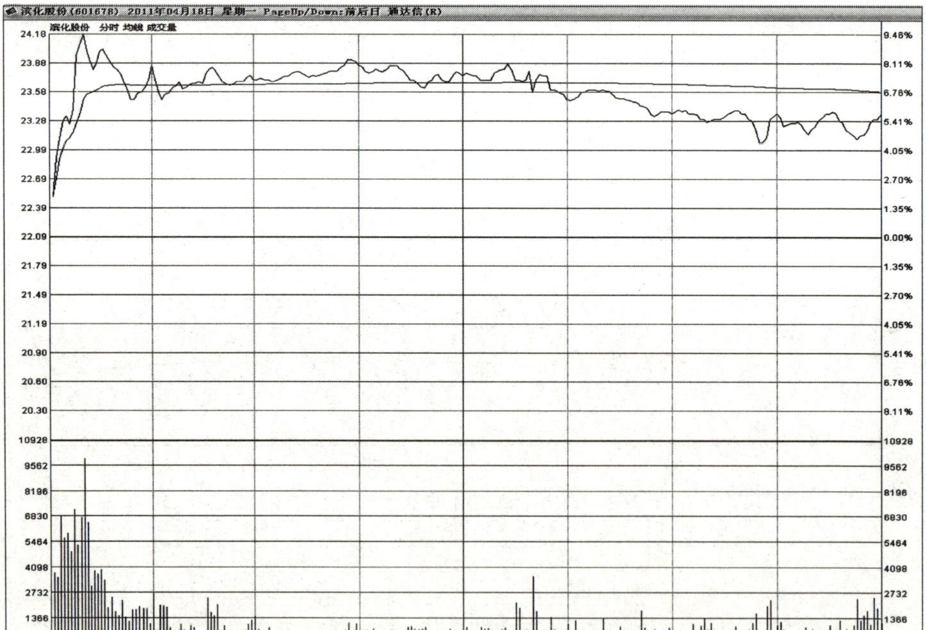

图 4-121 滨化股份 2011 年 4 月 18 日分时走势图

与滨化股份(601678)原理相同、走势相似的股票还有英力特(000635)在2009年7月份的一段行情(图4-122)。该股2009年7月10日(图4-123)、13日(图4-124两个交易日放量上涨，换手率分别为11.34%、11.50%，涨停板断断续续打开，不能确定是否有大资金进入。7月20日再次上涨(图4-125)，经过充分震荡封住涨停板，换手率为6.60%，显示筹码锁定程度良好。7月21日回调(图4-126)，换手率为5.04%，尾市可以进入，当天我整好有点事，尾市没进，下个交易日7月22日在21日收盘价的附近18.50元进入(图4-127)。之后连续上涨两天，我个人交易习惯是短线一般连续大涨两天就出掉，没有什么必然依据，有些股票可能涨一天就不涨了，那就出来，有些股票可能上涨3天，那就踏空了。7月23日20.90元出掉(图4-128)。7月24日回调，换手率为3.02%，没有放量，在20元附近依托5日均线再买回来(图4-129)。7月27日上涨(图4-130)，换手率为3.21%，筹码锁定程度良好，继续持有。7月28日上冲回落，24元出掉(图4-131)。7月29日再次下跌，成交量没有放大，依托5日均线22元进入(图4-132)，当天大盘暴跌，被套，等反弹清仓。7月31日反弹，22元出掉(图4-133)。

证券市场上没有新鲜事，像滨化股份(601678)、英力特(000635)这样的机会，以前会有，以后也会有。

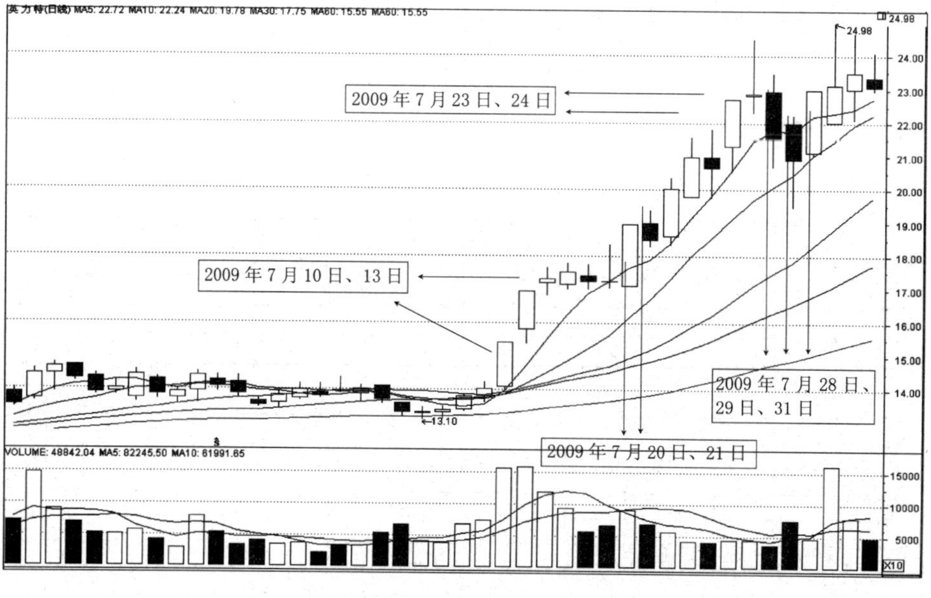

图4-122 英力特2009年走势图

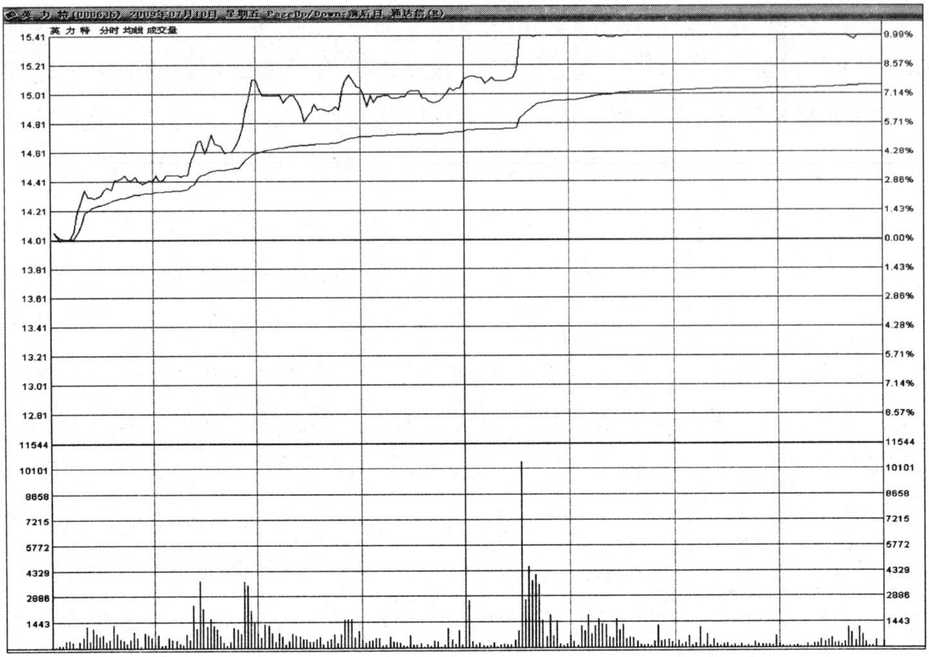

图 4–123　英力特 2009 年 7 月 10 日分时走势图

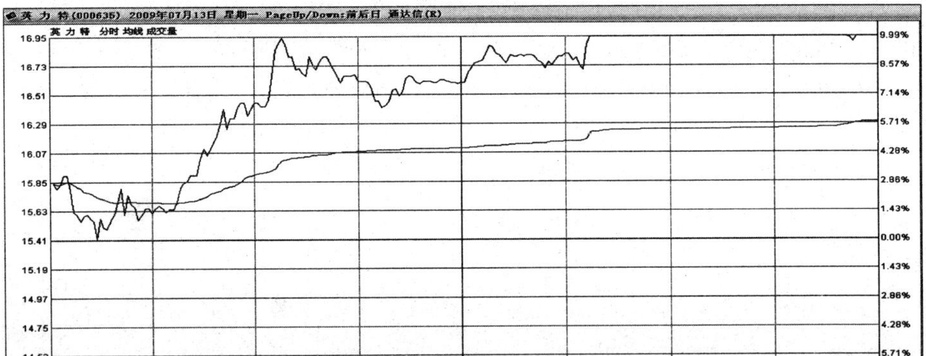

图 4–124　英力特 2009 年 7 月 13 日分时走势图

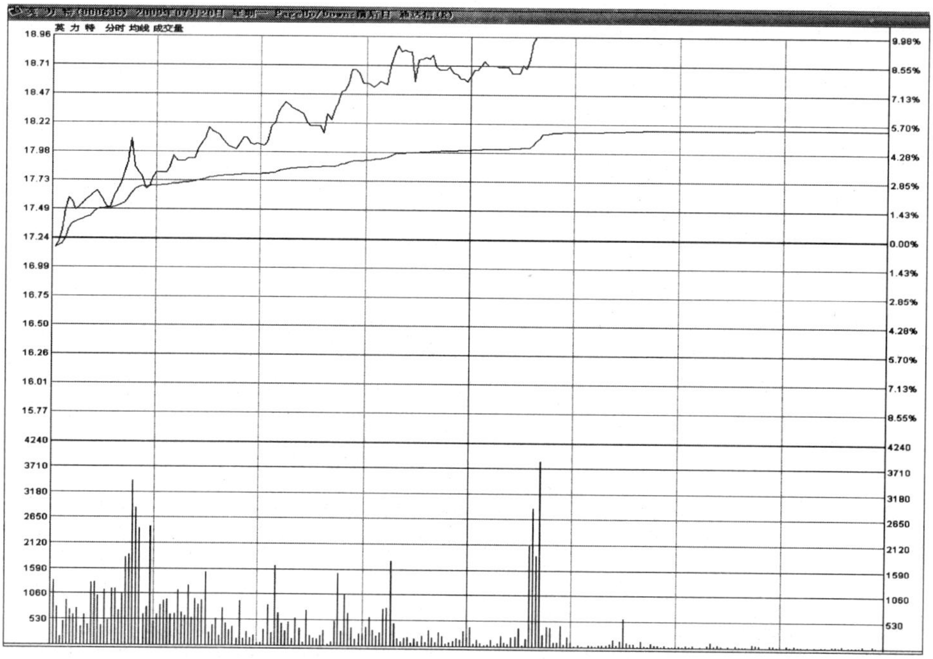

图 4-125 英力特 2009 年 7 月 20 日分时走势图

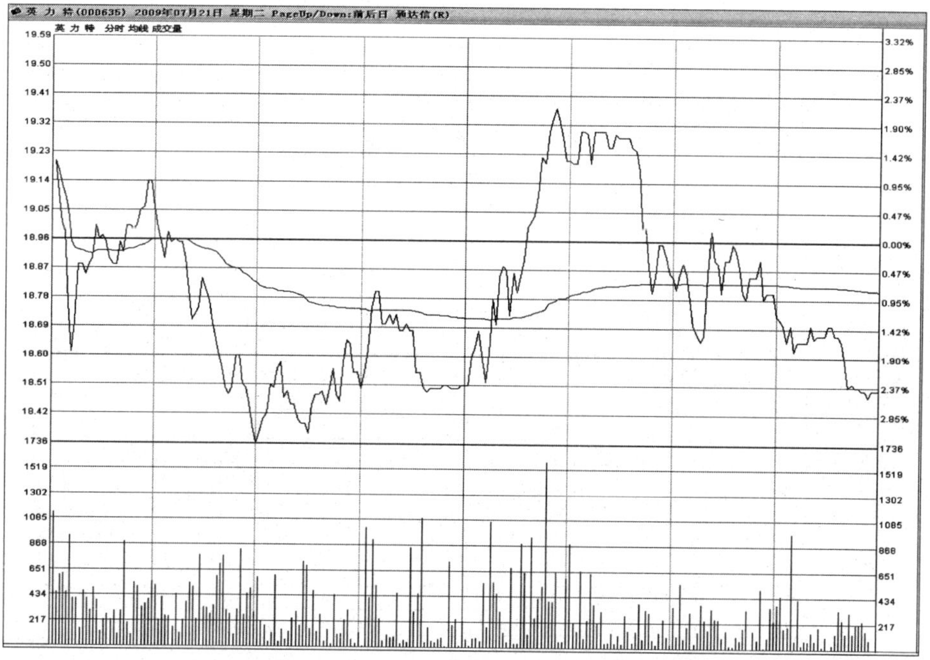

图 4-126 英力特 2009 年 7 月 21 日分时走势图

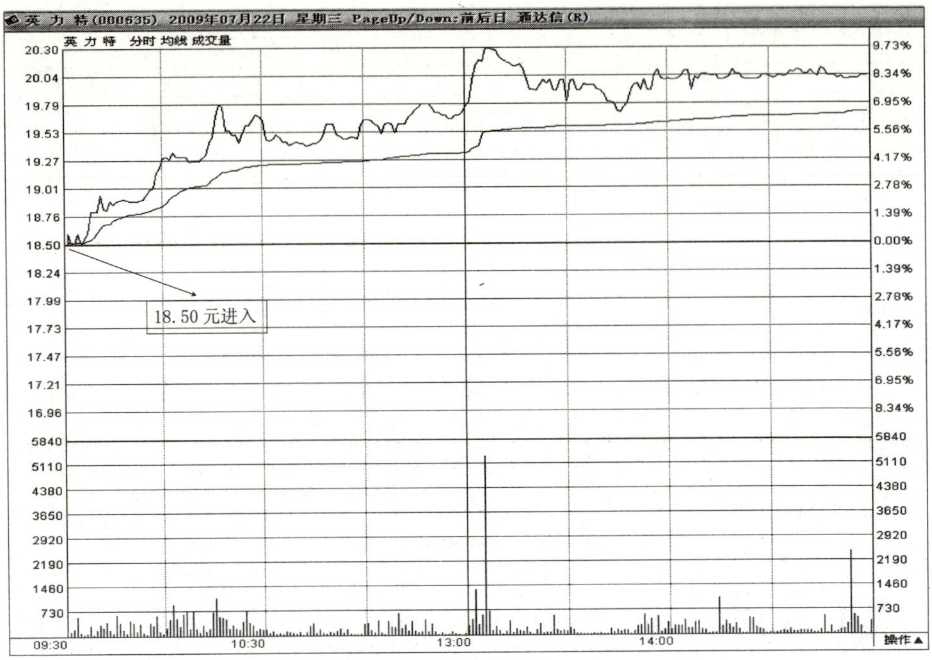

图 4-127 英力特 2009 年 7 月 22 日分时走势图

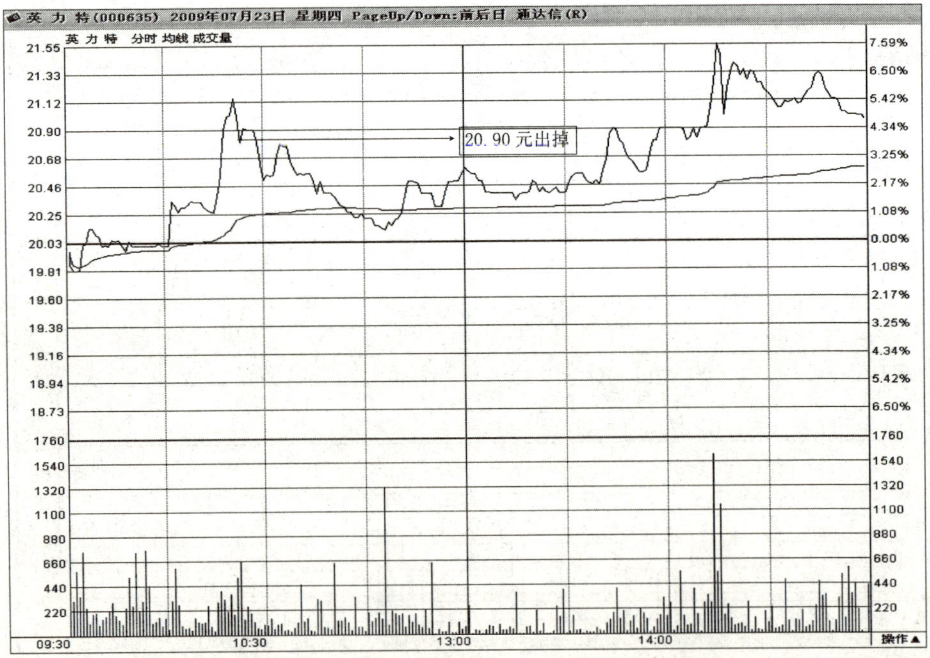

图 4-128 英力特 2009 年 7 月 23 日分时走势图

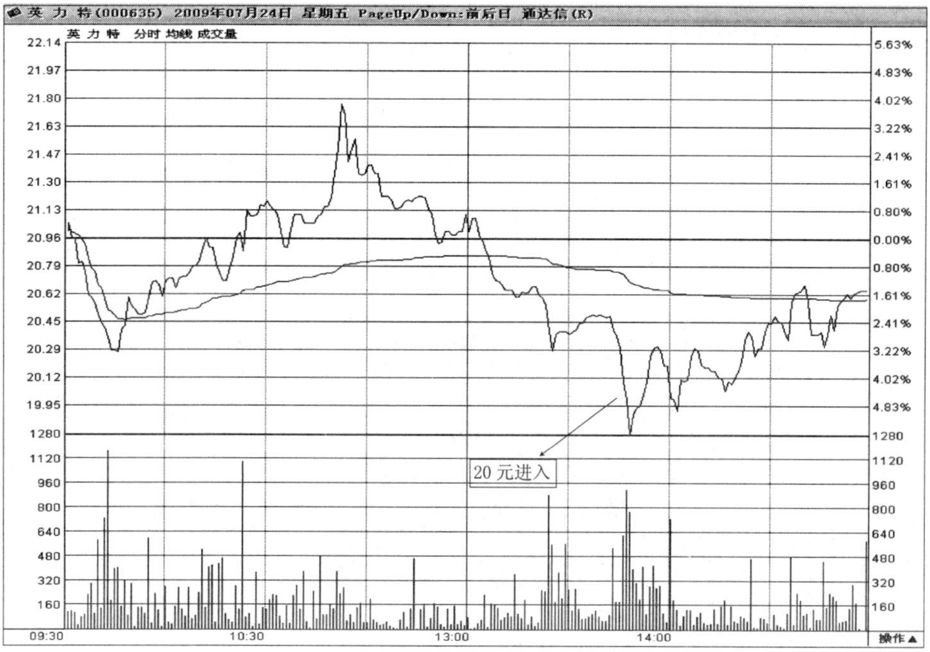

图 4-129　英力特 2009 年 7 月 24 日分时走势图

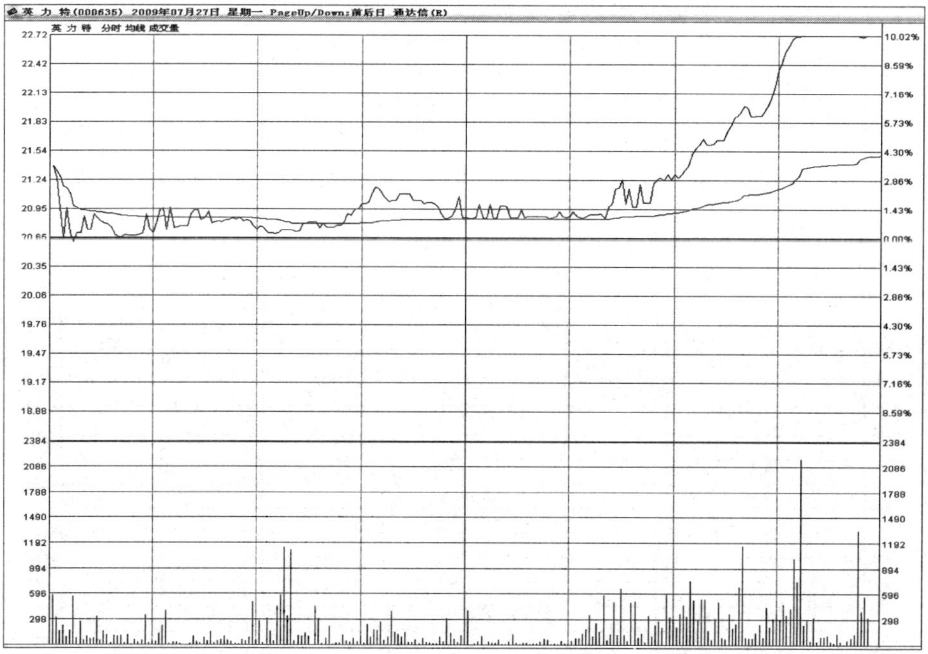

图 4-130　英力特 2009 年 7 月 27 日分时走势图

图 4–131　英力特 2009 年 7 月 28 日分时走势图

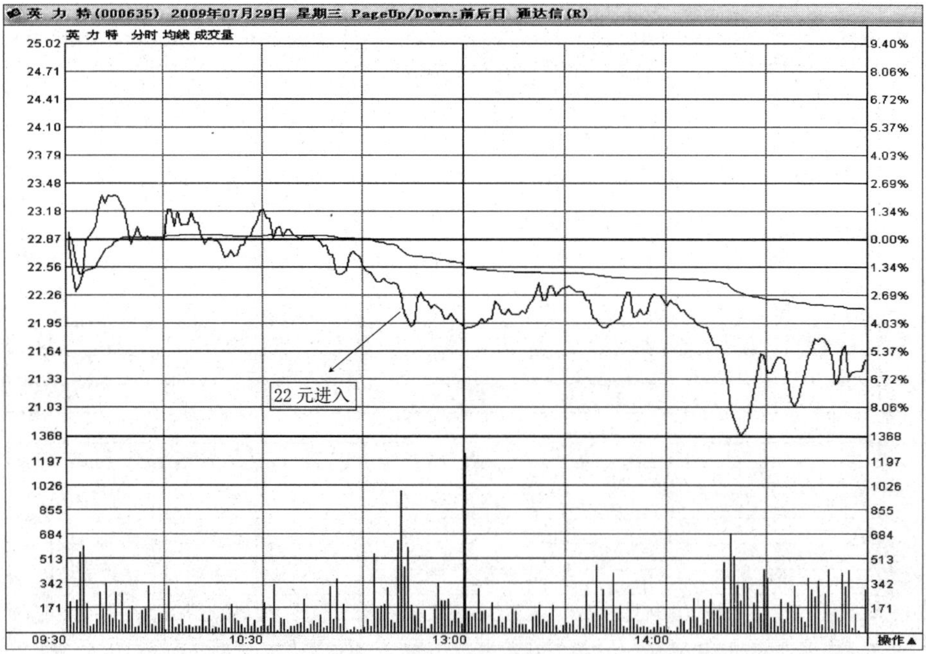

图 4–132　英力特 2009 年 7 月 29 日分时走势图

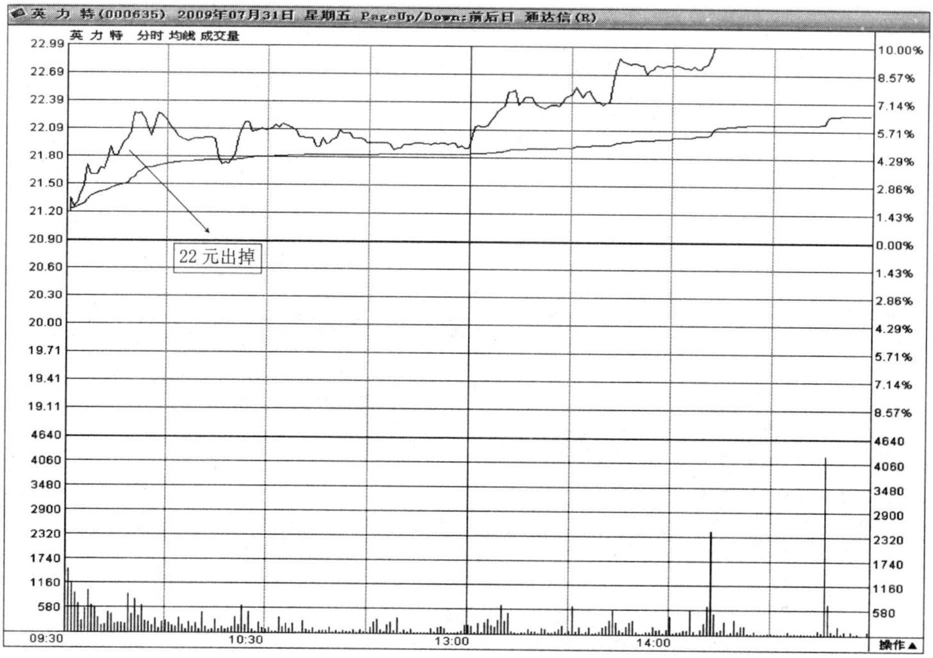

图 4-133 英力特 2009 年 7 月 31 日分时走势图

4.18 中关村(000931)、张江高科(600895)

中关村(000931)(图 4-134)2011 年 2 月 23 日放量上涨(图 4-135)，换手率为 20.18%，随后 3 个交易日分别上涨 -1.4%、5.20%、3.37%，换手率分别为 16.06%、17.01%、15.43%，这样的走势能否算是缩量上涨？3 月 25 日(图 4-136)、28 日(图 4-137)的上涨有高位震荡的过程，最终都是冲高逐步回落，有可能是资金继续进场，也有可能是短线资金的拉高出货行为。缩量并不明显，上涨幅度较小，不是理想的缩量上涨。

该股 2011 年 2 月 14 日换手率为 21.54%，这样的换手率对于以后的走势是否具有比较意义。这不能一概而论，需要结合具体走势分析。该股 2 月 10 日(图 4-138)、11 日(图 4-139)两天连续涨停，分时图显示拉升比较快，主力投入资金有限，或许他们根本就不想投入过多资金，而仅仅是依靠涨停板手法短炒一把，如果是这样，2 月 14 日的放量(图 4-140)，短线资金出货的可能比较大。随后下跌，也印证了这种可能。当 2 月 23 日再次放量上涨的时候，应该是有新的资金进入，属于第二轮上涨，与前一次连续 3 个涨停板走势关系不大，那么 2 月 14 日的放量也就不具有比较意义。

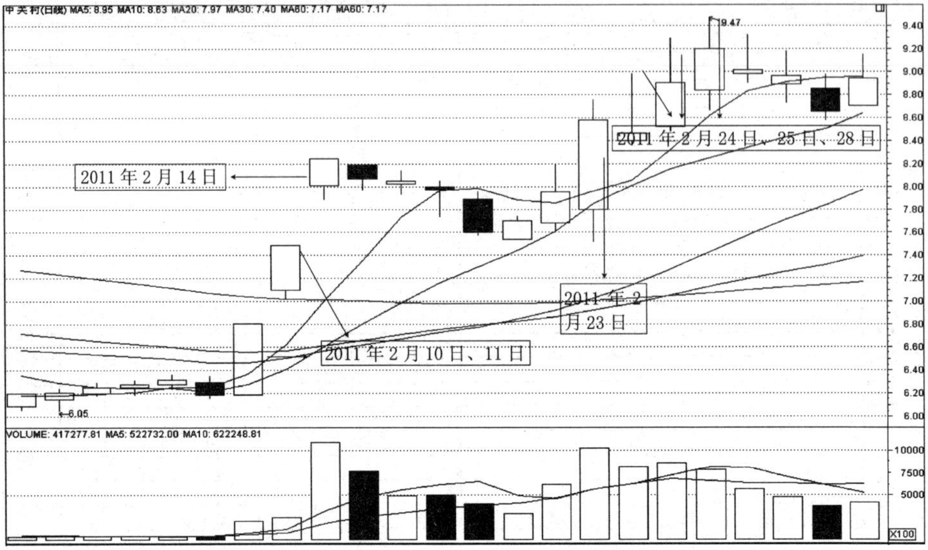

图 4-134 中关村 2011 年走势图

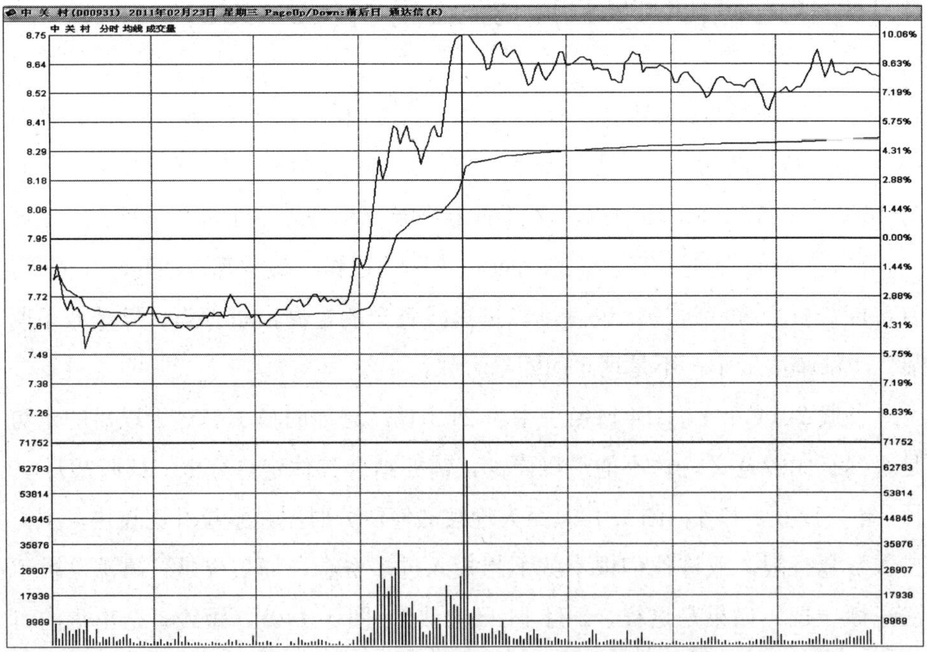

图 4-135 中关村 2011 年 2 月 23 日分时走势图

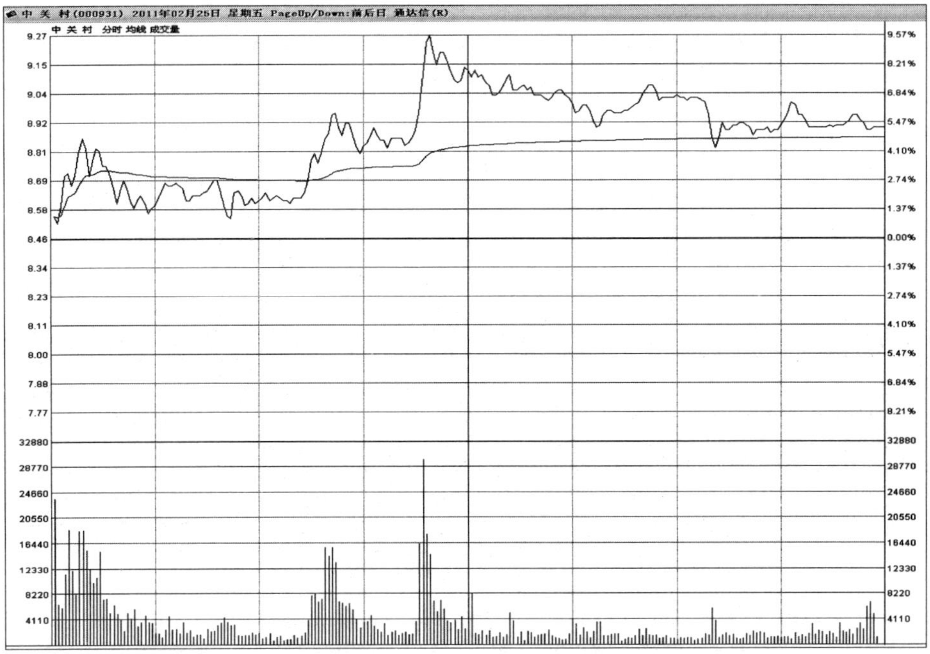

图 4-136　中关村 2011 年 2 月 25 日分时走势图

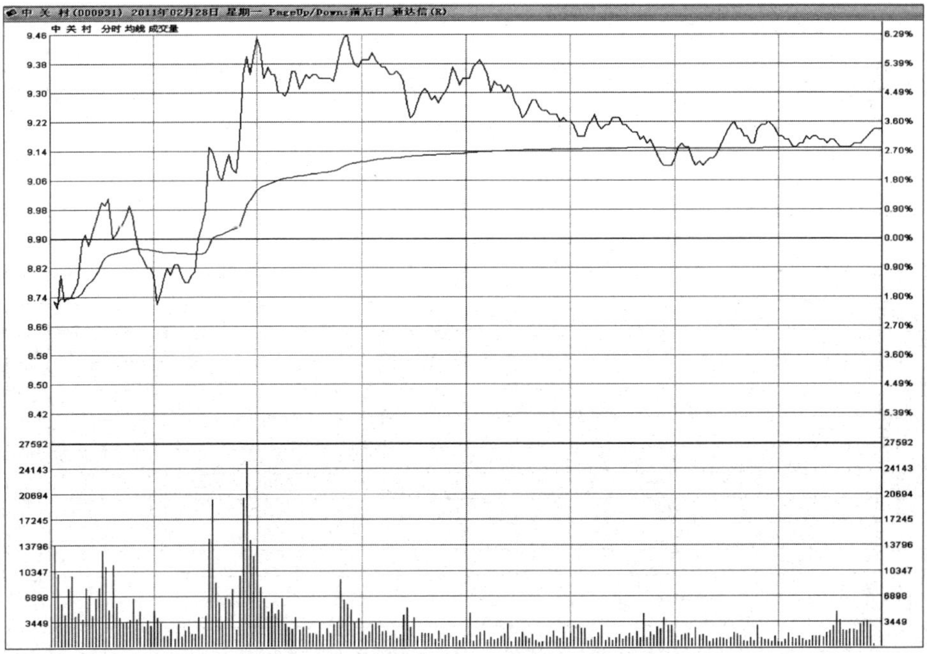

图 4-137　中关村 2011 年 2 月 28 日分时走势图

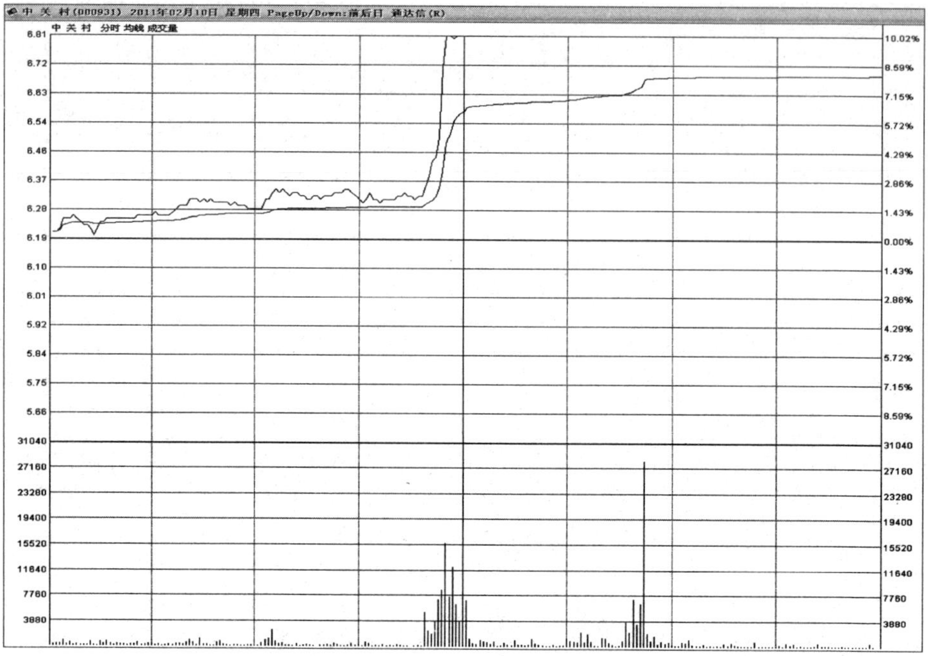

图 4-138 中关村 2011 年 2 月 10 日分时走势图

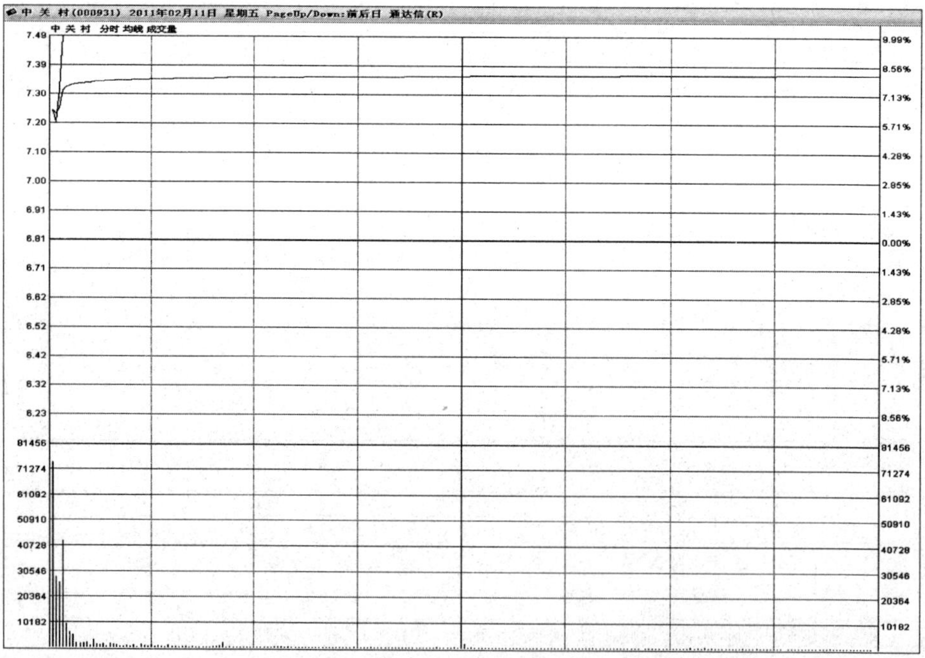

图 4-139 中关村 2011 年 2 月 11 日分时走势图

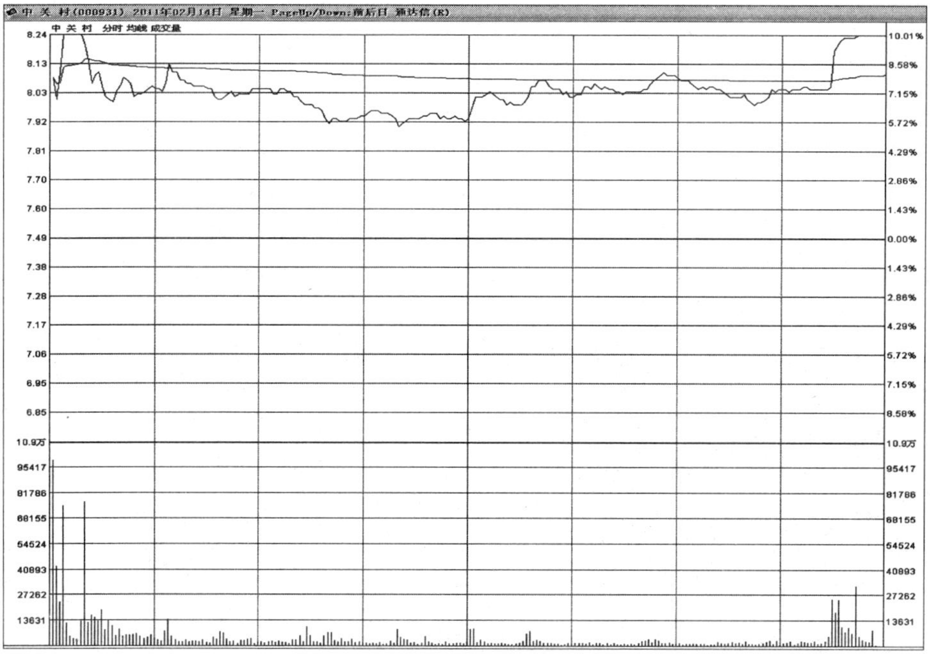

图 4-140 中关村 2011 年 2 月 14 日分时走势图

新三板概念中活跃的张江高科(600895)(图 4-141)2011 年 2 月 23 日涨停，换手率为 4.27%，是否能算是缩量上涨？

该股 2011 年 2 月 11 日(图 4-142)、14 日(图 4-143)连续两天放量上涨，换手率分别为 3.45%、3.93%，换手率比较小。上海张江(集团)有限公司为第一大流通股东，持有 53.58%的流通股份(图 4-144)，扣除这部分股份，该股实际换手率可达到 7%～8%，勉强说的过去。之后小幅上涨，2 月 17 日上涨 4.34%(图 4-145)，换手率为 3.28%，有缩量上涨的倾向，但是不理想。随后调整 3 天，放弃操作。2 月 23 日涨停(图 4-146)，换手率为 4.27%，与 2 月 11 日、14 日相比成交量没有明显萎缩，但是也没有明显放大。当天的分时图显示，拉升比较急，这样的不放量，有可能是涨停手法影响所致，并不一定是真正的筹码锁定良好。如果以后不放量，还可以考虑操作，如果放量，则短线资金快进快出的可能性非常大。2 月 24 日高开低走(图 4-147)，换手率为 7.82%，比上一交易日放大接近一倍，视为放巨量，放弃操作。

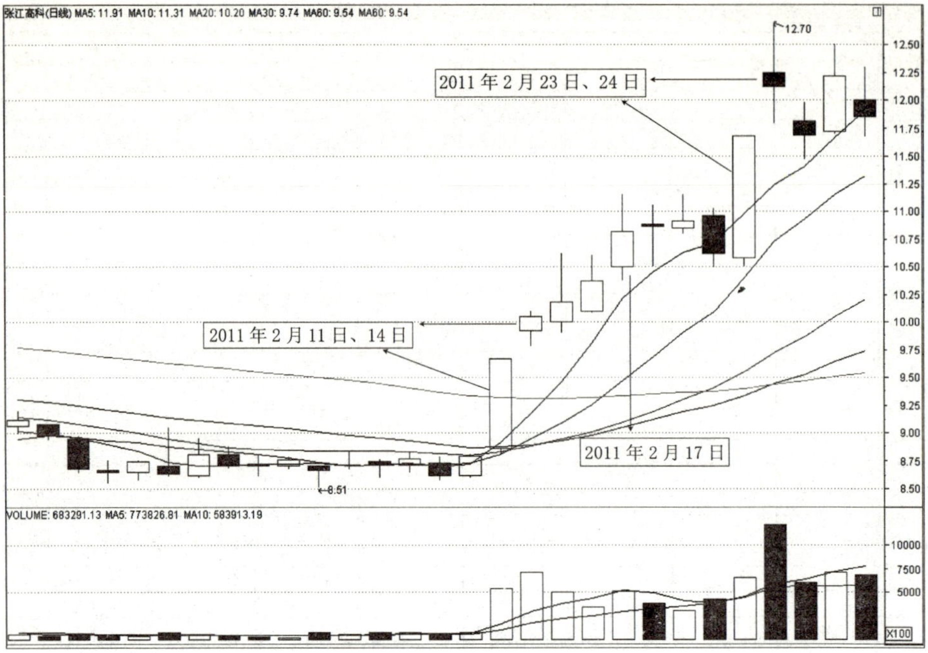

图 4–141　张江高科 2011 年走势图

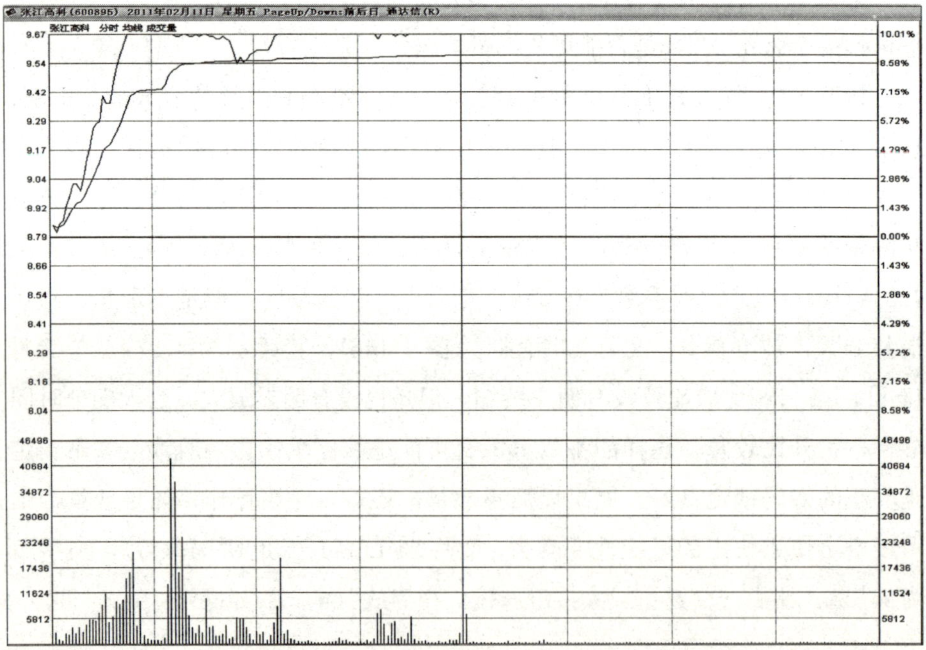

图 4–142　张江高科 2011 年 2 月 11 日分时走势图

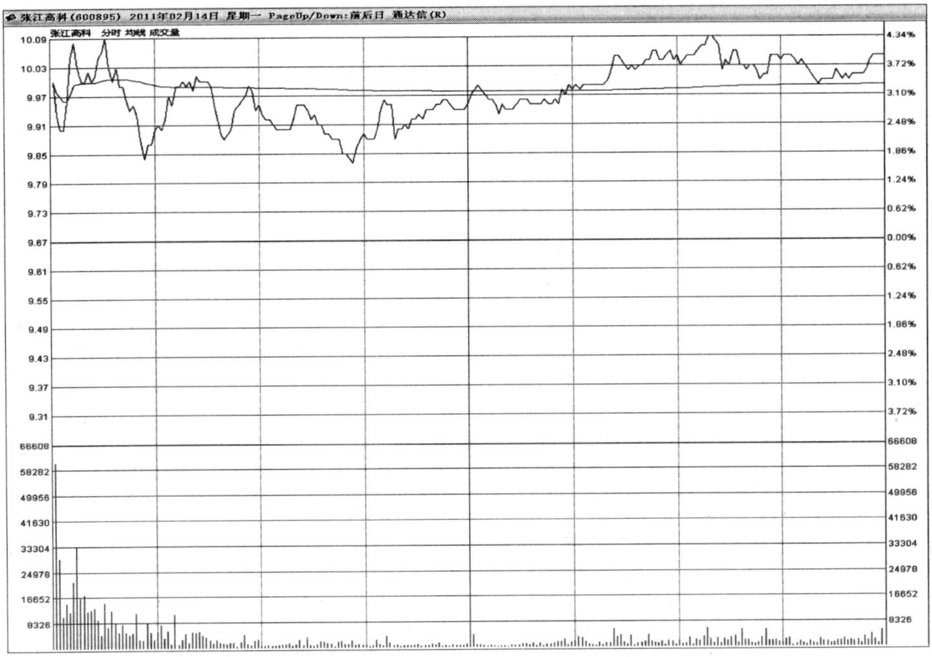

图 4-143 张江高科 2011 年 2 月 14 日分时走势图

截至日期：2010 年 12 月 31 日十大流通股东情况　股东总户数：132934

股东名称	持股数（万股）	占流通股比(%)	股东性质	增减情况(万股)
上海张江(集团)有限公司	82982.12	53.58A 股	公司	未变
汇丰—TEMASEK FULLERTON ALPHA PTE LTD	687.52	0.44A 股	QFII	50.00
工银瑞信核心价值股票型证券投资基金	507.01	0.33A 股	基金	新进
华夏大盘精选证券投资基金	500.00	0.32A 股	基金	新进
光大保德信量化核心证券投资基金	488.83	0.32A 股	基金	-11.16
嘉实沪深 300 指数证券投资基金	443.89	0.29A 股	基金	-46.33
招商证券股份有限公司客户信用交易担保证券账户	388.23	0.25A 股	证券公司	新进
上海国际信托有限公司—指定流通股（G 张江)投资资金信托(二)	331.21	0.21A 股	信托公司	新进
华夏沪深 300 指数证券投资基金	318.00	0.21A 股	基金	新进
博时创业成长股票型证券投资基金	300.00	0.19A 股	基金	新进

图 4-144 张江高科十大流通股东

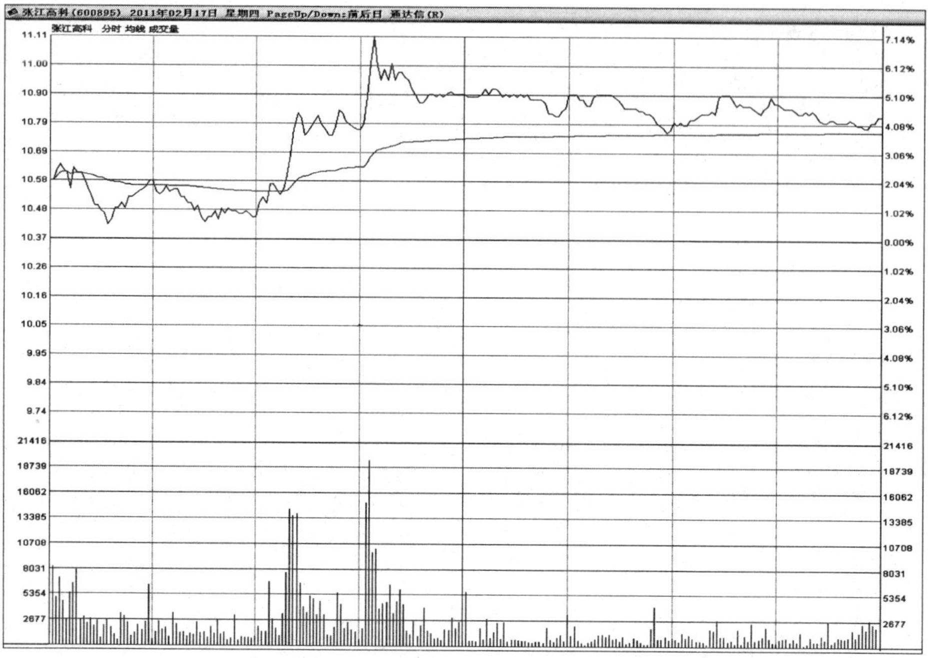

图 4-145　张江高科 2011 年 2 月 17 日分时走势图

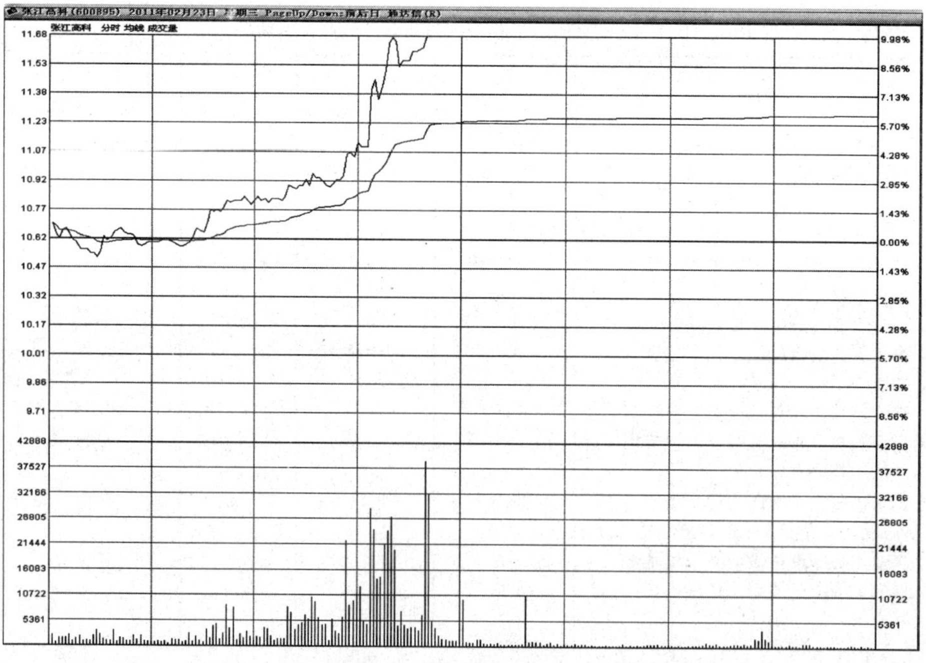

图 4-146　张江高科 2011 年 2 月 23 日分时走势图

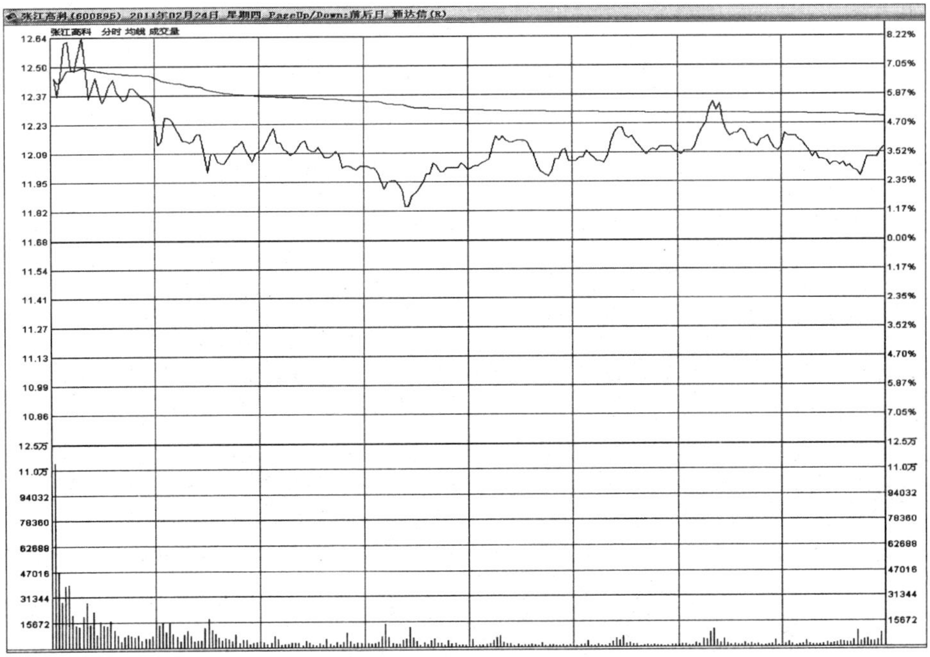

图 4-147 张江高科 2011 年 2 月 24 日分时走势图

4.19 同洲电子(002052)

同洲电子(002052)(图 4-148)2011 年 2 月 11 日(图 4-149)、15 日(图 4-150)放量上涨，换手率分别为 7.32%、18.76%，随后 3 个交易日分别上涨 1.14%、2.87%、3.55%，换手率分别为 13.48%、8.68%、7.34%，价格在上涨，成交量在萎缩，但是涨幅较小，类似于缩量横盘。3 月 1 日(图 4-151)冲高回落，上涨 3.42%，换手率为 7.60%，不太理想。如果操作，轻仓，分批进入。3 月 11 日(图 4-152)上涨 5.62%，换手率为 6.97%，可以确定筹码锁定程度良好，但向上攻击力度不够。3 月 14(图 4-153)日震荡调整，换手率为 4.21%，没有放量，回调可以参与。3 月 15 日跌 5%的位置 13 元挂第一笔买单(图 4-154)，1/10 仓位。3 月 16 日，13.5 元出掉(图 4-155)。

在操作同洲电子的过程中，有读者问过我是否可以参与，我回答说，可以参与，但不理想。我自己参与是 1/10 仓位，仓位比较轻。之所以说不理想，是指成交量和涨幅，每天的成交量在 1 亿左右，趋势的客观性较弱。涨幅不大，说明向上攻击力度不够。缩量上涨表明筹码锁定程度良好，但并不是筹码锁定良好就一定能上涨，需要有后续资金流入，涨幅小，说明流入的资金少。一只没有资金大规模流出的股票，如果没有资金流入，会是横盘，横盘的时间越长，原有资金对股价形成的上涨趋势就越弱。本例中，同洲电子 2011 年 4 月 20 日之后，随大盘一路回落。最高下跌幅度超过 50%，在这个过程中，原来进入的资金也可能没出，他们也被套住了。我个人习惯做涨幅比较大的股票，有可能买到上涨途中，继续大幅拉升，获利比较快。另一个原因是，涨幅比较大的股票，短期破位下行的可能性非常小，依据 3 天原则进出，比较安全。

图 4-148　同洲电子 2011 年走势图

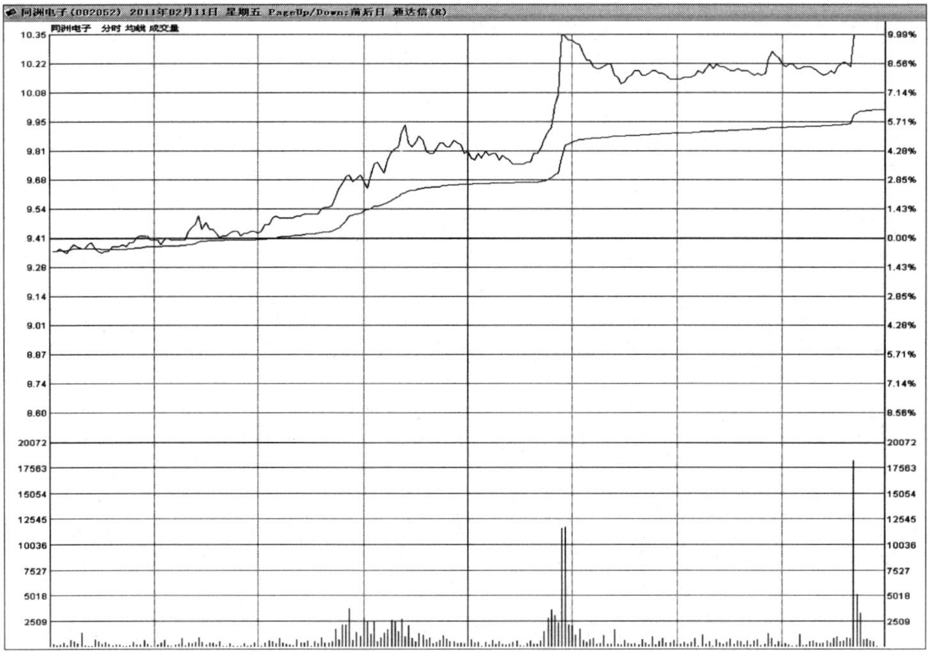

图 4-149 同洲电子 2011 年 2 月 11 日分时走势图

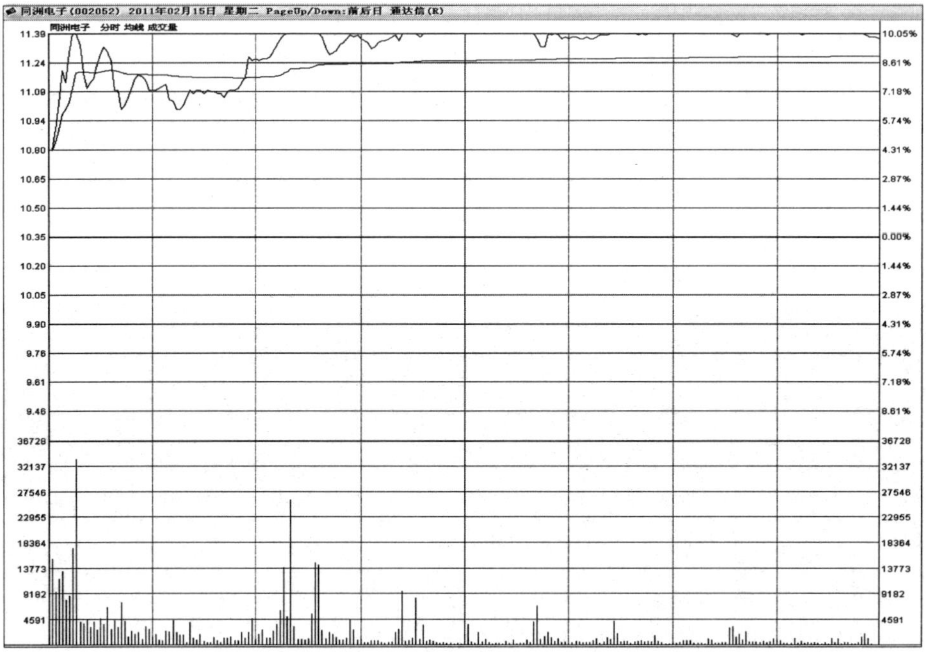

图 4-150 同洲电子 2011 年 2 月 15 日分时走势图

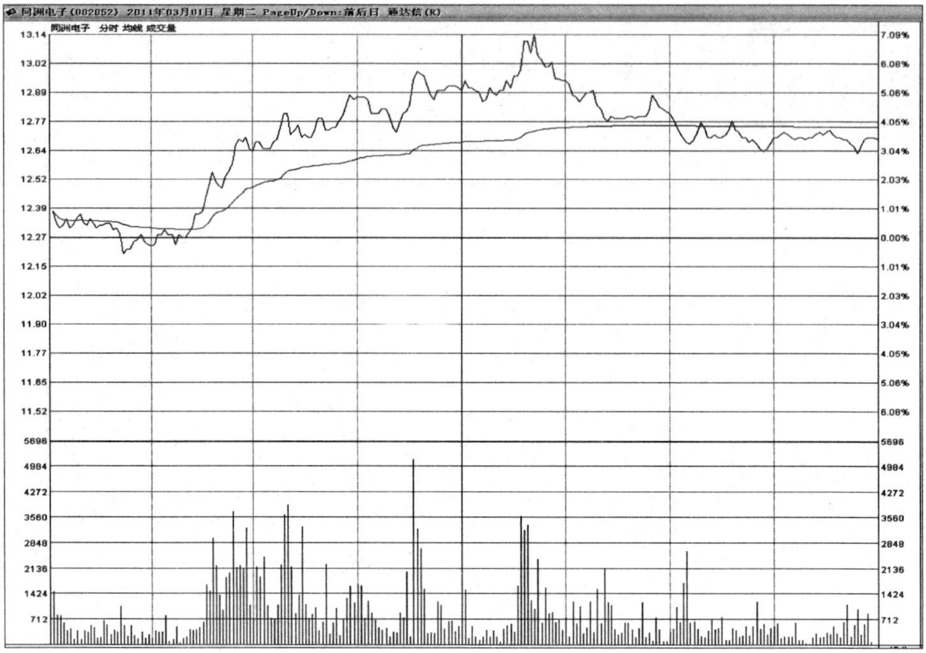

图 4-151　同洲电子 2011 年 3 月 1 日分时走势图

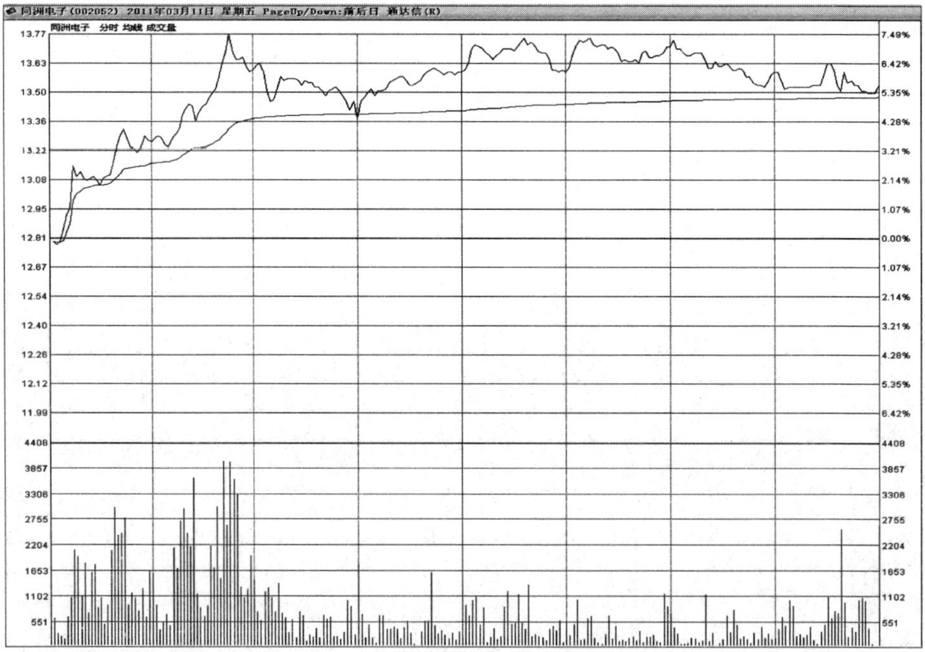

图 4-152　同洲电子 2011 年 3 月 11 日分时走势图

图 4-153　同洲电子 2011 年 3 月 14 日分时走势图

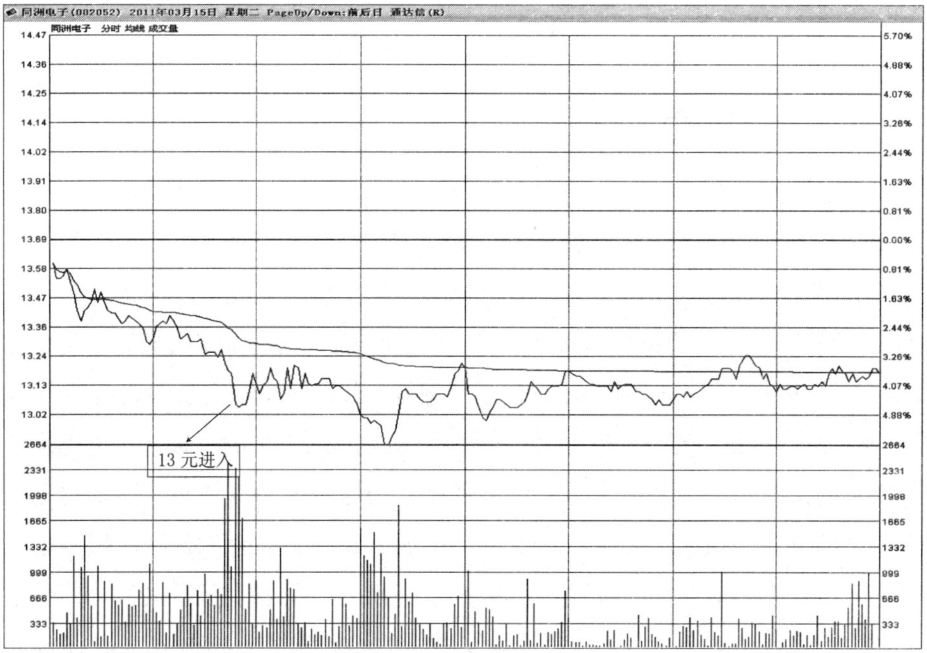

图 4-154　同洲电子 2011 年 3 月 15 日分时走势图

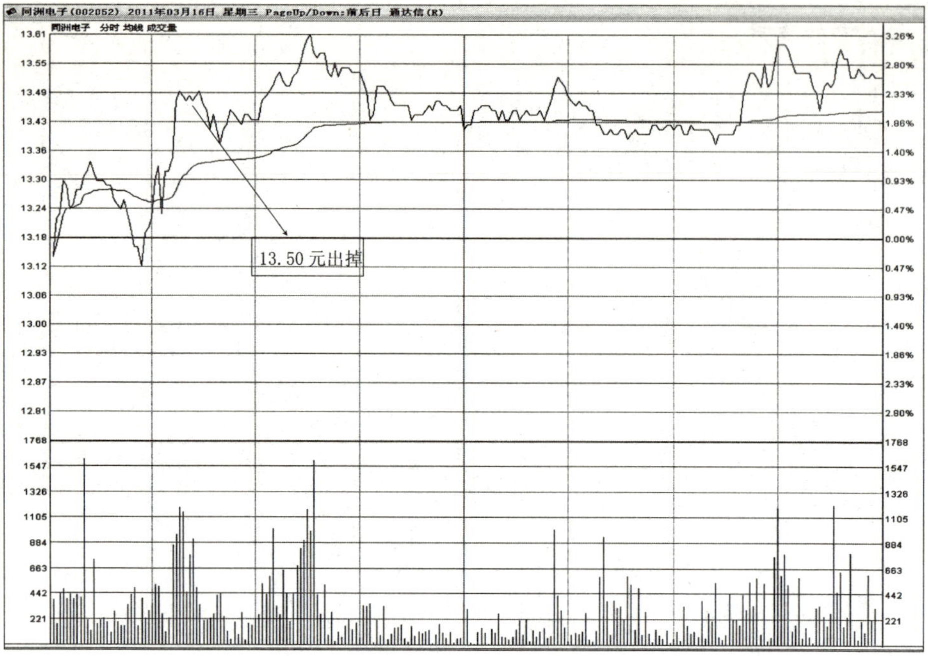

图 4-155 同洲电子 2011 年 3 月 16 日分时走势图

4.20 北化股份(002246)

北化股份(002246)(图 4-156)，2011 年 3 月 8 日、9 日、10 日受消息影响连续 3 个涨停板，3 月 11 日放量调整。3 月 15 日震荡上涨(图 4-157)，相对于 3 月 11 日是缩量，3 月 16 日缩量回调(图 4-158)，问是否可以操作。

如果仅仅看这张图，这只股票走势的确属于缩量上涨，回调是可以参与的。但是 3 月 15 日的换手率为 33.32%，这意味着有接近 1/3 的流通筹码在变动，很难说筹码锁定程度良好。如果 3 月 15 日是短线游资进入，那这样的“缩量上涨”就没有意义。16 日的分时图显示有杀跌出货的迹象：早盘迅速杀低，把前一交易日追进的大部分资金套住，而这些被套或者获利不多的资金又不可能立刻坚决的抛出手中的股票，客观上起到了锁仓的作用，短线主力利用大多数人尚未看空的时机，完成出货过程。如果我们看以后的走势图(图 4-159)，可以确定 3 月 16 日就是短线主力的杀跌出货，但是在当时很难确定。人们的心理转变需要时间，原来看多，股价上涨，不会立刻看空，会有个犹豫的过程，而短线资金的杀跌出货正是利用了这一普遍心理，在大多数人没反应过来的时候，他们先跑了。我在当时也不能确定就是杀跌出货，只是做股票时间长了，知道有这种可能，那么就不要参与了。

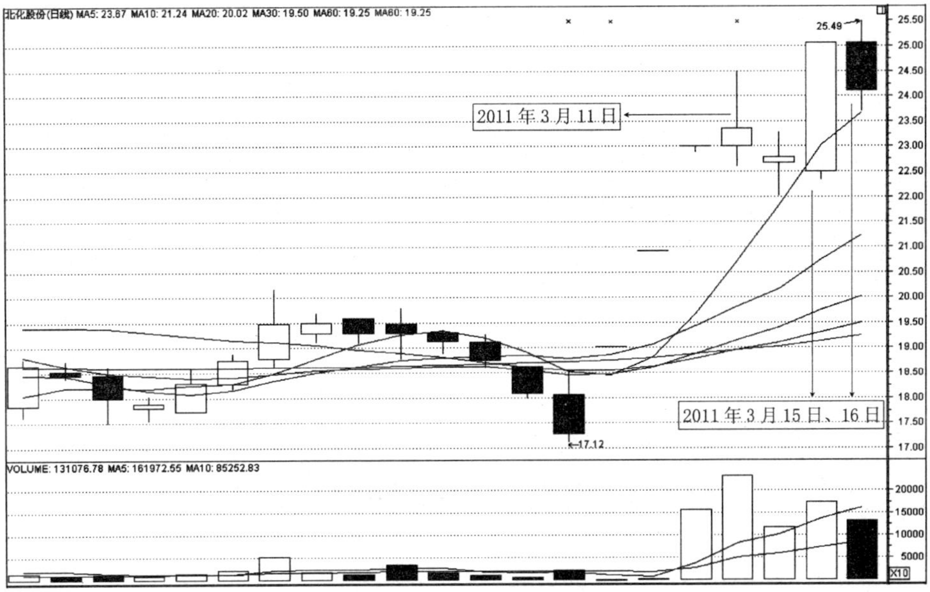

图 4-156 北化股份 2011 年走势图

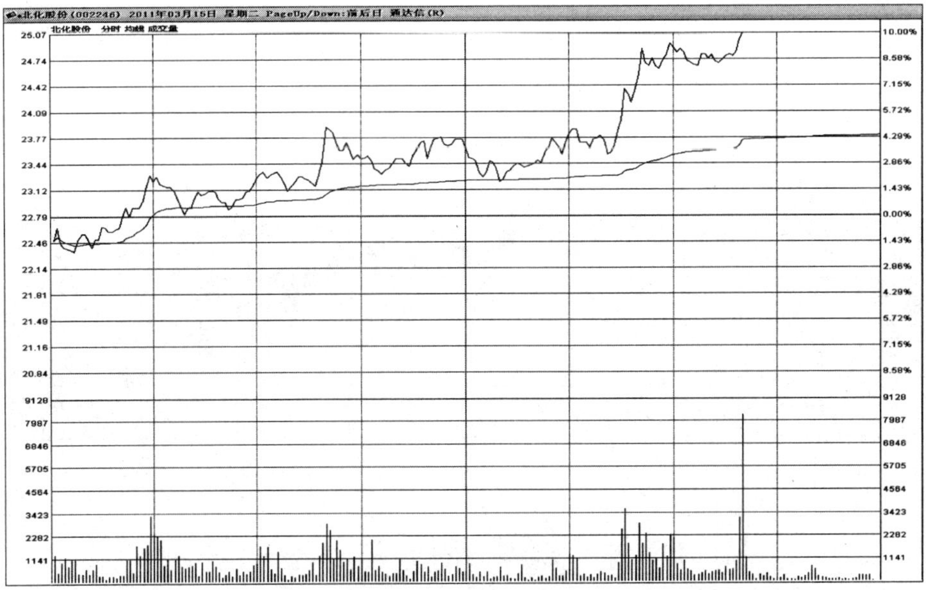

图 4-157 北化股份 2011 年 3 月 15 日分时走势图

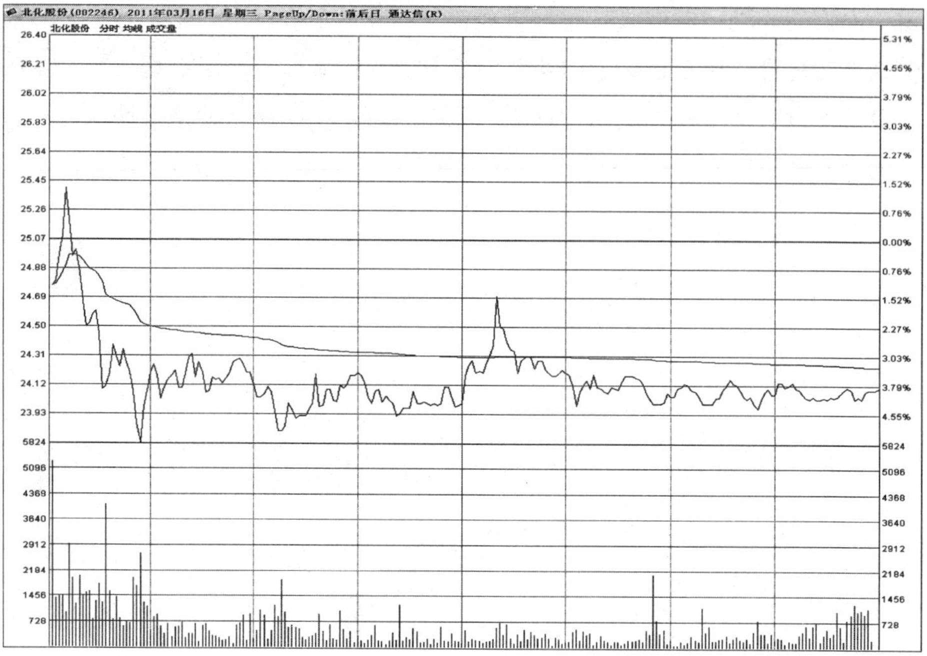

图 4-158 北化股份 2011 年 3 月 16 日分时走势图

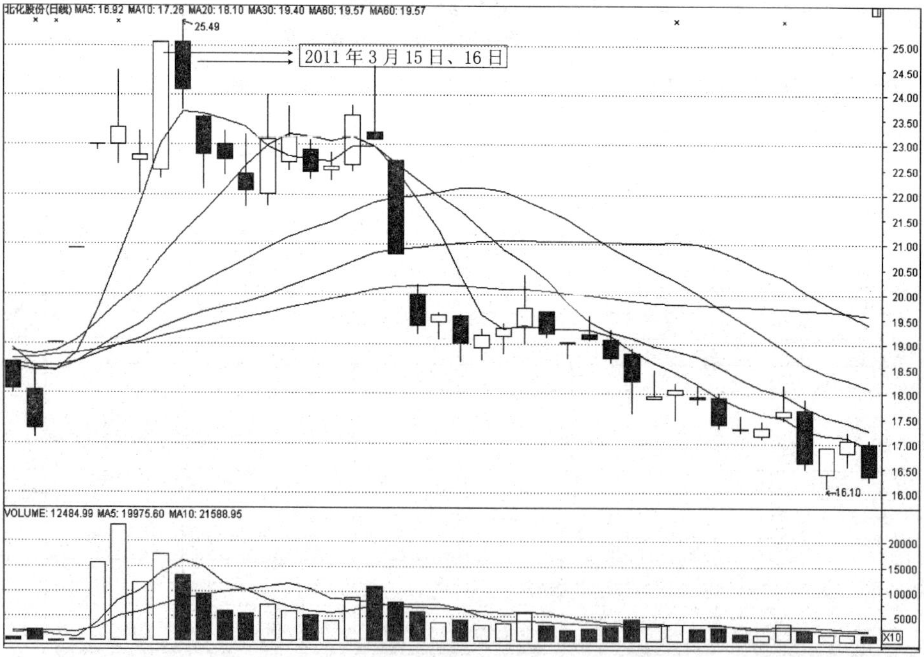

图 4-159 北化股份 2011 年 3～4 月份走势图

4.21 东力传动(002164)

东力传动(002164)(图 4-160)，2011 年 3 月 15 日放量上涨(图 4-161)，换手率为 5.64%。3 月 16 日上涨 9.59%，换手率为 4.08%，全天充分震荡(图 4-162)，可以认为是缩量上涨，筹码趋于锁定。3 月 24 日上涨 4.14%，换手率为 2.96%，筹码锁定程度良好(图 4-163)。但是这只股票如果操作，不是理想的标的物。原因在于 3 月 15 日放量上涨的换手率较小。3 月 15 日换手率为 5.64%，考虑到大股东筹码占比原因(图 4-164)，实际的换手率可以看成 10%左右，即使是 10%的换手率依然不理想，换手率较低，资金进入有限。进入的资金较小，不足以发动一波大行情。放量是一波行情必要而不充分的条件，只有大资金进去，才有可能发动一波大行情，当然由于资金性质与实力，也有可能做不起来。但是放量是必须的，不放量就没有发动大行情的可能，这样的票坚决不参与。很多缩量上涨的股票，是由于一些资金冲击造成的短暂的多空平衡，一旦这种势头减弱，下跌的幅度会比较大。看图说话的缩量上涨，是一种典型的形而上学的观点，没有真正明白整个理论系统之间的内在联系。有些股票不放量也能上涨，有可能是中长线资金低位慢慢吸筹，这样的股票跟踪难度较大，不建议操作。

图 4-160　东力传动 2011 年走势图

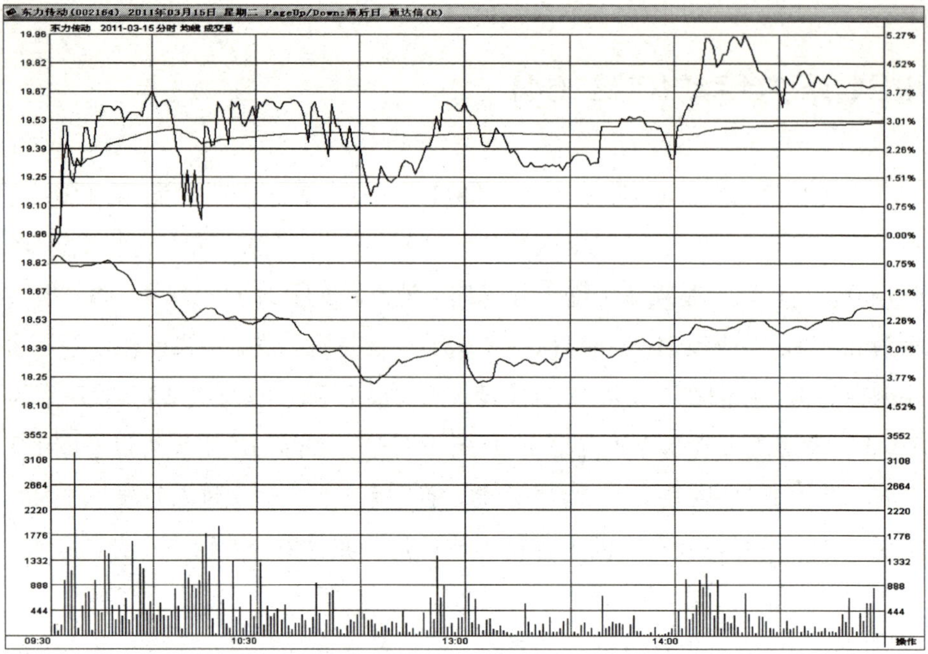

图 4-161 东力传动 2011 年 3 月 15 日分时走势图

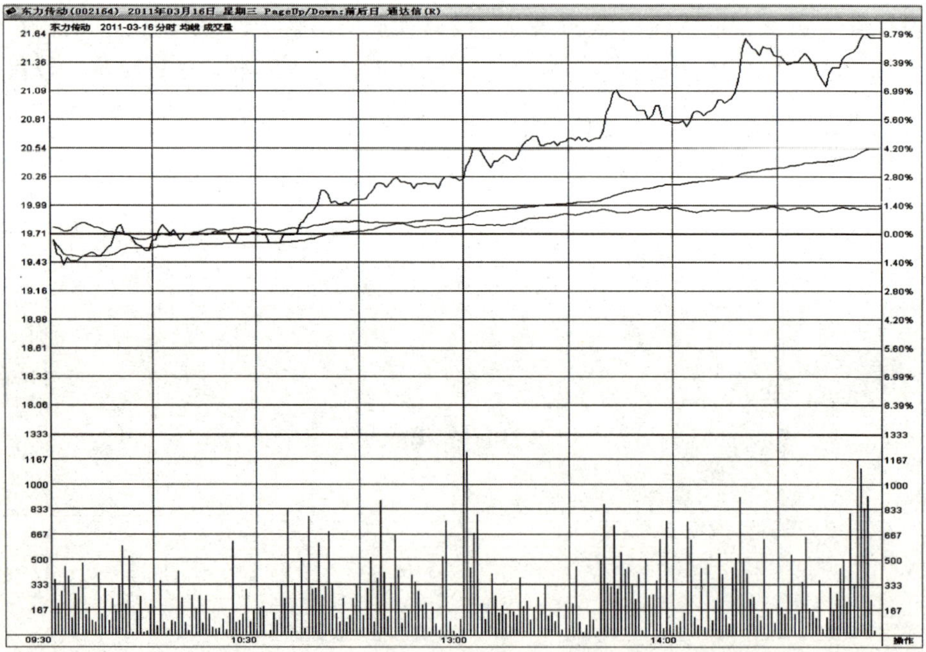

图 4-162 东力传动 2011 年 3 月 16 日分时走势图

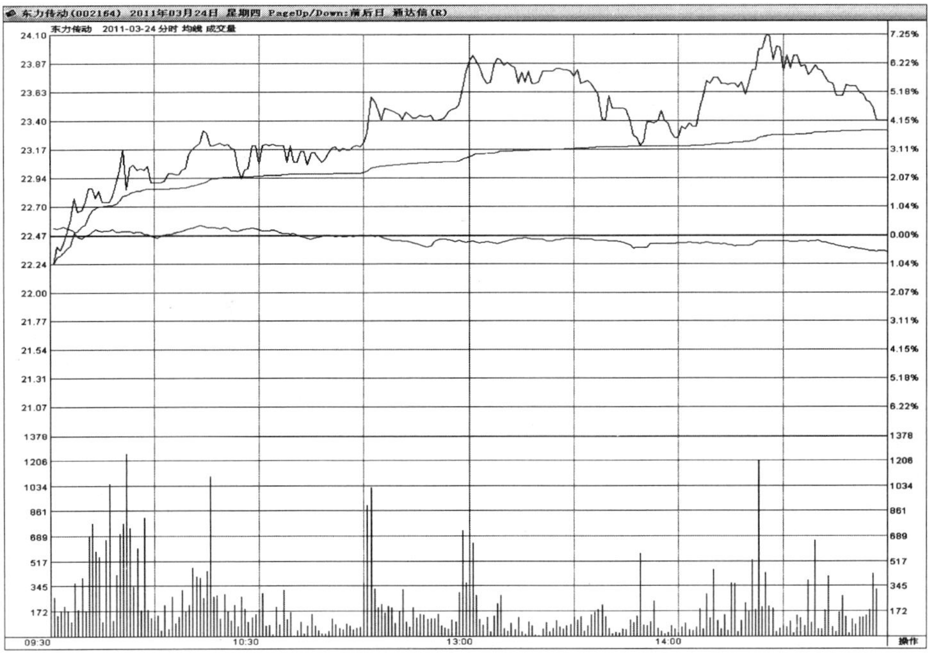

图 4-163　东力传动 2011 年 3 月 24 日分时走势图

截至日期：2011 年 3 月 31 日　十大流通股东情况　股东总户数：8732

股东名称	持股数（万股）	占流通股比(%)	股东性质	增减情况（万股）
浙江东力集团有限公司	7425.00	46.48A 股	公司	未变
宁波德斯瑞投资有限公司	2700.00	16.90A 股	公司	-96.89
中国银行—招商先锋证券投资基金	673.73	4.22A 股	基金	新进
中国人民人寿保险股份有限公司一分红一个险分红	499.44	3.13A 股	保险理财	新进
中国银行—易方达中小盘股票型证券投资基金	360.00	2.25A 股	基金	未变
许丽萍	337.50	2.11A 股	个人	未变
宋济隆	337.50	2.11A 股	个人	未变
中国工商银行—易方达价值成长混合型证券投资基金	253.00	1.58A 股	基金	9.86
中国工商银行—招商核心价值混合型证券投资基金	221.59	1.39A 股	基金	新进
中国工商银行—易方达行业领先企业股票型证券投资基金	193.03	1.21A 股	基金	-32.30

图 4-164　东力传动十大流通股东

4.22 江苏吴中(600200)

江苏吴中(600200)受消息影响连续两个交易日涨停(图 4-165)，2011 年 3 月 3 日放量(图 4-166)，换手率为 39.83%。3 月 11 日再次上涨(图 4-167)，换手率为 25.75%，分时图显示拉升比较急，不排除游资短炒的可能，同时换手率相对 3 月 3 日萎缩，但是绝对换手率依然较大，并不能说明筹码锁定程度良好。3 月 14 日经过充分震荡，封住涨停板(图 4-168)，换手率为 23.67%，相对于 3 月 11 日的换手率略有萎缩，显示有筹码开始锁仓。3 月 15 日相对高位放量(图 4-169)，换手率为 33.82%，视为放量，有资金出逃，基本放弃操作。相对高位放量的股票，有资金出逃，并不是说以后一定就不会上涨，也许有更加乐观更有实力的资金进入，这就视为中途换主力。但是在当时我们并不知道出逃的资金是把筹码抛给了其他主力还是跟风的散户，所以这样相对高位放量的股票坚决不操作。我们不操作不是因为一定不能上涨，而是不能确定一定能上涨。

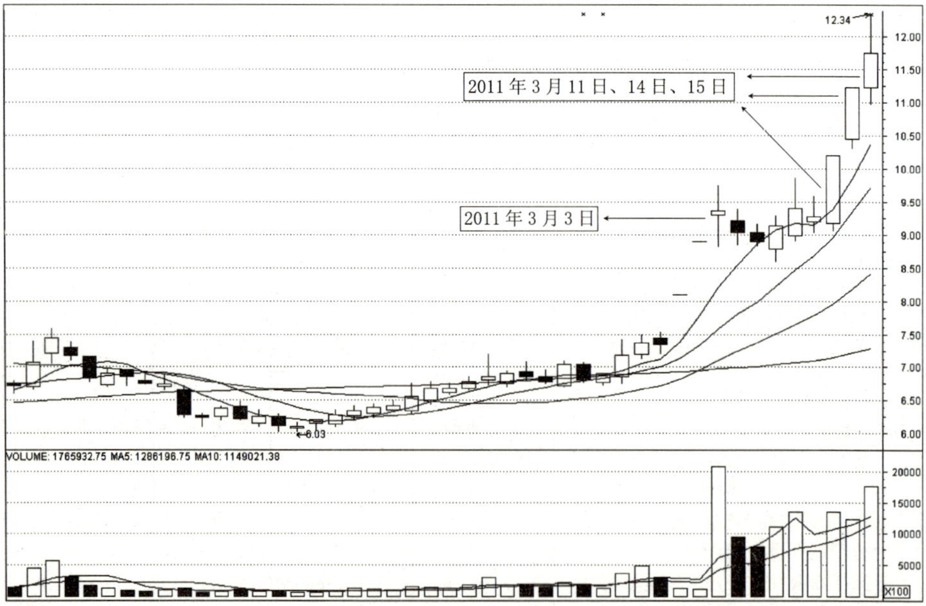

图 4-165 江苏吴中 2011 年 3 月份走势图

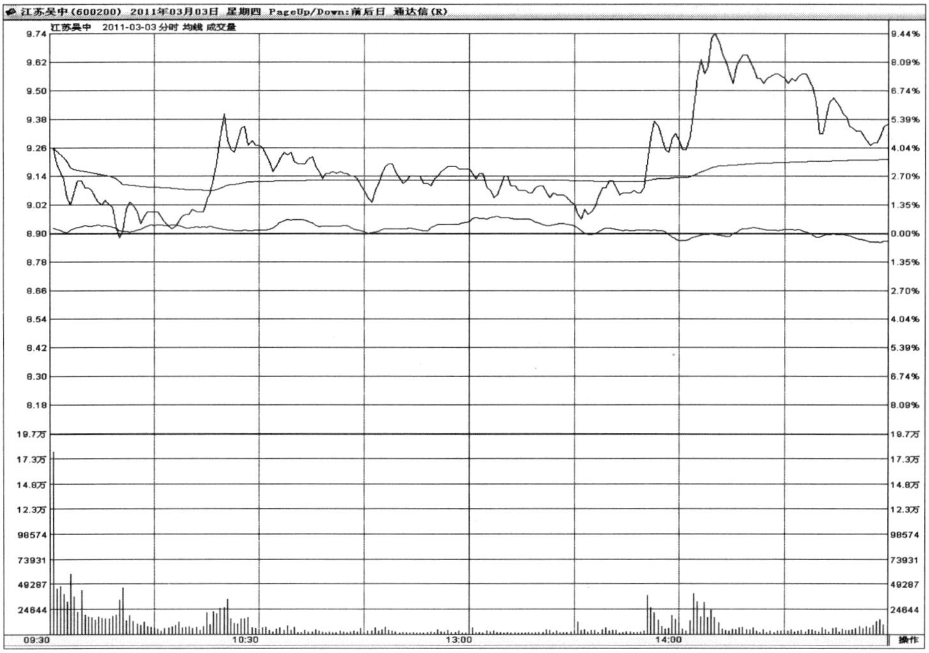

图 4-166 江苏吴中 2011 年 3 月 3 日分时走势图

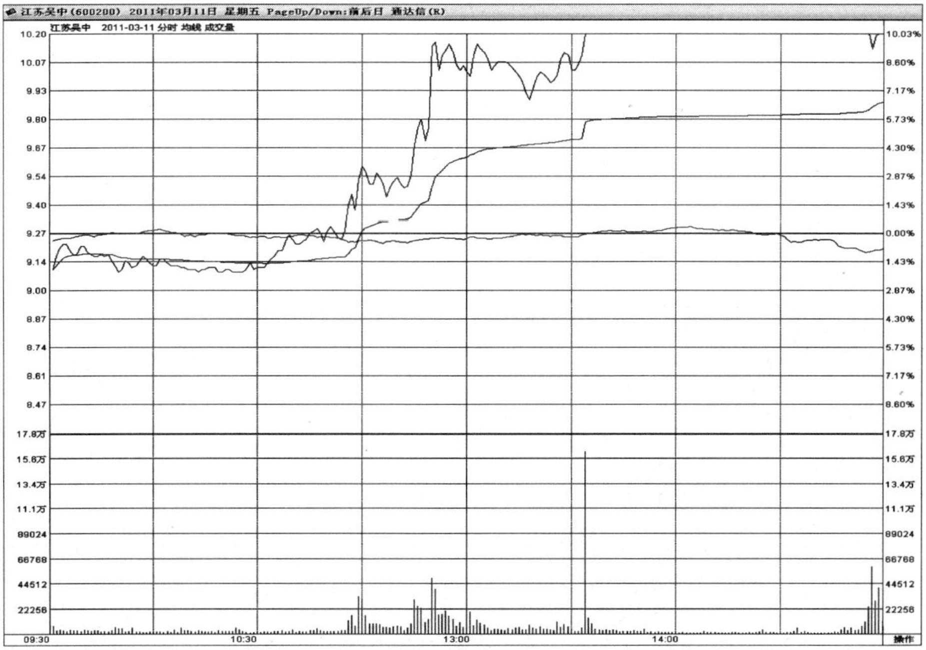

图 4-167 江苏吴中 2011 年 3 月 11 日分时走势图

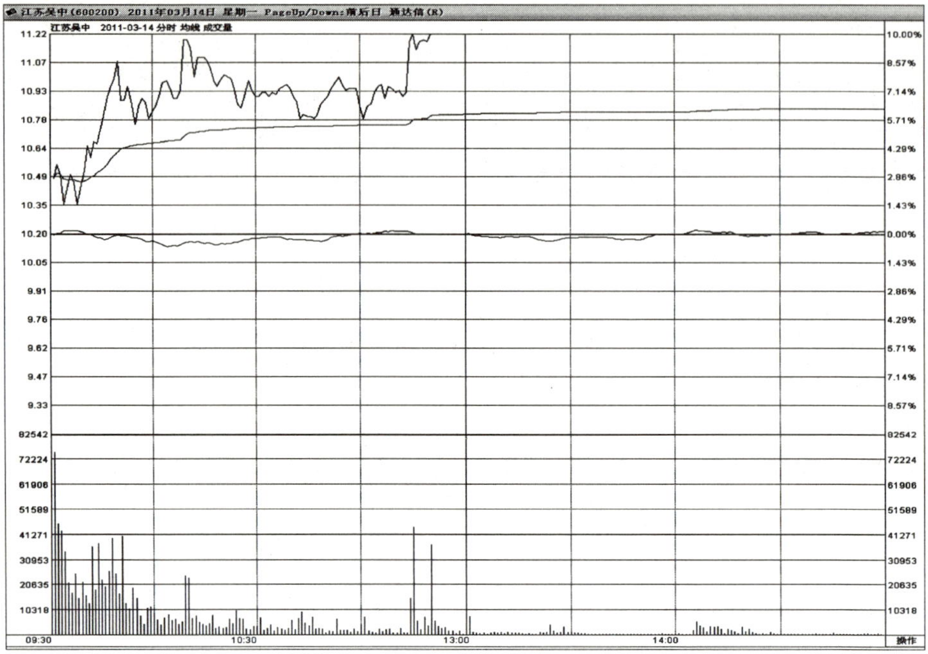

图 4-168 江苏吴中 2011 年 3 月 14 日分时走势图

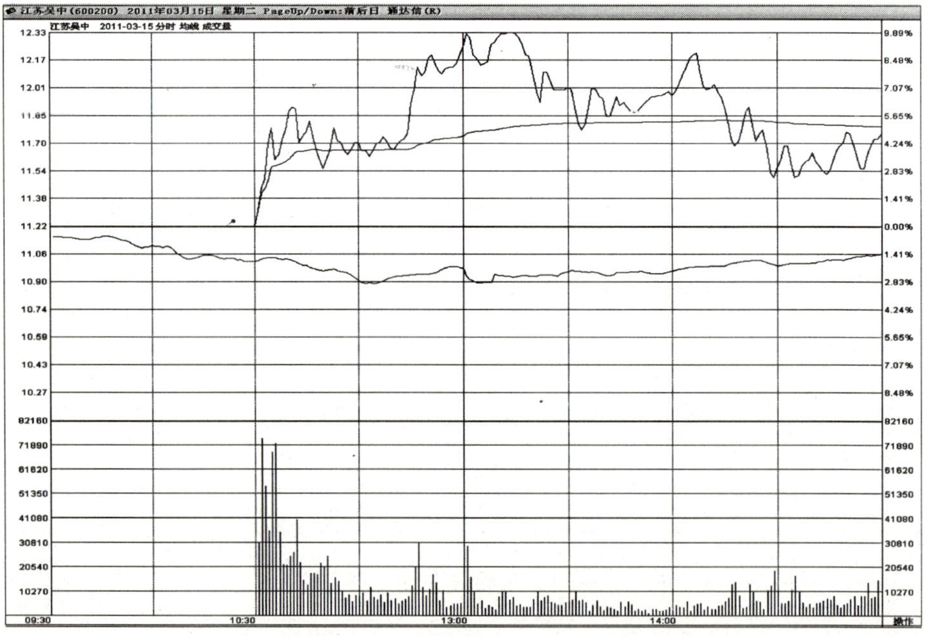

图 4-169 江苏吴中 2011 年 3 月 15 日分时走势图

江苏吴中2011年3月22日再次上涨(图4-170和图4-171)，股价创出新高，换手率为22.91%。相对于3月11日、14日、15日的换手率为缩量，表明3月15日有资金出逃，也有新资金进入，进入的资金并没有出，所以当股价再次上涨的时候呈现缩量上涨的态势，显示筹码锁定程度良好。3月24日上涨9.16%(图4-172)，换手率为27.53%，相对于3月22日属于放量，但整体来看，并不属于放巨量。3月24日之后横盘两天，在此过程中短线资金有可能出货完毕，所以下跌初期不要去抢反弹。

实盘中我是在3月31日12.50元和12元分两笔单子进入的(图4-173)，每笔单子10%仓位，共投入20%仓位。下个交易日在13.20元全部出掉(图4-174)。在进入的当天(3月31日)，尾市从跌停板位置拉起收平，即使当天没有这样的强力反弹也没关系，该股一定会有反弹，这就是趋势的必然性。该股自9元起步，直至14元以上，升幅超过50%，并且每天的交易额都在10亿以上，表明有很多人关注和参与。一只股票能涨多少，并不仅仅是由主力资金说了算，需要得到市场跟风资金认可，一只能连续大幅上涨的股票，尤其是成交量较大的股票，表明能得到许多投资者认可，而在基本面未发生重大改变之前，这些看多的人不可能同时看空，这就使趋势具有了持续性，即使见顶，也会有反弹，而不是一个顶。参与的人数越多，趋势的持续性就越强，这就使走势具有了客观性。江苏吴中我是在4月1日出掉的，当天如果不出掉，也会在4月11日反弹的时候出掉(图4-175)。

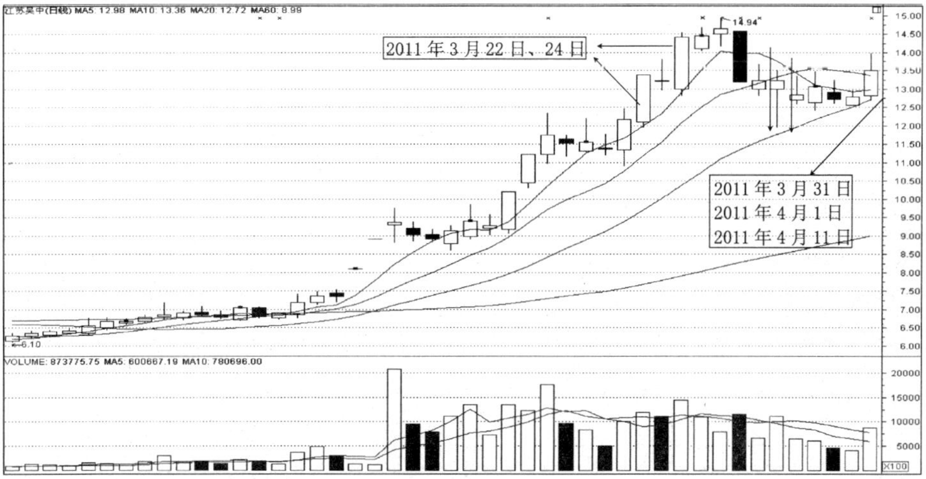

图4-170 江苏吴中2011年4月份走势图

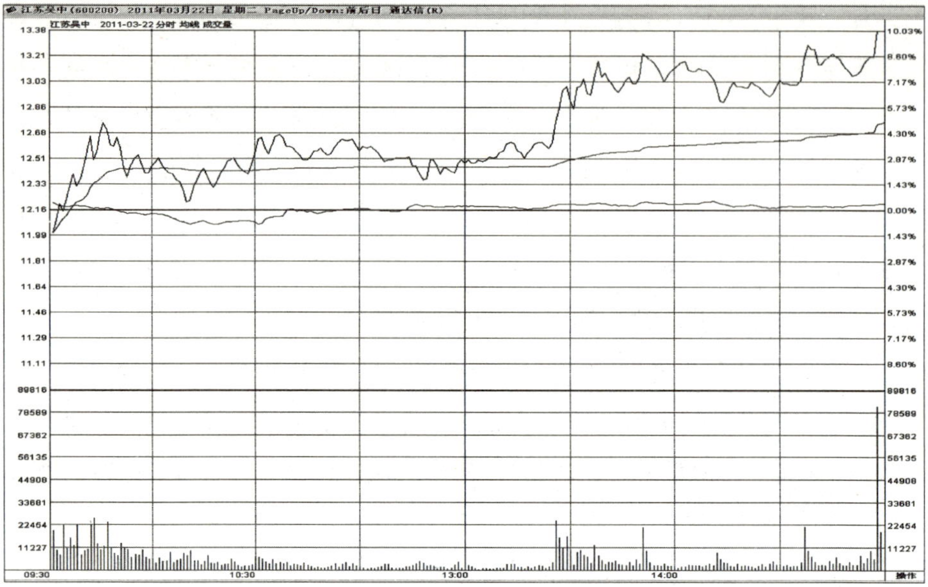

图 4–171　江苏吴中 2011 年 3 月 22 日分时走势图

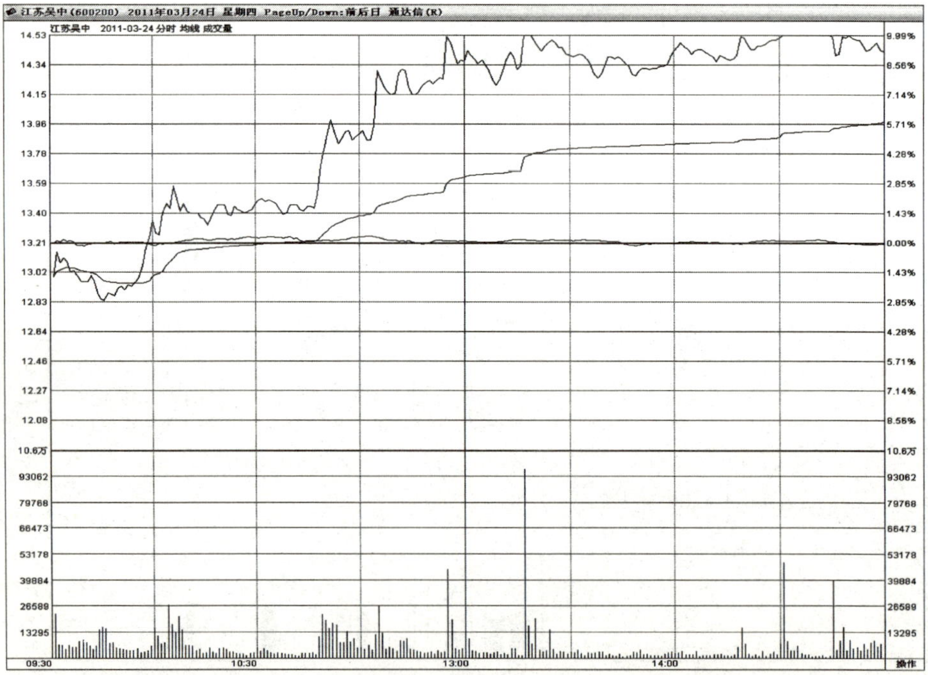

图 4–172　江苏吴中 2011 年 3 月 24 日分时走势图

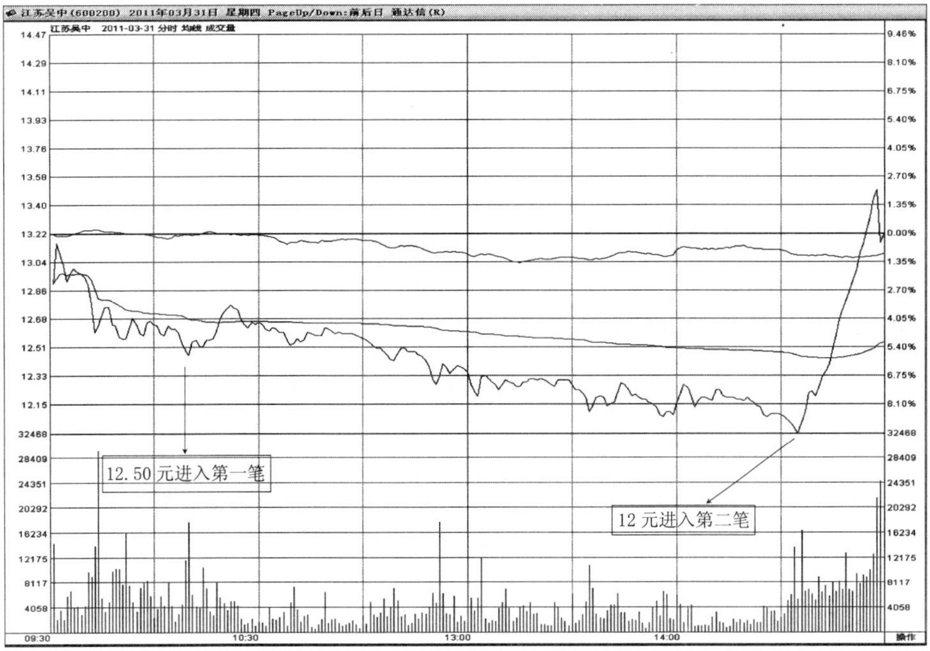

图 4-173 江苏吴中 2011 年 3 月 31 日分时走势图

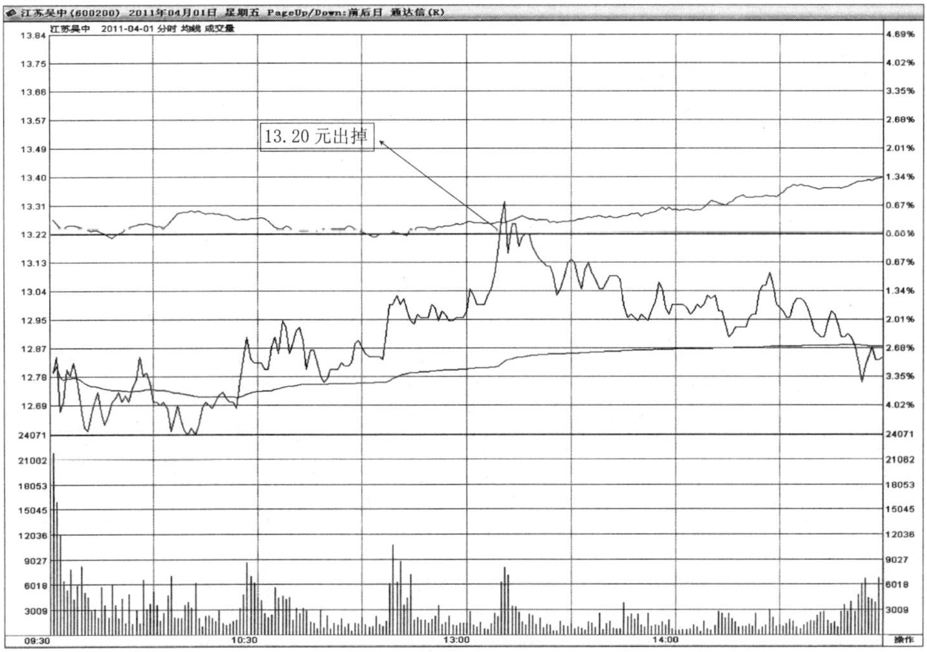

图 4-174 江苏吴中 2011 年 4 月 1 日分时走势图

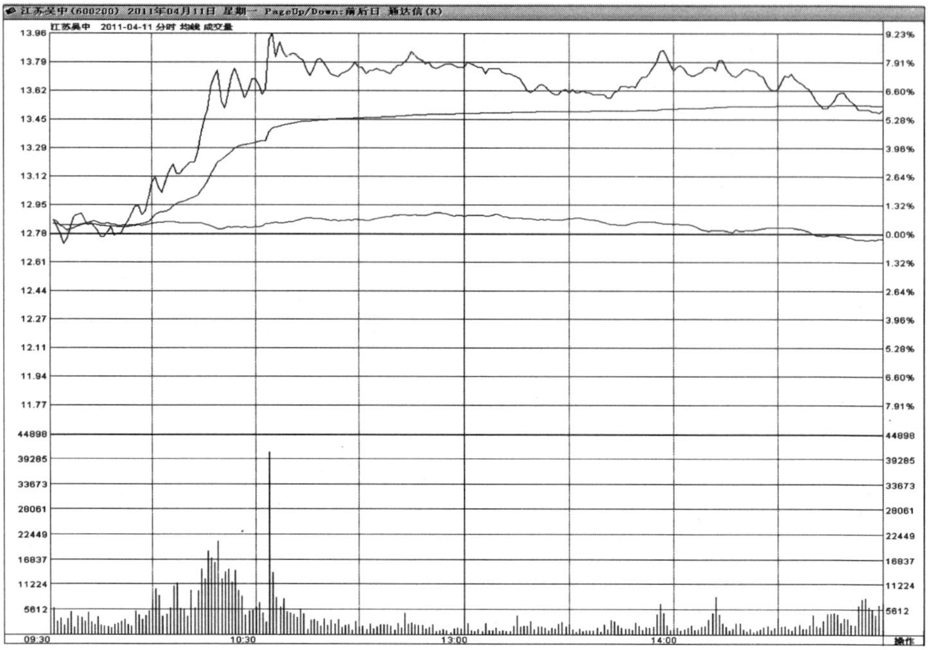

图 4–175　江苏吴中 2011 年 4 月 11 日分时走势图

4.23 啤酒花(600090)

啤酒花(600090)2011 年 1 月份受消息影响放量上涨，没有走出缩量上涨走势(图 4-176)，放弃操作。2 月 25 日再次上涨(图 4-177)，换手率为 7.26%，由于股价没有创出新高，并且是下午急拉，有可能是受短线游资涨停板手法影响导致的成交量没有放大，不能确定筹码锁定程度良好。2 月 28 日高位震荡(图 4-178)，换手率为 13.49%，相对于 25 日是属于放量，有可能是短线资金出货，也有可能是有资金进入。3 月 8 日股价创出新高(图 4-179)，换手率为 10.13%，相对于 2 月 28 日的换手率为缩量上涨，表明筹码锁定程度良好。3 月 9 日尾市 14.50 元进入(图 4-180)。3 月 10 日全天震荡，继续持有(图 4-181)。3 月 11 日冲高回落，依据 3 天原则，调整超过 3 天不上涨就应该出掉，所以 15.35 元出掉(图 4-182)。

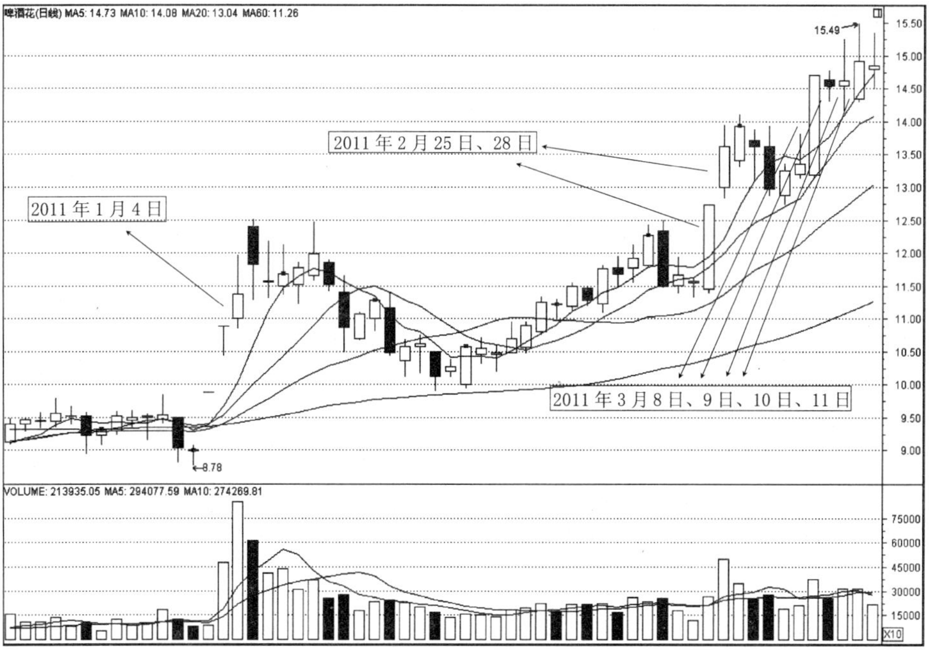

图 4–176 啤酒花 2011 年 1～3 月份走势图

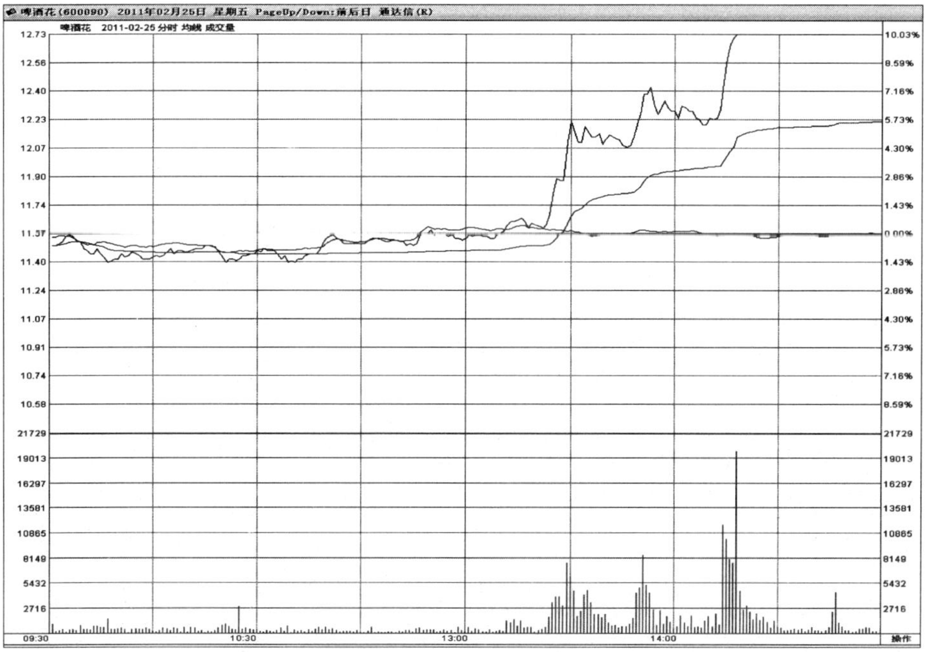

图 4–177 啤酒花 2011 年 2 月 25 日分时走势图

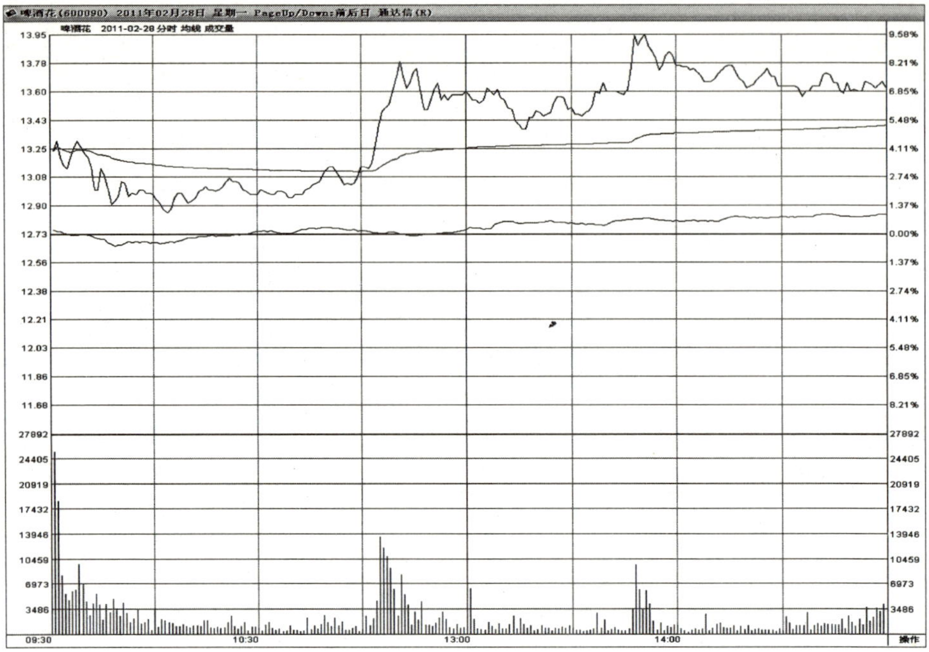

图 4–178 啤酒花 2011 年 2 月 28 日分时走势图

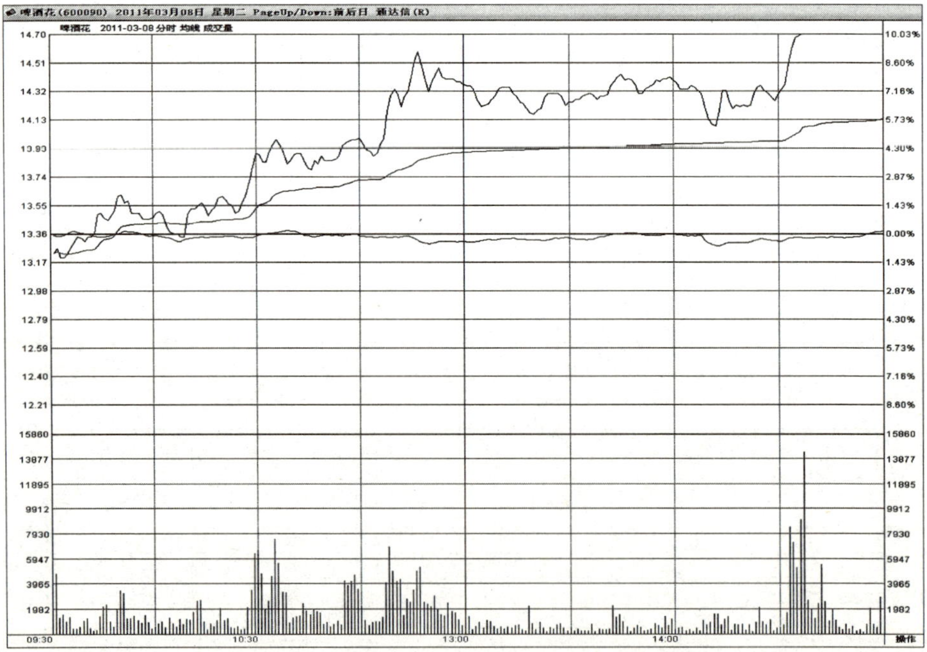

图 4–179 啤酒花 2011 年 3 月 8 日分时走势图

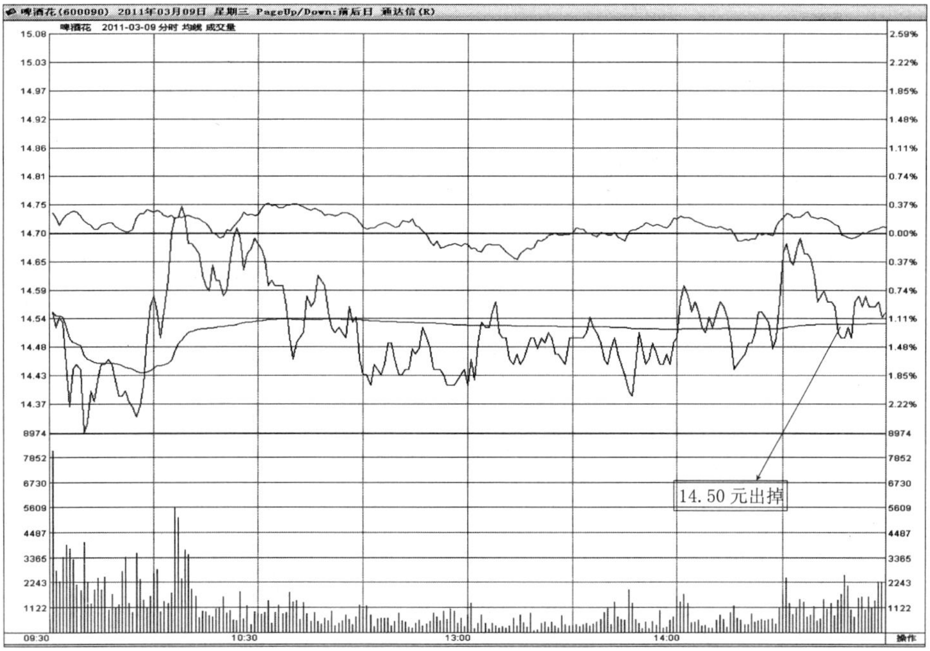

图 4-180 啤酒花 2011 年 3 月 9 日分时走势图

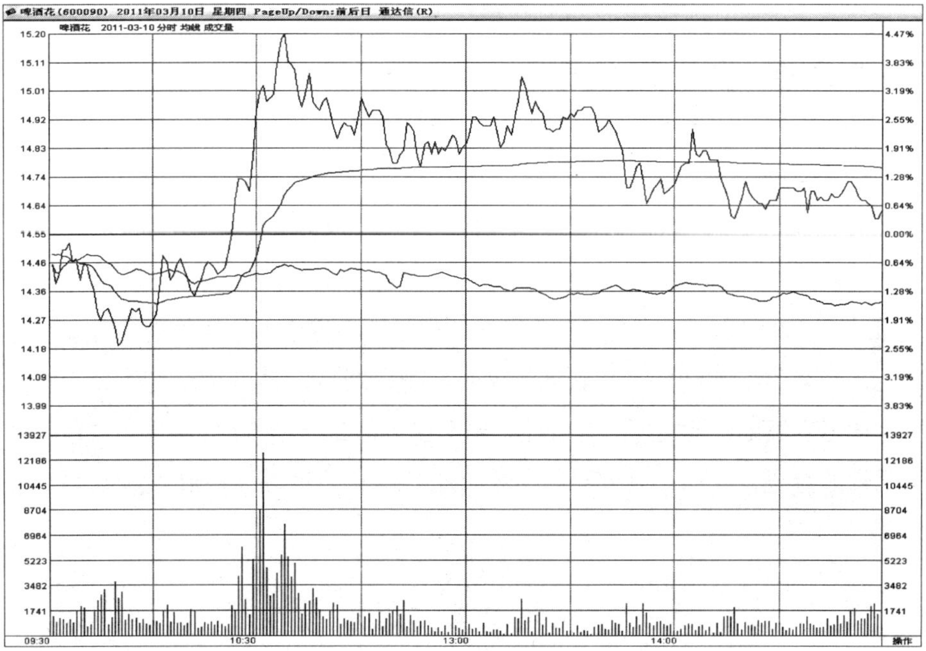

图 4-181 啤酒花 2011 年 3 月 10 日分时走势图

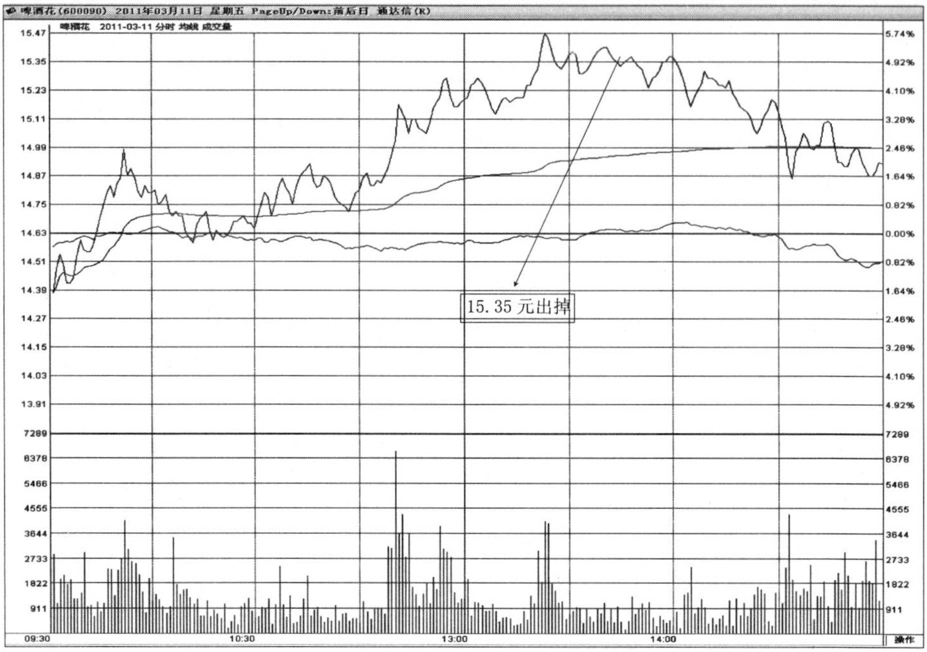

图 4-182 啤酒花 2011 年 3 月 11 日分时走势图

4.24 大杨创世(600233)

大杨创世(600233)(图 4-183)2011 年 3 月 22 日(图 4-184)、23 日(图 4-185)放量上涨，换手率分别为 19.91%、28.73。之后 3 个交易日涨幅分别为 1.99%(换手率 19.60%)、0.77%(换手率 16.26%)、-1.07%(换手率 16.62%)，成交量相对于 3 月 22 日、23 日属于萎缩，但是涨幅很小，这样的走势看成缩量横盘。横盘价格波动较小，获利幅度小，抛盘减少，缩量是很正常的，并不能说明筹码锁定程度良好。有可能是资金在 3 月 22 日、23 日建仓，也有可能是短线资金进出，横盘 3 天有机会出完货。这样再跌下来的时候，就不要操作了。

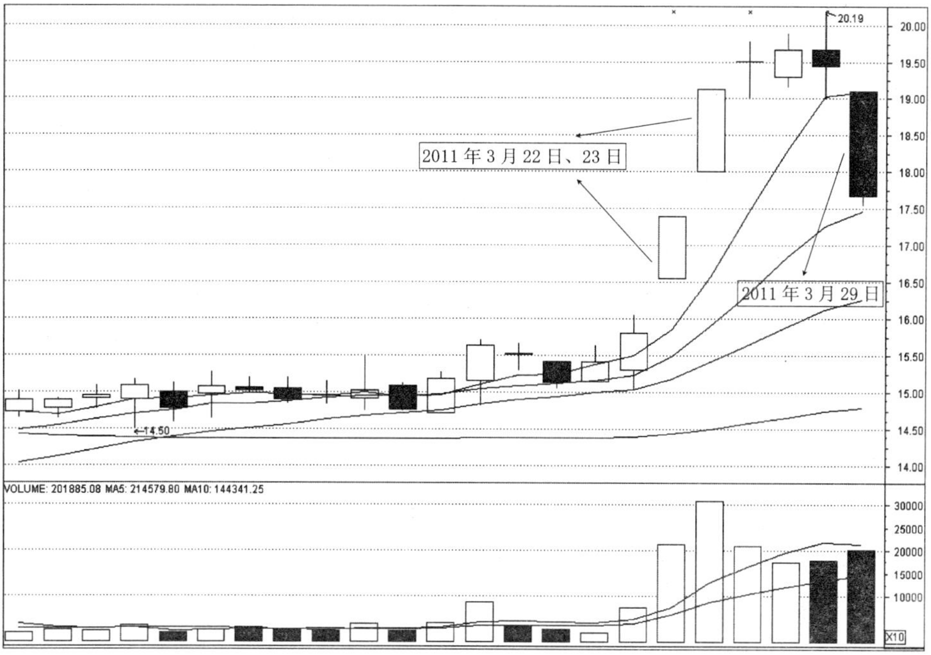

图 4-183 大杨创世 2011 年走势图

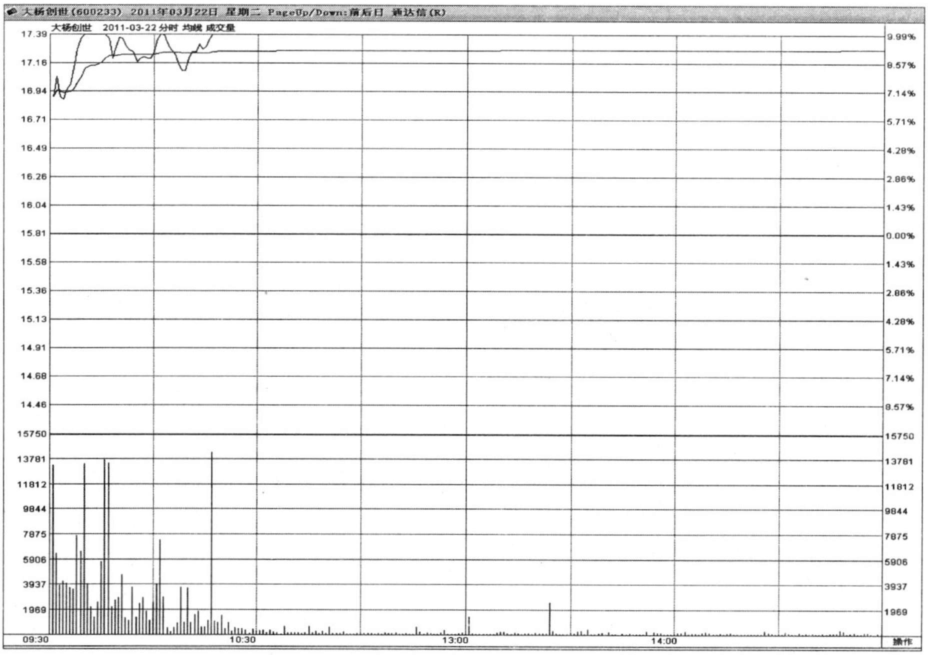

图 4-184 大杨创世 2011 年 3 月 22 日分时走势图

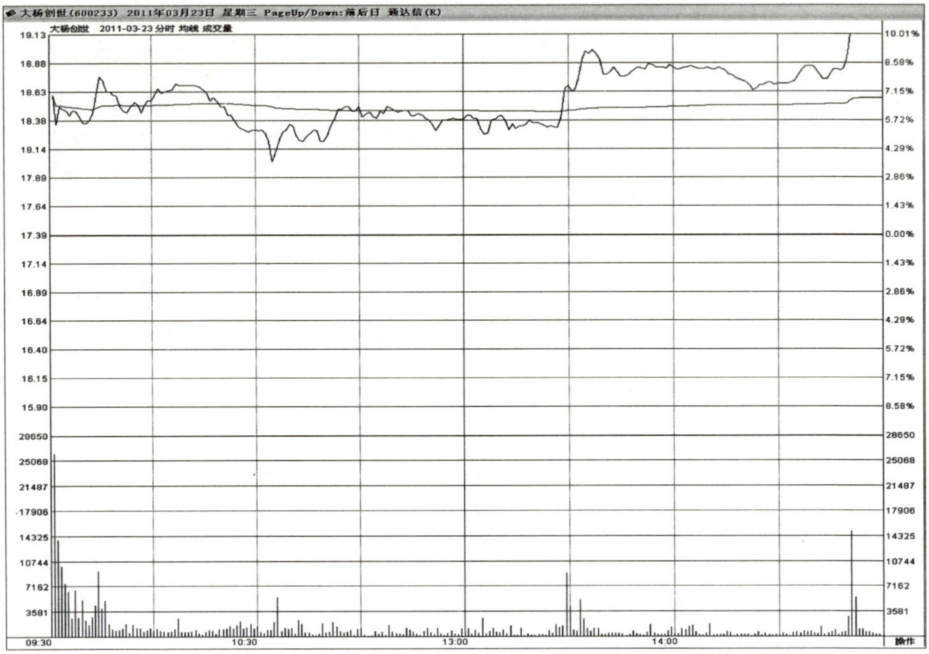

图 4-185 大杨创世 2011 年 3 月 23 日分时走势图

4.25 江苏宏宝(002071)

江苏宏宝(002071)(图 4-186)2011 年 3 月 18 日(图 4-187)、21 日(图 4-188)放量上涨，换手率分别为 9.63%、18.31%，有可能是大资金进入，也有可能是游资短炒，拉一个涨停板第二天出货的例子很多，还不能确定资金的进出。3 月 23 日再次涨停(图 4-189)，股价经过充分震荡，换手率为 12.07%，相对于 21 日的换手率为标准的缩量上涨，显示筹码开始锁定。23 日收盘之后，我看到当天的分时图，对这只股票寄予很高的希望。按照 4 个操作步骤，目前走完了放量和缩量上涨两个阶段，需要看相对高位不放巨量和 3 天时间原则。之后 3 个交易日分别上涨 0.38%(换手率 14.74%)、3.74%(换手率 13.14%)、-0.72%(换手率 10.24%)，从换手率的角度来考虑，3 个交易日并没有放巨量，是可以参与的。但是在这个位置横盘超过 3 天不涨，再次下跌的时候就放弃操作。原因是如果 3 月 23 日是短线资金进入，虽然整体筹码锁定程度良好，横盘 3 天，短线资金有可能出完货，这样再次下跌就不一定能套住一些资金，能否有反弹就不确定，那就放弃操作。有人说，如果 3 月 18 日、21 日是有资金进入，怎么没上涨多少，行情就结束了？这其实还是一种“庄股”思维，现在市场走势要比“庄股”时代复杂的多，有资金进入并不一定就能上涨，需要看资金性质和资金博弈结果。但是我们当时并不知道是什么样的资金进去了，所以只能走一步看一步，有资金进入，3 天之内破位下跌的可能很小，超过 3 天还能不能上涨，不确定性因素比较多，那就先不要参与了。该股之后虽然有一个双顶反弹(图 4-190)，但是从操作角度来说，这样的利润不是我们有把握得到的，不要奢望。

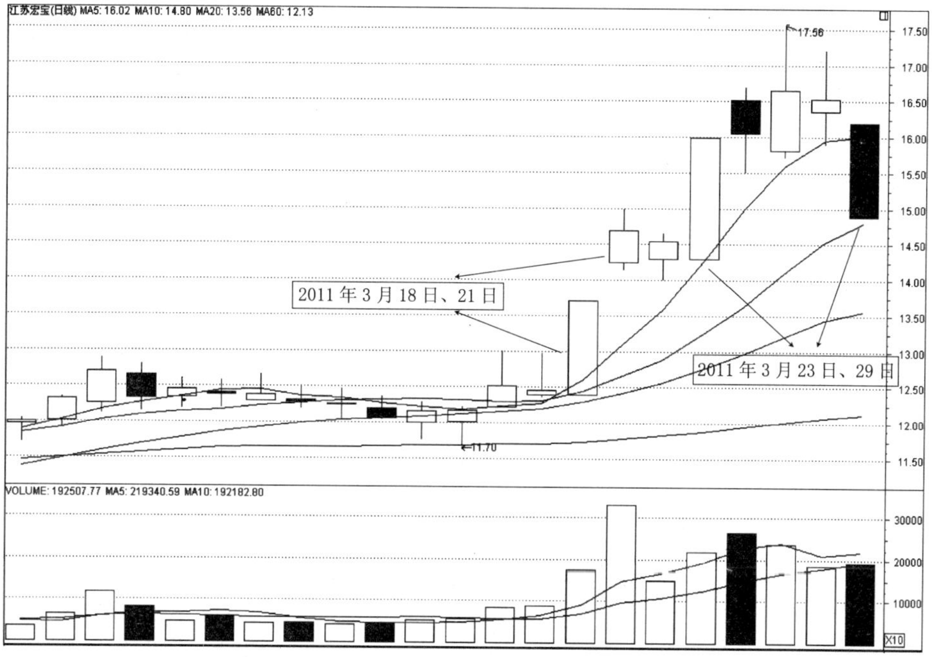

图 4-186　江苏宏宝 2011 年走势图

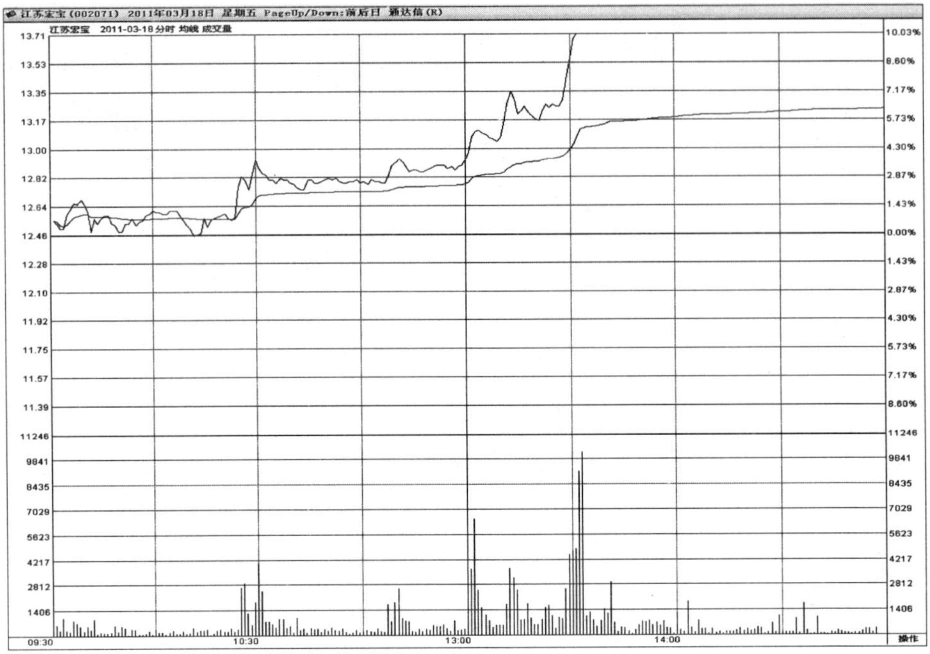

图 4-187　江苏宏宝 2011 年 3 月 18 日分时走势图

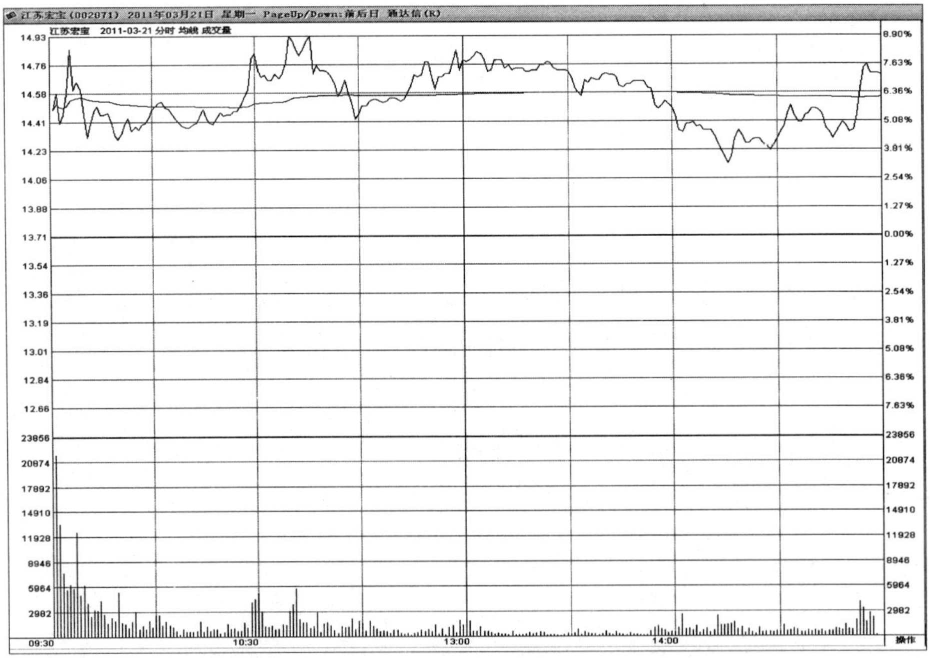

图 4-188　江苏宏宝 2011 年 3 月 21 日分时走势图

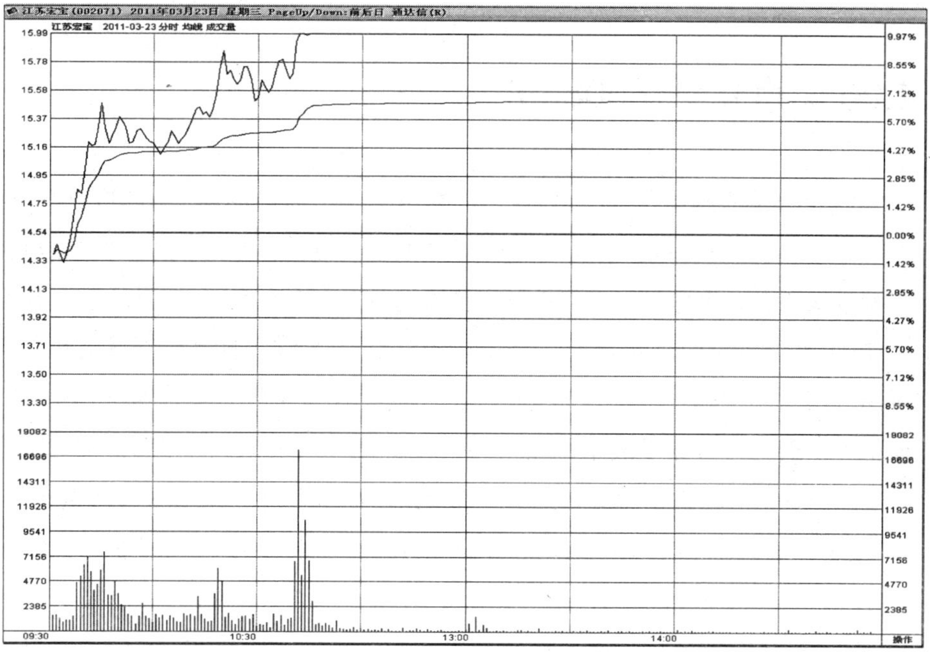

图 4-189 江苏宏宝 2011 年 3 月 23 日分时走势图

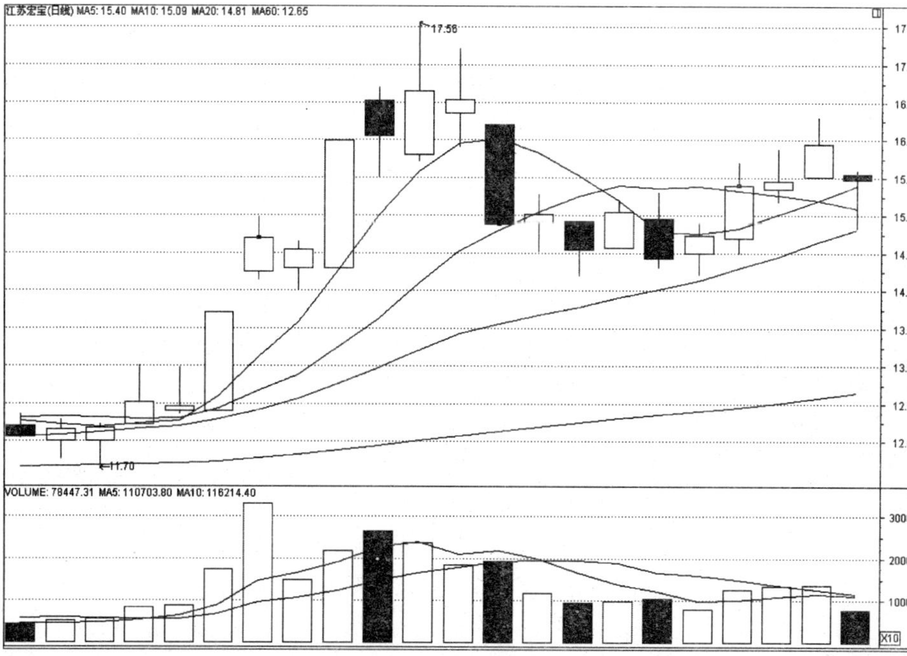

图 4-190 江苏宏宝 2011 年 3 月份的双顶反弹

4.26 南京化纤(600889)

南京化纤(600896)(图 4-191)2011 年 3 月 24 日涨停(图 4-192)，换手率为 7.29%。25 日高位震荡(图 4-193)，涨停板反复打开，换手率为 24.42%，有可能是大资金出逃，也有可能是大资金进入，不能确定。28 日经过充分震荡涨停(图 4-194)，换手率为 15.34%，相对于 25 日属于标准的缩量上涨，确认 25 日是有大资金进入。29 日相对高位震荡(图 4-195)，换手率为 18.76%。如果界定这天是否属于放量，如果和 28 日相比属于放量，和 25 日相比属于缩量，这种情况我们是和最高放量的一天比，即 25 日，只要成交量不超过 25 日，就不算是放巨量。3 月 30 日我在 10.85 元进入第一笔 10%仓位(图 4-196)，当天最低价 10.78 元，还算是运气不错。计划第二天如果上涨到 11.50 元可能要出掉，如果下跌到 5%时加仓，当天收盘价 11.10 元，如果补仓是在 10.60 元进入第二笔。31 日没有上涨，在 11.60 元加仓 10%(图 4-197)，之后价格继续下跌，在 10.20 元加仓 10%。共进入三笔，仓位 30%。之后砸到跌停板价格 9.99 元，如果跌停板打不开，第二天很可能低开低走，当天不加仓，第二天加仓更合适，所以没有再进入。下一交易日(4 月 1 日)反弹力度较弱(图 4-198)，尾市在成本价 10.55 元左右减掉 10%仓位，如果上涨就出掉，如果下跌，10.20 元再加仓。下一交易日(4 月 6 日)(图 4-199)没有跌到 10.20 元的价格，没有加仓，也没有上涨多少，继续持有。4 月 7 日反弹，11 元左右全部出掉(图 4-200)。

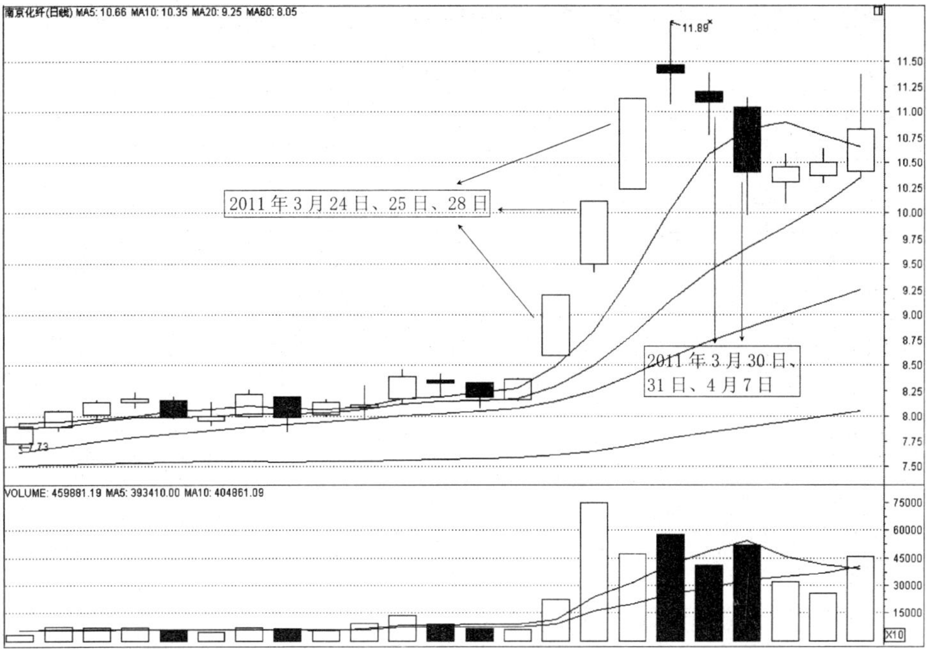

图 4-191　南京化纤 2011 年走势图

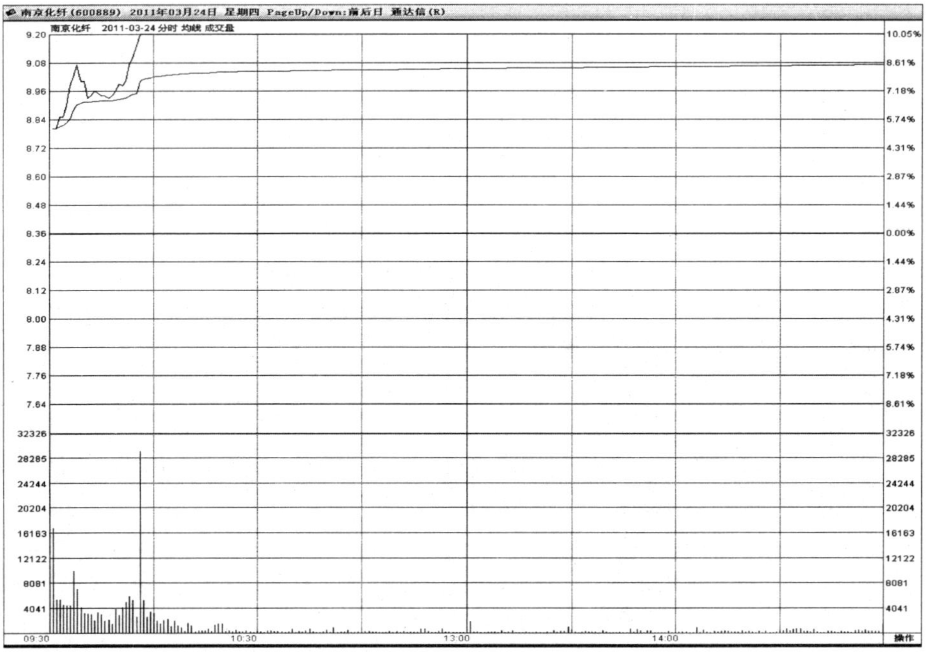

图 4-192　南京化纤 2011 年 3 月 24 日分时走势图

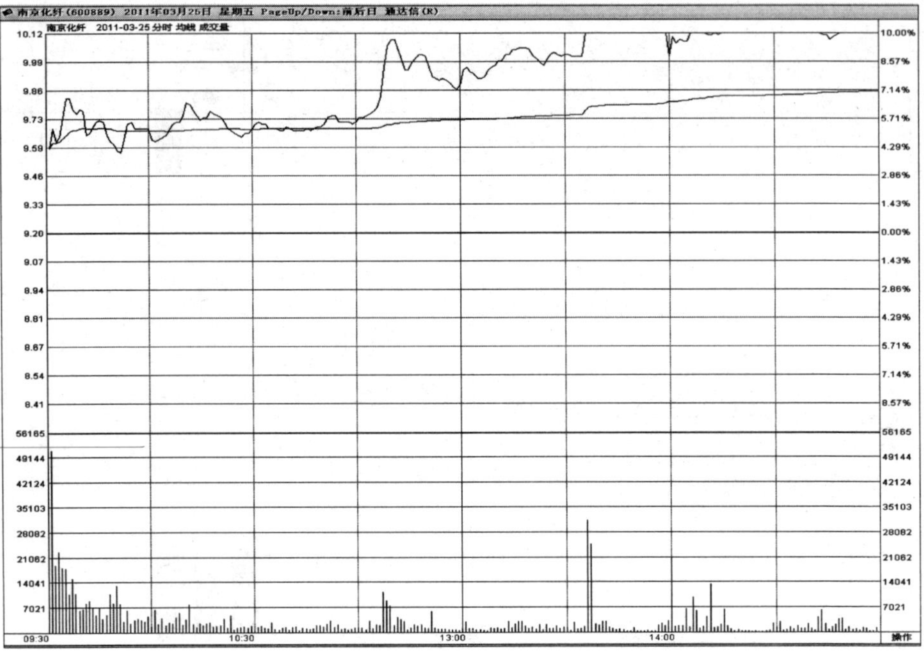

图 4-193 南京化纤 2011 年 3 月 25 日分时走势图

图 4-194 南京化纤 2011 年 3 月 28 日分时走势图

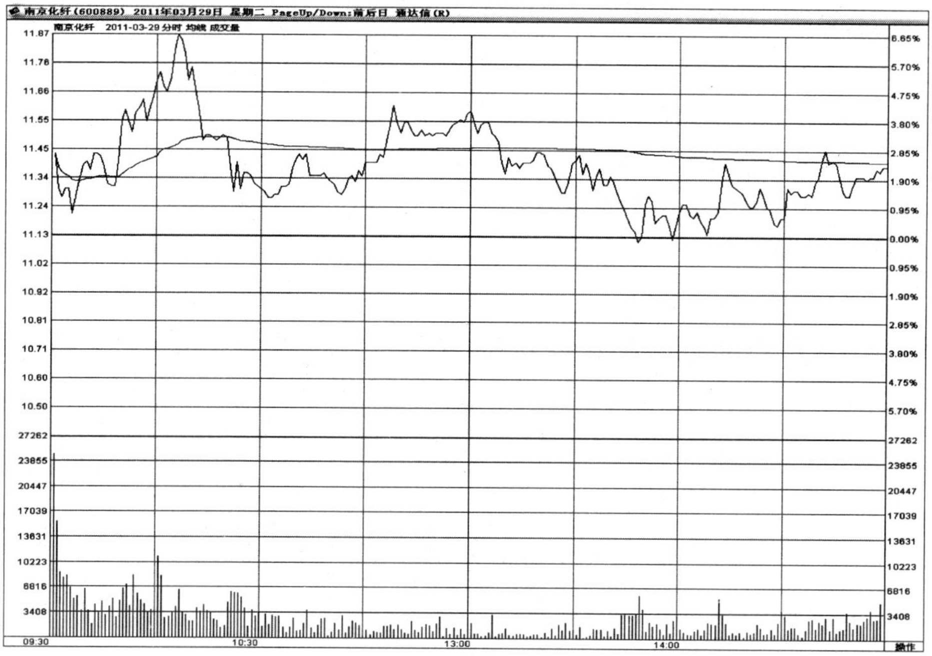

图 4-195　南京化纤 2011 年 3 月 29 日分时走势图

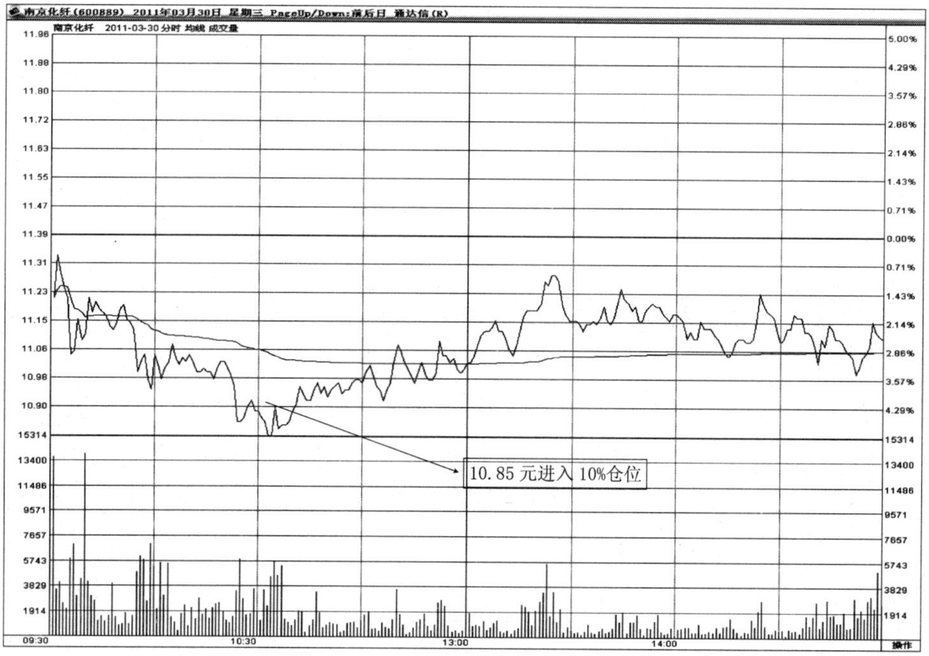

图 4-196　南京化纤 2011 年 3 月 30 日分时走势图

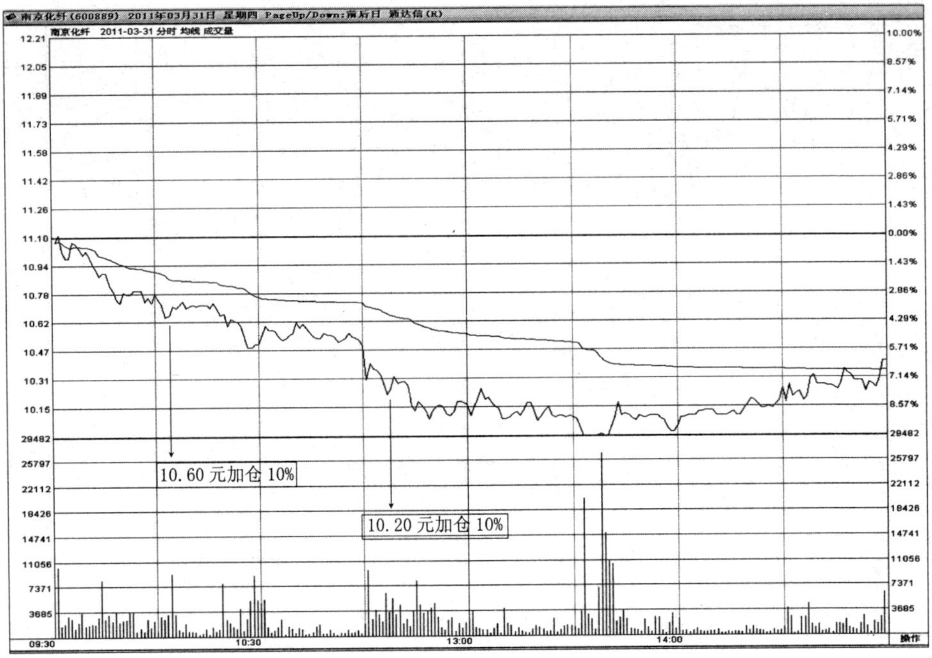

图 4-197 南京化纤 2011 年 3 月 31 日分时走势图

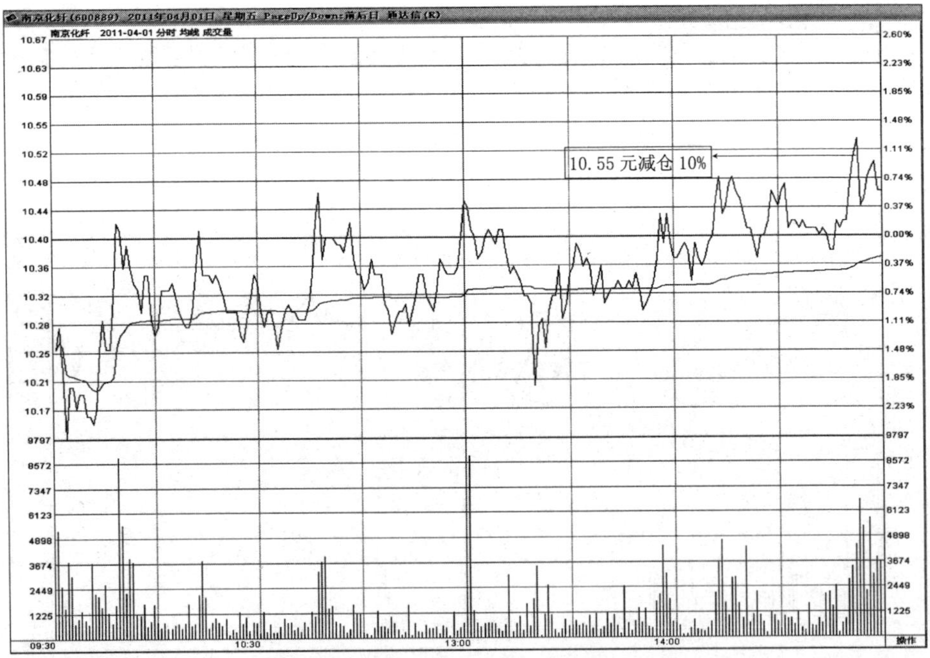

图 4-198 南京化纤 2011 年 4 月 1 日分时走势图

图 4–199 南京化纤 2011 年 4 月 6 日分时走势图

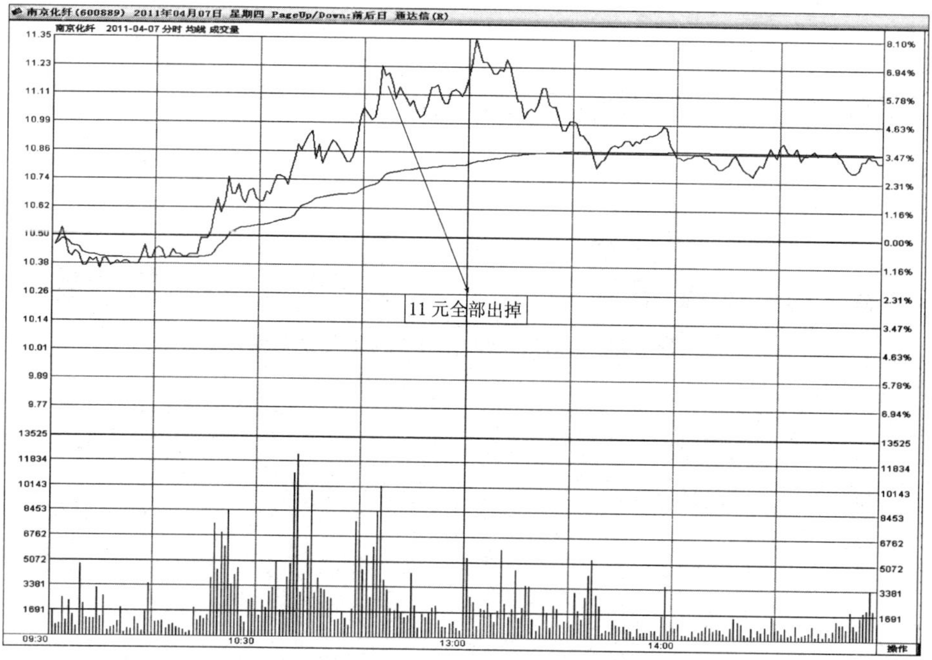

图 4–200 南京化纤 2011 年 4 月 1 日分时走势图

南京化纤(600889)(图 4-201)2011 年 4 月 7 日出掉之后，4 月 11 日再次上涨(图 4-202)，经过充分震荡换手率为 12.59%，显示筹码锁定程度良好。12 日回调，换手率为 13.44%，没有放巨量。但是这次下跌我没有进，主要顾虑在 12 日的分时图(图 4-203)，突然下跌有可能是短线资金的杀跌出货行为，如果是短线资金的快进快出，那么排除 11 日的涨停板，就应该是看成横盘，横盘时间较长，所以就没有进。4 月 18 日再次上涨(图 4-204)，换手率为 14.46%，属于缩量上涨，显示筹码锁定良好。4 月 20 日是短线介入的机会，但是鉴于当时大盘在 4.19 日下跌，担心大盘有可能形成阶段性顶部，所以也就放弃没操作。

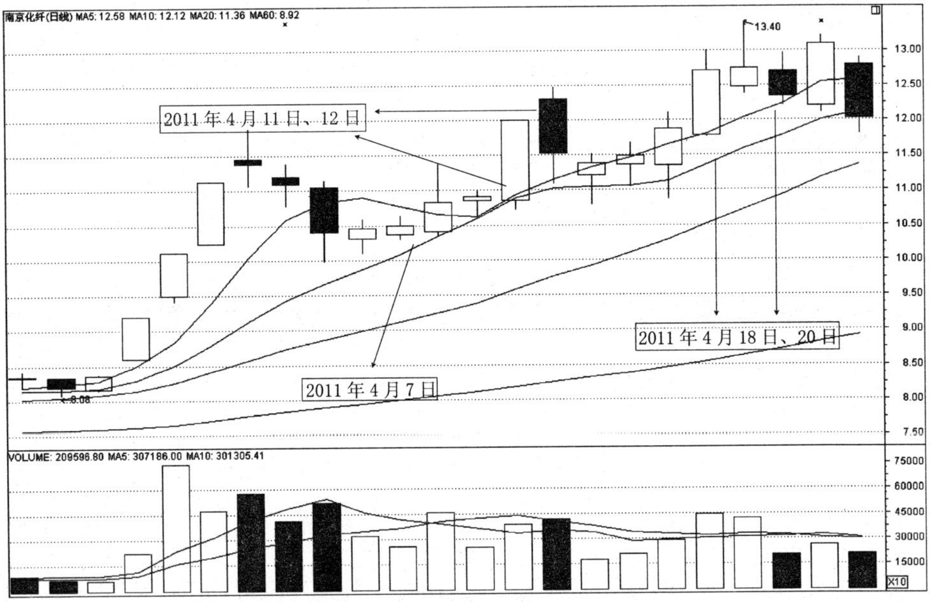

图 4-201　南京化纤 2011 年 4 月份走势图

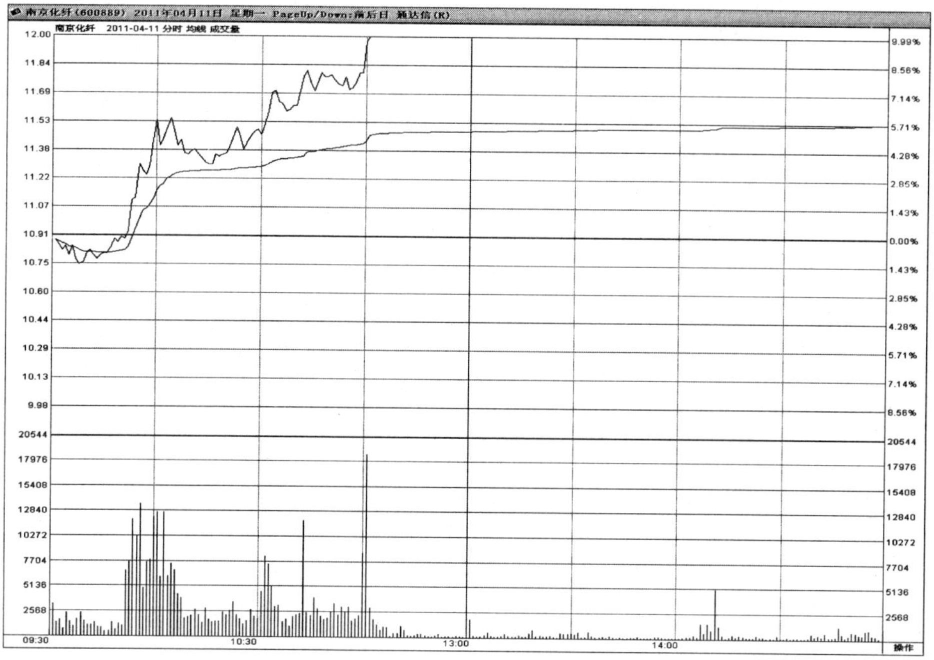

图 4-202　南京化纤 2011 年 4 月 11 日分时走势图

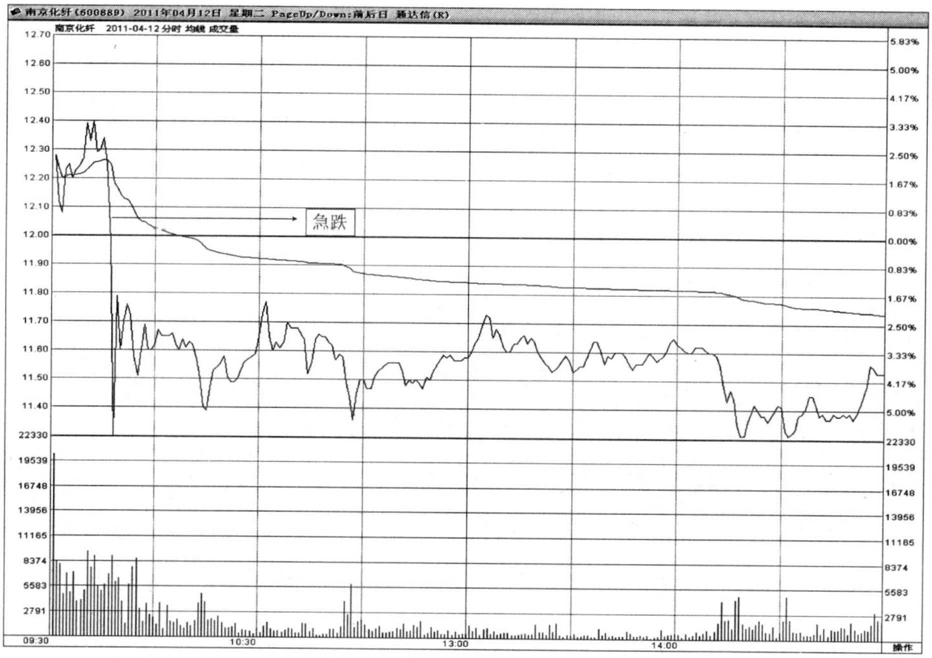

图 4-203　南京化纤 2011 年 4 月 12 日分时走势图

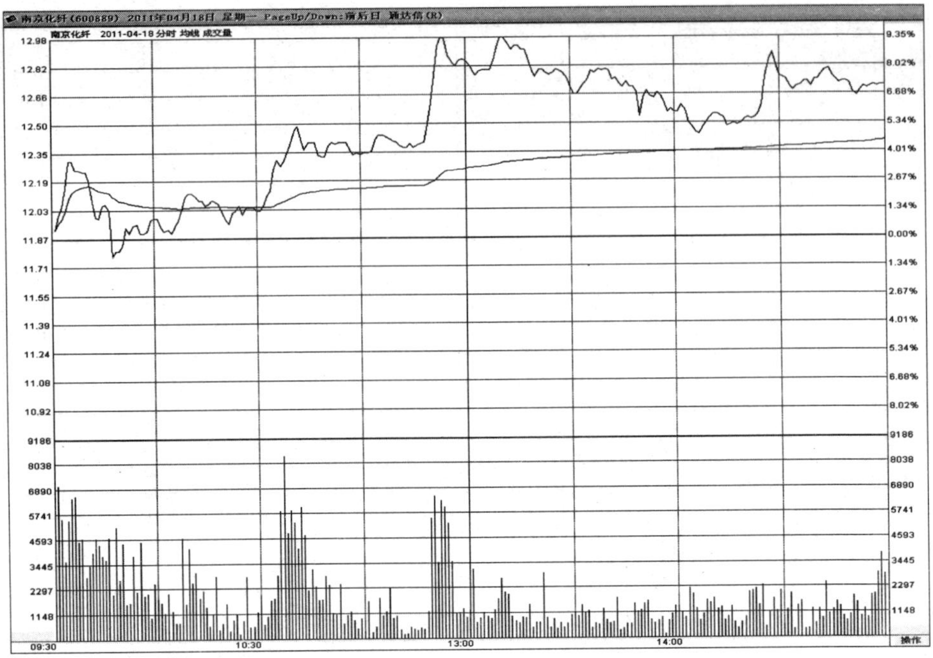

图 4-204 南京化纤 2011 年 4 月 18 日分时走势图

4.27 钱江生化(600796)

钱江生化(600796)(图 4-205)2011 年 3 月 18 日放量上涨(图 4-206)，换手率为 20.89%，之后回调两天，3 月 23 日再次上涨(图 4-207)，换手率为 15.02%，相对于 18 日是缩量，但是价格相对于 18 日并没有涨多少，不能确定筹码锁定程度。3 月 28 日涨停(图 4-208)，换手率为 17.11%，相对于 3 月 18 日属于缩量上涨。这天分时图是下午拉升，并且拉升比较急，有可能是短线资金快进快出，缩量上涨不太理想。3 月 29 日调整(图 4-209)，换手率为 15.92%，没有放巨量，但是换手率也不小，没有把握。3 月 30 日震荡(图 4-210)，换手率为 7.84%。当天我考虑是否进入。该股总体来说缩量上涨不明显，不是理想的操作标的。3 月 28 日上涨有可能是短线资金快炒，最担心 29 日是杀跌出货。从 29 日分时图来看，低开之后有上冲的过程，如果是杀跌出货，会是低开之后一路走低，不会有上冲过程，让上一交易日追进的人有解套或者获利出来的机会。分时图有上冲，说明主力资金意图杀跌出货的可能不大。该股一路下跌，可能有资金套住了。3 月 30 尾市就可以进，当天最低价是 11.36 元，尾市又拉至 11.70 元，我想下个交易日 11.50 元进入，如果买不到就不买了。3 月 31 日 11.50 元进入第一笔 10%仓位，11 元加仓 10%(图 4-211)。3 月 31 日这天共进了 4 只股票：江苏吴中、南京化纤、钱江生化、大连控股，其他 3 只股票都没问题，最担心的就是钱江生化。4 月 1 日早晨挂第一笔卖单在 11.45 元左右，第二笔卖单我想挂 12 元，恐怕到不了这个价格，就在 11.80 元挂卖单。早晨一开盘第一笔卖单就很快成交了(图 4-212)，成本变成了 11.1 元，已经有盈利，心里也就不着急了。我去看了一下其他股票，一转眼第二笔挂单也成交了(图 4-213)。最担心的股票，最先成交了，出乎意料。4 月 7 日该股再次下跌，在 11 元再次挂单 1/10 仓位(图 4-214)。主要是考虑 4 月 1 日上冲是瞬间过程，如果是出货也没有机会，如果是在 12 元有震荡的过程，有可能形成双顶，那也就不会再进了。由于在 4 月 7 日出掉了南京化纤，手上仓位已经很轻了，下一交易日(4 月 8 日)钱江生化最高价 11.44 元(图 4-215)，如果出货也能获利，考虑到赚的不多，也就没出。4 月 11 日反弹在 11.80 元出掉(图 4-216)。

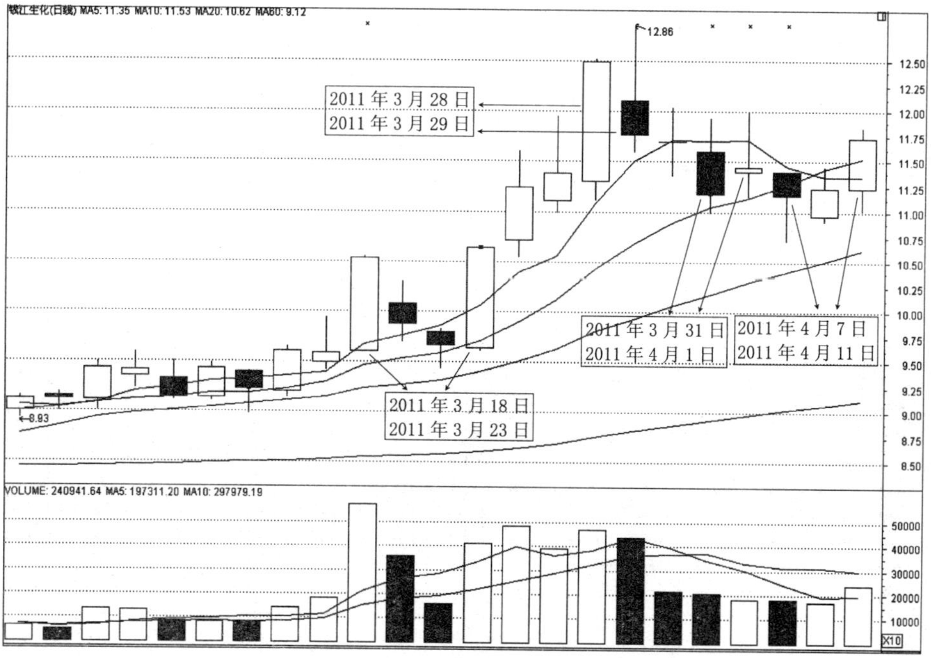

图 4-205 钱江生化 2011 年走势图

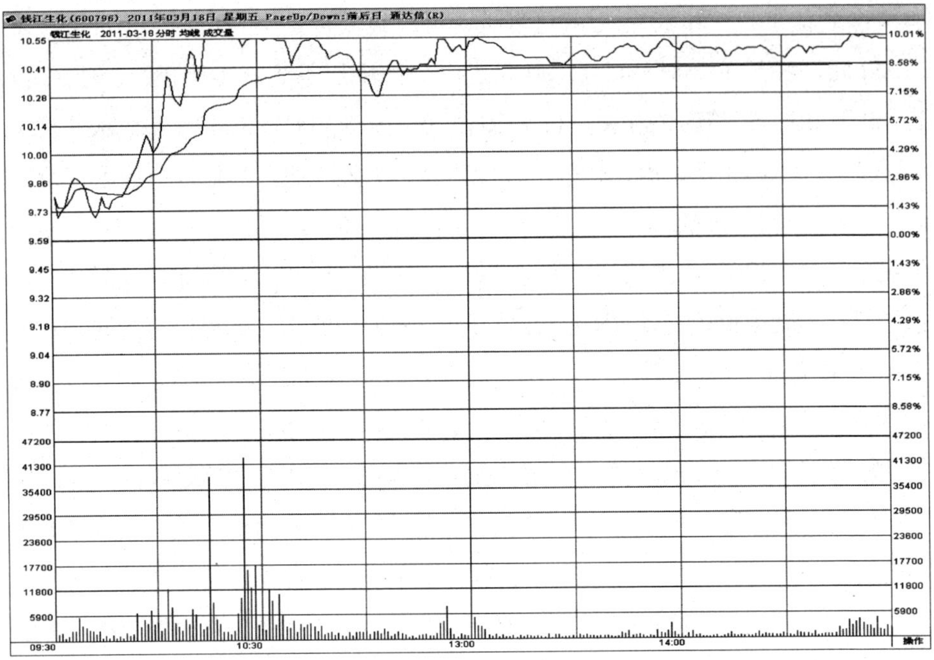

图 4-206　钱江生化 2011 年 3 月 18 日分时走势图

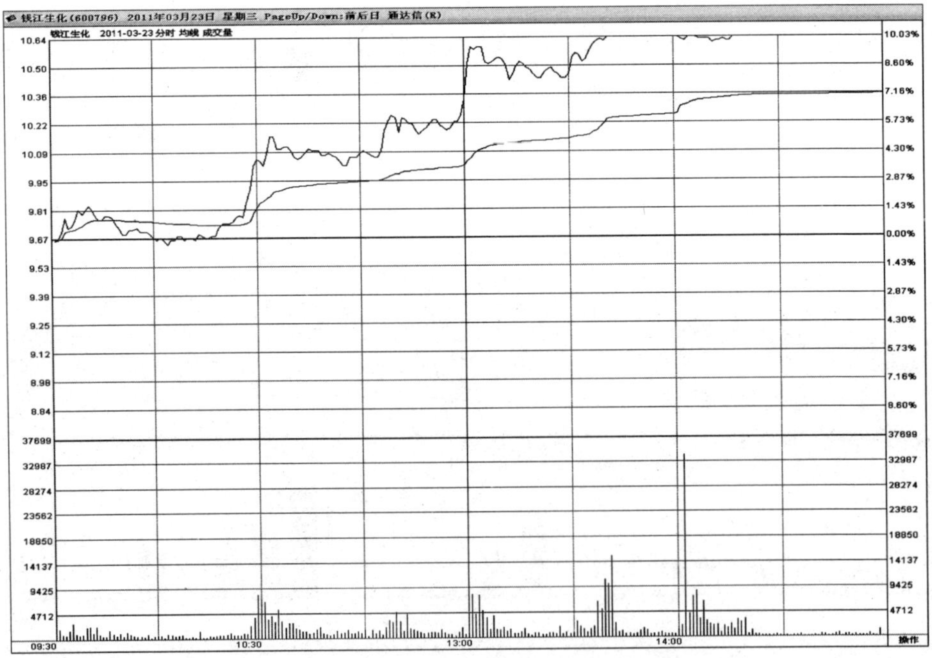

图 4-207　钱江生化 2011 年 3 月 23 日分时走势图

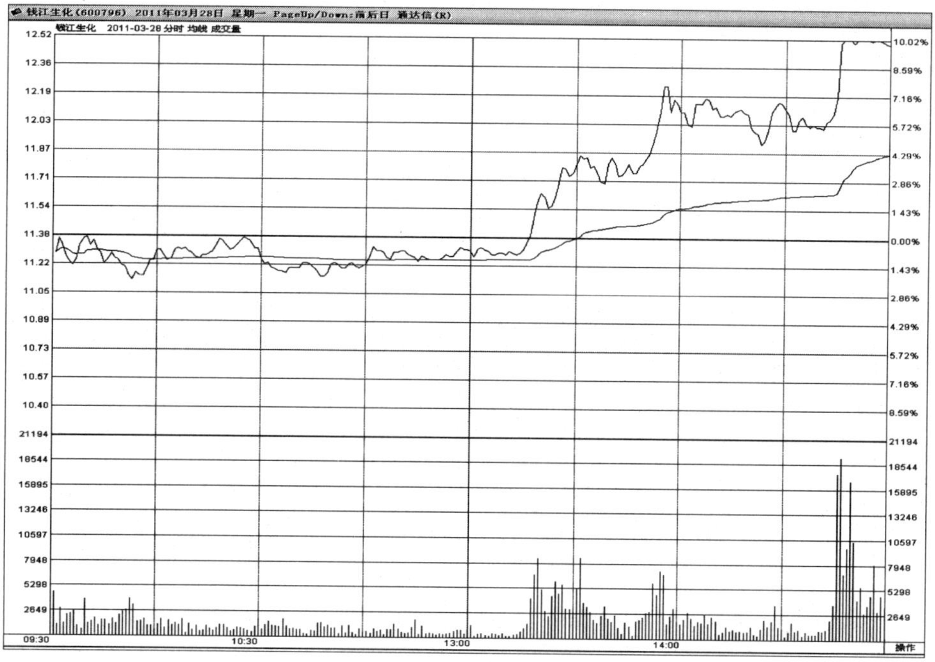

图 4-208　钱江生化 2011 年 3 月 28 日分时走势图

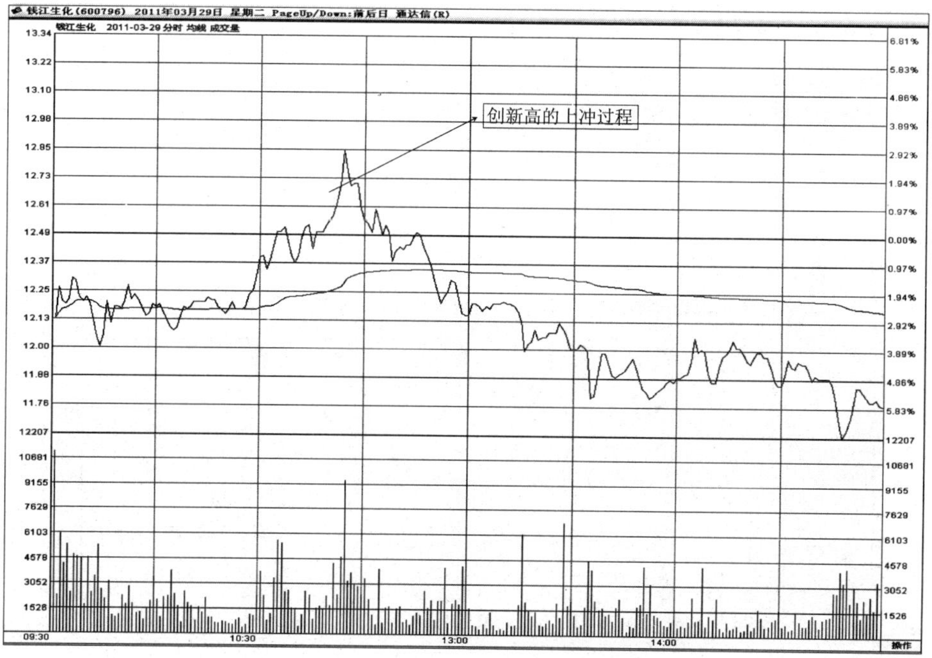

图 4-209　钱江生化 2011 年 3 月 29 日分时走势图

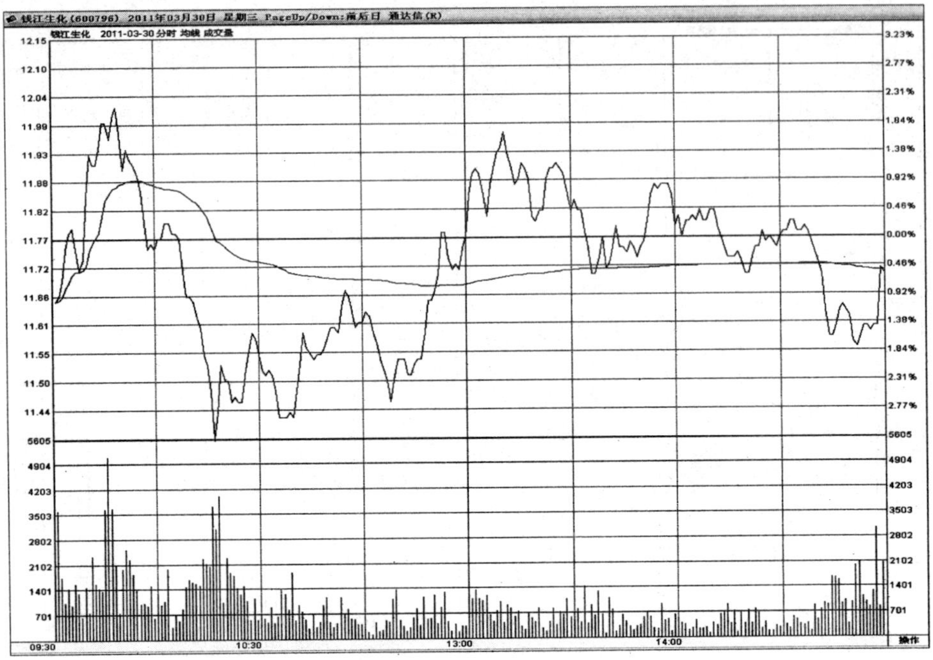

图 4-210 钱江生化 2011 年 3 月 30 日分时走势图

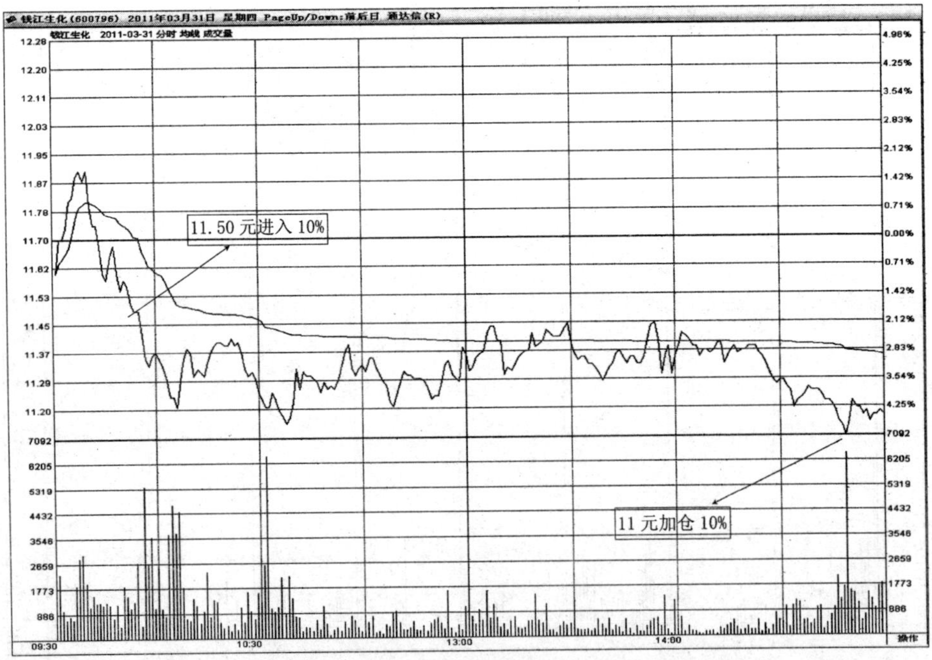

图 4-211 钱江生化 2011 年 3 月 31 日分时走势图

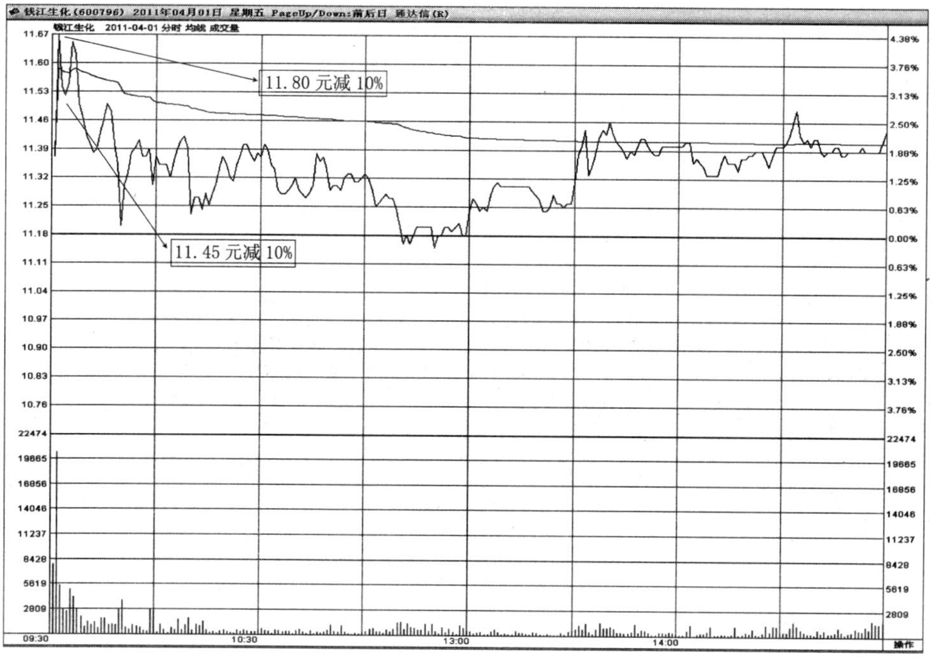

图 4-212　钱江生化 2011 年 4 月 1 日分时走势图

09：30	11.40	2294	S
09：30	11.43	903	B
09：30	11.46	1324	B
09：30	11.42	29	B
09：30	11.44	40	S
09：30	11.42	58	S
09：30	11.40	44	B
09：30	11.40	23	B
09：30	11.40	3024	B
09：30	11.38	12	B
09：30	11.37	80	B
09：31	11.35	23	B
09：31	11.35	17	B
09：31	11.80	5000	B
09：31	11.40	5086	S
09：31	12.00	5056	B
09：31	11.42	16	S
09：31	11.53	33	S
09：31	11.53	9	S
09：31	11.42	5037	S

图 4-213

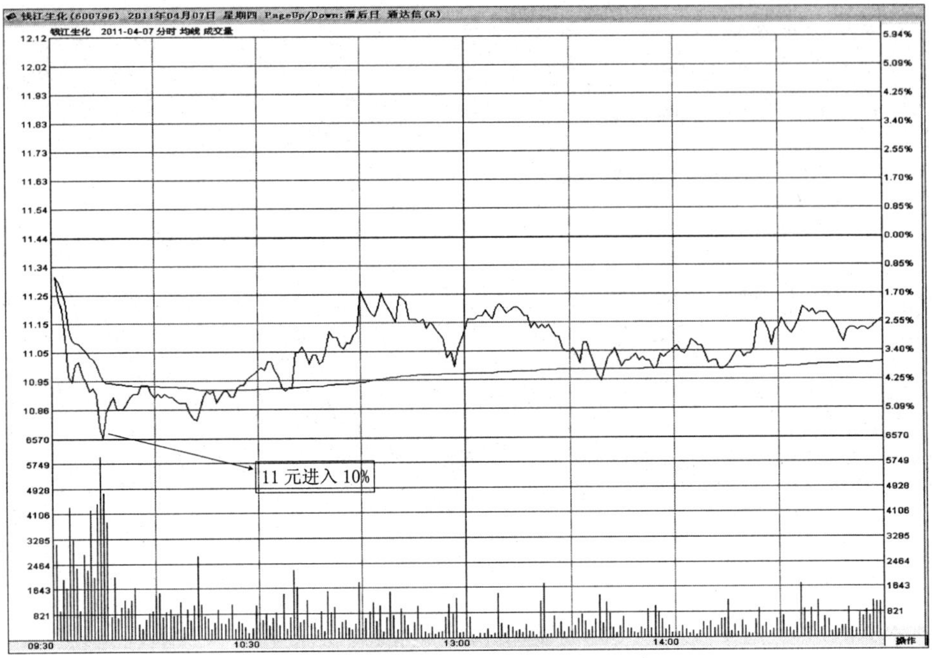

图 4-214　钱江生化 2011 年 4 月 7 日分时走势图

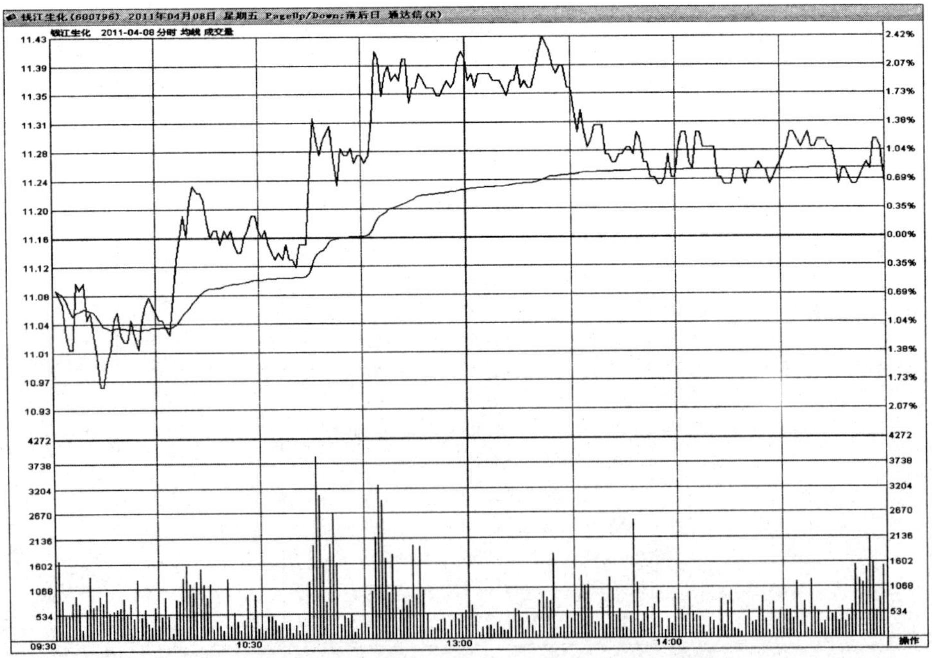

图 4-215　钱江生化 2011 年 4 月 8 日分时走势图

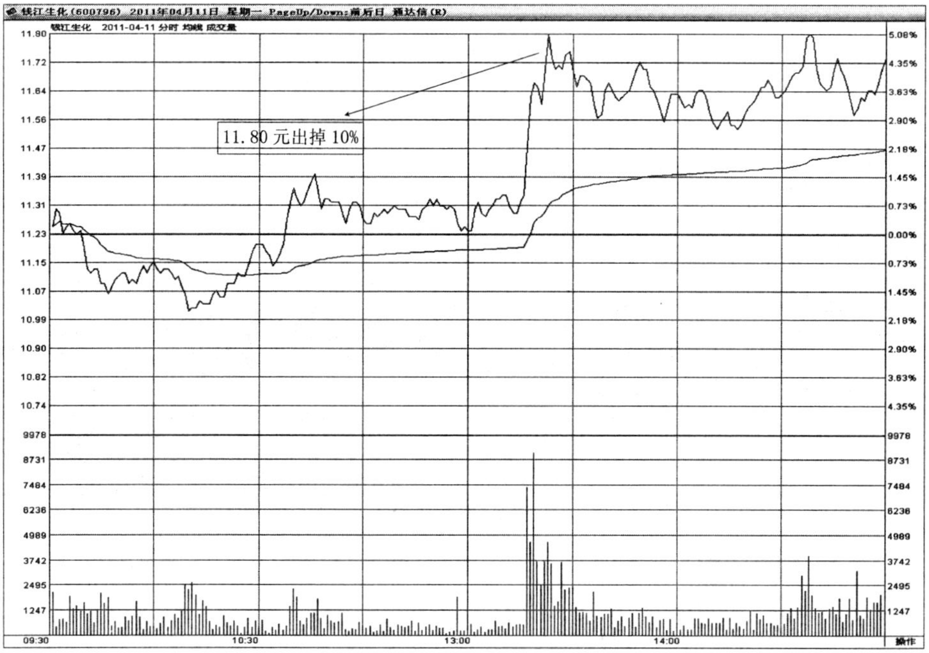

图 4-216 钱江生化 2011 年 4 月 11 日分时走势图

钱江生化 2011 年 4 月 11 日之后，一路下行(图 4-217)。也许在里面的资金还没出来，主力资金被套住了，我们不跟着他们瞎折腾。我们要做到的是在强势阶段寻找确定性交易机会，不管以后上涨，还是下跌，不确定的走势不去操作。我经常会踏空一些行情，好多股票卖了之后还会涨的不错，那就等符合条件的时候再进入，没机会进入就放弃。严格按照自己的原则去操作，赚自己能够赚的钱，不去赌运气，可能会踏空一些行情，但会让自己省不少麻烦。做股票总有踏空的时候，而对于那些自己踏空之后飙升的股票印象会很深，其实有些股票出了之后是下跌的，没有赔钱印象不深，比如本例中的钱江生化，如果不及时出来，会很被动。

不要想太多，该出就要出，越是简单，越是赚钱；越是犹豫，越是被动，最终还是赔钱。

图 4-217　钱江生化 2011 年 4 月份走势图

4.28 大连控股(600747)

大连控股(600747)(图 4-218)2011 年 3 月 16 日放量上涨(图 4-219)，换手率为 9.15%，调整 3 个交易日之后 22 日再次上涨(图 4-220)，换手率为 6.62%，相对于 16 日属于缩量，但涨幅有限，还不能确定筹码锁定程度。3 月 24 日上涨(图 4-221)，换手率为 9.08%，属于放量，继续等待。3 月 29 日上涨 4.91%(图 4-222)，经过充分震荡换手率为 6.70%，缩量上涨得以确立。3 月 30 日回调(图 4-223)，换手率为 5.60%，考虑进入。3 月 31 日我在 7.50 元挂单进入 10%(图 4-224)。计划回调继续加仓，反弹出掉。4 月 1 日涨停没封住，放量，8.25 元出掉(图 4-225)。

可能有人要问，为什么不是在 3 月 30 日进入，而是在 31 日进入。这是我的操作失误，这只股票最为科学的操作是在 3 月 30 日尾市进入，3 月 31 日 7.50 元的时候加仓。一只在上涨途中的股票，回调幅度可深可浅，有时候价格挂的高它深调就会被套，有时候价格挂的低又不深调买不到，结果错失一轮行情。这个问题我也没有更好的解决办法。我习惯是通过分批建仓来解决：价格高就少挂单，如果下跌继续加仓，如果上涨就拿着做一波。这样可以防止被套之后的压力和踏空的急躁，使利润更加平均和稳定。

3 月 31 日我进了 4 只股票：江苏吴中(12.50 元 10%仓位，12 元 10%仓位)、南京化纤(10.85 元 10%仓位，10.60 元 10%仓位,10.20 元 10%仓位)、钱江生化(11.50 元 10%仓位，11 元 10%仓位)、大连控股(7.50 元 10%仓位)，江苏吴中在 31 日尾市从跌停板拉升收平，当天就有获利，所以在 4 月 1 日并不着急出。钱江生化早盘不到 1 分钟就出掉，腾出资金可以继续加仓，到大连控股的时候压力就小多了，看着它一路上涨心情反而更轻松，下午看封不住涨停，出掉。当天也出掉江苏吴中，尾市出掉一部分南京化纤，到 4 月 1 日收盘，手中股票由 80%仓位减至 20%仓位，南京化纤还是在成本价附近。上涨出掉，下跌继续加仓，盘中有机会可以做些 T+0 来摊薄成本。通过分仓和分批建仓，做到上涨有办法，下跌有对策，保持平和心态。

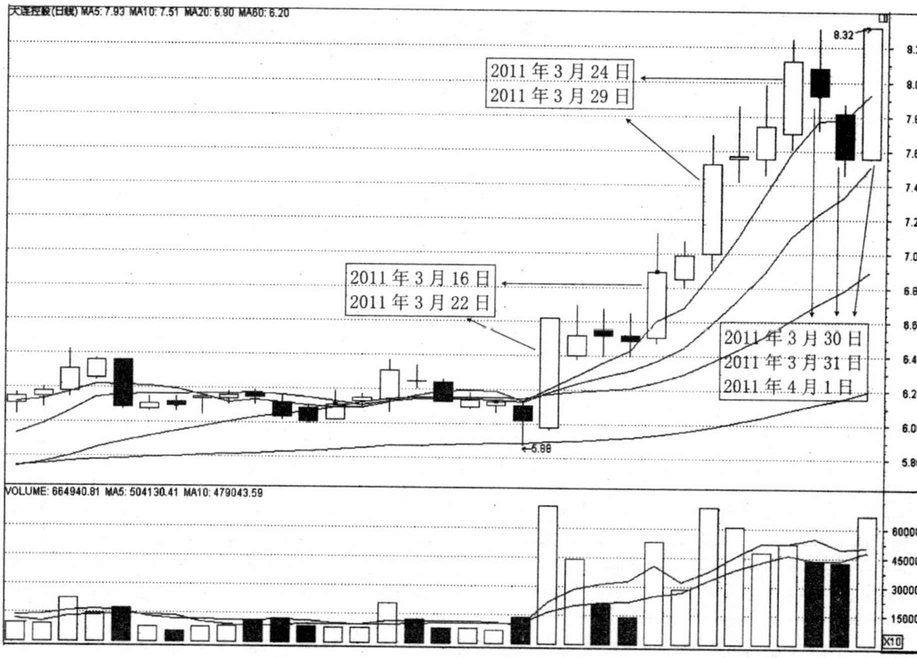

图 4-218 大连控股 2011 年走势图

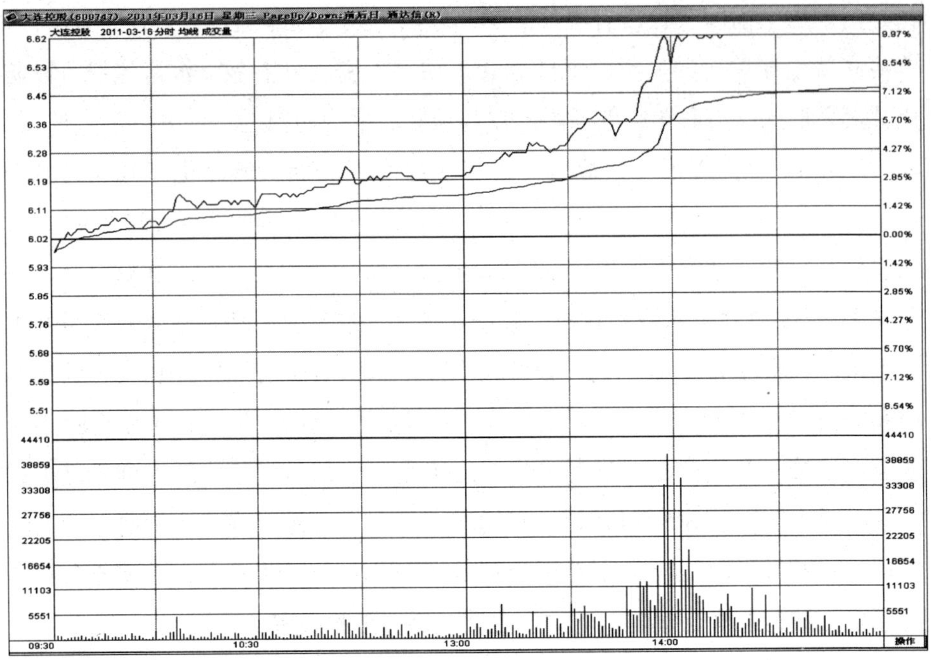

图 4-219　大连控股 2011 年 3 月 16 日分时走势图

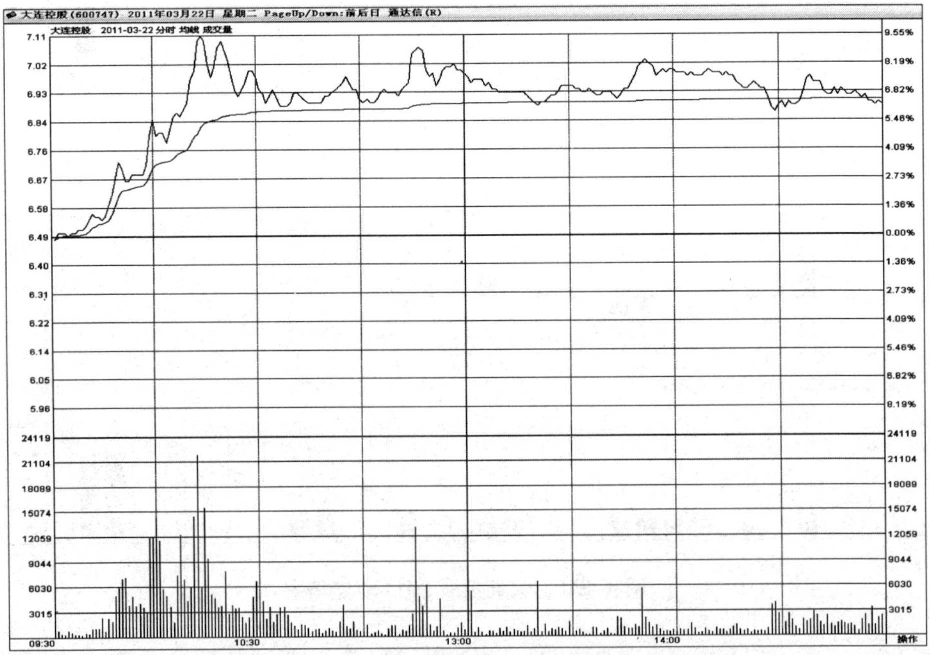

图 4-220　大连控股 2011 年 3 月 22 日分时走势图

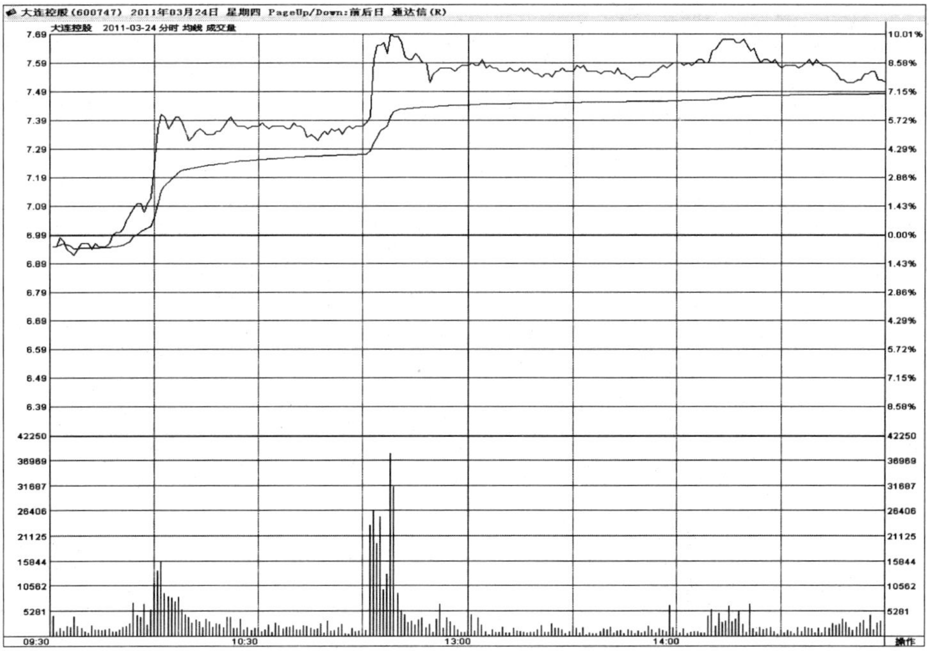

图 4-221 大连控股 2011 年 3 月 24 日分时走势图

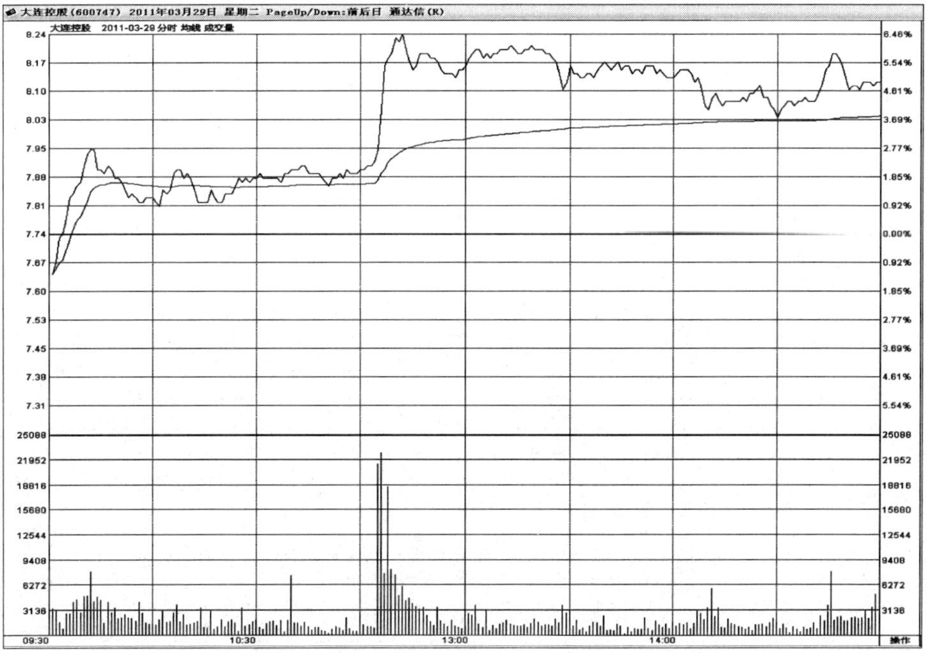

图 4-222 大连控股 2011 年 3 月 29 日分时走势图

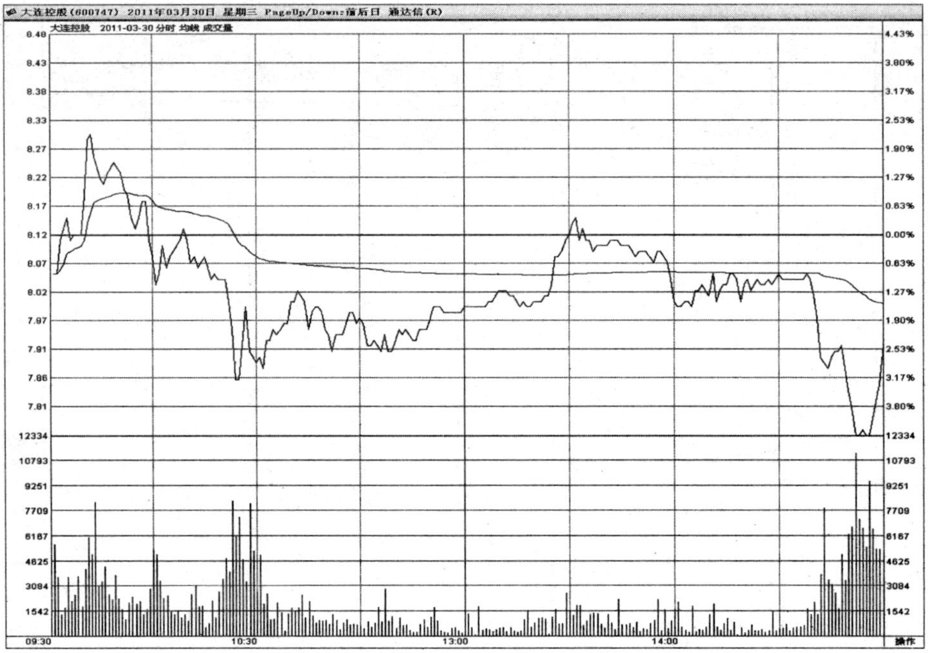

图 4-223　大连控股 2011 年 3 月 30 日分时走势图

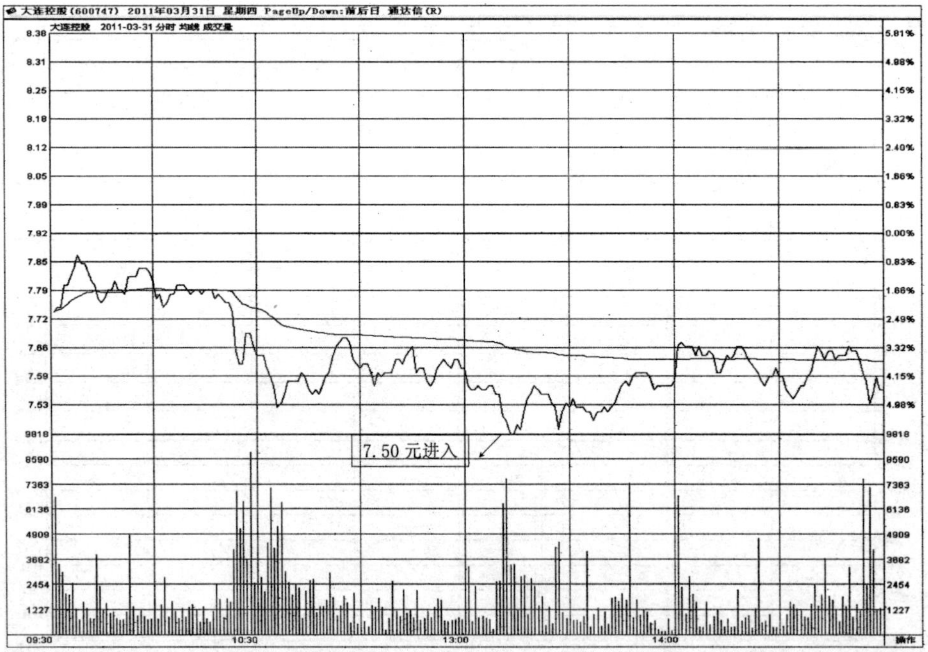

图 4-224　大连控股 2011 年 3 月 31 日分时走势图

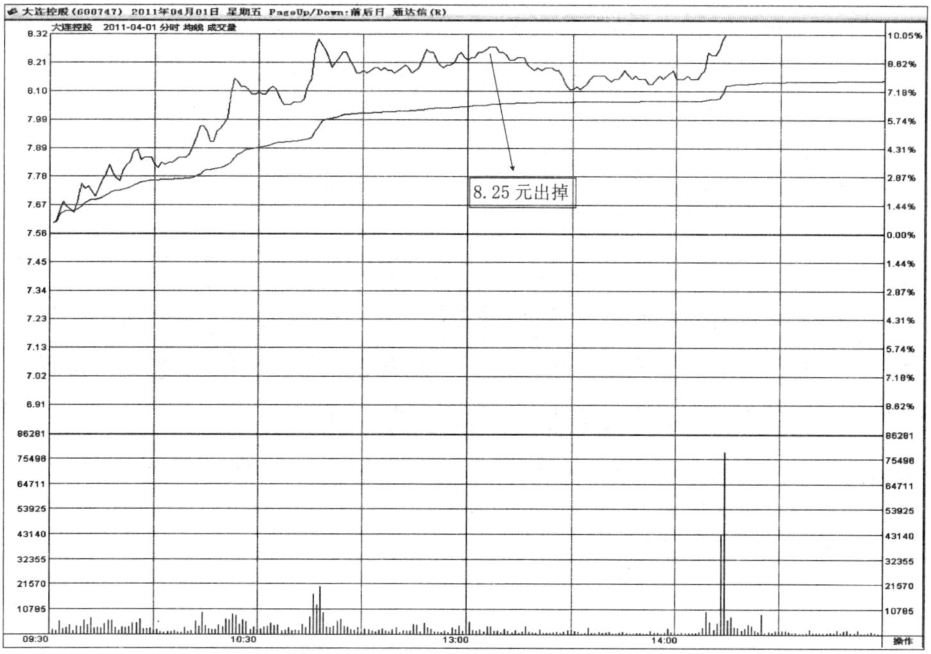

图 4-225　大连控股 2011 年 4 月 1 日分时走势图

4.29 三爱富(600636)

三爱富(600636)(图 4-226)2011 年 2 月 28 日上涨(图 4-227)，换手率为 10.15%，3 月 1 日换手率为 15.25%(图 4-228)，有可能是游资短炒，也有可能是大资金进入，不能确定，不操作。3 月 10 日再次上涨(图 4-229)，换手率为 12.18%，相对于 3 月 1 日属于缩量上涨，但是不明显。3 月 22 日(图 4-230)、24 日(图 4-231)两个交易日上涨，经过充分震荡，换手率分别为 9.56%、9.93%，缩量上涨确认。实际上在 3 月 22 日当天结束就可以确认缩量上涨，次日准备调整低一点再进，结果没进到，就眼看着股价天天上涨。3 月 29 日震荡(图 4-232)，换手率为 12.01%，没有放巨量，回调考虑进入。4 月 1 日早晨开盘我就进去了，结果当天涨停(图 4-233)。水平如何？实际是我挂错买单了。由于 3 月 29 日有一个小的放量，我担心可能是短线资金出货，如果是那样，就只能做中长线资金的趋势反弹。这只股票自 15 元起步，直至 27

元，这样的涨幅没有中长线资金在里面锁仓是不可能走出来的。短线资金出来之后，回调幅度深一点，会有中长线资金发动的反弹，回调幅度我个人判断是20%左右。该股 27×0.8=21.6 元，这是比较理想建仓的价格。由于是非常看好该股走势，所以想着回调 10%左右就分批逐步建仓，想着在 23.5 元建第一笔单，以后每隔 3%～5%加一笔。

4 月 1 日早晨我下单 23.5 元，结果最低到 24.53 元，肯定没买到，看着股价一路上涨也有点后悔。后来不经意看了一下持股明细，居然买到了？再查了一下委托明细，原来是单子挂错了，挂的 25.5 元，以开盘价 24.62 元成交的。幸亏买的少，不然还要把开盘价拉起来。

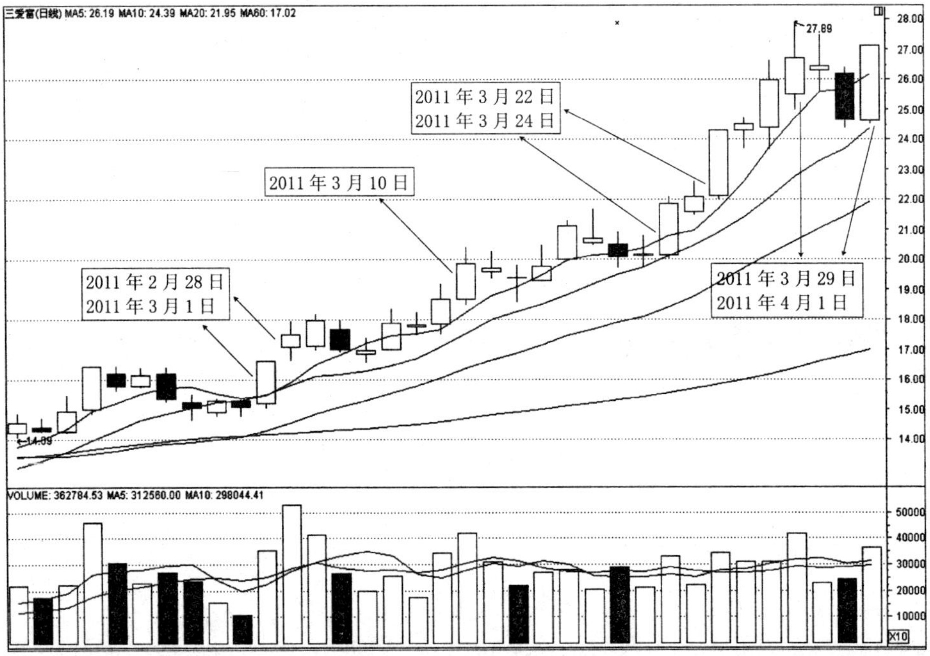

图 4-226　三爱富 2011 年走势图

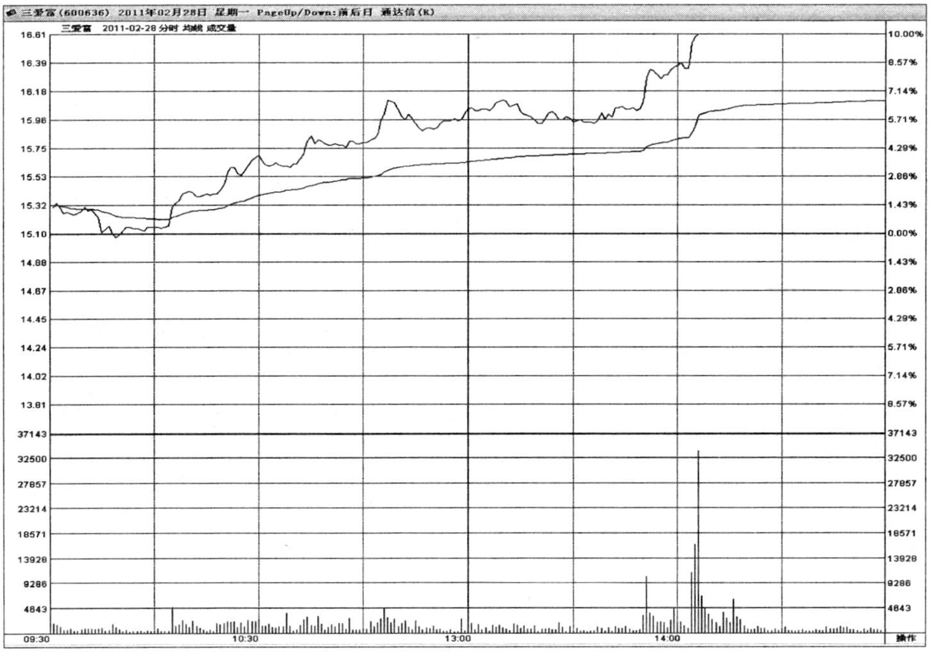

图 4-227　三爱富 2011 年 2 月 28 日分时走势图

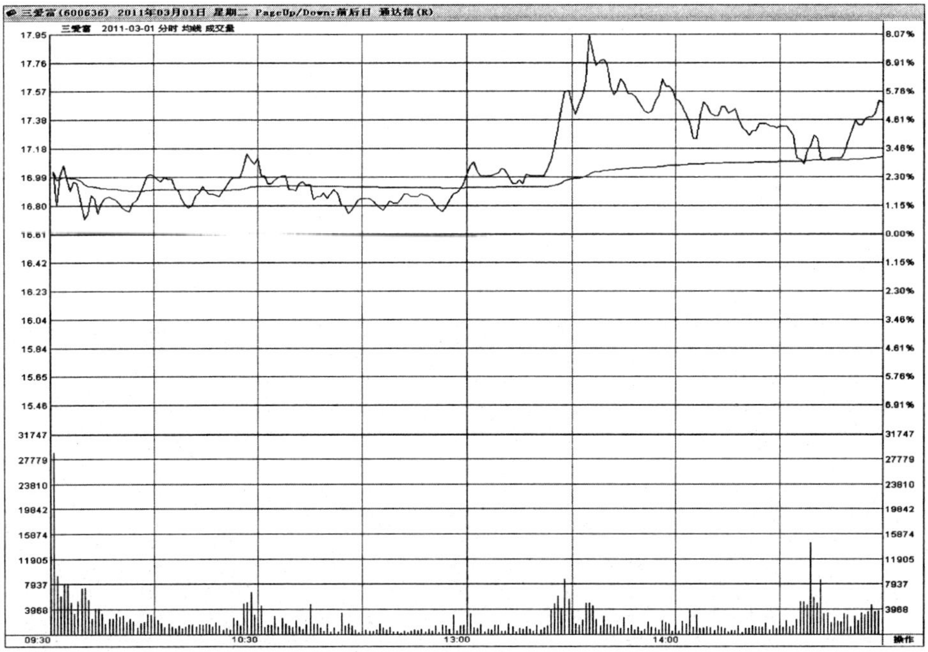

图 4-228　三爱富 2011 年 3 月 1 日分时走势图

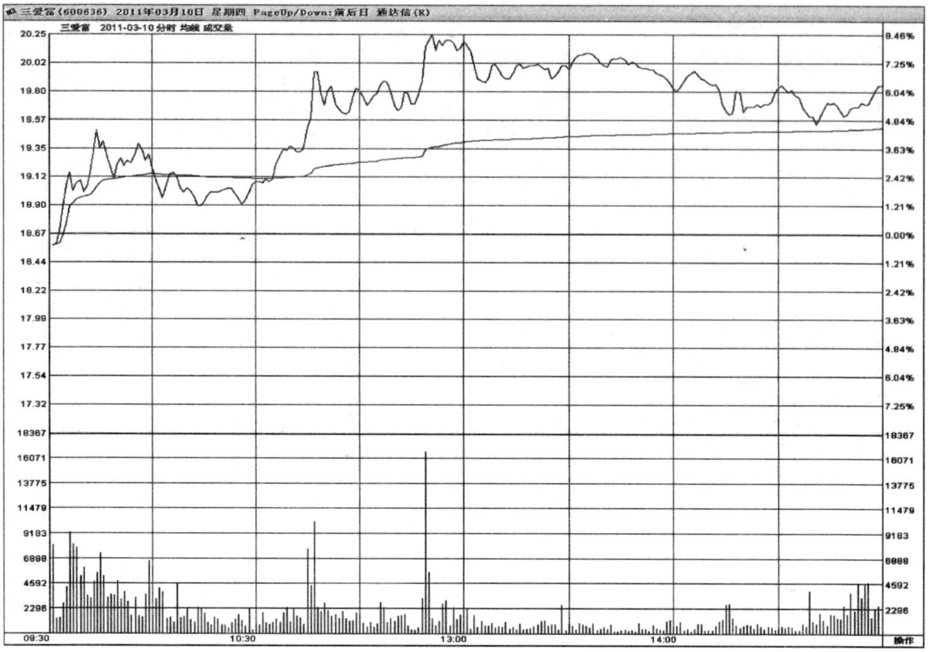

图 4-229　三爱富 2011 年 3 月 10 日分时走势图

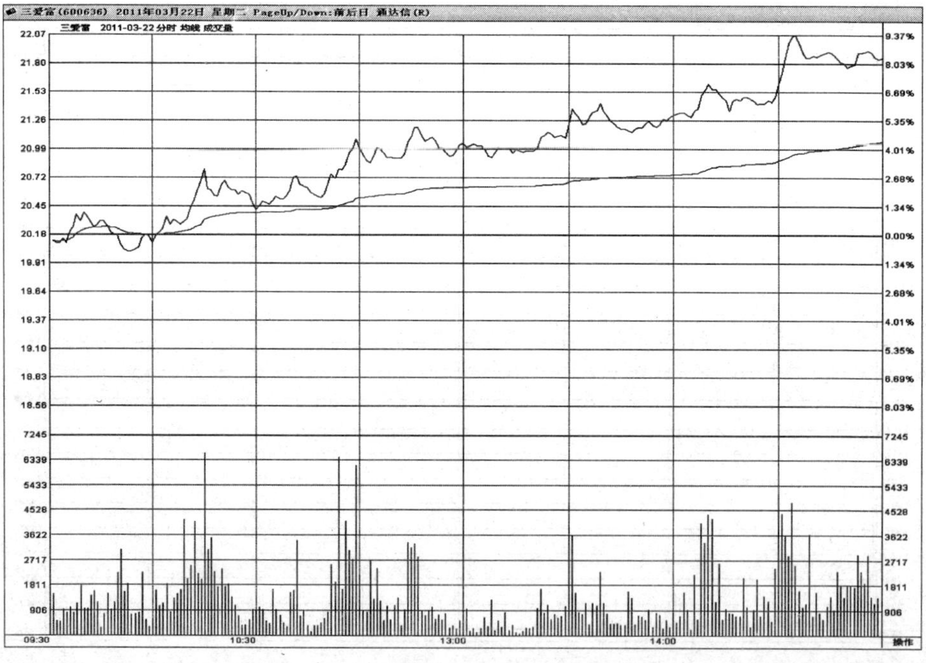

图 4-230　三爱富 2011 年 3 月 22 日分时走势图

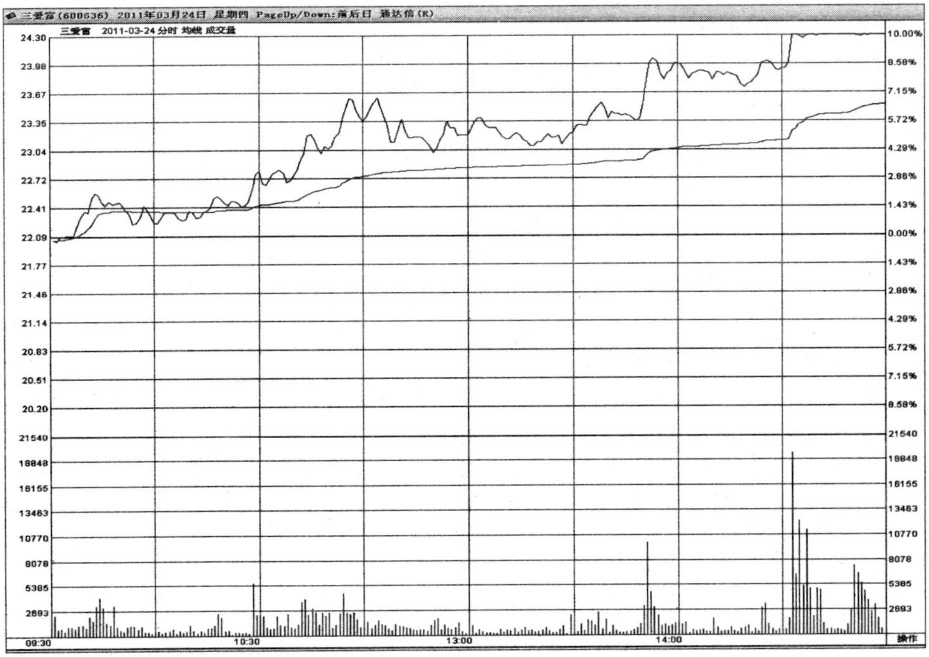

图 4-231 三爱富 2011 年 3 月 24 日分时走势图

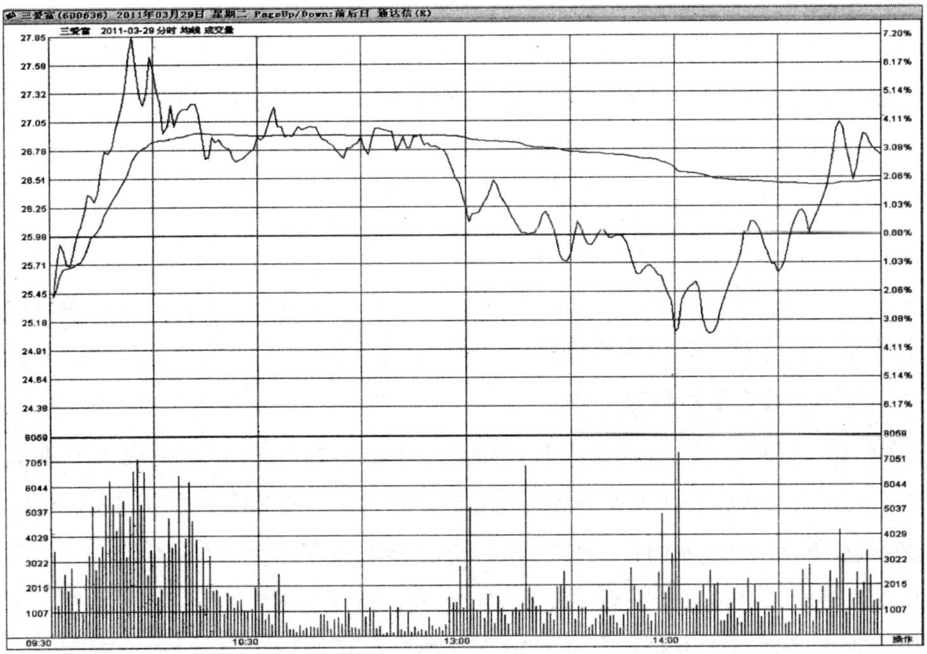

图 4-232 三爱富 2011 年 3 月 29 日分时走势图

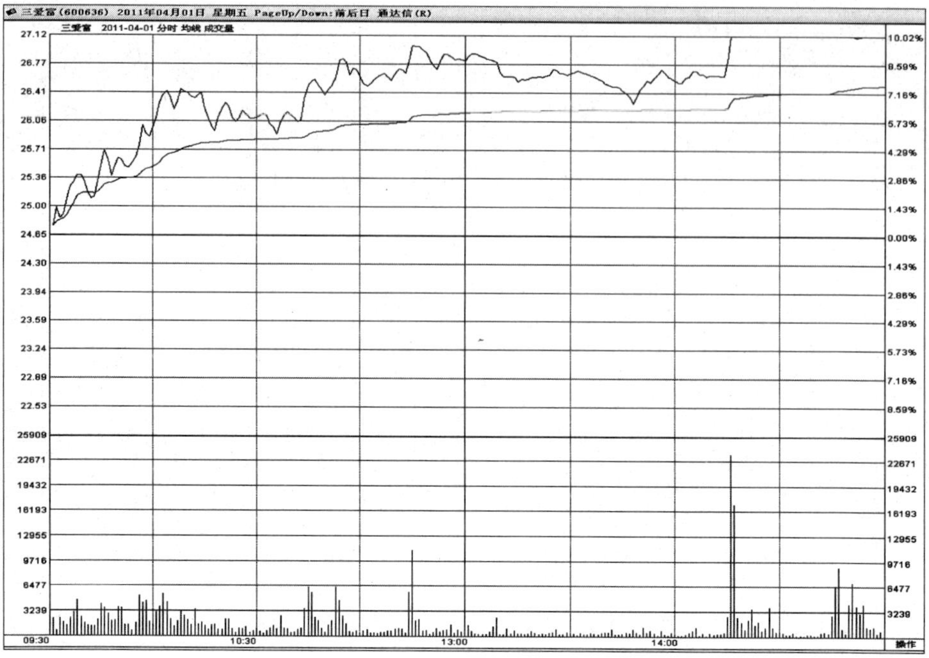

图 4-233 三爱富 2011 年 4 月 1 日分时走势图

三爱富(600636)(图 4-234)2011 年 4 月 1 日进入之后，下个交易日就出了。日后看，缩量涨停，实际不应该出。当时主要是考虑挂错了单子，不但没赔钱，还白捡了一个涨停板，急于落袋为安，没想着后面可能还有行情。我不是神，我也是一个人，也会受到情绪的影响。之后该股一路稳定缩量上涨，耐心等待合适的介入机会。该股在达到阶段高点 36.69 元之后开始回调，4 月 21 日回调幅度较大(图 4-235)，换手率为 14.40%，相比前几个交易日属于放量，但总体来看并没有放巨量。4 月 18 日、19 日两天高位震荡，有可能短线资金出完货，回调理想价格是 36×0.8=28.80 元，在这个价格开始分批建仓等中长线资金的趋势反弹。4 月 25 日在 30 元左右试探建第一笔单子 10%仓位(图 4-236)。26 日大盘大跌，该股不下跌，我以为 30 元就是调整的底部，可能会有反弹，于是在这天 30 元又加仓 10%(图 4-237)。27 日再次下跌，29 元加仓 20%，28 元加仓 20%(图 4-238)。28 日上午有反弹(图 4-239)，力度较弱，没出，尾市又砸下来，收盘 27.71 元，意味着 60%的仓位全部被套。该股之所以敢这样重仓操作，就是因为强趋势。该股自 15 元起步直至 36 元，升幅一倍还多，每天成交量都在10亿以上，表示参与者众多。这样的强趋势，即使见顶，也一定会有第二个顶。这点是确定的。正是由于有了这个确定性，所以才敢逐步加仓。有些股票一路下跌，越补越跌，就不能用分批建仓的方法。分批建仓是一种交易策略，核心还是选股。

4月29日强力反弹(图4-240)，30.40元减20%仓位，轻松过“五一”。5月3日33元左右全部出掉(图4-241)。该股出掉之后很快涨到40元(图4-242)，又出早了。我知道它一定会有反弹，但是反弹能否到40元不确定。赚自己能赚的钱就可以了，没把握的钱不去赌。

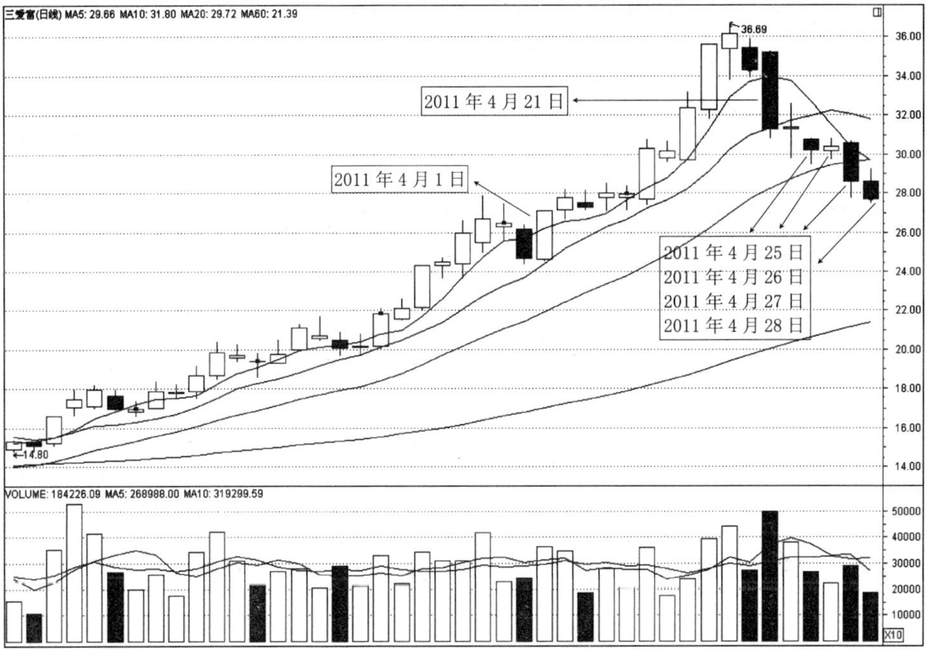

图4-234 三爱富2011年4月份走势图

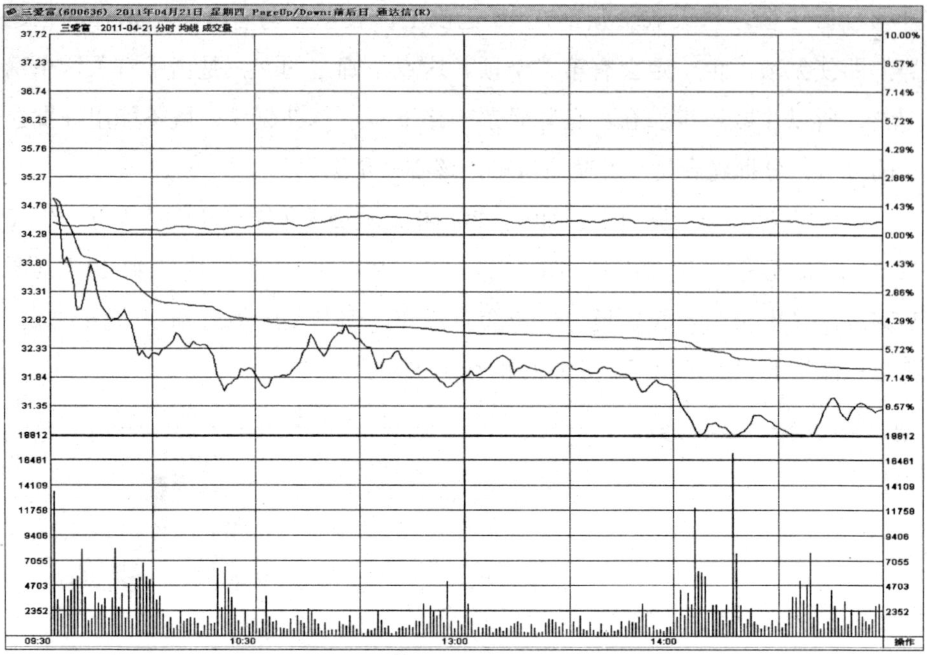

图 4-235 三爱富 2011 年 4 月 21 日分时走势图

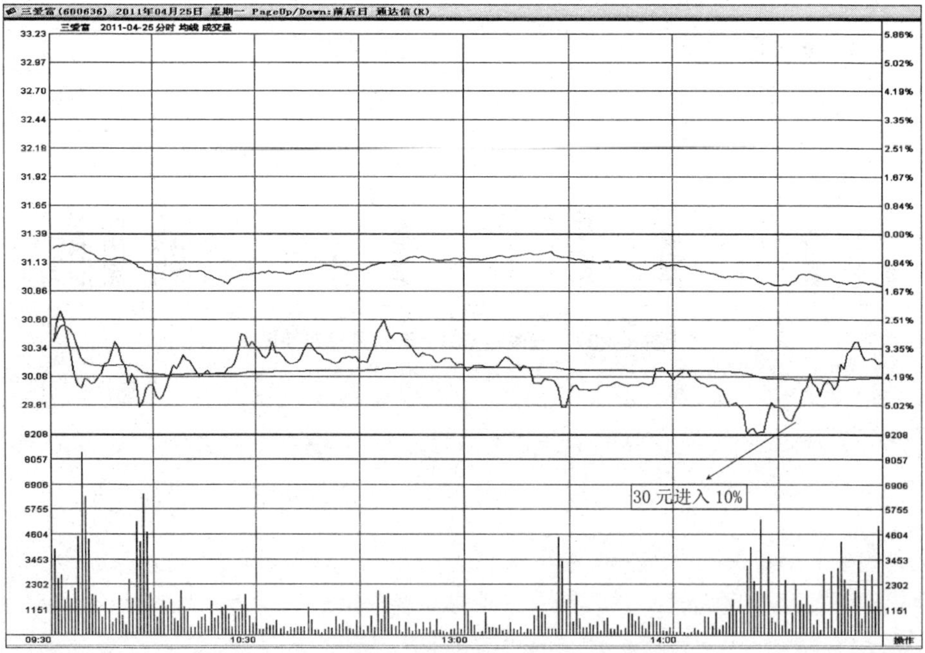

图 4-236 三爱富 2011 年 4 月 25 日分时走势图

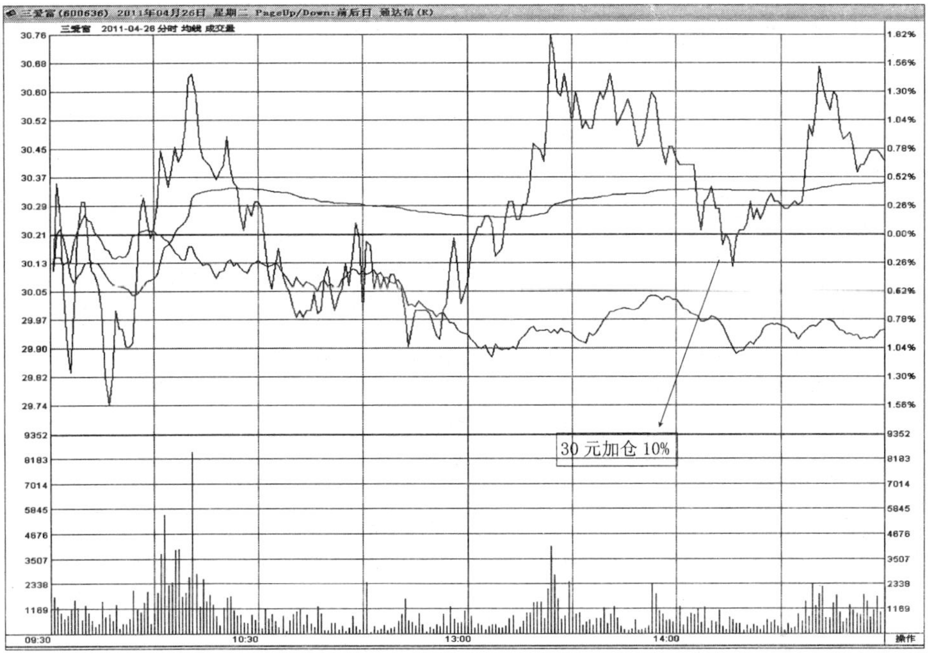

图 4-237 三爱富 2011 年 4 月 26 日分时走势图

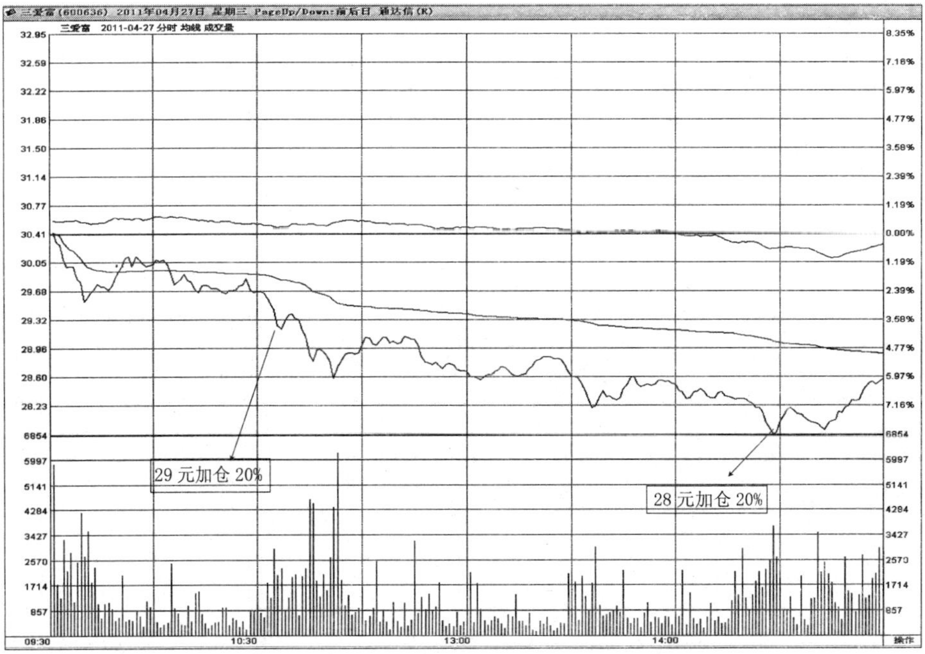

图 4-238 三爱富 2011 年 4 月 27 日分时走势图

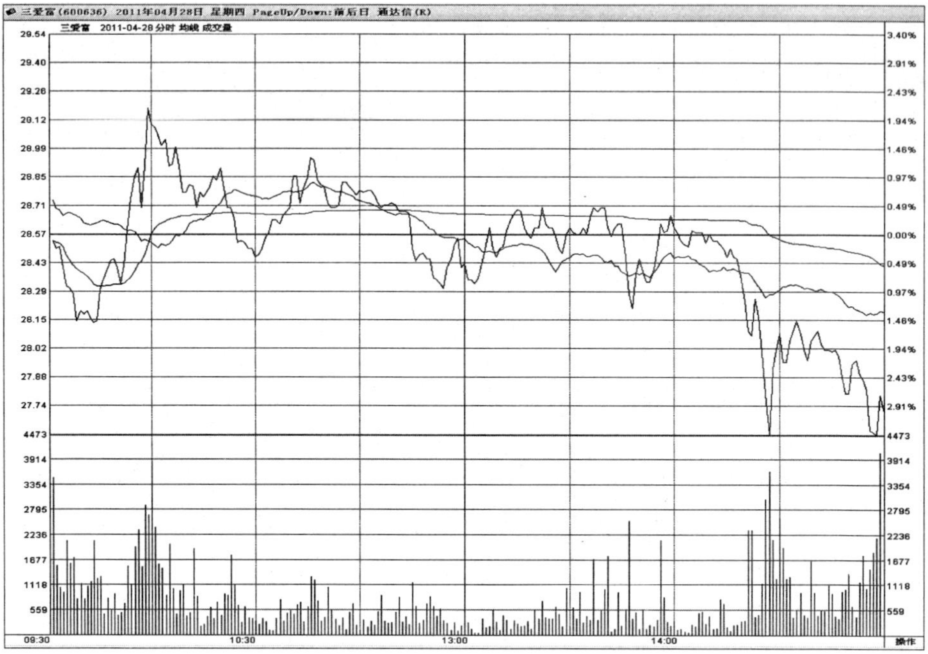

图 4-239 三爱富 2011 年 4 月 28 日分时走势图

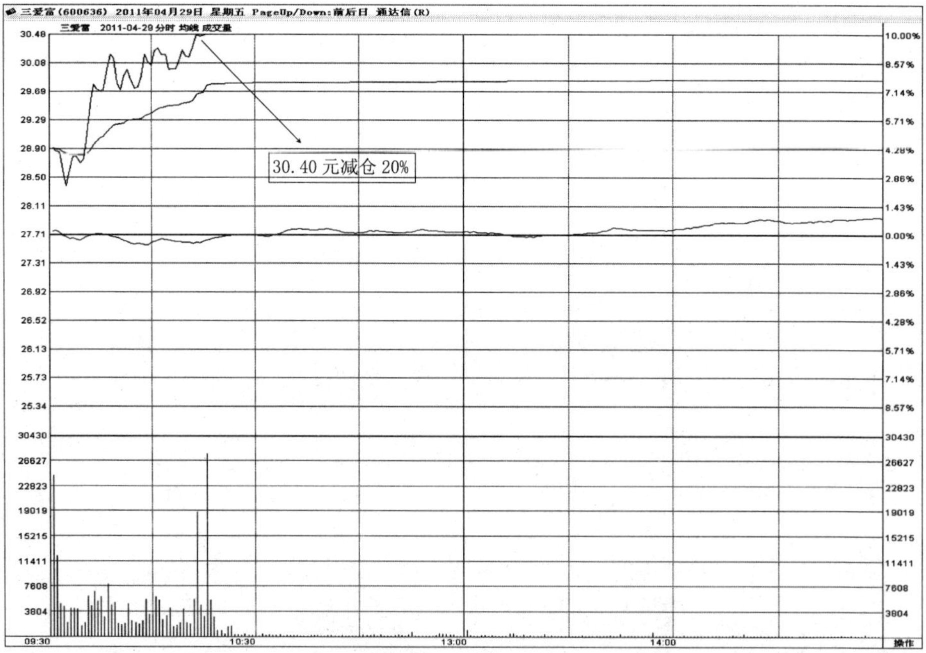

图 4-240 三爱富 2011 年 4 月 29 日分时走势图

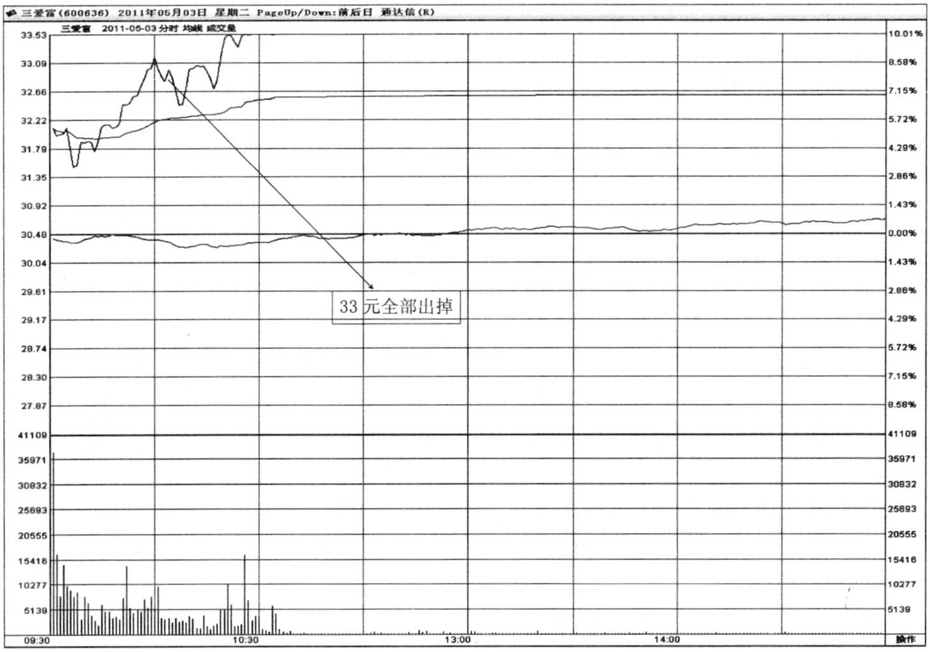

图 4-241　三爱富 2011 年 5 月 3 日分时走势图

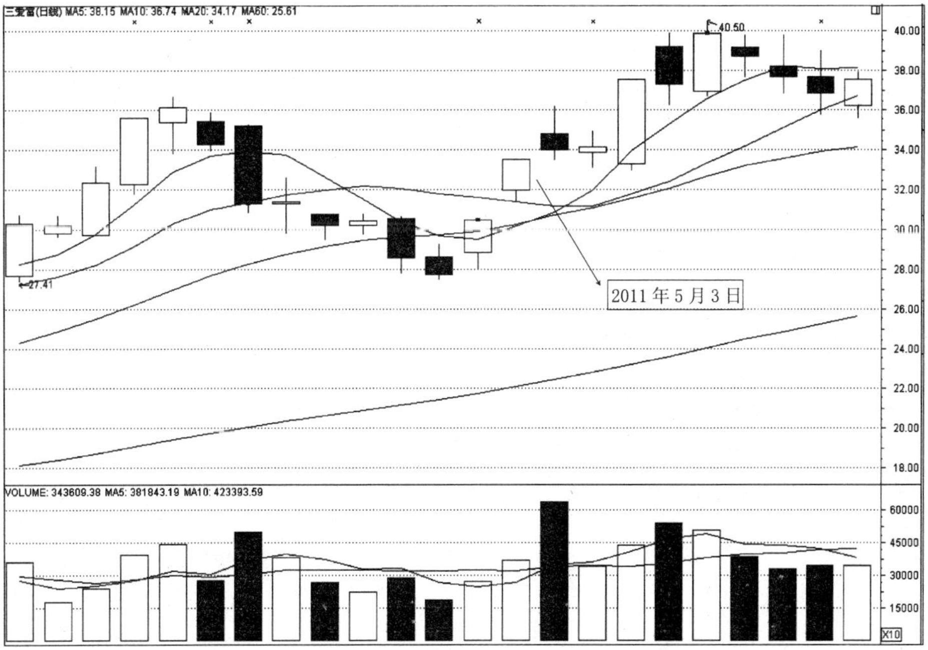

图 4-242　三爱富 2011 年 5 月份走势图

可能有人要问，按照操作原则，当时大盘在 4 月 21 日下跌，有可能形成下降趋势，就不应该再操作了，为什么还要操作这只股票。大盘在下降趋势中的操作要特别谨慎，除非有特别强的趋势股。而三爱富这只股票，就属于特别强势的股票，大盘下跌的时候能抗住大盘不跌，或者下跌之后有强力反弹，如果选股没有这样的把握，那就不要操作。一般情况下，三爱富这样的操作都属于最后的晚餐，大盘下跌，有些强势股还没走完，会被大盘砸下来，这时候还可以做一轮行情的最后一波。做完这样的反弹，大盘下跌趋势明朗，强势个股寥寥无几，彻底休息。出完三爱富，直到现在(2011 年 8 月底)我一次也没有操作。有人说，你真能耐得住寂寞，就不手痒？股市运行有它自身的阶段性规律，在下跌的行情中做股票，风险极大收益极小，我认为自己的水平在下跌行情中很难赚钱，而且很有可能亏钱，所以才不操作。有些人总在操作，是对行情的阶段性特征没有本质认识，对自己的操作水平没有客观清醒的认识。前几天有位读者和我说，2011 年 1 月到 4 月赚了 8000 元，5 月份 1 个星期亏了 10000 元。我对他说，如果我操作，会比你亏的更多——那就不要操作了嘛！

行情不好，耐心等待。没有只涨不跌的股市，也没有只跌不涨的股市，行情越是下跌，越是好事，每一轮大熊市后面紧跟着就是一轮大牛市。在这个过程中，不赔钱，保证本金安全，多学习，大行情来了才能狠狠赚一把。

长风破浪会有时，直挂云帆济沧海。